Über dieses Buch Henri Bergson gilt als der neben Nietzsche bedeutendste Vertreter der Lebensphilosophie, die sich einer unumschränkten Herrschaft wissenschaftlicher Rationalität entgegenstellt und ihr Augenmerk auf Phänomene der Intuition, des Willens und des Schöpferischen richtet. Diese ›lebendigen‹ Kräfte lassen sich vornehmlich am Individuum aufweisen; sie widerstehen der abstrakten Analyse und bedürfen stattdessen der Introspektion. Daß jedoch schöpferische Akte zu sozialen Ordnungen stets in Spannung stehen, daß also erst noch zu zeigen ist, in welcher Weise der *élan vital*, der Lebensimpuls, über das Individuelle hinaus auch ins Soziale ausgreift – dessen wurde sich Bergson erst relativ spät bewußt. Seine Schrift *Die beiden Quellen der Moral und der Religion* geht dieses Problem an – und zwar, wie bereits der Titel andeutet, an den beiden empfindlichsten Punkten jeder sozialen Gemeinschaft.

Bergson unterscheidet die moralische ›Verpflichtung‹, die der Erhaltung des Bestehenden dient, von einer offenen Moral der Liebe und der Humanität, die eigentlich nur gelebt, nicht aber in Maximen festgeschrieben werden kann. Entsprechendes gilt für die Religion: Der durch überlieferte Mythen und Rituale sich auszeichnenden ›statischen‹ Religion steht eine totale, ›dynamische‹ Religiosität gegenüber. Von dieser werden zwar stets nur kleine Gruppen oder Einzelne erfaßt – etwa die Mystiker –, doch wirken diese durch ihr bloßes Dasein als ständiger ›Appell‹ auf die übrigen Mitglieder der Gesellschaft ein. Dieser Appell treibt gleichsam den *élan vital* über das Lebendig-Kreatürliche, über die bloße Sorge um Leben und Tod hinaus.

Bergsons Abhandlung ist eine scharfsinnige Analyse der Antriebskräfte menschlichen Handelns; sie ist damit eine der wichtigsten modernen Beiträge zur Philosophischen Anthropologie.

Der Autor Henri Bergson (1859–1941) war zunächst als Gymnasiallehrer tätig; ab 1900 lehrte er Philosophie am Collège de France. Er wurde 1914 in die Académie Française gewählt und war während der Kriegsjahre mit verschiedenen diplomatischen Missionen betraut. 1927 wurde ihm der Nobelpreis für Literatur verliehen. – Wichtige Werke in deutscher Übersetzung: *Materie und Gedächtnis* (1908), *Zeit und Freiheit* (1911), *Schöpferische Entwicklung* (1912), *Das Lachen* (1914), *Die geistige Energie* (1928).

Henri Bergson

Die beiden Quellen
der Moral und der Religion

Aus dem Französischen von
Eugen Lerch

Fischer
Taschenbuch
Verlag

Ungekürzte Ausgabe
Veröffentlicht im Fischer Taschenbuch Verlag GmbH,
Frankfurt am Main, Juli 1992

Die französische Ausgabe erschien 1932 unter dem Titel
›Les deux sources de la morale et de la religion‹
im Verlag Presses Universitaires de France, Paris
Copyright by Presses Universitaires de France, Paris 1932
Für die deutsche Ausgabe:
Copyright by Eugen Diederichs Verlag, Leipzig 1933
Umschlaggestaltung: Buchholz/Hinsch/Hensinger
Umschlagabbildung: Ullstein Bilderdienst, Berlin
Gesamtherstellung: Clausen & Bosse, Leck
Printed in Germany
ISBN 3-596-11300-8

Inhalt

ERSTES KAPITEL
Die moralische Verpflichtung 7

ZWEITES KAPITEL
Die statische Religion 80

DRITTES KAPITEL
Die dynamische Religion 163

VIERTES KAPITEL
Mechanik und Mystik 207

I   Die moralische Verpflichtung

Die Erinnerung an die verbotene Frucht ist das älteste, was jeder einzelne von uns, ebenso wie die ganze Menschheit, im Gedächtnis hat. Wir würden es bemerken, wenn diese Erinnerung nicht durch andere verdeckt würde, denen wir uns lieber zuwenden. Was für eine Kindheit hätten wir gehabt, wenn man uns immer hätte gewähren lassen! Wir wären von Vergnügen zu Vergnügen geeilt. Aber da erhob sich ein Hindernis; nicht sichtbar und nicht fühlbar: das Verbot. Warum haben wir gehorcht? Diese Frage kam uns kaum; wir waren gewöhnt, unsern Eltern und Lehrern zu gehorchen. Dabei fühlten wir sehr wohl, daß es so war, weil sie unsre Eltern und weil sie unsere Lehrer waren. Ihre Autorität beruhte also in unsern Augen weniger auf ihrer Person als auf ihrer Stellung uns gegenüber. Sie nahmen einen bestimmten Rang ein: von dort kam — mit einer Eindringlichkeit, die er nie gehabt hätte, wenn er von einer andern Stelle ausgesandt worden wäre — der Befehl. Mit andern Worten: Eltern und Lehrer schienen auf Grund eines Auftrags zu handeln. Zwar gaben wir uns darüber nicht klar Rechenschaft, doch erahnten wir hinter unsern Eltern und Lehrern ein Ungeheures, oder vielmehr Unendliches, das durch ihr Medium mit seiner ganzen Wucht auf uns lastete. In späterem Alter hätten wir gesagt, es sei die Gesellschaft. Wir hätten darüber philosophiert und sie mit einem Organismus verglichen, dessen Zellen durch unsichtbare Bande miteinander verknüpft, in einer kunstvollen Hierarchie sich einander unterordnen und sich von Natur aus, zum größeren Wohl des Ganzen, einer Disziplin beugen, die von jedem Teil verlangen kann, daß er sich opfere. Das wäre übrigens nur ein Vergleich, denn ein Organismus, der dem Gesetz der Notwendigkeit unterworfen ist, ist etwas anderes als eine Gesellschaft, die durch eine Gesamtheit von freien Willen gebildet wird. Aber von dem Augenblick an, wo diese Willen organisiert sind, verhalten sie sich wie ein Organismus; und in diesem mehr oder weniger künstlichen Organismus spielt die Gewohnheit die gleiche Rolle, wie in den Werken der Natur die Notwendigkeit. Von diesem ersten Gesichtspunkt aus erscheint uns das soziale Leben als ein System von mehr oder weniger stark eingewurzelten Gewohnheiten, die den Bedürfnissen der

Gemeinschaft entsprechen. Einzelne sind Gewohnheiten des Befehlens, die meisten sind Gewohnheiten des Gehorchens, sei es nun, daß wir einer Person gehorchen, die kraft eines Auftrags der Gesellschaft befiehlt, sei es daß die Gesellschaft selbst, undeutlich erkannt oder erfühlt, einen unpersönlichen Befehl aussendet. Jede dieser Gewohnheiten des Gehorchens übt einen Druck auf unsern Willen aus. Wir können einer solchen Gewohnheit zwar entschlüpfen, aber dann werden wir zu ihr hingezogen, zu ihr zurückgeführt, wie das Pendel, das sich von der senkrechten Richtung entfernt hat. Es ist dann eine gewisse Ordnung gestört — und sie *sollte* wieder hergestellt werden. Kurz, es ist wie bei jeder Gewohnheit: wir fühlen uns genötigt.

Doch handelt es sich hier um eine ungleich stärkere Nötigung. Wenn eine Größe eine andere so sehr überragt, daß diese im Verhältnis dazu vernachlässigt werden kann, dann sagen die Mathematiker, sie gehöre einer andern Ordnung an. So verhält es sich auch mit der sozialen Nötigung. Im Vergleich zu dem Druck der andern Gewohnheiten ist ihre Druckkraft derart, daß der Unterschied des Grades auf einen Unterschied der Art hinausläuft.

Wir können in der Tat feststellen, daß alle so beschaffenen Gewohnheiten sich gegenseitig stützen. Auch wenn wir gar nicht über ihre Art oder ihren Ursprung nachdenken, so fühlen wir doch, daß sie eine Beziehung untereinander haben: entweder werden sie von unserer unmittelbaren Umgebung gefordert, oder von der Umgebung dieser Umgebung, und so fort, bis zu der äußersten Grenze, die durch die Gesellschaft gebildet wird. Jede entspricht, direkt oder indirekt, einer gesellschaftlichen Forderung; und insofern halten sie sich gegenseitig und bilden einen Block. Viele wären nur geringe Verpflichtungen, wenn sie isoliert aufträten. Doch sie bilden einen integrierenden Bestandteil der Verpflichtung an sich; und dieses Ganze, das alles, was es ist, der Unterstützung aller seiner Teile verdankt, verleiht wiederum jedem einzelnen Teil die Gesamtautorität des Ganzen. Das Kollektive stärkt auf diese Weise das einzelne, und die Formel ›Es ist Pflicht‹ triumphiert über die Bedenken, die wir einer einzelnen Pflicht gegenüber haben könnten. Allerdings denken wir nicht ausdrücklich an eine Masse von addierten Teilverpflichtungen, die eine totale Verpflichtung ergäben. Vielleicht handelt es sich hier sogar wirklich nicht um eine Zusammensetzung von Teilen. Eher ist die Kraft, die eine einzelne Verpflichtung aus allen andern zieht, dem Lebenshauch vergleichbar, den jede einzelne Zelle unteilbar und vollständig aus der Tiefe des Organismus schöpft, von dem sie ein Element ist. Die Gesellschaft, die jedem ihrer Glieder immanent ist, stellt Forderungen, von denen jede, ob groß oder klein, gleichwohl die Ganzheit ihrer Vitalität ausdrückt. Aber wir müssen wiederholen, daß auch dies noch ein bloßer Vergleich ist. Eine menschliche Gesellschaft ist eine Gesamtheit freier Wesen.

Die Verpflichtungen, die sie auferlegt und die es ihr ermöglichen zu bestehen, verleihen ihr eine Regelmäßigkeit, die mit der unbeugsamen Ordnung der Lebensphänomene nur eine gewisse Ähnlichkeit hat.

Und doch wirkt alles dahin zusammen, in uns die Meinung zu erzeugen, diese Regelmäßigkeit sei der Regelmäßigkeit der Natur gleichzusetzen. Ich spreche dabei nicht nur von der Einstimmigkeit, mit der die Menschen gewisse Handlungen loben und andere tadeln. Ich meine vielmehr, daß selbst dort, wo die in den Werturteilen enthaltenen moralischen Vorschriften nicht befolgt werden, man es so einrichtet, daß wenigstens der Anschein entsteht, als würden sie befolgt. So wenig wir die Krankheit sehen, wenn wir auf der Straße spazieren gehen, so wenig ermessen wir, wieviel Immoralität es hinter der Fassade, die die Menschheit uns zeigt, geben mag. Man würde lange brauchen um Menschenfeind zu werden, wenn man sich darauf beschränkte, den Mitmenschen zu beobachten. Vielmehr gelangt man dazu, die Menschen zu beklagen oder zu verachten, indem man seine eigenen Schwächen feststellt. Das Menschentum, von dem man sich dabei abwendet, ist das Menschentum, das man in der Tiefe seines Selbst entdeckt hat. Das Böse verbirgt sich so gut, das Geheimnis wird so allgemein gehütet, daß sich hier jeder von allen andern betrügen läßt: so streng wir auch die andern zu beurteilen pflegen — im Grunde halten wir sie für besser als uns selbst. Auf dieser glücklichen Illusion beruht ein gut Teil des sozialen Lebens.

Begreiflicherweise tut die Gesellschaft alles, um diese Illusion zu ermutigen. Übrigens gleichen die Gesetze, die sie erläßt und die die soziale Ordnung aufrechterhalten, in gewisser Hinsicht den Naturgesetzen. In den Augen des Philosophen ist der Unterschied allerdings grundlegend. Das konstatierende Gesetz, sagt er, ist etwas anderes, als das befehlende. Diesem kann man sich entziehen; es nötigt, aber es zwingt nicht. Jenes dagegen ist unentrinnbar, denn wenn irgendein Faktum sich ihm entzöge, dann hätte man es eben zu Unrecht für ein Gesetz gehalten; dann gäbe es ein anderes Gesetz, das erst das richtige wäre; man würde es so formulieren, daß es alle Beobachtungen umfaßte, und dann würde auch jenes widerspenstige Faktum sich ebenso einfügen, wie die andern. — Zweifellos; aber für die große Mehrzahl der Menschen ist der Unterschied bei weitem nicht so klar. Naturgesetz, soziales oder moralisches Gesetz — jedes Gesetz ist für sie ein Befehl. Es gibt eine gewisse Ordnung der Natur, die sich in Gesetzen ausdrückt, und die Tatsachen ›gehorchen‹ diesen Gesetzen, um sich der Ordnung anzupassen. Selbst der Gelehrte kann sich nur mühsam der Auffassung entziehen, daß das Gesetz die Tatsachen ›leite‹ und ihnen somit vorangehe ähnlich der platonischen Idee, nach der sich die Dinge zu richten hatten. Je höher er die Stufenleiter der Verallgemeinerungen erklimmt, desto mehr neigt er dazu, nolens volens die Gesetze mit diesem Befehlscharakter auszustatten: man muß wahrhaftig gegen sich ankämpfen, wenn man sich die Gesetze der Mechanik anders vorstellen will als von aller Ewigkeit her auf transzendenten Tafeln eingeschrieben, die die moderne Wissenschaft von einem zweiten Sinai herabgeholt hätte. Aber ebenso wie das Naturgesetz, sofern es eine gewisse Allgemeinheit erreicht, für unsere Auffassung die Form des Befehls annimmt, so stellt sich uns auch umgekehrt ein Imperativ, der sich an alle Welt wendet, einigermaßen wie ein Naturgesetz dar. Da diese beiden Ideen in unserm Geiste zusammentreffen, so kommt es zu einem Austausch. Das Gesetz nimmt von dem Befehl das Gebieterische an; dafür erhält der Befehl von dem Gesetz das Unentrinnbare. Auf diese Weise erhält jeder Verstoß gegen die soziale Ordnung den Charakter des Naturwidrigen: selbst wenn er häufig vorkommt, macht er auf uns den Eindruck einer Ausnahme, die für die Gesellschaft dasselbe wäre, was im Reiche der Natur ein Monstrum ist.

Was wird sich nun erst ergeben, wenn wir hinter dem gesellschaftlichen Imperativ noch ein religiöses Gebot sehen! Dabei kommt es auf die Beziehung zwischen den beiden Bereichen nicht so sehr an. Ob man die Religion so oder so auffaßt, ob sie wesentlich oder nur nebenbei sozialer Natur ist — eins ist sicher: daß sie immer eine soziale Rolle gespielt hat. Gewiß ist diese Rolle nicht einheitlich, sondern je nach Zeit und Ort verschieden; aber in einer Gesellschaft wie der unsrigen ist die wesentlichste Wirkung der Religion die, daß sie die Forderungen der Gesellschaft stützt und stärkt. Die Religion kann viel weiter gehen; aber bis dahin geht sie mindestens. Freilich, die Gesellschaft setzt Strafen fest, die den Unschuldigen treffen können und den Schuldigen verschonen; belohnen tut sie kaum; sie sieht nur ganz roh und begnügt sich mit Wenigem: wo bleibt da die wahrhaft menschliche Waage, die Lohn und Strafe geziemend abwägt? Doch ebenso wie die platonischen Ideen uns vollständig und vollkommen die Wirklichkeit offenbaren, von der wir nur grobe Abbilder sehen, ebenso führt uns die Religion in eine himmlische Stadt, von der unsere Einrichtungen, Gesetze und Gebräuche höchstens hin und wieder die gröbsten Umrisse zeigen. Hienieden ist die Ordnung eine bloß ungefähre, und die Menschen haben sie mehr oder weniger künstlich zustande gebracht; da oben ist sie vollkommen und dort verwirklicht sie sich von selbst. Demnach wird der Unterschied zwischen einem Gebot der Gesellschaft und einem Naturgesetz, der durch die Denkgewohnheiten des gewöhnlichen Menschenverstandes ohnehin schon sehr verwischt ist, von der Religion für unsere Optik vollends aufgehoben.

So gelangen wir immer wieder zu demselben Vergleich, der zwar in vieler Hinsicht hinken mag, der aber dennoch für den Punkt, auf den es uns ankommt, durchaus annehmbar ist: die Glieder des Gemeinwesens halten sich gegenseitig wie die Zellen eines Organismus. Die Gewohnheit, der Verstand und Phantasie zu Hilfe kommen, richtet unter ihnen eine Disziplin auf, und bei der Solidarität, die sie unter sonst geschiedenen Individualitäten herstellt, ahmt diese Disziplin einigermaßen die Einheit eines Organismus von verbundenen Zellen nach.

So kommt, um es noch einmal zu sagen, alles zusammen, und macht aus der sozialen Ordnung eine Nachahmung der Ordnung, die wir in den Dingen beobachten. Zwar fühlt jeder von uns, wenn er sich zu sich selbst wendet, die Freiheit, seinem Geschmack, seinem Wunsch oder seiner Laune zu folgen und sich an die andern Menschen nicht zu kehren. Aber kaum ist diese Regung aufgetaucht, da kommt eine entgegengesetzte Kraft dazwischen, die aus der Häufung aller sozialen Kräfte geformt ist: zum Unterschied von den individuellen Triebkräften, von denen jede nach ihrer Seite zerrt, würde diese Kraft eine Ordnung erzeugen, die der Ordnung der Naturphänomene nicht unähnlich wäre. Wenn die Zelle eines Organismus für einen Augenblick das Bewußtsein erlangte und in ihr die Absicht auftauchen würde, sich zu emanzipieren – sie würde sofort wieder von der zwangsmäßigen Notwendigkeit ergriffen werden. Dagegen kann der Einzelmensch, der einer Gesellschaft angehört, eine Notwendigkeit, die jene Notwendigkeit nur imitiert, die er irgendwie miterschaffen hat, die er jedoch in der Hauptsache erleidet, beugen oder sogar brechen. Dennoch ist das Gefühl dieser Notwendigkeit, mag es auch von dem Bewußtsein begleitet sein, daß man sich ihr entziehen kann, gleichwohl das, was er eine Verpflichtung nennt. So angesehen, und in ihrer gewöhnlichsten Bedeutung genommen, verhält sich die moralische Verpflichtung zur Notwendigkeit genau so, wie die Gewohnheit zur Natur.

Sie kommt also nicht eigentlich von außen. Jeder von uns gehört der Gesellschaft in demselben Maße wie sich selbst. Mag sein Bewußtsein, sich in das eigene Ich versenkend, ihm, je tiefer er darin hinabsteigt, eine mehr und mehr originale Persönlichkeit enthüllen, die nicht an den andern zu messen und somit nicht ausdrückbar ist – durch die Oberfläche unseres Selbst stehen wir mit den andern in Verbindung, sind wir ihnen ähnlich und mit ihnen verbunden durch eine Disziplin, die zwischen ihnen und uns eine wechselseitige Abhängigkeit schafft. Ist nun aber die Zurückziehung auf diesen sozialisierten Teil unseres Wesens für unser Ich die einzige Möglichkeit, auf soliden Grund zu gelangen? Das wäre der Fall, wenn wir uns einem Leben der jähen Ausbrüche, der Launen und der Reue nicht auch auf andere Weise entziehen könnten. Doch wenn wir es nur recht zu suchen wissen, so werden wir vielleicht in unserm tiefsten Innern ein Gleichgewicht von anderer Art entdecken, das noch erstrebenswerter ist als jenes oberflächliche Gleichgewicht. Wasserpflanzen, die an die Oberfläche kommen, werden ständig von der Strömung hin und her geworfen; ihre Blätter, die sich über dem Wasser vereinigen, geben ihnen freilich durch ihre Verschlingung von oben her eine gewisse Standhaftigkeit. Aber standhafter noch sind die Wurzeln, die fest in der Erde sitzen und sie von unten halten. Doch wollen wir im Augenblick nicht von der Kraft sprechen, mit der man bis zum Grunde seines Ich vordringen kann. Das ist gewiß möglich, aber doch selten. Gewöhnlich findet unser Ich seinen Halt an der Oberfläche, dort wo es in das dichte Geflecht des andern ebenfalls nach außen gewandten Menschen eingefügt ist: seine Solidität liegt in dieser Solidarität. Aber in dem Maße, wie er sich anschließt, wird er selbst vergesellschaftet. Die Verpflichtung, die wir uns als ein Band zwischen den Menschen vorstellen, bindet zunächst jeden von uns an sich selbst.

Mit Unrecht würde man also einer rein sozialen Moral vorwerfen, daß sie die individuellen Pflichten vernachlässige. Selbst wenn wir theoretisch nur den andern Menschen gegenüber verpflichtet wären, wären wir es effektiv gegen uns selbst, da ja die soziale Solidarität nur existiert, sobald in jedem von uns ein soziales Ich zu dem individuellen Ich hinzukommt. Dieses ›soziale Ich‹ zu pflegen — das ist das Wesentliche an unserer Verpflichtung der Gesellschaft gegenüber. Wäre nichts von ihr in uns, so hätte sie keine Handhabe uns gegenüber; und wir brauchen kaum bis zu ihr zu gehen, wir genügen uns selbst, wenn wir sie in uns selbst gegenwärtig finden. Ihr Vorhandensein mag von Mensch zu Mensch verschieden ausgeprägt sein — doch keiner von uns kann sich völlig von ihr isolieren. Er würde es auch gar nicht wollen, denn er fühlt sehr wohl, daß der größte Teil seiner Kraft von ihr kommt, und daß er nur den ständigen Anforderungen des sozialen Lebens diese ununterbrochene Anspannung seiner Energie verdankt, diese Beharrung in der Richtung seines Strebens, die seiner Aktivität die höchste Leistung sichert. Aber er könnte es auch nicht, selbst wenn er wollte, weil sein Gedächtnis und seine Phantasie von dem lebt, was die Gesellschaft hineingetan hat, weil die Seele der Gesellschaft der Sprache immanent ist, die er spricht, und weil selbst dann, wenn sonst niemand anwesend ist und er lediglich denkt, er noch zu sich selbst spricht. Vergebens versucht man, sich ein von allem sozialen Leben losgelöstes Individuum vorzustellen. Sogar rein materiell blieb Robinson auf seiner Insel in Beziehung zu den anderen Menschen, denn das Handwerkszeug, das er aus dem Schiffbruch gerettet hat und ohne das er sich nicht aus der Not helfen könnte, hält ihn innerhalb der Zivilisation und somit innerhalb der Gesellschaft. Aber noch notwendiger ist ihm ein moralischer Kontakt, denn er würde sehr bald mutlos werden, wenn er den sich unaufhörlich erneuernden Schwierigkeiten nichts entgegensetzen könnte als eine individuelle Kraft, deren Grenzen er selber fühlt. Aus der Gesellschaft, der er ideell verbunden bleibt, schöpft er neue Energie; er mag sie nicht sehen, sie ist doch da und sieht ihn an: wenn das individuelle Ich das soziale Ich lebendig und gegenwärtig bewahrt, so wird er, der Isolierte, dasselbe tun, was er mit der Ermutigung und sogar mit der Unterstützung der ganzen Gesellschaft täte. Menschen, die von den Verhältnissen eine Zeitlang zur Einsamkeit verdammt werden und nicht in sich selbst die Quellen tiefen Innenlebens finden, wissen was es bedeutet, wenn man ›sich gehen läßt‹, d. h. wenn man das individuelle Ich nicht auf dem vom sozialen Ich vorgeschriebenen Niveau festhält. Sie werden sich also bemühen, dieses individuelle Ich so zu erhalten, daß es in seiner Strenge in bezug auf das andre Ich nichts nachgibt. Wenn nötig werden sie ihm einen materiellen, künstlichen Stützpunkt suchen. Man denke an jenen Waldhüter, von dem Kipling erzählt, der in seinem Häuschen allein in einem indischen Urwald lebt. Jeden Abend zieht er zum ›dinner‹ den schwarzen Rock an, um »in seiner Abgeschiedenheit nicht den Respekt vor sich selbst zu verlieren[1]«.

Daß dieses soziale Ich der ›unparteiische Zuschauer‹ von Adam Smith sei, daß man es mit dem Gewissen zu identifizieren habe, daß man sich zufrieden oder unzufrieden mit sich selbst fühle, je nachdem es gut oder schlecht beeindruckt ist – das wollen wir nicht behaupten. Wir werden für die moralischen Empfindungen tiefere Quellen entdecken. Die Sprache vereint hier unter demselben Namen sehr verschiedene Dinge: was gibt es gemeinsames zwischen den Gewissensbissen eines Meuchelmörders und solchen, die man empfinden kann, weil man jemandem in seiner Eigenliebe verletzt hat, oder weil man ungerecht gegen ein Kind gewesen ist? Das Vertrauen einer unschuldigen Seele zu täuschen, die sich dem Leben öffnet, ist eine der größten Untaten für ein Gewissen, das keinen Sinn für Proportionen zu haben scheint, gerade weil es seine Skala, seine Meßinstrumente und -methoden nicht von der Gesellschaft entlehnt. Aber diese Art von Gewissen ist nicht die, die am häufigsten in Erscheinung tritt; das Gewissen ist übrigens von Person zu Person mehr oder weniger zart. Im allgemeinen aber ist der Urteilsspruch des Gewissens derselbe, den das soziale Gewissen fällen würde.

Im allgemeinen ist auch die moralische Angst eine Störung der Beziehungen zwischen dem sozialen Ich und dem individuellen Ich. Man analysiere einmal das Gefühl der Gewissensbisse in der Seele eines Schwerverbrechers. Man könnte es zunächst mit der Furcht vor Strafe verwechseln, denn er trifft die eingehendsten Vorsichtsmaßregeln, die er immer wieder vervollständigt und erneuert, damit das Verbrechen verborgen bleibe oder man den

[1] Kipling, *In the Rukh*, in der Sammlung *Many inventions*.

Schuldigen nicht finde; er ist in ständiger Angst, daß irgendeine Kleinigkeit vernachlässigt worden sein könnte und die Justiz dieses verräterische Zeichen aufspüren könnte. Aber man sehe näher zu: es handelt sich für unsern Verbrecher gar nicht so sehr darum der Strafe zu entrinnen, als vielmehr darum, die Vergangenheit auszulöschen und das Verbrechen gleichsam ungeschehen zu machen. Wenn von einer Sache niemand etwas weiß, so ist es fast so, als wenn sie gar nicht bestände. Der Verbrecher möchte also das Verbrechen selbst auslöschen, indem er jede Kenntnis, die eine Menschenseele davon haben könnte, unterdrückt. Aber seine eigene Kenntnis bleibt, und siehe da! sie drängt ihn mehr und mehr aus dieser Gesellschaft heraus, in der er sich zu halten hoffte, indem er die Spuren seines Verbrechens verwischte. Denn man bezeigt dem Manne, der er war, und der er nicht mehr ist, noch die gleiche Achtung; die Gesellschaft wendet sich also nicht mehr an ihn: sie spricht zu einem andern. Er selbst aber, der weiß wer er ist, fühlt sich unter den Menschen einsamer als wenn er auf einer verlassenen Insel lebte; denn in der Einsamkeit würde er, es hegend und pflegend, das Bild der Gesellschaft mit sich tragen; jetzt aber ist er von dem Bilde ebenso abgeschnitten wie von der Sache. Ein Bekenntnis würde ihn wieder in die Gesellschaft einfügen; man würde ihn dann zwar so behandeln wie er es verdient, aber man würde sich wieder an ihn selbst wenden. Er würde das Zusammenwirken mit den andern Menschen wieder aufnehmen. Er würde zwar von ihnen abgestraft werden, aber dadurch, daß er sich auf ihre Seite stellte, wäre er einigermaßen der Urheber seiner eigenen Verurteilung; und ein Teil seines Selbst, der bessere Teil, würde so der Qual entgehen. Das ist die Macht, die den Verbrecher dazu treibt, sich selbst anzuzeigen. Manchmal geht er nicht so weit, sondern beichtet einem Freunde, oder irgendeinem andern ehrlichen Menschen. Indem er so zur Wahrheit zurückkehrt, wenn auch nicht für alle, so doch für einen einzelnen, verbindet er sich in einem Punkte, mit einem Faden, wieder der Gesellschaft; wenn er sich ihr auch nicht wieder einfügt, so ist er wenigstens neben ihr, ihr nahe; sie hört auf, ihm fremd zu sein; jedenfalls hat er mit ihr nicht mehr so vollkommen gebrochen und auch nicht mit dem, was er von ihr in sich trägt.

Erst bei einem so heftigen Bruch enthüllt sich deutlich der Zusammenhang des Individuums mit der Gesellschaft. Normalerweise werden unsere Verpflichtungen von uns eher einfach erfüllt als eigens erwogen. Wenn wir jedesmal ihre Idee heraufbeschwören, ihre Formel ausdrücken müßten, so wäre es weit anstrengender, seine Pflicht zu tun. Doch die Gewohnheit genügt, und meist brauchen wir uns nur gehen zu lassen, um der Gesellschaft zu geben, was sie von uns erwartet. Außerdem hat sie uns die Sache außerordentlich erleichtert, indem sie zwischen sich und uns die Mittelspersonen einschiebt: wir haben eine Familie, wir üben einen Beruf aus; wir gehören zu unserer Gemeinde, unserm Bezirk, unserer Provinz; und sofern die Einfügung der Gruppe in die Gesellschaft vollkommen ist, genügt es zur Not, daß wir unsere Pflichten gegen die Gruppe erfüllen, um auch mit der Gesellschaft quitt zu sein. Diese nimmt die Peripherie ein; das Individuum ist im Zentrum. Vom Zentrum bis zur Peripherie sind, als immer größer werdende konzentrische Kreise, die verschiedenen Gruppen angeordnet, zu denen das Individuum gehört. Von der Peripherie nach dem Zentrum hin fügen sich in immer kleiner werdenden Kreisen die Verpflichtungen aneinander, so daß das Individuum sie schließlich alle zusammen vor sich hat. So nimmt die Verpflichtung im Fortschreiten zu; aber obwohl komplizierter, wird sie dabei weniger abstrakt und um so williger anerkannt. Da wo sie völlig konkret wird, fällt sie mit einer Neigung zusammen, die uns so gewohnt ist, daß wir sie natürlich finden, nämlich der, in der Gesellschaft die Rolle zu spielen, die unser Platz darin uns zuweist. So lange wir uns dieser Neigung überlassen, spüren wir sie kaum. Wie bei jeder tiefeingewurzelten Gewohnheit offenbart sich ihre Macht erst dann, wenn wir sie durchbrechen.

Es ist die Gesellschaft, die dem Individuum das Programm seines tagtäglichen Daseins vorzeichnet. Man kann nicht mit der Familie leben, seinen Beruf ausüben, die tausend Anforderungen des täglichen Lebens erledigen, seine Einkäufe machen, spazieren gehen oder auch zu Hause bleiben, ohne Vorschriften zu gehorchen und sich Verpflichtungen zu fügen. Jeden Augenblick sind wir vor eine Wahl gestellt: und wir entscheiden uns natürlich für das, was der Regel entspricht. Wir sind uns dessen kaum bewußt; es kostet uns keine Anstrengung. Ein Weg ist von der Gesellschaft vorgezeichnet; wir sehen ihn offen vor uns liegen und wir folgen ihm; es würde mehr Anstrengung kosten, querfeldein zu gehen. In diesem Sinne erfüllt man seine Pflicht fast stets automatisch; und wenn man sich an den häufigsten Fall halten wollte, könnte man die Pflichterfüllung als ein Sich-Gehenlassen oder Sich-Hingeben definieren. Woher kommt es nun, daß diese Pflichterfüllung im Gegenteil als ein Zustand der Anspannung erscheint, und die Pflicht selbst als etwas Rauhes und Schweres? Offenbar gibt es Fälle, wo man um der Pflicht zu gehorchen, sich selbst bezwingen muß. Es sind das Ausnahmefälle; aber sie fallen auf, weil sie von einem intensiven Bewußtsein begleitet sind, wie jede Unschlüssigkeit es mit sich bringt; in Wahrheit ist das Bewußtsein dieses Zaudern selbst, denn die Handlung, die sich von selbst auslöst, bleibt nahezu unbemerkt. Weil nun unsere Verpflichtungen alle miteinander zusammenhängen, und weil der Gesamtbegriff der Verpflichtung jedem ihrer Teile innewohnt, nehmen alle Pflichten die Färbung an, die diese oder jene von ihnen einmal ausnahmsweise gehabt hat. Vom praktischen

Standpunkt aus ist es durchaus nicht nachteilig, hat es sogar gewisse Vorteile, die Dinge so anzusehen. So selbstverständlich man im allgemeinen seine Pflicht tun mag, man kann in sich einen Widerstand finden; da ist es nur nützlich, wenn man darauf vorbereitet ist, und es nicht als ausgemacht betrachtet, daß es leicht sei, ein guter Gatte, ein guter Bürger, ein gewissenhafter Arbeiter, kurz ein anständiger Mensch zu bleiben. Übrigens ist ein gut Teil Wahrheit in dieser Meinung; denn wenn es auch verhältnismäßig einfach ist, sich im sozialen Rahmen zu halten, so mußte man sich doch erst einmal hineinfügen, und diese Einfügung erfordert eine Anstrengung. Die natürliche Undiszipliniertheit des Kindes, die Notwendigkeit der Erziehung sind der Beweis dafür. Es ist nur recht und billig, daß man diese virtuelle Einwilligung des Individuums der Gesamtheit seiner Verpflichtungen gegenüber in Rechnung stellt, auch wenn es nicht mehr bei jeder einzelnen von ihnen sich zu befragen braucht. Der Reiter braucht sich nur tragen zu lassen; aber erst mußte er sich in den Sattel schwingen. Das gilt auch für das Individuum gegenüber der Gesellschaft. Es wäre in gewisser Hinsicht falsch und in jeder Hinsicht gefährlich zu sagen, daß man die Pflicht automatisch erfüllen kann. Wir mögen es also als praktische Maxime aufstellen, Pflichterfüllung sei ein Widerstand gegen sich selbst.

Aber eine wissenschaftliche Erklärung ist etwas anderes als eine praktische Empfehlung. Behauptet man, um über die Pflicht, ihr Wesen und ihren Ursprung Rechenschaft zu geben, Pflichterfüllung sei in erster Linie Selbstüberwindung, ein Zustand der Spannung oder des Zwanges, so begeht man einen psychologischen Irrtum, der schon vielen Moraltheorien geschadet hat. Auf diese Weise sind künstliche Schwierigkeiten aufgetaucht, Probleme, die die Philosophen entzweien und die sich in Nebel auflösen, sobald wir die Begriffe analysieren. Die Verpflichtung ist keineswegs eine einzelne Tatsache, die mit den andern unvergleichbar wäre und sich wie eine mysteriöse Erscheinung über ihnen erhöbe. Wenn eine ganze Reihe von Philosophen, besonders solche, die sich an Kant anschließen, es so angesehen haben, so deshalb, weil sie das Gefühl der Verpflichtung, diesen ruhigen und der Neigung verwandten Zustand verwechselt haben mit dem Stoß, den wir uns manchmal geben, um das zu brechen, was der Pflicht entgegengesetzt wäre.

Dem von einer rheumatischen Krankheit Genesenden bereitet es Mühe, ja sogar Schmerz, wenn er seine Muskeln und Gelenke spielen lassen will. Er hat das allgemeine Gefühl eines Widerstandes von den Organen her. Nach und nach nimmt es ab und verläuft schließlich in dem Gefühl, das wir von unsern Bewegungen haben, wenn wir gesund sind. Man kann freilich zugeben, daß es noch vorhanden ist, und zwar im Anfangsstadium oder besser im Schwundstadium, und daß es nur auf eine Gelegenheit lauert, um wieder intensiv zu werden; man muß sich natürlich auf Rückfälle gefaßt machen, wenn man an Rheumatismus leidet. Aber was würde man von jemand denken, der in unserer gewöhnlichen Empfindung, die wir beim Bewegen von Armen und Beinen haben, nur eine Abschwächung des Schmerzes sehen wollte und daher unsere Bewegungsfähigkeit als einen angestrengten Widerstand gegen die rheumatische Behinderung definieren würde? Zunächst würde er auf diese Weise darauf verzichten, die motorischen Gewohnheiten verständlich zu machen; jede von ihnen umfaßt ja eine besondere Kombination von Bewegungen und kann nur durch diese verstanden werden. Die allgemeine Fähigkeit zu gehen, zu laufen, den Körper zu bewegen, ist nur die Summe dieser elementaren Gewohnheiten, deren jede ihre besondere Erklärung in den Spezialbewegungen findet, die sie umfaßt. Aber wenn man diese Fähigkeit nur im ganzen betrachtet, und sie außerdem zu einer Kraft erhebt, die einem Widerstande entgegengesetzt sei, so läßt man mit Notwendigkeit neben ihr den Rheumatismus als eine unabhängige Entität auftauchen. Offenbar ist ein Irrtum dieser Art von vielen begangen worden, die über die Verpflichtung philosophiert haben. Wir haben tausend Spezial-Verpflichtungen, deren jede ihre eigene Erklärung erfordert. Es ist das Natürliche, oder genauer gesagt das Gewohnte, wenn man ihnen allen gehorcht. Ausnahmsweise wird man sich von einer von ihnen entfernen, man wird ihr widerstehen: und wenn man diesem Widerstand widersteht, dann wird sich ein Zustand der Anspannung oder des Zwanges ergeben. Diese Anstrengung ist es, die wir in den Vordergrund stellen, wenn wir der Pflicht ein so strenges Gesicht verleihen.

An diese Anstrengung denken auch die Philosophen, wenn sie glauben, die Pflicht in rationale Elemente auflösen zu können. Um dem Widerstand zu widerstehen, um uns auf dem rechten Wege zu halten, wenn der Wunsch, die Leidenschaft oder der Eigennutz uns davon abwenden wollen, müssen wir naturgemäß uns selbst Gründe anführen. Selbst wenn wir dem unerlaubten Wunsch einen andern Wunsch entgegengesetzt haben, hat dieser, der vom Willen getragen ist, nur auf den Ruf einer Idee hin auftauchen können. Kurz, ein intelligentes Wesen handelt gegen sich selbst mittels der Intelligenz. Aber daraus, daß man auf rationalem Wege zur Verpflichtung zurückkehren kann, folgt nicht, daß die Verpflichtung selbst von rationaler Ordnung gewesen wäre. Wir werden später bei diesem Punkt verweilen; wir wollen die Moraltheorien jetzt noch nicht diskutieren. Wir wollen lediglich sagen: eine natürliche oder erworbene Neigung ist etwas anderes als die notwendigerweise rationale Methode, die ein vernünftiges Wesen anwenden wird, um jener ihre Kraft wiederzugeben und das zu bekämpfen, was sich ihr widersetzt. In diesem Falle kann die vorübergehend verdunkelte

Neigung wiedererscheinen: und alles verläuft dann so, als wenn es einem gelungen wäre, durch diese Methode die ursprüngliche Neigung wiederherzustellen. In Wirklichkeit hat man nur das beseitigt, was sie störte oder aufhielt. Gewiß, praktisch kommt das auf dasselbe hinaus: ob man das Ergebnis nun so oder so erklärt, es ist da, man hat das Ziel erreicht. Und um Erfolg zu haben ist es vielleicht sogar besser, wenn man sich vorstellt, daß die Dinge auf dem zuerst genannten Wege verlaufen sind. Aber nun zu behaupten, daß es sich wirklich so verhalte — das wäre eine Verfälschung der Theorie der Verpflichtung. Ist das jedoch nicht den meisten Philosophen passiert?

Man wolle meinen Gedankengang nicht mißverstehen. Selbst wenn man nur einen gewissen Aspekt der Moral ins Auge faßt, wie wir es bisher getan haben, kann man recht viele verschiedene Haltungen gegenüber der Pflicht feststellen. Sie durchlaufen den ganzen Zwischenraum zwischen zwei extremen Haltungen oder besser zwischen zwei extremen Gewohnheiten: einerseits das Wandeln auf den von der Gesellschaft vorgezeichneten Wegen, das so natürlich ist, daß man es kaum bemerkt, und anderseits das Zögern und Überlegen, welchen Weg man einschlagen solle, und wieweit man ihm folgen solle, und welches Hin und Her nötig sein wird, wenn man nacheinander mehrere von diesen Wegen einschlagen würde. Im zweiten Fall treten mehr oder weniger häufig neue Probleme auf; und selbst dort, wo die Pflicht ganz genau vorgezeichnet ist, bringt man mehr oder weniger Nuancen bei ihrer Erfüllung an. Aber zunächst ist die erste Haltung die der ungeheuren Mehrheit der Menschen; in den niederen Gesellschaften ist sie wahrscheinlich ganz allgemein. Und dann: wir mögen noch so sehr jeden einzelnen Fall durchdenken, seinen Grundsatz formulieren, sein Prinzip aussprechen, die Konsequenzen ableiten: ergreifen Lust und Leidenschaft das Wort, ist die Versuchung stark, ist man im Begriff zu fallen und reißt sich dann plötzlich zusammen — wo kommt dann die Sprungfeder her? Alsdann macht sich eine Kraft geltend, die wir »die Ganzheit der Verpflichtung« genannt haben: ein konzentrierter Extrakt, die Quintessenz von tausend Einzelgewohnheiten, die wir in uns aufgespeichert haben, um den tausend einzelnen Forderungen des sozialen Lebens zu gehorchen. Sie ist weder dies noch das; und wenn sie sprechen würde statt zu handeln, so würde sie sagen: »Es muß sein, weil es sein muß«. Ergo bestand die Leistung, die die Intelligenz vollbrachte, indem sie die Gründe abwog, die Grundsätze verglich, und zu den Prinzipien aufstieg, nur darin, daß sie mehr logischen Zusammenhang in ein Verhalten brachte, das per Definition den sozialen Forderungen unterworfen war; doch an dieser sozialen Forderung hielt die Verpflichtung fest. Niemals würde man, in den Stunden der Versuchung, seinen Nutzen, seine Leidenschaft, seine Eitelkeit dem bloßen Bedürfnis nach logischem Zusammenhang opfern. Weil nun aber bei einem vernunftbegabten Wesen die Vernunft tatsächlich regulierend eingreift, um diesen logischen Zusammenhang zwischen den verpflichtenden Regeln oder Grundsätzen zu sichern, so hat die Philosophie in ihr ein Prinzip der Verpflichtung sehen können. Ebensogut könnte man glauben, es sei das Schwungrad, was die Maschine antreibt.

Im übrigen vervollständigen die sozialen Forderungen sich gegenseitig. Sogar jemand, dessen Ehrenhaftigkeit alles andere als überlegt und sozusagen ganz Routine ist, bringt eine rationale Ordnung in sein Betragen, indem er sich nach Forderungen richtet, die logisch miteinander zusammenhängen. Ich will gern zugeben, daß diese Logik erst ein später Erwerb der menschlichen Gesellschaften ist. Die logische Zusammenfassung bedeutet in der Hauptsache Sparsamkeit; aus einem Ganzen schält sie zunächst ganz roh gewisse Prinzipien heraus, und dann schließt sie aus dem Ganzen alles aus, was nicht mit diesen Prinzipien übereinstimmt. Die Natur dagegen ist überreich. Und je näher eine Gesellschaft der Natur steht, desto größeren Raum haben in ihr der Zufall und das Unzusammenhängende. Bei den Primitiven findet man viele Verbote und Vorschriften, die sich aus vagen Ideenassoziationen, aus Aberglauben und Automatismus erklären. Sie sind nicht etwa unnütz, da ja auch der Gehorsam aller gegen bestimmte Vorschriften, mögen sie auch absurd sein, der Gesellschaft einen stärkeren Zusammenhalt gibt. Aber der Nutzen der Regel beruht alsdann indirekterweise lediglich darauf, daß man sich ihr unterwirft. Vorschriften und Verbote, die an sich Wert haben, sind dagegen solche, die positiv auf die Erhaltung oder auf das Wohlergehen der Gesellschaft abzielen. Zweifellos haben diese Vorschriften sich mit der Zeit aus den andern herausgehoben und haben sie überlebt. Die sozialen Forderungen haben sich alsdann nebeneinandergeordnet und sich gewissen Prinzipien untergeordnet. Aber wie dem auch sein mag – die heutigen Gesellschaften sind stark von der Logik durchdrungen, und sogar jemand, der über sein Verhalten nicht sehr viel vernünftelt, wird, wenn er sich nach diesen Prinzipien richtet, auf vernünftige Art leben.

Aber das Wesen der Verpflichtung ist etwas anderes als eine Forderung der Vernunft. Weiter wollten wir vorläufig nichts sagen. Unsere Darstellung, scheint uns, würde der Wirklichkeit um so besser entsprechen, je mehr wir es mit weniger entwickelten Gesellschaften und primitiveren Bewußtseinen zu tun hätten. Sie bleibt schematisch, so lange wir uns an das Normalbewußtsein halten, so wie wir es heute beim anständigen Menschen finden. Aber gerade weil wir es alsdann mit einer eigentümlichen Komplikation von Gefühlen, Ideen und Neigungen zu tun haben, die ineinander verschlungen sind, so werden wir allzu künstliche Analysen und willkürliche Synthesen nur vermeiden können, sofern wir über ein Schema verfügen, in dem das Wesentliche enthalten ist. Ein solches haben wir zu zeichnen versucht. Man stelle sich vor, daß die Verpflichtung in der Art einer Gewohnheit auf dem Willen lastet, wobei jede Verpflichtung die aufgehäufte Masse der andern nach sich zieht und so für den Druck, den sie ausübt, das Gewicht des Ganzen ausnützt: dann hat man die Totalität der Verpflichtung für ein einfaches, elementares moralisches Bewußtsein. Das ist das Wesentliche; und darauf könnte die Verpflichtung zur Not beschränkt werden — selbst dort, wo sie ihre höchste Kompliziertheit erreicht.

Man sieht nunmehr, in welchem Augenblick und in welchem — sehr wenig kantischen — Sinne die elementare Verpflichtung die Form eines ›kategorischen Imperativs‹ annimmt. Man würde in Verlegenheit kommen, wenn man Beispiele eines solchen Imperativs im gewöhnlichen Leben auffinden wollte. Der Tagesbefehl beim Militär, der einen Befehl ohne Begründung und ohne Widerspruch darstellt, sagt allerdings: »Es muß sein, weil es sein muß.« Aber wenn man auch dem Soldaten keinen Grund angibt — er denkt sich einen aus. Wenn wir einen reinen Fall von kategorischem Imperativ haben wollen, so müssen wir ihn a priori konstruieren, oder zum mindesten müssen wir die Erfahrung stilisieren. Denken wir uns also eine Ameise, die, von einer plötzlichen Reflexion durchblitzt, zu der Ansicht käme, es wäre Unsinn, unaufhörlich für die andern zu arbeiten. Ihre Trägheitsgelüste würden freilich nur ein paar Augenblicke dauern, so lange eben der Blitz der Intelligenz leuchten würde. Im letzten dieser Augenblicke jedoch, wenn dann der Instinkt, der nun wieder die Oberhand bekommt, sie mit Gewalt zu ihrer Arbeit zurückführt, würde die Intelligenz, die dicht davor steht, vom Instinkt aufgesogen zu werden, als eine Art Abschiedsgruß verkünden: »Es muß sein, weil es sein muß.« Dieses »Es muß sein, weil es sein muß« wäre nichts anderes als das momentan von einer Zugkraft ergriffene Bewußtsein — von einer Zugkraft, die ein für einen Augenblick entspannter Faden ausübt, indem er sich wieder anspannt. Derselbe Befehl würde dem Ohr des Somnambulen ertönen, der nahe daran oder schon dabei ist, aus seinem Traum zu erwachen; wenn er sofort in den Somnambulismus zurückfiele, dann würde ein kategorischer Imperativ — für die Reflexion, die beinahe aufgetaucht und sofort wieder verschwunden wäre — in Worten die Unvermeidbarkeit einer Rückkehr aussprechen. Kurz, ein absolut kategorischer Imperativ ist instinktiver oder somnambuler Art: er wirkt normalerweise so, und er stellt sich auch so dar, wenn die Reflexion gerade lange genug auftaucht, damit er sich formulieren kann, und wiederum nicht so lange, daß er sich Gründe suchen kann. Ist es dann aber nicht klar, daß ein Imperativ bei einem vernünftigen Wesen um so mehr die kategorische Form annehmen wird, je mehr die entfaltete Aktivität, obwohl intelligent, dazu neigt, die instinktive Form anzunehmen? Eine Aktivität aber, die, zunächst intelligent, auf eine Imitation des Instinkts zusteuert – das ist eben das, was man beim Menschen eine Gewohnheit nennt. Und die mächtigste Gewohnheit, diejenige, deren Kraft sich aus all den aufgehäuften Kräften aller elementaren sozialen Gewohnheiten zusammensetzt, ist notwendigerweise die Gewohnheit, die den Instinkt am besten imitiert. Ist es da verwunderlich, wenn in dem kurzen Augenblick, der die lediglich erlebte Verpflichtung von der vollkommen vorgestellten und durch alle Arten von Gründen gerechtfertigten Verpflichtung trennt, die Verpflichtung tatsächlich die Form des kategorischen Imperativs annimmt: »Es muß sein, weil es sein muß?«

Betrachten wir einmal zwei divergierende Linien der Entwicklung und die Gesellschaften, die am äußersten Punkte der einen und der andern stehen. Der Typus Gesellschaft, der als der natürlichere erscheinen wird, ist offenbar der instinktive Typus: das Band, das ein Bienenvolk vereint, gleicht in viel höherem Maße dem Band, das die einander gleich- und untergeordneten Zellen eines Organismus zusammenhält. Nehmen wir einen Augenblick an, die Natur habe am Ende der andern Linie solche Gesellschaften erzielen wollen, in denen der individuellen Entscheidung ein gewisser Spielraum gelassen wäre: dann hat sie es so eingerichtet, daß die Intelligenz hier Resultate erzielt, die in bezug auf ihre Regelmäßigkeit denen vergleichbar sind, die im andern Fall der Instinkt erzielt; sie hat dann nämlich auf die Gewohnheit zurückgegriffen. Jede dieser Gewohnheiten, die man ›moralische‹ Gewohnheiten nennen könnte, wird zufällig sein. Aber ihre Gesamtheit, ich meine: die Gewohnheit, derartige Gewohnheiten anzunehmen, wird, zu den Grundlagen der Gesellschaften gehörend und ihre Existenz bedingend, eine Kraft haben, die der des Instinkts vergleichbar ist, sowohl an Intensität wie an Regelmäßigkeit. Das ist aber gerade das, was wir »die Totalität der Verpflichtung« genannt haben. Es wird sich dabei zunächst nur um solche menschliche Gesellschaften handeln, wie sie eben aus den Händen der Natur hervorgegangen sind: um primitive und elementare Gesellschaften. Aber wenn die menschliche Gesellschaft auch noch so sehr fortschreitet, komplexer und geistiger wird: bleiben wird die Gesetzestafel ihrer Gründung, oder vielmehr die Absicht der Natur.

So aber sind die Dinge vor sich gegangen. Ohne näher auf einen Punkt einzugehen, mit dem wir uns an anderer Stelle beschäftigt haben, wollen wir lediglich sagen, daß Intelligenz und Instinkt Formen des Bewußtseins sind, die sich im unentwickelten Stadium gegenseitig durchdringen und sich im Laufe ihres Wachstums voneinander haben scheiden müssen. Diese Entfaltung hat sich auf den beiden großen Entwicklungslinien des animalischen Lebens vollzogen, bei den Gliederfüßern und bei den Wirbeltieren. Am Ende der ersteren Linie steht der Instinkt der Insekten insbesondere der Hautflügler; am Ende der zweiten die menschliche Intelligenz. Die wesentliche Aufgabe für Instinkt und Intelligenz ist, Instrumente zu gebrauchen: hier erfundene, und daher veränderliche und unvorhergesehene Werkzeuge — dort Organe, die die Natur geliefert hat und die daher unveränderlich sind. Hierbei ist das Instrument für eine Arbeit bestimmt, und diese Arbeit ist um so wirksamer, je spezialisierter sie ist und je mehr sie somit unter verschieden qualifizierte Arbeiter verteilt ist, die sich gegenseitig ergänzen. So ist das soziale Leben wie ein vages Ideal sowohl dem Instinkt wie der Intelligenz immanent; dieses Ideal findet seine vollständigste Verwirklichung einerseits im Bienenstock oder im Ameisenhaufen, und anderseits in den menschlichen Gesellschaften. Ob menschlich oder tierisch — eine Gesellschaft ist eine Organisation; sie impliziert eine Nebenordnung und im allgemeinen auch eine Unterordnung von Elementen untereinander; sie bietet also, entweder nur gelebt oder außerdem auch vorgestellt, ein Gesamt von Regeln oder Gesetzen. Aber in einem Bienenstock oder einem Ameisenhaufen ist das Individuum durch seine Struktur an seine bestimmte Beschäftigung gefesselt, und die Organisation ist verhältnismäßig unveränderlich, während das menschliche Gemeinwesen von variabler Form und jedem Fortschritt offen ist. Daraus folgt, daß bei den ersteren jede Regel von der Natur auferlegt und notwendig ist; wogegen bei den andern nur eins natürlich ist: die Notwendigkeit einer Regel. Je mehr man also in einer menschlichen Gesellschaft bis zur Wurzel der verschiedenen Verpflichtungen gräbt, um zur Verpflichtung an sich zu gelangen, desto mehr wird die Verpflichtung dazu neigen, Notwendigkeit zu werden, desto mehr wird sie sich in dem, was sie Zwingendes an sich hat, dem Instinkt nähern. Und trotzdem würde man sich sehr täuschen, wenn man eine einzelne Verpflichtung, welche es auch sei, auf den Instinkt zurückführen wollte. Was man sich immer vor Augen halten muß, ist dies: da keine Verpflichtung instinktiver Natur ist, so wäre die Totalität der Verpflichtung Instinkt *geworden*, wenn die menschlichen Gesellschaften nicht in gewisser Weise mit Variabilität und Intelligenz belastet wären. Es ist ein virtueller Instinkt, so wie der, der hinter der Gewohnheit des Sprechens steht. In der Tat ist die Moral einer menschlichen Gesellschaft ihrer Sprache vergleichbar. Es ist zu bedenken, daß, wenn die Ameisen Zeichen austauschen (was wahrscheinlich der Fall ist), ihnen diese Zeichensprache von demselben Instinkt geliefert wird, der es überhaupt bewirkt, daß sie sich miteinander verständigen. Eine Sprache dagegen ist ein Produkt des Gebrauchs. Nichts, weder im Wortschatz noch in der Syntax, kommt von der Natur. Aber es ist natürlich zu sprechen, und die invariablen Zeichen von natürlichem Ursprung, die in einer Gesellschaft von Insekten wahrscheinlich benutzt werden, stellen das dar, was unsere Sprache wäre, wenn die Natur, als sie uns die Gabe der Rede bescherte, nicht jene Funktion hinzugefügt hätte, die Werkzeuge schafft und Werkzeuge benützt und somit erfinderisch ist: die Intelligenz. Wir müssen dauernd darauf zurückgreifen, was die Verpflichtung *gewesen wäre*, wenn die menschliche Gesellschaft instinktiv statt intelligent gewesen wäre: wir werden auf diese Weise zwar keine Einzelverpflichtung erklären können, wir werden sogar von der Verpflichtung im allgemeinen eine Vorstellung geben, die falsch wäre, wenn man sich darauf beschränkte, und doch muß man an diese instinktive Gesellschaft denken, als ein Gegenstück zu der intelligenten Gesellschaft, wenn man nicht ohne leitenden Faden an die Untersuchung der Grundlagen der Moral herangehen will.

Unter diesem Gesichtspunkt verliert die Verpflichtung ihren spezifischen Charakter. Sie schließt sich den allgemeinsten Phänomenen des Lebens an. Wenn die Elemente, die einen Organismus bilden, sich einer unerbittlichen Disziplin beugen, kann man dann sagen, sie fühlten sich verpflichtet und sie gehorchten einem sozialen Instinkt? Offenbar nicht; aber während jener Organismus kaum eine Gesellschaft ist, sind der Bienenstock und der Ameisenhaufen wirkliche Organismen, deren Elemente durch unsichtbare Bande miteinander verknüpft sind, und der soziale Instinkt der Ameise — ich meine die Kraft, durch die zum Beispiel die Arbeiterin die Arbeit ausführt, zu der sie durch ihre Struktur bestimmt ist — kann sich nicht grundlegend von der Ursache unterscheiden, welcher Art sie auch sein mag, kraft deren jedes Gewebe, jede Zelle eines lebenden Körpers zum höchsten Nutzen der Gesamtheit funktioniert. Es handelt sich übrigens weder in dem einen noch im andern Fall eigentlich um Verpflichtung, sondern vielmehr um Notwendigkeit. Aber diese Notwendigkeit sehen wir — allerdings nicht reell aber virtuell — auf dem Grunde der moralischen Verpflichtung hindurchscheinen. Ein Wesen fühlt sich nur verpflichtet, wenn es frei ist, und jede Verpflichtung, für sich genommen, impliziert die Freiheit. Aber es ist notwendig, daß es Verpflichtungen gibt, und je mehr wir von diesen einzelnen Verpflichtungen, die auf dem Gipfel stehen, hinabsteigen zu der allgemeinen Verpflichtung, oder wie wir sagten, zu der Totalität der Verpflichtung, die an der Basis ist, desto mehr erscheint uns die Verpflichtung als eben die Form, die die Notwendigkeit im Gebiete des Lebens annimmt, wenn sie, um gewisse Ziele zu verwirklichen, die Intelligenz, die Entscheidung und somit die Freiheit verlangt.

Man wird wiederum einwenden, es handle sich alsdann um sehr einfache, primitive oder mindestens elementare menschliche Gesellschaften. Zweifellos; allein, wie wir bei späterer Gelegenheit ausführen werden, der Zivilisierte unterscheidet sich vom Primitiven hauptsächlich durch die ungeheure Masse von Kenntnissen und Gewohnheiten, die er seit dem ersten Erwachen seines Bewußtseins aus dem sozialen Milieu, in dem sie sich vorfanden, geschöpft hat. Das Naturhafte ist zwar zum großen Teil von dem Erworbenen verdeckt, aber es bleibt, fast unwandelbar, durch die Jahrhunderte bestehen: Gewohnheiten und Kenntnisse sind weit davon entfernt, in den Organismus einzudringen und sich durch Vererbung fortzupflanzen, wie man sich das vorgestellt hatte. Gewiß könnten wir dieses Naturhafte in unserer Untersuchung der Verpflichtung vernachlässigen, wenn es erdrückt würde von den erworbenen Gewohnheiten, die sich in jahrhundertelanger Zivilisation auf ihm aufgehäuft haben. Doch es erhält sich auch in der zivilisiertesten Gesellschaft in recht gutem Zustand und sehr lebendig. Man muß darauf zurückgreifen, nicht zwar um diese oder jene soziale Verpflichtung verständlich zu machen, sondern um das zu erklären, was wir die Totalität der Verpflichtung genannt haben. Übrigens zeigen unsere zivilisierten Gesellschaften, so verschieden sie auch sein mögen von der Gesellschaft, für die wir von der Natur unmittelbar bestimmt waren, mit dieser doch eine grundlegende Ähnlichkeit.

Denn auch sie sind ja geschlossene Gesellschaften. Sie mögen sehr groß sein im Vergleich zu den kleinen Gruppen, zu denen der Instinkt uns trieb und die derselbe Instinkt heute wahrscheinlich wiederherzustellen versuchen würde, wenn alle materiellen und geistigen Errungenschaften der Zivilsation aus dem sozialen Milieu, in dem wir sie vorfinden, verschwänden — es ist darum nicht weniger ihr Wesen, in jedem Augenblick eine gewisse Zahl von Individuen zu umfassen und andere auszuschließen. Wir haben oben gesagt, auf dem Grunde der sittlichen Verpflichtung liege die Forderung der Gesellschaft. Um welche Gesellschaft handelte es sich? Um die offene Gesellschaft, die von der ganzen Menschheit gebildet würde? Wir haben die Frage nicht entschieden, ebensowenig wie man das gewöhnlich tut, wenn man von der Pflicht des Menschen gegen seine Mitmenschen spricht. Man bleibt vorsichtig im Unbestimmten. Man sieht davon ab, es ausdrücklich zu behaupten, möchte aber glauben lassen, die ›menschliche Gesellschaft‹ sei jetzt schon verwirklicht. Und es ist gut, dies glauben zu lassen, denn wir haben unstreitig Pflichten gegen den Menschen als Mensch (wenn sie auch einen ganz andern Ursprung haben, wie wir weiterhin sehen werden), und wir würden Gefahr laufen, sie zu entkräften, wenn wir diese Pflichten grundsätzlich von den Pflichten gegen unsere Mitbürger unterscheiden wollten. Das Handeln kommt dabei auf seine Rechnung. Aber eine Moralphilosophie, die auf diese Unterscheidung nicht den Akzent legt, geht an der Wahrheit vorbei; ihre Untersuchungen werden dadurch notwendigerweise gefälscht. In der Tat: wenn wir feststellen, die Pflicht, Leben und Eigentum des Nächsten zu respektieren, sei eine fundamentale Forderung des gesellschaftlichen Lebens, von welcher Gesellschaft sprechen wir da eigentlich? Um darauf zu antworten, brauchen wir uns nur vor Augen zu halten, was in Kriegszeiten geschieht. Mord und Raub, ebenso wie Hinterlist, Betrug und Lüge werden nicht nur erlaubt, sondern sogar verdienstlich. Die Kriegführenden sagen wie die Hexen im Macbeth: *Fair is foul, and foul is fair.* Wäre das möglich, würde sich die Umwandlung so leicht, so allgemein und so schnell vollziehen, wenn es wirklich eine gewisse Haltung des Menschen gegen den Menschen wäre, was uns die Gesellschaft bis dahin empfohlen hatte? Oh, ich weiß, was die Gesellschaft sagt (sie hat, ich wiederhole es, ihre Gründe dazu); aber um zu wissen, was sie denkt und was sie will, muß man nicht zu sehr auf das hören, was sie sagt, sondern sehen, was sie tut. Sie sagt, die von ihr definierten Pflichten seien im Prinzip durchaus Pflichten gegen die ganze Menschheit, aber unter exzeptionellen, leider unvermeidbaren, Umständen müsse ihre Befolgung ausgesetzt werden. Spräche sie nicht so, so würde sie dem Fortschritt einer andern Moral den Weg verbauen, einer Moral, die nicht direkt aus ihr stammt, die zu schonen aber durchaus in ihrem Interesse liegt. Anderseits entspricht es unsern geistigen Gewohnheiten, das als anormal zu betrachten, was verhältnismäßig selten und exzeptionell ist, z. B. die Krankheit. Doch die Krankheit ist ebenso normal wie die Gesundheit, die unter einem gewissen Gesichtspunkt als eine dauernde Anstrengung erscheint, der Krankheit vorzubeugen oder sie abzuwenden. Ebenso ist der Friede bisher immer eine Vorbereitung zur Verteidigung und sogar zum Angriff gewesen, in jedem Falle eine Vorbereitung zum Kriege. Unsere sozialen Pflichten zielen auf den sozialen Zusammenhalt ab; nolens volens schaffen sie uns eine Haltung, die mit der Disziplin vor dem Feinde identisch ist. Mit andern Worten: mag der Mensch, an den die Gesellschaft sich wendet, um ihn zu disziplinieren, von ihr noch so sehr mit allem, was sie in jahrhundertelanger Zivilisation erworben hat, bereichert worden sein — trotzdem braucht die Gesellschaft jenen primitiven Instinkt, den sie mit einem so dichten Firnis bedeckt. Kurz, der soziale Instinkt, den wir auf dem Grunde der sozialen Verpflichtung entdeckt haben, zielt immer — denn der Instinkt ist verhältnismäßig unwandelbar — auf eine *geschlossene* Gesellschaft ab, mag sie auch noch so groß sein. Gewiß ist er verdeckt von einer andern Moral, die er eben dadurch stützt und der er etwas von seiner Kraft verleiht — das heißt etwas von seinem gebieterischen Charakter. Aber er selbst zielt nicht auf die Menschheit ab. Denn zwischen der Nation (wie groß sie auch sei) und der Menschheit liegt der ganze Abstand des Begrenzten vom Unbegrenzten, des Geschlossenen vom Offenen. Man sagt wohl gern, die Lehrzeit der bürgerlichen Tugenden würde in der Familie abgeleistet, und ebenso bereite die Liebe zum Vaterlande einen darauf vor, die ganze Menschheit zu lieben. So würde unsere Zuneigung sich in einem fortlaufenden Prozeß erweitern, sie würde größer werden und dabei doch dieselbe bleiben, und schließlich würde sie die ganze Menschheit umfassen. — Aber das ist eine Deduktion a priori, die aus einer rein intellektualistischen Auffassung von der Seele entspringt. Man stellt fest, daß die drei Gruppen, denen wir uns anschließen können, eine wachsende Zahl von Personen umfassen, und daraus schließt man, daß der zunehmenden Vergrößerung des geliebten Objekts einfach eine wachsende Ausweitung des Gefühls entspreche. Diese Illusion wird noch dadurch begünstigt, daß durch einen glücklichen Zufall der erste Teil der Deduktion mit den Tatsachen übereinstimmt: die häuslichen Tugenden sind mit den staatsbürgerlichen Tugenden in der Tat eng verbunden, und zwar aus dem sehr einfachen Grunde, daß Familie und Gesellschaft, die ursprünglich zusammengingen, immer in enger Verbindung geblieben sind. Aber zwischen der Gesellschaft, in der wir leben, und der ganzen Menschheit besteht — ich wiederhole es — derselbe Kontrast, wie zwischen dem Geschlossenen und dem Offenen; die Differenz zwischen den beiden Dingen ist ein Unterschied der Art und nicht bloß des Grades. Was findet man nun aber, wenn man an die entsprechenden Seelenzustände herangeht, wenn man die beiden Gefühle, die Liebe zum Vaterlande und die Liebe zur Menschheit miteinander vergleicht? Wer sähe da nicht, daß der soziale Zusammenhang zum großen Teil auf der Notwendigkeit für eine Gesellschaft beruht, sich gegen andre Gesellschaften zu verteidigen, und daß man die Menschen, mit denen man lebt, zunächst mit feindlicher Einstellung zu allen andern liebt? Das ist der primitive Instinkt. Er ist noch da, glücklicherweise verborgen unter den Gaben der Zivilisation; aber noch heute lieben wir naturhaft und unmittelbar nur unsere Verwandten und unsere Mitbürger, während die Liebe zur Menschheit indirekt und erworben ist. Zu jenen zieht es uns geradewegs, zur Menschheit gelangen wir nur auf einem Umwege; denn nur durch Gott hindurch, nur in Gott, kann die Religion den Menschen dazu bringen, das Menschengeschlecht zu lieben; ebenso wie die Philosophen nur durch die Vernunft hindurch, nur in der Vernunft, an der wir alle teilhaben, uns die Menschheit betrachten lehren, um uns die hohe Würde der menschlichen Person, das Recht aller auf Achtung zu zeigen. Weder in dem einen noch in dem andern Falle gelangen wir in Etappen zur Menschheit, auf dem Wege über die Familie und die Nation. Wir müssen uns vielmehr mit einem Satz über die Menschheit hinausgeschwungen und sie erreicht haben, ohne daß wir sie zum Ziel genommen hätten, indem wir über sie hinwegsetzen. Ob man nun die Sprache der Religion oder der Philosophie spricht, ob es sich um Liebe oder um Achtung handeln mag, es ist eine andere Moral, es ist eine andere Art Verpflichtung, und sie schweben über dem gesellschaftlichen Druck. Bis jetzt ist nur von diesem die Rede gewesen. Nun ist der Augenblick gekommen, zu der andern Verpflichtung überzugehen.

Wir haben die reine Verpflichtung gesucht. Um sie zu finden, mußten wir die Moral auf ihren einfachsten Ausdruck zurückführen. Dabei hatten wir den Vorteil zu sehen, worin die Verpflichtung besteht. Der Nachteil war, daß man die Moral ungeheuer einengen mußte. Nicht als ob das, was wir beiseite gelassen haben, nicht verpflichtend wäre: kann man sich etwa eine Pflicht vorstellen, die nicht verpflichtet? Aber ist das primitiv und rein Verpflichtende so beschaffen, wie wir eben ausgeführt haben, so begreift man, daß die Verpflichtung ausstrahlt, sich entfaltet, und sogar in irgendeiner andern Sache aufgeht, die sie verklärt. Sehen wir nun zu, was die vollständige Moral wäre. Wir wollen uns dabei der gleichen Methode bedienen und wieder, aber nicht mehr nach unten, sondern nach oben zu, bis zur Grenze gehen.

Es sind zu allen Zeiten Ausnahmemenschen erstanden, in denen diese Moral Fleisch wurde. Schon vor den christlichen Heiligen hatte die Menschheit die Weisen Griechenlands gekannt, die Propheten Israels, die Aharanten des Buddhismus und andere. Diese hat man immer angeführt, wenn man jene vollständige Moralität haben wollte, die man besser die absolute nennen sollte. Und eben das ist bereits charakteristisch und instruktiv. Schon das läßt uns ahnen, daß ein Unterschied der Art und nicht nur des Grades besteht zwischen der Moral, von der wir bisher gesprochen haben, und der, die wir jetzt untersuchen wollen, zwischen dem Minimum und dem Maximum, zwischen den beiden Grenzfällen. Während die erste um so reiner und vollkommener ist, je besser sie sich auf unpersönliche Formeln bringen läßt, muß sich die zweite, um völlig sie selbst zu sein, in einer bevorzugten Persönlichkeit verkörpern, die beispielhaft wird. Die Allgemeinheit der einen beruht auf der allgemeinen Annahme eines Gesetzes, die der andern auf der gemeinsamen Nachahmung eines Vorbildes.

Weshalb haben die Heiligen Nachahmer und warum haben die edlen, großen Männer die Massen hinter sich hergezogen? Sie verlangen nichts, und doch empfangen sie. Sie brauchen nicht zu ermahnen; sie brauchen nur zu existieren; ihre Existenz ist ein Appell. Denn das ist eben der Charakter dieser andern Moral. Während die naturhafte Verpflichtung Druck oder Stoß ist, gibt es bei der vollständigen und vollkommenen Moral einen Appell.

Die Art dieses Appells haben nur diejenigen ganz erkannt, die die Gegenwart einer großen moralischen Persönlichkeit erlebt haben. Aber jeder von uns hat sich in Stunden, wo die gewöhnlichen Grundsätze seines Betragens ihm unzureichend erschienen, gefragt, was diese oder jene Persönlichkeit in einer solchen Situation von ihm erwarten würde. Es mochte ein Verwandter, ein Freund sein, den wir so im Gedanken heraufbeschworen. Aber es mochte auch ein Mensch sein, den wir nie gesehen hatten, von dem man uns nur das Leben erzählt hatte, und dessen Urteil wir nun im Geiste unser Verhalten unterwarfen, dessen Tadel wir fürchteten und dessen Zustimmung uns stolz machte. Es mochte sogar eine aus dem Grund unserer eigenen Seele ans Licht des Bewußtseins gezogene Persönlichkeit sein, die in uns entstand, die wir imstande fühlten, uns später ganz zu erfüllen, und der wir uns im Augenblick anschließen wollten, wie der Schüler dem Meister. In Wahrheit bildet sich diese Gestalt von dem Tage an, wo wir ein Vorbild angenommen haben: der Wunsch ähnlich zu werden, der ideell der Erzeuger einer von uns anzunehmenden Form ist, ist bereits Ähnlichkeit; das Wort, das man sich zu eigen macht, ist das Wort, von dem man ein Echo in sich gespürt hat. Aber auf die Person kommt es nicht an. Wir wollen nur eins feststellen: während die erste Moral um so größere Kraft hatte, je mehr sie sich in *unpersönliche* Verpflichtungen zerteilte, wird diese im Gegenteil (nachdem sie zuerst in allgemeinen Vorschriften zerstäubt war, denen zwar unsere Intelligenz anhing, die jedoch nicht so weit reichten um unsern Willen zu erschüttern) um so mitreißender, je stärker die Vielheit und die Allgemeinheit der Lehrsätze in der Einheit und in der Sonderheit eines *Menschen* verschmilzt.

Woher kommt ihm seine Kraft? Welches ist das Prinzip des Handelns, das hier die naturhafte Verpflichtung ablöst, oder vielmehr sie schließlich aufsaugt? Um es zu wissen, sehen wir zunächst zu, was stillschweigend von uns verlangt wird. Die Pflichten, von denen bisher die Rede war, sind diejenigen, die uns das soziale Leben auferlegt; sie verpflichten uns eher dem Gemeinwesen als der Menschheit gegenüber. Man könnte also sagen, daß die zweite Moral — wenn wir klar und deutlich zwei unterscheiden — sich von der ersten dadurch unterscheidet, daß sie *menschlich* ist anstatt nur gesellschaftlich zu sein. Und man hätte nicht ganz unrecht. Wir haben ja gesehen, daß man zur Menschheit nicht dadurch gelangt, daß man das Gemeinwesen ausdehnt: zwischen einer gesellschaftlichen Moral und einer allmenschlichen Moral besteht nicht ein Unterschied des Grades, sondern der Art. An die erstere denken wir gewöhnlich, wenn wir uns in naturhafter Weise verpflichtet fühlen. Über diesen sehr klaren Pflichten stellen wir uns gern andere vor, die eher etwas vage sind und die sich den andern überordnen. Hingabe, Ergebenheit, Opferwilligkeit, Barmherzigkeit, diese Worte sprechen wir aus, wenn wir an sie denken. Aber denken wir dabei meistens an etwas anderes als an Worte? Sicherlich nicht, und wir geben uns auch Rechenschaft darüber. Es genügt schon, sagen wir uns, daß die Formel da ist; sie wird schon ihren ganzen Sinn annehmen, die Idee, die sie erfüllen wird, wird zur Tat werden, sobald eine Gelegenheit eintreten wird. Es ist wahr, daß für viele die Gelegenheit nicht kommen wird, oder die Tat auf später verschoben wird. Bei einigen wird zwar der Wille ein wenig erschüttert werden, aber so wenig, daß dieser Anstoß in der Tat der bloßen Ausdehnung der gesellschaftlichen Pflicht zugeschrieben werden kann, die sich zu einer allgemein menschlichen Pflicht erweitert und abgeschwächt hätte. Aber die Formeln mögen sich mit Stoff füllen und der Stoff sich beleben, das ist dann die Ankündigung eines neuen Lebens; wir begreifen, wir fühlen, daß eine andere Moral in Erscheinung tritt. Spräche man alsdann von Liebe zur Menschheit, so würde man diese Moral zweifellos charakterisieren. Und doch würde man nicht ihr Wesentliches ausdrücken, denn die Liebe zur Menschheit ist nicht eine Triebfeder, die sich selbst genügt und die unmittelbar wirkt. Die Erzieher der Jugend wissen sehr wohl, daß man den Egoismus nicht damit besiegt, daß man den ›Altruismus‹ predigt. Es kommt sogar vor, daß eine hochgestimmte Seele, die darauf brennt sich hinzugeben, plötzlich sehr abgekühlt wird bei der Vorstellung, daß sie »für die Menschheit« arbeiten soll. Der Gegenstand ist zu groß, die Wirkung zu zersplittert. Wenn also die Liebe zur Menschheit für diese Moral konstitutiv ist, so kann man vermuten, daß das beinahe so ist, wie der Absicht einen Punkt zu erreichen, die Notwendigkeit innewohnt, den dazwischenliegenden Raum zu durchschreiten. In einer Hinsicht ist es dasselbe; in anderem Sinne aber etwas ganz anderes. Wenn man nur an den Zwischenraum denkt und an die zahllosen Punkte, die man einen nach dem andern wird überschreiten müssen, wird man, wie der Pfeil des Zenon, nicht den Mut finden, loszugehen; man wird kein Interesse, keinen Reiz darin sehen. Wenn man aber den Zwischenraum einfach überspringt, indem man nur den äußersten Punkt ins Auge faßt oder sogar noch weiter schaut —, dann wird man mit Leichtigkeit einen einfachen Akt ausgeführt haben, während man zugleich mit der unendlichen Vielfältigkeit fertig geworden ist, deren Äquivalent diese Einfachheit ist. Was ist nun hier das Ziel, was die Richtung des Mühens? In einem Wort: was wird eigentlich von uns verlangt?

Definieren wir zuerst die moralische Haltung des Menschen, den wir bisher betrachtet haben. Er ist in die Gesellschaft eingegliedert; sie und er sind zusammen von derselben Aufgabe individueller und sozialer Erhaltung beide ganz in Anspruch genommen. Sie sind sich selbst zugewandt. Gewiß, es ist zweifelhaft, ob das Sonderinteresse unveränderlich mit dem allgemeinen Interesse harmoniert: man weiß, auf welche unlösbaren Schwierigkeiten die Nützlichkeitsmoral immer gestoßen ist, als sie das Prinzip aufgestellt hat, das Individuum brauche nur sein eigenes Wohl zu erstreben; dadurch würde es dazu gebracht, daß es das Wohl des Mitmenschen erstrebt. Ein intelligentes Wesen wird bei der Verfolgung seines persönlichen Nutzens oft etwas ganz anderes tun, als das Allgemeinwohl verlangen würde. Wenn trotzdem die Nützlichkeitsmoral in der einen oder andern Form hartnäckig immer wieder auftaucht, so deshalb, weil sie nicht unhaltbar ist; und wenn sie sich halten läßt, so gerade deshalb, weil unter der *intelligenten* Aktivität, die in der Tat zwischen dem eigenen Interesse und dem der Andern zu wählen hätte, ein Substrat *instinktiver* Aktivität liegt, ein Substrat, das von Anfang an von der Natur gestiftet ist und in dem das Individuelle und das Gesellschaftliche beinahe zusammenfallen. Die Zelle lebt für sich und ebenso auch für den Organismus, dem sie Vitalität zubringt und von ihm entleiht; sie wird sich nötigenfalls dem Ganzen opfern; und wenn sie ein Bewußtsein hätte, würde sie sich dabei zweifellos sagen, sie tue es für sich selbst. Dies wäre wahrscheinlich auch der Seelenzustand einer Ameise, die über ihr Verhalten nachdenken könnte. Sie würde das Gefühl haben, ihre Aktivität ziele auf eine Art Mittelding zwischen dem Wohl der Ameise und dem Wohl des Ameisenhaufens. Auf diesen fundamentalen Instinkt aber haben wir die Verpflichtung im eigentlichen Sinne bezogen: sie impliziert ursprünglich eine Sachlage, bei der das Individuelle und das Allgemeine sich kaum voneinander unterscheiden. Deshalb können wir sagen, die ihr entsprechende Haltung sei die eines Individuums und einer Gesellschaft, die ganz mit sich selbst beschäftigt sind. Gleichzeitig individuell und sozial, bewegt sich die Seele hier in einem Zirkel. Sie ist geschlossen.

Die andere Haltung ist die der *offenen* Seele. Was läßt die Seele alsdann in sich eingehen? Wenn man sagte, sie umarme die ganze Menschheit, so ginge man nicht zu weit, so ginge man sogar noch nicht weit genug, da ihre Liebe sich ja auch auf die Tiere, die Pflanzen, auf die ganze Natur erstrecken wird. Und doch würde nichts von dem, was sie solchermaßen in Anspruch nimmt, genügen, um ihre Haltung zu definieren, denn auf alles dies könnte sie zur Not verzichten. Ihre Form hängt nicht vom Inhalt ab. Wir haben sie eben gefüllt; wir könnten sie jetzt ebensogut leeren. Die Liebe würde bei dem, der sie besitzt, erhalten bleiben, auch wenn es außer ihm nichts Lebendiges mehr auf Erden geben würde.

Nochmals: nicht durch eine Ausweitung des Selbst gelangt man von dem ersten Zustand zum zweiten. Eine allzu intellektualistische Psychologie, die den Fingerzeigen der Sprache folgt, wird freilich die Seelenzustände nach den Objekten definieren, auf die sie sich beziehen: Familienliebe, Vaterlandsliebe, Menschheitsliebe — in diesen drei Neigungen wird sie ein gleiches Gefühl sehen, das sich nur immer mehr erweitert, um eine wachsende Zahl von Personen zu umfassen. Die Tatsache, daß diese Seelenzustände sich nach außen in dieselbe Haltung oder dieselbe Bewegung übertragen, daß alle drei uns *hinneigen*, gestattet uns, sie unter dem Begriff Liebe zu sammeln und durch dasselbe Wort auszudrücken: unterscheiden wird man sie dann, indem man drei Objekte nennt, eines immer größer als das andre, auf die sie sich beziehen. Das genügt in der Tat, um sie zu kennzeichnen. Aber hat man sie damit beschrieben? Hat man sie analysiert? Schon auf den ersten Blick erkennt das Bewußtsein zwischen den beiden ersten Gefühlen und dem dritten einen Unterschied der Art. Jene beiden bedeuten ein Wählen und daher auch ein Verwerfen; sie können zum Kampf herausfordern; sie schließen den Haß nicht aus. Diese dagegen ist nur Liebe. Jene beiden lassen sich geradewegs auf dem Objekt nieder, das sie anzieht. Dieses dagegen gibt nicht einem Reiz seines Objektes nach; es hat nicht darauf hingezielt; es wollte viel höher hinaus und hat die Menschheit nur dadurch erreicht, daß es über sie hinwegging. Hat es denn im eigentlichen Sinne ein Objekt? Diese Frage werden wir uns später stellen. Für den Augenblick wollen wir uns auf die Feststellung beschränken, daß diese Seelenhaltung, die eher eine Bewegung ist, sich selbst genügt.

Jedoch stellt sich uns in bezug auf sie ein Problem, das für die andere Seelenhaltung schon klar gelöst ist. Diese andere war ja von der Natur gewollt; wir haben eben gesehen, wie und warum wir uns gehalten fühlen, sie einzunehmen. Jene dagegen ist erworben; sie hat erfordert und fordert noch immer eine Anstrengung. Wie kommt es dann aber, daß die Menschen, die das Beispiel dafür gegeben haben, andre Menschen gefunden haben, die ihnen nachfolgten? Und welches ist die Kraft, die hier dem gesellschaftlichen Druck entspricht? — Wir haben keine Wahl. Außer dem Instinkt und der Gewohnheit gibt es keine andre direkte Einwirkung auf den Willen, als die der Empfindung. Die vom Gefühl ausgehende Triebkraft kann übrigens der Verpflichtung sehr ähnlich sehen. Analysieren wir die Liebesleidenschaft, besonders in ihren Anfängen: zielt sie etwa auf das Vergnügen ab? Nicht ebensowohl auf den Schmerz? Vielleicht bereitet eine Tragödie sich vor, ein ganzes Leben zerstört, verdorben, verloren, man weiß es, man fühlt es, tut nichts! Es muß sein, weil es sein muß. Es ist gerade die große Perfidie der aufkeimenden Leidenschaft, daß sie die Maske der Pflicht anlegt. Aber wir brauchen gar nicht bis zur Leidenschaft zu gehen. In die ruhigste Gemütsbewegung kann eine gewisse Tat-Forderung eingehen, die sich von der eben definierten Verpflichtung darin unterscheidet, daß sie keinen Widerstand findet, daß sie nur schon Bewilligtes auferlegt, die aber darum nicht weniger der Verpflichtung gleicht, insofern sie etwas auferlegt. Nirgends merken wir das besser als dort, wo diese Forderung keine praktische Wirkung hat, und uns somit Muße läßt, über sie nachzudenken und das von uns Empfundene zu analysieren. Das ist z. B. bei der musikalischen Erregung der Fall. Während wir zuhören, scheint es uns, als könnten wir nichts anderes wollen, als was die Musik uns einflößt, und als würden wir ganz natürlich und notwendig so handeln, wenn wir uns nicht eben beim Hören vom Handeln ausruhen würden. Ob die Musik nun Lust oder Trauer, Mitleid oder Mitfreude ausdrückt, wir sind in jedem Augenblick das, was sie ausdrückt. Und nicht nur wir allein, sondern viele andere, alle andern auch. Wenn die Musik weint, ist es die Menschheit, ist es die ganze Natur, die mit ihr weint. In Wirklichkeit trägt sie diese Gefühle nicht in uns hinein; vielmehr trägt sie uns in sie hinein, wie man vorübergehende Spaziergänger in einen Tanz hineinzieht. Auf diese Weise verfahren auch die Neuerer in der Moral. Das Leben hat für sie neue, ungeahnte Gefühlsresonanzen, wie eine neue Symphonie sie vermitteln könnte; sie lassen uns mit ihnen in diese Musik miteintreten, damit wir sie in Bewegung umsetzen.

Nur durch ein Übermaß an Intellektualismus hängt man das Gefühl an ein Objekt und hält jede Gemütsbewegung für den Wiederhall einer intellektuellen Vorstellung auf dem Gebiete des Empfindungslebens. Um das Beispiel der Musik noch einmal aufzunehmen: jeder weiß, daß diese in uns bestimmte Empfindungen hervorruft, Lust, Trauer, Mitleid, Mitfreude, und daß diese Gemütsbewegungen sehr intensiv sein können, und daß sie für uns vollständig sind, obschon sie sich an nichts Konkretes heften. Wird man einwenden, wir seien hier im Reich der Kunst und nicht in der Wirklichkeit, unsere Erschütterung sei nur Spiel, unser Seelenzustand rein phantasiemäßig und außerdem könnte der Musiker diese Erschütterung nicht in uns erwecken, sie nicht suggerieren, ohne sie zu verursachen, wenn wir sie nicht schon im wirklichen Leben empfunden hätten, wobei sie von einem Objekt bestimmt war, von dem die Kunst sie nur hat loszumachen brauchen? Dann vergäße man, daß die Worte Lust, Trauer, Mitleid, Mitfreude Allgemeinheiten ausdrücken, auf die man allerdings zurückgreifen muß, um das zu interpretieren, was die Musik uns empfinden läßt, daß aber an jeder neuen Musik neue Gefühle hängen, die von dieser Musik und in dieser Musik erst geschaffen werden, die bestimmt und begrenzt sind eben von dem, in seiner Art einzigen, Aufbau der Melodie oder der Symphonie. Sie sind also nicht durch die Kunst aus dem Leben herausgezogen worden; wir aber müssen freilich, um es in Worte zu übersetzen, das vom Künstler geschaffene Gefühl dem annähern, was ihm im Leben am ähnlichsten ist. — Doch wählen wir sogar solche Seelenzustände, die in der Tat von *Dingen* verursacht werden und in diesen gleichsam schon vorgebildet sind. In bestimmter, d. h. begrenzter Zahl sind *die* vorhanden, die von der Natur gewollt sind. Man erkennt sie daran, daß sie dazu da sind, zu Taten anzutreiben, die Bedürfnissen entsprechen. Die andern dagegen sind wirkliche Erfindungen, denen des Musikers vergleichbar, und an ihrem Ursprung steht ein Mensch. So hat das Gebirge, zu allen Zeiten, seinen Betrachtern gewisse Gefühle eingeflößt, die den Empfindungen vergleichbar sind und ihm in der Tat anhaften. Aber erst Rousseau hat mit Bezug auf die Berge eine neue und originale Gemütsbewegung geschaffen. Diese Bewegung ist landläufig geworden, nachdem Rousseau sie in Umlauf gesetzt hatte. Und noch heute ist es Rousseau, der sie uns empfinden läßt, ebensosehr und noch mehr als das Gebirge. Sicher hat es seine Gründe gehabt, daß diese aus der Seele Jean Jacques' hervorgegangene Gemütsbewegung sich gerade an das Gebirge geheftet hat und nicht an einen andern Gegenstand: die elementaren, den Empfindungen benachbarten Gefühle, die durch das Gebirge unmittelbar hervorgerufen wurden, müssen mit der neuen Gemütsbewegung in Einklang gestanden haben. Aber erst Rousseau hat diese Gefühle verdichtet; er hat sie, die uns seitdem als einfache Harmonien erscheinen, in einen Akkord eingefangen, dessen Grundton von *ihm* angeschlagen worden ist, vermöge einer wirklichen Schöpfung. So ist es auch mit der Liebe zur Natur im allgemeinen. Diese hat zu allen Zeiten Gefühle erregt, die nahezu Empfindungen sind; immer hat man die Sanftheit schattiger Plätze empfunden, die Frische der Gewässer usw. kurz das, was das Wort ›amoenus‹ suggeriert, mit dem die Römer den Reiz der Landschaft bezeichnet haben. Aber eine neue Gemütsbewegung, die sicher von irgend jemandem, oder von mehreren geschaffen worden ist, hat diese schon zuvor bestehenden Töne als Harmonien benutzt, und hat auf diesen etwas erzeugt, das der eigentümlichen Klangfarbe eines neuen Instrumentes vergleichbar ist und das wir in unsern Breiten das Naturgefühl nennen. Der auf diese Weise eingeführte Grundton hätte ein anderer sein können, wie es im Orient geschehen ist, besonders in Japan: dann wäre auch die Klangfarbe eine andere gewesen. Die der Empfindung nahestehenden Gefühle, die den Objekten, von denen sie bestimmt werden, eng verbunden sind, können übrigens auch wohl eine schon früher geschaffene, also nicht absolut neue Gemütsbewegung an sich ziehen. Das ist mit der Liebe geschehen. Zu allen Zeiten schon muß das Weib dem Manne außer der sinnlichen Begierde noch etwas davon Verschiedenes eingeflößt haben, eine seelische Zuneigung, die jedoch mit jener ganz eng verbunden und sozusagen verschweißt blieb und zugleich an der Empfindung und am Gefühl teil hatte.

Die romantische Liebe jedoch hat ein bestimmtes Geburtsdatum: sie entstand im Mittelalter, an dem Tage, wo man darauf verfiel, die natürliche Liebe in einem in gewisser Weise übernatürlichen Gefühl aufgehen zu lassen, nämlich in dem religiösen Gefühl, so wie es das Christentum erschaffen und in die Welt geschleudert hatte. Wenn man der Mystik vorwirft, daß sie sich in der Art der Liebesleidenschaft ausdrückt, so vergißt man, daß die Liebe zuerst die Mystik plagiiert hat, daß sie von ihr die Glut, den Aufschwung, die Verzückungen geborgt hatte; wenn nun die Mystik sich der Sprache einer Leidenschaft bediente, die von ihr verklärt worden war, so hat sie nur ihr Eigentum zurückgenommen. Je mehr überdies die Liebe an Anbetung grenzt, desto größer ist das Mißverhältnis zwischen Gemütsbewegung und Objekt, desto tiefer ist daher die Enttäuschung, der sich der Liebende aussetzt — es sei denn, daß er sich ad infinitum darauf beschränkt, das Objekt durch die Brille der Gefühle zu sehen, es nicht zu berühren, es religiös zu behandeln. Allerdings haben schon die Alten von den Illusionen der Liebe gesprochen; aber bei ihnen handelte es sich um Irrtümer, die den Sinnestäuschungen zugehören: sie betrafen das Antlitz der Geliebten, ihre Gestalt, ihren Gang, ihren Charakter. Man erinnere sich an die Beschreibung des Lukrez: bei ihm bezieht sich die Illusion nur auf die Eigenschaften des geliebten Objekts, und nicht, wie die moderne Illusion, auf das, was man von der Liebe selbst erwarten könne. Zwischen der alten Illusion und der neuen, die wir hinzugefügt haben, besteht derselbe Unterschied wie zwischen der primitiven erotischen Empfindung, die vom Objekt selbst ausgeht, und dem religiös gestimmten Gefühl, das von anderwärts herbeigerufen wurde und das nun die ursprüngliche Empfindung bedeckt und verdeckt. Der Spielraum, der jetzt der Enttäuschung gelassen ist, ist ungeheuer, denn es ist ja der Raum zwischen dem Göttlichen und dem Menschlichen.

Daß ein neues Gefühl am Anfang der großen Schöpfungen in der Kunst, der Wissenschaft, der Kultur im allgemeinen steht, das scheint uns nicht zweifelhaft. Und zwar nicht nur, weil das Gefühl ein Ansporn ist, weil es die Intelligenz unternehmungslustig und den Willen beharrlich macht. Man muß viel weiter gehen. Es gibt Gefühle, die Erzeuger von Gedanken sind; und die Erfindung, obwohl von intellektueller Ordnung, kann Empfindung als Substanz haben. Denn wir müssen uns über den Sinn der Worte ›Gemütsbewegung‹, ›Gefühl‹, ›Empfinden‹ klar werden. Eine Gemütsbewegung ist eine affektive Erschütterung der Seele, doch ist eine Bewegung der Oberfläche etwas anderes als ein Aufgewühltwerden der Tiefe. Im ersten Falle zerstäubt die Wirkung, im zweiten bleibt sie ungeteilt. In dem einen Falle erfolgt ein Hin- und Herschwanken der Teile ohne Fortbewegung des Ganzen; im andern Falle wird das Ganze vorwärts getrieben. Doch lassen wir die Metaphern beiseite. Man muß zwei Arten von Gemütsbewegungen unterscheiden, zwei Varietäten des Gefühls, zwei Erscheinungsformen des Gefühlslebens, die nichts weiter miteinander gemeinsam haben, als daß sie von der Empfindung verschiedene affektive Zustände sind und sich nicht wie diese auf die psychologische Übertragung eines physischen Reizes reduzieren. Im ersten Falle folgt die Gemütsbewegung einer Idee oder einem vorgestellten Bild; der sensible Zustand resultiert aus einem intellektuellen, der ihm nichts schuldet, der sich selbst genügt, und der, wenn er die Wirkung dieses Zustandes durch Rückprall erleidet, dabei mehr verliert als gewinnt. Es ist die Erschütterung des Gefühlslebens durch eine hineinfallende Vorstellung. Die andre Gemütsbewegung dagegen wird nicht durch eine Vorstellung ausgelöst, der sie folgte und von der sie unterschieden bliebe. Eher wäre sie — im Verhältnis zu den intellektuellen Zuständen, die dazukommen werden — eine Ursache und nicht ein Effekt; sie ist von Vorstellungen trächtig, deren keine eigentlich geformt ist, die sie aber durch eine organische Entwicklung aus ihrer Substanz herauszieht oder herausziehen könnte. Die erste ist infra-intellektuell; mit ihr beschäftigen sich die Psychologen gewöhnlich, und an sie denkt man, wenn man die Sensibilität der Intelligenz entgegensetzt oder wenn man aus der Gemütsbewegung einen vagen Reflex der Vorstellung macht. Von der anderen dagegen würden wir gern sagen, sie sei über-intellektuell, wenn das Wort nicht sogleich und ausschließlich die Vorstellung eines höheren Wertes erweckte; es handelt sich aber ebensosehr um ein Vorhergehen in der Zeit und um die Beziehung des Erzeugenden zum Erzeugten. Nur die Emotion der zweiten Art kann Erzeugerin von Ideen werden.

Darüber gibt man sich nicht Rechenschaft, wenn man, mit einer Nuance von Ablehnung, eine Psychologie, die dem Gefühlsleben einen so großen und schönen Platz einräumt, als ›feminin‹ behandelt. Die so sprechen, begehen zunächst den Fehler, daß sie sich an die umlaufenden Banalitäten über die Frau halten, wo es doch so leicht wäre, selbst zu beobachten. Wir wollen uns gewiß nicht, nur um einen ungenauen Ausdruck zu korrigieren, in eine vergleichende Untersuchung über die beiden Geschlechter einlassen. Wir wollen uns damit begnügen zu sagen, daß die Frau ebenso intelligent ist wie der Mann, daß sie aber der Emotion weniger fähig ist, und wenn eine Kraft der Seele sich bei ihr geringer entwickelt zeigt, so ist es nicht die Intelligenz, sondern das Gefühlsleben. Es handelt sich wohlverstanden um das tiefe Gefühlsleben und nicht um die Bewegtheit der Oberfläche[2]. Aber gleichviel. Der

---

[2] Unnötig zu sagen, daß es viele Ausnahmen gibt. Die religiöse Glut z. B. kann bei der Frau eine unerhörte Tiefe erreichen. Aber die Natur hat wahrscheinlich als allgemeine Regel gewollt, daß die Frau das Beste ihrer Sensibilität auf das Kind konzentriere und sie so in ziemlich engen Grenzen halte. Auf diesem

größte Fehler derer, die es für eine Herabwürdigung des Menschen halten würden, wenn sie die höchsten Fähigkeiten des Geistes an das Gefühlsleben knüpfen, ist dies, daß sie nicht sehen, wo eigentlich der Unterschied ist zwischen derjenigen Intelligenz, die versteht, diskutiert, annimmt oder verwirft, kurz sich an die Kritik hält, und derjenigen, die erfindet.

Schöpfung bedeutet vor allem Emotion. Es handelt sich nicht nur um Literatur und Kunst. Es ist bekannt, was eine wissenschaftliche Entdeckung an Konzentration und Anstrengung in sich schließt. Man hat das Genie als eine lange Geduld definiert. Allerdings stellt man sich die Intelligenz als für sich bestehend vor, und als für sich bestehend auch eine allgemeine Fähigkeit der Aufmerksamkeit, die mehr oder weniger entwickelt die Intelligenz mehr oder weniger stark konzentrieren würde. Aber wie könnte diese unbestimmte, außerhalb der Intelligenz stehende, von Materie freie Aufmerksamkeit nur dadurch, daß sie sich der Intelligenz anfügt, aus dieser etwas hervorquellen lassen, was nicht darin war? Man merkt wohl, daß die Psychologie sich immer noch von der Sprache düpieren läßt, wenn sie, nachdem sie alle Arten Aufmerksamkeit, die in allen möglichen Fällen angewendet werden, mit demselben Wort bezeichnet hat, diese nun für gleichartig hält und zwischen ihnen nur noch Größenunterschiede sieht. In Wirklichkeit ist die Aufmerksamkeit in jedem Falle durch eine besondre Nuance gekennzeichnet und durch das Objekt, auf das sie sich bezieht, gleichsam individualisiert: deshalb neigt die Psychologie schon dazu, ebensowohl von ›Interesse‹ wie von Aufmerksamkeit zu sprechen und so implicite das Gefühlsleben hineinspielen zu lassen, das eher dazu geeignet ist, sich je nach den besonderen Fällen abzuwandeln. Aber auch dann betont man die Abwandlung nicht genug; man setzt eine allgemeine Fähigkeit des Interesses an, die immer gleichbleibend sich nur in dem mehr oder weniger starken Hingewandtsein auf ihr Objekt abwandeln würde. Wir wollen also nicht von einem allgemeinen Interesse sprechen. Sagen wir vielmehr, daß das Problem, das Interesse erweckt hat, eine mit einer Emotion gepaarte Vorstellung ist und daß die Emotion, die ja zugleich Neugier, Wunsch und die vorweggenommene Freude an der Lösung eines bestimmten Problems ist, einzigartig ist wie die Vorstellung. Sie ist es, die die Intelligenz vorwärts treibt, den Hindernissen zum Trotz. Sie ist es insonderheit, die die intellektuellen Elemente, mit denen sie sich

Gebiet ist sie unvergleichlich; die Emotion ist hier über-intellektuell, insofern sie Ahnungsvermögen wird. Wieviel Dinge tauchen nicht vor den entzückten Augen einer Mutter auf, wenn sie ihr kleines Kind betrachtet! Vielleicht eine Illusion? Das ist nicht sicher. Sagen wir lieber, daß die Wirklichkeit voll von Möglichkeiten ist, und daß die Mutter in dem Kinde nicht nur das sieht, was aus ihm werden wird, sondern auch alles, was aus ihm werden könnte, wenn es nicht in jedem Augenblick seines Lebens wählen und somit auch verwerfen müßte.

verbinden soll, belebt oder vielmehr erst zum Leben bringt, die in jedem Augenblick zusammenballt, was sich mit ihnen wird organisieren können, und die schließlich von der Formulierung des Problems erreicht, daß sie sich als Lösung entfaltet.

Wie wird sich das in der Literatur und in der Kunst darstellen? Das geniale Werk ist meistens aus einer Emotion hervorgegangen, die einzig in ihrer Art ist, die man für unausdrückbar gehalten hätte und die sich ausdrücken wollte. Aber ist das nicht der Fall bei jedem Werke, wie unvollkommen es auch sei, das irgendeinen Teil Schöpfung enthält? Wer immer sich mit literarischer Tätigkeit befaßt, hat den Unterschied feststellen können zwischen der Intelligenz, die sich selbst überlassen bleibt, und derjenigen, in der das Feuer der ursprünglichen und einmaligen Erregung brennt, jener Erregung, die aus einem Verschmelzen des Autors mit seinem Stoff geboren wird, das heißt aus einer Intuition. Im ersten Falle arbeitet der Geist gleichgültig; er verbindet Ideen miteinander, die längst in Worte gefaßt sind und die die Gesellschaft ihm fix und fertig liefert. Im zweiten Falle scheint es, als ob die von der Intelligenz gelieferten Stoffmassen zunächst ins Schmelzen geraten und sich dann von neuem zu Ideen verfestigen, die diesmal durch den Geist selbst geformt sind: wenn diese Ideen für ihren Ausdruck bereits vorhandene Worte vorfinden, so entsteht jedesmal der Eindruck eines unverhofften Glücksfalls; und in Wirklichkeit hat man oft dem Zufall nachhelfen und den Sinn des Wortes vergewaltigen müssen, damit er sich dem Gedanken anpasse. Jetzt ist das Mühen schmerzhaft und das Ergebnis ungewiß. Aber nur dann fühlt oder glaubt der Geist sich Schöpfer. Er geht nicht mehr von einer Vielheit fertiger Elemente aus, um bei einer Mischmasch-Einheit zu enden, die nur ein neues Arrangement des Alten ist. Sondern er hat sich plötzlich zu etwas aufgeschwungen, das zugleich einheitlich und einzig erscheint und das dann versucht, sich so gut es geht in die vielfältigen und allgemeinen Begriffe auszubreiten, wie sie in den Worten im voraus gegeben sind.

Zusammengefaßt: neben der Emotion, die die Wirkung der geistigen Vorstellung ist und sich dieser noch hinzufügt, gibt es eine andere, die der Vorstellung vorangeht, sie virtuell enthält und bis zu einem gewissen Punkte ihre Ursache ist. Ein Theaterstück, das kaum zur Literatur gehört, wird unsere Nerven erschüttern und eine Emotion der ersten Art erregen können, die zweifellos intensiv, aber ganz banal ist, aufgelesen unter jenen Emotionen, wie wir sie im Leben tagtäglich empfinden, und jedenfalls leer an Gedanken. Die Emotion dagegen, die in uns durch ein großes dramatisches Werk erregt wird, ist von ganz anderer Natur: einzig in ihrer Art, ist sie in der Seele des Dichters, und nur da, aufgetaucht, bevor sie unser Gefühl erschüttert hat; aus ihr ist das Werk hervorgegangen, denn auf sie hat der Autor im Verlauf der Abfassung sich immer wieder bezogen. Sie war nur ein Schaffensdrang, aber ein ganz bestimmter, der durch das einmal verwirklichte Werk befriedigt wurde und der durch kein anderes Werk befriedigt worden wäre, außer wenn dieses mit dem andern eine innere, tiefe Wesensverwandtschaft gehabt hätte, etwa wie zwei — gleich annehmbare — Übertragungen derselben Musik in Ideen oder Bilder.

Damit ist gesagt, daß wir, wenn wir der Emotion einen großen Anteil in der Genesis der Moral zusprechen, doch keineswegs eine ›Gefühlsmoral‹ präsentieren wollen. Denn es handelt sich um eine Emotion, die fähig ist, sich in Vorstellungen und sogar in Lehre zu kristallisieren. Freilich hätte man aus dieser Lehre, ebensowenig wie aus jeder andern, nicht diese Moral ableiten können; keine Spekulation wird eine Verpflichtung schaffen oder irgend etwas ihr Ähnliches; die Schönheit der Theorie kümmert mich wenig, ich werde immer sagen können, daß ich sie nicht annehme; und selbst wenn ich sie annehme, werde ich mir die Freiheit herausnehmen, mich nach meinem Belieben zu betragen. Aber wenn die Atmosphäre der Emotion da ist, wenn ich sie eingeatmet habe, wenn die Emotion mich durchdringt, dann werde ich, von ihr mitgerissen, nach ihr handeln. Nicht aus Zwang oder Notwendigkeit, sondern aus einer Neigung, der ich nicht widerstehen möchte. Und statt mein Handeln aus der Emotion selbst zu erklären, werde ich sie dann ebensogut aus der Theorie ableiten können, die man durch Umwandlung der Emotion in Ideen errichtet haben wird. Wir sehen hier schon vage die mögliche Antwort auf eine schwere Frage, die uns später beschäftigen wird, die wir aber jetzt schon im Vorübergehen gestreift haben. Wenn eine Religion, so sagt man gern, eine neue Ethik bringt, so setzt sie sie durch vermöge der Metaphysik, die sie zur Geltung bringt, vermöge ihrer Ideen über Gott und das Weltall und ihre Beziehung zueinander. Worauf man geantwortet hat, es sei im Gegenteil die Überlegenheit ihrer Ethik, die einer Religion die Seelen gewinnt und sie einer bestimmten Auffassung von den Dingen öffnet. Aber würde die Intelligenz die Überlegenheit der Ethik, die man ihr vorschlägt, anerkennen, wo sie doch Wertunterschiede nur durch Vergleiche mit einer Regel oder einem Ideal abschätzen kann und das Ideal und die Regel notwendigerweise von der Ethik geliefert werden, die schon den Platz besetzt hält? Anderseits, könnte eine neue Auffassung von der Weltordnung etwas anderes sein als noch eine Philosophie, die wir zu den übrigen legen können, die wir schon kennen? Selbst wenn unser Verstand sich ihr anschließt, werden wir darin immer nur eine Erklärung sehen, die theoretisch andern Erklärungen vorzuziehen wäre. Selbst wenn sie uns, als besser zu ihr passend, gewisse neue Regeln des Verhaltens zu empfehlen scheint, so ist noch ein weiter Weg von dieser Zustimmung des Verstandes bis zu einer Umstellung des Willens. In Wirklichkeit aber wird weder das Lehrgebäude, im Zustande reiner intellektueller Vorstellung, der Ethik zur Annahme und vor allem zur Ausübung verhelfen, noch wird die Ethik, die vom Verstand als ein System von Verhaltungsmaßregeln betrachtet wird, das Lehrgebäude als verstandesmäßig den Vorzug verdienend erscheinen lassen. Vor der neuen Ethik, vor der neuen Metaphysik steht die Emotion, die sich nach der Seite des Willens als Aufschwung fortpflanzt und im Bereich des Verstandes als erklärende Vorstellung. Nehmen wir z. B. die Emotion, die das Christentum unter dem Namen Caritas gebracht hat: wenn sie die Seelen gewinnt, dann folgt daraus ein bestimmtes Verhalten, und eine bestimmte Lehre verbreitet sich. Weder hat diese Metaphysik jene Ethik geboten, noch läßt diese Ethik jene Metaphysik vorziehen. Metaphysik und Moral drücken dasselbe aus, die eine in Begriffen des Verstandes, die andre in Begriffen des Willens; und die beiden Ausdrucksweisen werden zusammen angenommen, sobald man sich das Auszudrückende zu eigen gemacht hat.

Daß eine gute Hälfte unserer Moral Pflichten umfaßt, deren zwingender Charakter sich letztens aus dem Druck der Gesellschaft auf das Individuum erklärt, das wird man ohne allzu große Mühe zugeben, weil diese Pflichten allgemein geübt werden, weil sie eine klare und deutliche Formel haben und es uns daher leicht ist, sie an ihrem völlig sichtbaren Teil ergreifend und bis zur Wurzel hinabsteigend, die gesellschaftliche Forderung zu entdecken, aus der sie hervorgegangen sind. Aber daß die ganze übrige Moral einen gewissen Gefühlszustand wiedergebe, daß man hier nicht mehr einem Druck nachgebe, sondern einem Anreiz, das anzuerkennen werden viele zögern. Der Grund liegt darin, daß man hier zumeist die ursprüngliche Emotion im Grunde seines Selbst nicht wiederfinden kann. Es gibt Formeln, die der Rückstand davon sind und die sich in dem, was man das soziale Gewissen nennen könnte, nach und nach abgelagert haben, in dem Maße, wie sich, dieser Emotion immanent, eine neue Auffassung vom Leben, oder besser eine bestimmte Haltung ihm gegenüber befestigte. Gerade weil wir es mit der Asche einer erloschenen Emotion zu tun haben, und weil die vorwärtstreibende Macht dieser Emotion aus dem Feuer kam, das sie in sich trug, gerade deshalb würden die Formeln, die davon übriggeblieben sind, im allgemeinen außerstande sein, unsern Willen zu erschüttern, wenn nicht die älteren Formeln, die die Grundforderungen des sozialen Lebens ausdrücken, ihnen durch eine Art Ansteckung etwas von ihrem zwingenden Charakter mitteilten. Diese beiden aufeinandergepfropften Arten von Ethik scheinen jetzt nur eine einzige zu bilden, indem die erste der zweiten etwas von dem verleiht, was sie Zwingendes an sich hat, und dafür von dieser einen weniger eng gesellschaftlichen, in weiterem Maße menschlichen Sinn erhalten hat. Aber wir wollen einmal in der Asche stöbern: wir werden Teile finden, die noch heiß sind, und schließlich wird der Funke hervorspringen; das Feuer wird sich wieder entzünden können, und wenn es sich wieder entzündet, wird es um sich greifen. Ich will damit sagen, daß die Maximen dieser zweiten Ethik nicht getrennt wirken, wie die der ersten: sobald eine von ihnen aufhört, abstrakt zu sein, sich mit Bedeutung füllt und die Kraft zu handeln erwirbt, neigen die andern dazu, das gleiche zu tun; endlich schließen alle sich wieder zusammen in dem heißen Gefühl, das sie einst zurückgelassen hat, und in den nun wieder lebendig werdenden Menschen, die es empfanden. Stifter und Reformatoren der Religionen, Mystiker und Heilige, obskure Helden des ethischen Lebens, die wir etwa auf unserm Wege getroffen haben und die in unseren Augen den größten gleichen, sie alle sind gegenwärtig: durch ihr Beispiel mitgerissen, schließen wir uns ihnen an, wie einer Armee von Eroberern. Sie sind in der Tat Eroberer; sie haben den Widerstand der Natur gebrochen und die Menschheit zu neuen Geschicken erhöht. Wenn wir so die Scheinbarkeiten verscheuchen, um die Wirklichkeiten zu fassen, wenn wir von der gemeinsamen Form absehen, die die beiden Arten Ethik, dank gegenseitigen Austausches, im begrifflichen Denken und in der Sprache angenommen haben, finden wir an den beiden äußersten Punkten dieser einheitlichen Ethik den Druck und den Aufschwung: der Druck ist um so vollkommener, je unpersönlicher er ist, je näher er jenen natürlichen Kräften ist, die man Gewohnheit und selbst Instinkt nennt, der Aufschwung aber um so mächtiger, je deutlicher er uns von Persönlichkeiten verliehen wird und je stärker er über die Natur zu triumphieren scheint. Wenn man allerdings bis zu den Wurzeln der Natur selbst hinabstiege, würde man vielleicht entdecken, daß es dieselbe Kraft ist, die sich direkt, sich um sich selber drehend, in der ein für allemal konstituierten menschlichen Gattung offenbart und ferner auch indirekt durch Vermittlung bevorzugter Individualitäten wirkt, um die Menschheit vorwärtszutreiben.

Aber wir brauchen gar keine Metaphysik zu Hilfe zu nehmen, um die Beziehung dieses Drucks zu diesem Aufschwung zu bestimmen. Nochmals: es besteht eine gewisse Schwierigkeit, die beiden Arten Ethik miteinander zu vergleichen, weil sie sich nicht mehr in reinem Zustande darstellen. Die erste hat der zweiten etwas von ihrer zwingenden Kraft geborgt; die zweite hat auf die erste etwas von ihrem Duft übertragen. Wir haben eine Reihe von aufsteigenden und von absteigenden Stufen vor uns, je nachdem man die Vorschriften der Ethik von dem einen oder anderen Grenzpunkte an durchläuft; was die beiden äußersten Grenzen betrifft, so haben sie eher ein theoretisches Interesse; es kommt kaum vor, daß sie wirklich erreicht werden.

Betrachten wir jedoch Druck und Aufschwung isoliert, jeden für sich. Dem Druck immanent ist die Vorstellung einer Gesellschaft, die nur darauf aus ist, sich zu erhalten: da die Kreisbewegung, in der sie die Individuen mit sich reißt, sich auf der Stelle vollzieht, imitiert sie ungefähr, durch Vermittlung der Gewohnheit, die Unbeweglichkeit des Instinkts. Das Gefühl, durch das das Bewußtsein dieser Gesamtheit von reinen Verpflichtungen, sie alle als erfüllt vorausgesetzt, charakterisiert würde, wäre ein Zustand individuellen und gesellschaftlichen Wohlbefindens, dem vergleichbar, das das normale Funktionieren des Lebens begleitet. Es würde mehr dem Vergnügen als der Freude gleichen. In der Ethik des Aufschwungs dagegen ist implicite das Gefühl eines Fortschritts enthalten. Das Gefühl, von dem wir sprachen, ist die Begeisterung eines Vormarsches — eine Begeisterung, durch die diese Ethik es erreicht hat, daß einige sie annahmen und sie sich dann, durch das Wirken dieser Männer, über die ganze Welt fortgepflanzt hat. ›Fortschritt‹ und ›Vormarsch‹ verschmelzen hier übrigens mit der Begeisterung selbst. Um sich dessen bewußt zu werden, ist es gar nicht nötig, sich ein Ziel vorzustellen, nach dem man strebt, oder eine Vollkommenheit, der man sich nähert. Es genügt, daß die Freude der Begeisterung mehr enthält als das Vergnügen des Wohlbehagens, indem dieses Vergnügen jene Freude nicht einschließt, diese Freude aber jenes Vergnügen in sich enthält und es sogar in sich aufsaugt. Das fühlen wir; und die so erhaltene Gewißheit, weit entfernt davon einer Metaphysik verhaftet zu sein, ist das, was dieser Metaphysik erst ihre festeste Stütze gibt.

Aber vor dieser Metaphysik und dem unmittelbar Empfundenen viel näher sind die einfachen Vorstellungen, die hier aus der Emotion hervorspringen, je mehr man sich darüber verbreitet. Wir sprachen von den Religionsstiftern und -reformatoren, von den Mystikern und den Heiligen. Hören wir ihre Sprache; sie übersetzt lediglich das in Vorstellungen, was die besondere Emotion einer Seele ist, die sich öffnet und die mit der Natur bricht, welche sie gleichzeitig in sich selbst und in der Gemeinschaft eingeschlossen hielt.

Sie sagen zunächst, das was sie empfinden, sei ein Gefühl der Befreiung. Wohlergehen, Vergnügen, Reichtum, alles, was den gewöhnlichen Menschen fesselt, ist ihnen gleichgültig. Sich davon zu befreien ist ihnen eine Erleichterung und sodann eine hohe Freude. Nicht als ob die Natur unrecht daran getan hätte, uns mit festen Banden an das Leben zu knüpfen, das sie für uns gewollt hat. Aber es kommt darauf an, daß man weiter geht, und die Bequemlichkeiten, die einem zu Hause angenehm sind, würden einem hinderlich werden, sie würden sich in lästiges Gepäck verwandeln, wenn man sie auf die Reise mitnehmen müßte. Daß eine solcherart in Bewegung gesetzte Seele mehr geneigt ist, mit den andern Seelen und selbst mit der ganzen

Natur mitzufühlen, das könnte einen wundern, wenn nicht die relative Unbeweglichkeit der Seele, die in einer geschlossenen Gesellschaft im Kreise tritt, gerade darauf beruhte, daß die Natur durch denselben Akt, der das Menschengeschlecht begründete, die Menschheit in deutlich unterschiedene Individualitäten zerstückelt hätte. Wie jeder Akt, der eine Art begründet, war auch dieser ein Innehalten. Nimmt man den Vormarsch wieder auf, so bricht man diesen Entschluß zu brechen. Um einen vollständigen Effekt zu erzielen, müßte man allerdings die übrige Menschheit mit sich reißen. Doch wenn auch nur einige folgen und wenn die andern zu dem Entschluß kommen, es bei Gelegenheit zu tun, so ist das schon viel: dann hat man schon mit dem Beginn der Ausführung die Hoffnung, daß der Kreis schließlich gebrochen werden wird. In jedem Fall, das können wir gar nicht genug wiederholen, erreicht man die Liebe zum Nächsten nicht dadurch, daß man sie predigt. Nicht dadurch, daß man engere Gefühle erweitert, wird man die ganze Menschheit umfassen. Auch wenn unser Verstand es sich noch so sehr einredet, daß dies der richtige Weg sei, die Dinge verhalten sich anders. Was für das Auge unseres Verstehens einfach ist, ist es nicht notwendig auch für unsern Willen. Dort wo die Logik sagt, ein gewisser Weg wäre der kürzeste, kommt die Erfahrung dazwischen und findet, daß es in dieser Richtung überhaupt keinen Weg gibt. In Wahrheit muß man hier durch den Heroismus hindurch, um zur Liebe zu gelangen. Heroismus wird übrigens nicht gepredigt; er braucht sich nur zu zeigen, und seine bloße Gegenwart wird andre Menschen in Bewegung setzen können. Und zwar deshalb, weil er selbst Rückkehr zur Bewegung ist, und weil er aus einer — wie jede Emotion übertragbaren — Emotion hervorgeht, die dem schöpferischen Akt verwandt ist. Die Religion drückt diese Wahrheit auf ihre Weise aus, wenn sie sagt, wir lieben die andern Menschen in Gott. Und die großen Mystiker erklären, sie hätten das Gefühl eines Stroms, der von ihrer Seele zu Gott geht und von Gott zur Menschheit hinabsteigt.

Man komme der so befreiten Seele nicht mit materiellen Hindernissen! Sie wird nicht antworten, das Hindernis müsse umgangen werden, auch nicht, man könne es bezwingen: sie wird erklären, es sei nicht vorhanden. Von ihrer ethischen Überzeugung kann man nicht sagen, daß sie Berge versetze, denn sie sieht keine Berge zu versetzen. Solange wir über das Hindernis nachdenken, bleibt es, wo es ist; solange wir es anschauen, zerstückeln wir es in Teile, die einer nach dem andern überwunden werden müssen; ihre Zahl kann unbegrenzt sein, und nichts verspricht uns, daß wir sie erschöpfen werden. Aber wir können das Ganze in einem Stück fortträumen, indem wir es leugnen. So verfuhr jener Philosoph, der die Bewegung dadurch bewies, daß er ging; seine Handlung war die reine und einfache Negierung der immer wiederholten, also nutzlosen Anstrengung, die Zenon für nötig hielt, um die Punkte des Zwischenraums einen nach dem andern zu durchschreiten. Ginge man diesem neuen Aspekt der Ethik auf den Grund, so würde man das Gefühl eines — wirklichen oder nur scheinbaren — Zusammenfallens mit der Schöpfungskraft des Lebens finden. Von außen gesehen bietet sich die Arbeit des Lebens, in jedem seiner Werke, einer Untersuchung dar, die man endlos fortsetzen könnte; niemals wird man damit fertig werden, die Struktur eines Auges, wie das unsrige, zu beschreiben. Doch was wir als ein Gesamt von aufgewandten Mitteln bezeichnen, das ist in Wirklichkeit nur eine Reihe von gefallenen Hindernissen: der Akt der Natur ist einfach, und die unendliche Kompliziertheit des Mechanismus, den sie Stück für Stück konstruiert zu haben scheint, um das Sehen zu erreichen, ist nur das unendliche Durcheinander der Antagonismen, die sich gegenseitig neutralisiert haben, um unteilbar die Ausübung der Funktion hindurchzulassen. Es ist, als wenn eine unsichtbare Hand in Eisenfeilspäne hineingriffe: ihre einfache Handlung würde, wenn man sich nur an das hält, was man sieht, wie eine unerschöpfliche Reihe von Aktionen und Reaktionen erscheinen, die die Eisensplitter aufeinander ausübten, um sich gegenseitig im Gleichgewicht zu halten. Wenn nun ein so schroffer Gegensatz besteht zwischen dem wirklichen Verhalten des Lebens und dem Aspekt, den er für die Sinne und für den Verstand annimmt, die es zergliedern — ist es da verwunderlich, wenn eine Seele, die kein materielles Hindernis mehr kennt, sich — mit Recht oder mit Unrecht — mit dem Prinzip des Lebens selbst eins fühlt?

Welche Heterogenität man zunächst auch zwischen Wirkung und Ursache finden mag, und obgleich ein weiter Weg ist von einer Verhaltungsregel bis zu einer Aussage über den Grund der Dinge — immer ist es ein Kontakt mit dem Schöpfungsprinzip des Menschengeschlechts, aus dem man sich die Kraft schöpfen fühlte, die Menschheit zu lieben. Ich spreche, wohlverstanden, von einer Liebe, die die ganze Seele erfüllt und erwärmt. Eine lauere, abgeschwächte und zeitweise aussetzende Liebe dagegen kann nur ein Abglanz von jener Liebe sein, oder aber das noch bleichere und kältere Bild, das davon im Verstand zurückgeblieben ist oder sich in der Sprache niedergeschlagen hat. Die Ethik umfaßt somit zwei unterschiedliche Teile, von denen der eine seinen Existenzgrund in der originalen Struktur der menschlichen Gesellschaft hat, während der andere seine Erklärung in dem erklärenden Prinzip dieser Struktur findet. Im ersteren Teil stellt die Verpflichtung den Druck dar, den die Elemente der Gesellschaft aufeinander ausüben, um die Form des Ganzen aufrechtzuerhalten, einen Druck, dessen Wirkung in jedem von uns durch ein System von Gewohnheiten vorgebildet ist, die ihm sozusagen entgegenkommen: dieser Mechanismus, von dem jeder Teil eine

Gewohnheit ist, dessen Gesamtheit jedoch einem Instinkt zu vergleichen ist, ist von der Natur vorbereitet worden. Im zweiten Teil haben wir auch noch Verpflichtung, wenn man so will, aber die Verpflichtung ist jetzt die Kraft eines Sehnens oder eines Aufschwungs, desselben Aufschwungs, der schließlich das Menschengeschlecht, das soziale Leben, ein System von dem Instinkt mehr oder weniger assimilierbarer Gewohnheiten erzeugt hat: das vorwärtstreibende Prinzip greift jetzt direkt ein, nicht mehr mittels Mechanismen, die es eingesetzt und bei denen es einstweilen haltgemacht hatte. Kurz, um alles Vorhergehende zusammenzufassen, wollen wir sagen, die Natur habe das Menschengeschlecht, als sie es an der großen Straße der Entwicklung hinsetzte, soziabel gewollt, so wie sie die Gesellschaften der Ameisen und der Bienen soziabel gewollt hat; aber da ja die Intelligenz vorhanden war, so mußte die Aufrechterhaltung des sozialen Lebens einem quasi-intelligenten Mechanismus anvertraut werden: intelligent insofern, als jedes Stück von der menschlichen Intelligenz neu geformt werden konnte, und doch wiederum instinktiv, insofern der Mensch, ohne daß er aufhörte Mensch zu sein, nicht die Gesamtheit der Stücke verwerfen und einen erhaltenden Mechanismus nicht mehr annehmen konnte. Der Instinkt hat den Platz provisorisch einem System von Gewohnheiten geräumt, von denen jede einzelne zufällig wurde, da ihr Gesamtstreben auf die Erhaltung der Gesellschaft einzig und allein notwendig war und diese Notwendigkeit mit sich den Instinkt zurückbrachte. Die Notwendigkeit des Ganzen, die durch die Zufälligkeit der Teile hindurch gefühlt wird, ist das, was wir die moralische Verpflichtung im allgemeinen nennen; die Teile sind übrigens nur in den Augen der Gesellschaft zufällig; für das Individuum, dem die Gesellschaft Gewohnheiten einimpft, ist der Teil so notwendig wie das Ganze. Jetzt war der von der Natur gewollte Mechanismus einfach, so wie die ursprünglich von ihr konstruierten Gesellschaften. Hatte die Natur die ungeheure Entwicklung und die unendliche Kompliziertheit von Gesellschaften wie den unsrigen vorausgesehen? Verständigen wir uns zuerst über den Sinn dieser Frage. Wir behaupten nicht, die Natur habe irgend etwas im eigentlichen Sinne gewollt oder vorausgesehen. Aber wir haben das Recht, so vorzugehen wie der Biologe, der von einer Absicht der Natur immer dann spricht, wenn er einem Organ eine Funktion zuerkennt: auf diese Weise drückt er einfach die Adäquatheit des Organs für die Funktion aus. Wenn auch die Menschheit sich zivilisiert, die Gesellschaft sich verwandelt hat, so behaupten wir dennoch, daß die gewissermaßen organischen Tendenzen für das soziale Leben geblieben sind, was sie von Anfang an waren. Wir können sie wiederfinden und sie beobachten. Das Ergebnis dieser Beobachtung ist klar: die ursprüngliche und grundlegende moralische

Struktur des Menschen ist für einfache und geschlossene Gesellschaften geschaffen. Diese organischen Tendenzen kommen uns, das gebe ich zu, nicht klar zum Bewußtsein. Aber darum bilden sie doch innerhalb der Verpflichtung den solidesten Kern. So komplex unsere Ethik auch geworden ist, und obwohl sie sich mit Tendenzen verkoppelt hat, die nicht bloße Modifikationen der natürlichen Tendenzen sind und die ihrerseits nicht in der Richtung der Natur verlaufen, so kommen wir doch auf diese natürlichen Tendenzen hinaus, wenn wir von allem, was diese flüssige Masse an reiner Verpflichtung enthält, einen Niederschlag haben wollen. Das ist also die erste Hälfte der Ethik. Die andre war im Plan der Natur nicht enthalten. Wir wollen damit sagen, daß die Natur zwar eine gewisse Erweiterung des sozialen Lebens durch die Intelligenz vorhergesehen habe, aber nur eine begrenzte Erweiterung. Sie kann nicht gewollt haben, daß diese Erweiterung so weit gehen sollte, daß sie die ursprüngliche Struktur in Gefahr brächte. Zahlreich sind übrigens die Fälle, wo der Mensch die Natur solchermaßen betrogen hat, sie, die so weise und doch so naiv ist. Die Natur wollte sicher, der Mensch solle sich ad infinitum fortpflanzen, so wie alle andern Lebewesen; sie hat die genauesten Vorsichtsmaßnahmen getroffen, um die Erhaltung der Art durch Vermehrung der Individuen zu sichern; sie hat also, als sie uns die Intelligenz gab, nicht vorausgesehen, daß diese alsbald das Mittel finden würde, um den Geschlechtsakt von seinen Folgen zu trennen, und daß der Mensch sich der Ernte enthalten könnte, ohne auf das Vergnügen des Säens zu verzichten. In einem ganz andern Sinne wiederum betrügt der Mensch die Natur, wenn er die soziale Solidarität zu menschlicher Verbrüderung erweitert; aber er täuscht sie auch dann, denn die Gesellschaften, deren Plan in der ursprünglichen Struktur der menschlichen Seele vorgebildet war und deren Plan man noch in den eingeborenen und grundlegenden Strebungen des heutigen Menschen erkennen kann, verlangten, daß zwar die Gruppe eng geeint sei, daß aber von Gruppe zu Gruppe eine virtuelle Feindschaft herrsche: man mußte immer bereit sein anzugreifen oder sich zu verteidigen. Nicht als ob die Natur den Krieg um des Krieges willen gewollt hätte, gewiß nicht. Die großen fortreißenden Persönlichkeiten der Menschheit, die die Schranken des Gemeinwesens niedergelegt haben, scheinen sich dadurch freilich wieder in die Richtung des Lebensschwungs versetzt zu haben. Aber dieser dem Leben eigene Schwung ist wie dieses etwas Endliches. Auf seinem ganzen Wege trifft er auf Hindernisse, und die nacheinander aufgetauchten Gattungen sind die Resultanten aus dieser Kraft und entgegengesetzt wirkenden Kräften: jene Kraft treibt vorwärts, diese bewirken, daß man sich auf der Stelle dreht. Der Mensch, so wie er aus den Händen der Natur hervorging, war ein intelligentes und soziables Wesen, und seine Soziabilität war darauf berechnet, zu kleinen Gesellschaften zu führen, da seine Intelligenz dazu bestimmt war, das individuelle Leben und das Leben der Gruppe zu begünstigen. Aber die Intelligenz, die sich durch ihr eigenes Wirken immer mehr ausdehnte, hat eine unerwartete Entwicklung genommen. Sie hat die Menschen von Knechtschaften befreit, zu denen sie durch die Begrenztheiten ihrer Natur verurteilt waren. Unter diesen Umständen war es für gewisse besonders befähigte unter ihnen nicht unmöglich, das Geschlossene wieder zu öffnen, und wenigstens für sich selbst das zu tun, was der Natur für die Menschheit zu tun unmöglich gewesen wäre. Ihr Beispiel hat schließlich die andern mitgerissen, wenigstens in der Vorstellung. Der Wille hat sein Genie, wie das Denken, und das Genie bietet aller Voraussicht Trotz. Mittels dieser Willensgenies erreicht der Lebensschwung, der die Materie durchströmt, von dieser für die Zukunft der Gattung Versprechungen, von denen, als die Gattung sich konstituierte, nicht einmal die Rede sein konnte. Wenn wir von der sozialen Solidarität zur menschlichen Brüderlichkeit fortschreiten, dann brechen wir also mit einer gewissen Natur, nicht aber mit der ganzen Natur. Man könnte sagen, indem man die Ausdrücke Spinozas in anderm Sinne gebrauchte, wir lösten uns von der *natura naturata*, um zur *natura naturans* zurückzukehren.

Zwischen der ersten und der zweiten Ethik liegt also die ganze Kluft zwischen Ruhe und Bewegung. Die erste Ethik wird als veränderlich angesehen. Wenn sie sich ändert, vergibt sie sofort; daß sie sich geändert hat, oder gesteht die Veränderung nicht ein. Die Form, die sie in irgendeinem beliebigen Augenblick aufweist, erhebt den Anspruch, die endgültige Form zu sein. Die andere dagegen ist ein Antrieb, eine Forderung nach Bewegung; sie ist Beweglichkeit im Prinzip. Dadurch gerade könnte sie ihre Überlegenheit beweisen — ja dadurch allein könnte sie sie zunächst definieren. Verleihen wir uns die erste — wir werden die zweite nicht daraus hervorgehen lassen können, sowenig, wie wir aus einer oder mehreren Stellungen einer Triebfeder eine Bewegung herausholen können. Im Gegenteil, die Bewegung schließt die Unbewegtheit ein, denn jede von der Triebfeder durchlaufene Stellung wird als ein virtueller Stillstand erfaßt und sogar wahrgenommen. Aber es ist gar kein regelrechter Beweis nötig: die Überlegenheit wird erlebt, bevor sie vorgestellt wird, und sie könnte übrigens auch nicht bewiesen werden, wenn sie nicht zuerst empfunden würde. Es ist ein Unterschied unseres Lebensgefühls. Wer regelmäßig die Moral des Gemeinwesens erfüllt, empfindet jenes Wohlbehagen, das dem Individuum und der Gesellschaft gemeinsam ist und das die Interferenz der materiellen Widerstände untereinander offenbart. Die Seele aber, die sich öffnet, und in deren Augen die materiellen Hindernisse fallen, gehört ganz der Freude. Vergnügen und Wohlbehagen sind schon etwas, aber die Freude ist mehr. Denn sie ist in jenen beiden nicht enthalten, während diese sich virtuell in ihr wiederfinden. Sie sind tatsächlich ein Stillstand oder ein Auf-der-Stelle-Treten, während sie Vormarsch ist.

Daher kommt es, daß die erste Ethik relativ leicht zu formulieren ist, nicht aber die zweite. Unsere Intelligenz und unsere Sprache beziehen sich ja auf feste Dinge; sie kommen weniger gut zurecht, wenn Übergänge oder Fortschritte darzustellen sind. Die Ethik des Evangeliums ist wesentlich die der offenen Seele: hat man nicht mit Recht darauf aufmerksam gemacht, daß sie gerade in ihren bestimmtesten Vorschriften das Paradoxe und sogar das Widerspruchsvolle streift? Wenn der Reichtum ein Übel ist, werden wir dann den Armen nicht schaden, indem wir ihnen unsern Besitz überlassen? Wenn der Mensch, der einen Backenstreich erhalten hat, die andre Wange hinhält, was wird dann aus der Gerechtigkeit, ohne die es doch keine Liebe gibt? Aber das Paradoxon fällt, der Widerspruch schwindet, wenn man die Absicht dieser Maximen betrachtet, die darin besteht, einen Seelenzustand zu erregen. Nicht für die Armen, sondern um seiner selbst willen soll der Reiche seinen Reichtum aufgeben: selig der Arme »im Geist«! Das Schöne ist nicht, beraubt zu sein, nicht einmal sich selbst zu berauben, sondern die Entbehrung nicht zu fühlen. Der Akt, durch den die Seele sich öffnet, hat die Wirkung, eine in Formeln eingesperrte und materialisierte Ethik zu erweitern und in die reine Geistigkeit zu erheben: diese Ethik wird dann im Verhältnis zu der andern so etwas wie eine Momentphotographie von einer Bewegung. Das ist der tiefe Sinn der Gegenüberstellungen, die in der Bergpredigt aufeinanderfolgen: »Man hat euch gesagt... Ich aber sage euch...«. Auf der einen Seite das Geschlossene, auf der andern Seite das Offene. Die landläufige Moral wird nicht beseitigt; doch sie erscheint wie ein Moment im Verlaufe eines Fortschrittes. Man verzichtet nicht auf die alte Methode; doch man nimmt sie auf in eine allgemeinere Methode, so wie es geschieht, wenn das Dynamische das Statische in sich aufsaugt, das dann zu einem Sonderfall wird. Man brauchte dann, strenggenommen, einen direkten Ausdruck für die Bewegung und die Richtung; wenn man aber auch sie noch — und es ist wohl nötig — in die Sprache des Statischen und des Unbewegten übersetzen will, wird man zu Formeln gelangen, die das Widerspruchsvolle streifen. Daher möchten wir das Undurchführbare, das in gewissen Vorschriften des Evangeliums enthalten ist, mit dem vergleichen, was die ersten Erklärungen der Differentialgröße an Unlogischem aufwiesen. In der Tat könnte man zwischen der antiken Moral und dem Christentum eine Beziehung gleicher Art finden wie zwischen der alten Mathematik und der unsrigen.

Die Geometrie der Alten hat Einzellösungen liefern können, die gleichsam vorweggenommene Anwendungen unserer allgemeinen Methoden waren. Aber sie hat diese Methoden nicht herausgearbeitet; der Schwung war nicht da, der den Sprung vom Statischen zum Dynamischen mit sich gebracht hätte. Immerhin hatte man die Nachahmung des Dynamischen durch das Statische so weit wie möglich getrieben. Einen Eindruck von dieser Art haben wir, wenn wir zum Beispiel die Lehre der Stoiker der christlichen Ethik gegenüberstellen. Sie bekannten sich als Bürger der Welt und sie fügten hinzu, alle Menschen seien Brüder, da sie von demselben Gotte stammten. Es waren fast dieselben Worte, aber sie fanden nicht das gleiche Echo, weil sie nicht mit dem gleichen Akzent gesagt worden waren. Die Stoiker haben sehr schöne Beispiele gegeben. Wenn es ihnen nicht gelungen ist, die Menschheit mit sich zu reißen, so deshalb, weil der Stoizismus im wesentlichen eine Philosophie ist. Der Philosoph, der sich in eine so hochstehende Lehre verliebt und in ihr aufgeht, wird sie sicher beseelen, indem er sie ausübt; in derselben Weise wie die Liebe des Pygmalion der einmal geschaffenen Statue Leben eingeflößt hat. Aber von da ist ein weiter Weg bis zu der Begeisterung, die sich ins Unendliche von Seele zu Seele fortpflanzt wie eine Feuersbrunst. Eine solche Erregung wird sich gewiß in der Form von grundlegenden Ideen einer Lehre auseinanderfalten können und sogar in mehreren verschiedenen Lehrgebäuden, die keine andre Ähnlichkeit untereinander haben als eine Geistesgemeinschaft — aber sie geht der Idee voran, statt ihr zu folgen. Wenn man etwas dergleichen im klassischen Altertum finden will, dann muß man sich nicht an die Stoiker wenden, sondern an den, der alle großen Philosophien Griechenlands inspiriert hat, ohne daß er eine Lehre gebracht hätte, ohne daß er irgend etwas geschrieben hätte: an Sokrates. Gewiß, Sokrates stellt das vernünftige Handeln und speziell die logische Tätigkeit des Geistes über alles. Die Ironie, die er mit sich herumführt, ist dazu da, die Meinungen zu beseitigen, die die Prüfung durch die Reflexion nicht bestanden haben, und sie sozusagen bloßzustellen, indem man sie mit sich selbst in Widerspruch setzt. Der Dialog, so wie er ihn versteht, hat die platonische Dialektik geboren und in der Folge die wesentlich rationale philosophische Methode, deren wir uns noch heute bedienen. Gegenstand dieses Dialogs war es, zu Begriffen zu gelangen, die man dann in Definitionen einschließen wird; diese Begriffe sollten zu den platonischen Ideen werden; und die Theorie der Ideen wiederum sollte dann den ebenfalls wesentlich rationalen Konstruktionen der traditionellen Metaphysik als Typus dienen. Sokrates geht noch weiter; sogar aus der Tugend macht er eine Wissenschaft; er identifiziert die Ausübung des Guten mit der Kenntnis, die man davon besitzt; so bereitet er jene Lehre vor, die das ethische Leben in der rationalen Übung des Denkens aufgehen läßt. Niemals ist die Vernunft höher gestellt worden. Das wenigstens springt zuerst in die Augen. Aber sehen wir näher zu. Sokrates lehrt, weil das delphische Orakel gesprochen hat. Er hat eine Mission empfangen. Er ist arm und muß arm bleiben. Er muß sich unters Volk mischen, er muß selbst Volk werden, seine Sprache muß zur Sprache des Volkes hinabsteigen. Er wird nichts schreiben, damit sein Denken lebendig in Seelen übergehe, die es wieder an andre Seelen weitergeben. Er ist unempfindlich gegen Kälte und Hunger; er ist kein Asket, aber der Notdurft ledig und befreit von seiner Körperlichkeit. Ein ›Dämon‹ begleitet ihn, der seine Stimme hören läßt, wenn eine Warnung nötig ist. Er glaubt so fest an dieses ›dämonische Zeichen‹, daß er lieber stirbt als es nicht befolgt: wenn er sich weigert, sich vor dem Tribunal des Volkes zu verteidigen, wenn er seiner Verurteilung noch zuvorkommt, so deshalb, weil der Dämon nichts gesagt hat, um ihn davon abzuhalten. Kurz, seine Mission ist religiöser und mystischer Art, in dem Sinne wie wir heute diese Worte verstehen; seine Lehre, so vollkommen rational, ist einem Etwas verhaftet, das über die reine Vernunft hinauszugehen scheint. Aber merkt man das nicht an seiner Lehre selbst? Wenn die begeisterten, jedenfalls lyrischen Reden, die er an vielen Stellen der platonischen Dialoge hält, nicht von Sokrates wären, sondern von Plato selbst, wenn die Sprache des Meisters immer die gewesen wäre, die Xenophon ihm leiht, würde man dann die Begeisterung verstehen, zu der er seine Schüler entflammte und die durch die Jahrhunderte gestürmt ist? Stoiker, Epikuräer, Zyniker, alle Moralisten Griechenlands kommen von Sokrates her, — nicht nur deshalb, wie man immer behauptet hat, weil sie die Lehre des Meisters in ihren verschiedenen Richtungen entwickeln, sondern auch und vor allem deshalb, weil sie von ihm die geistige Haltung entlehnt haben, die er geschaffen hat und die übrigens dem griechischen Geiste so wenig gemäß war, die Haltung des *Weisen*. Wenn der Philosoph sich in seine Weisheit einschließt, und sich so von der Gemeinschaft der Menschen loslöst, sei es um sie zu unterweisen, sei es um ihnen als Beispiel zu dienen, oder einfach, um seiner Arbeit an der inneren Vervollkommnung zu leben, so zeigt sich darin der lebendige Sokrates, Sokrates, der durch den unvergleichlichen Zauber seiner Person wirkt. Gehen wir weiter. Man hat gesagt, er habe die Philosophie vom Himmel auf die Erde gebracht. Aber könnte man sein Leben und besonders seinen Tod verstehen, wenn der Seelenbegriff, den Plato ihm im Phaidon leiht, nicht sein eigener gewesen wäre? Allgemeiner ausgedrückt: was tun die Mythen, die wir in den Dialogen Platons finden und die die Seele, ihren Ursprung, ihre Einfügung in den Körper betreffen, anderes, als daß sie in Begriffen des platonischen Denkens eine schöpferische Erregung ausdrücken, die Erregung, die der ethischen Unterweisung des Sokrates immanent ist? Die Mythen und der sokratische Seelenzustand (beide verhalten sich zueinander wie das erklärende Programm zur Symphonie) haben sich neben der platonischen Dialektik erhalten; sie schreiten unterirdisch durch die griechische Metaphysik und treten wieder an die freie Luft mit dem alexandrinischen Neo-Platonismus, mit Ammonios vielleicht, in jedem Falle mit Plotin, der sich als einen Fortsetzer des Sokrates bezeichnet. Sie haben der sokratischen Seele als Körper ein Lehrgebäude verliehen, das dem vergleichbar ist, welches vom Geist des Evangeliums beseelt ist. Trotz ihrer Ähnlichkeit, oder vielleicht gerade deswegen, haben die beiden Metaphysiken sich bekämpft, bevor die eine das beste der andern in sich aufnahm: eine Zeitlang konnte die Welt sich fragen, ob sie christlich werden sollte oder neo-platonisch. In Wahrheit war es Sokrates, der Jesus die Stirn bot. Um bei Sokrates zu bleiben, so muß man sich fragen, was dieses sehr praktische Genie in einer andern Gesellschaft und unter andern Umständen getan hätte, wenn er nicht vor allem über das Gefährliche im moralischen Empirismus seiner Zeit und in der Unstätigkeit der athenischen Demokratie betroffen gewesen wäre, wenn er nicht mit größter Eile die Rechte der Vernunft hätte etablieren müssen, wenn er daher nicht die Intuition und die Inspiration in den Hintergrund gedrängt hätte, und wenn nicht der Grieche, der er war, in ihm den Orientalen, der er sein wollte, erschlagen hätte. Wir haben unterschieden zwischen der offenen und der geschlossenen Seele: wer möchte Sokrates unter die geschlossenen Seelen einordnen? Die Ironie durchzieht die sokratische Unterweisung, der Lyrismus kommt darin gewiß nur selten zum Ausbruch; doch in dem Maße wie diese Ausbrüche einem neuen Geist den Weg gebahnt haben sind sie entscheidend gewesen für die Zukunft der Menschheit.

Zwischen der geschlossenen und der offnen Seele liegt die Seele, die sich öffnet. Zwischen der Unbeweglichkeit des sitzenden Menschen und der Bewegtheit desselben Menschen, wenn er geht, liegt das Sichaufrichten, die Haltung, die er annimmt, wenn er sich erhebt. Kurz, zwischen dem Statischen und dem Dynamischen kann man in der Ethik einen Übergang beobachten. Dieser Zwischenzustand würde unbemerkt bleiben, wenn man in der Ruhestellung den nötigen Schwung nähme, um mit einem Schlage zur Bewegung hinüberzuspringen. Dagegen erregt er Aufmerksamkeit, sobald man dabei innehält, — gewöhnlich das Zeichen eines unzulänglichen Aufschwungs. Drücken wir dasselbe noch einmal in anderer Form aus. Wir haben gesehen, daß in der Ethik das rein Statische etwas Unter-Intellektuelles ist, das rein Dynamische etwas Über-Intellektuelles. Das eine war von der Natur gewollt, das andre ist eine Errungenschaft des menschlichen

Geistes. Jenes wird von einem Gesamt von Gewohnheiten charakterisiert, die beim Menschen symmetrisch gewissen Instinkten der Tiere entsprechen; es ist weniger als Intelligenz. Dieses ist Aufschwung, Intuition und Emotion; es wird sich dann in Ideen zerlegen, die seine intellektuelle Notierung sind, und deren Zerteilung sich endlos fortsetzt; wie eine Einheit eine Vielheit, die ihr nicht gleichkommen kann, umfaßt und übertrifft, enthält es also die ganze Intellektualität, die man nur will; es ist mehr als Intelligenz. Zwischen beiden steht die Intelligenz selbst. Auf diesem Punkte wäre die menschliche Seele geblieben, wenn sie sich aus dem einen aufgeschwungen hätte ohne bis zum andern zu gelangen. Sie hätte die Ethik der geschlossenen Seele gemeistert, hätte aber noch nicht die Ethik der offenen Seele erreicht oder vielmehr geschaffen. Ihre Haltung, das Ergebnis eines Aufrichtens, hätte sie die Stufe der Intellektualität berühren lassen. Im Verhältnis zu dem, was sie eben verlassen hätte, würde eine solche Seele Gleichgültigkeit oder Unempfindlichkeit üben; sie hätte die ›Ataraxie‹ oder die ›Apathie‹ der Epikuräer und der Stoiker. Im Verhältnis zu dem, was sie Positives in sich selbst findet, würde — wenn ihre Loslösung vom Alten ein Anschluß an ein Neues sein will, ihr Leben Kontemplation sein: sie würde dem Ideal des Plato und des Aristoteles konform sein. Von welcher Seite man sie auch betrachtet, ihre Haltung wird immer grade und stolz sein, wirklich der Bewunderung wert und nur einer Elite vorbehalten. In ihr werden sich Philosophen zusammenfinden können, die von den verschiedensten Prinzipien herkommen. Der Grund dafür ist, daß nur ein einziger Weg von der in einem Kreise beschlossenen Handlung zu der Handlung führt, die sich frei im Raum entfaltet, von der Wiederholung zur Schöpfung, vom Unter-Intellektuellen zum Über-Intellektuellen. Wer zwischen den beiden innehält, steht notwendigerweise in der Region der reinen Kontemplation, und übt natürlich, da er sich nicht mehr an dem einen hält und nicht bis zum andern gelangt ist, jedenfalls jene Halbtugend der Losgelöstheit.

Wir sprechen von der reinen Intelligenz, die sich in sich selbst einschließt und der Meinung ist, Gegenstand des Lebens sei das, was die Alten ›Wissenschaft‹ oder Kontemplation nannten. Wir sprechen, kurz gesagt, von dem, was hauptsächlich die Ethik der griechischen Philosophen charakterisiert. Aber es würde sich nicht mehr um griechische oder orientalische Philosophie handeln, wir hätten es mit der Moral der ganzen Welt zu tun, wenn wir die Intelligenz nur insoweit betrachten würden, als sie lediglich Ausarbeiterin oder Anordnerin der — teils unter-, teils über-intellektuellen — Materialien ist, von denen in diesem Kapitel die Rede war. Um das innerste Wesen der Pflicht zu bestimmen, haben wir ja die beiden Kräfte herausgearbeitet, die auf uns wirken, nämlich einerseits den Antrieb und andrerseits die Anziehung. Das war nötig, und nur weil sie es nicht getan hat, weil sie sich an die Intellektualität gehalten hat, die heute das Ganze verdeckt, ist es der Philosophie anscheinend nicht gelungen zu erklären, wie eine Ethik Macht über die Seelen gewinnen kann. Aber auf diese Weise hat sich, wie wir es angedeutet haben, unsere Darlegung dazu verurteilt, schematisch zu bleiben. Das was Aufschwung ist, neigt dazu zu erstarren, indem es die Form der strengen Verpflichtung annimmt. Das was strenge Verpflichtung ist, neigt dazu sich zu vergrößern und zu erweitern, indem es den Aufschwung in sich aufnimmt. Druck und Aufschwung geben sich daher ein Stelldichein in der Region des Denkens, wo die Begriffe ausgearbeitet werden. Daraus ergeben sich Vorstellungen, von denen viele gemischter Natur sind, da sie das vereinen, was Ursache des Drucks und was Objekt des Aufschwungs ist. Aber es ergibt sich daraus auch, daß wir den reinen Druck und den reinen Aufschwung, die tatsächlich auf unsern Willen wirken, aus den Augen verlieren: wir sehen nur noch den Begriff, in dem die beiden unterschiedlichen Objekte zusammengeschmolzen sind, an die sie, jedes für sich, angeheftet waren. Dieser Begriff ist es, der eine Handlung auf uns ausüben soll. Dieser Irrtum erklärt das Versagen der eigentlich intellektualistischen Moralsysteme, d. h. in Summa der Mehrzahl aller philosophischen Pflichttheorien. Nicht als ob eine reine Idee ohne Einfluß auf unsern Willen wäre. Aber dieser Einfluß würde nur dann wirksam ausgeübt werden, wenn er allein wirken könnte. Feindlichen Einflüssen widersteht er nur schwer, oder wenn er ihrer Herr wird, so tauchen (in ihrer Individualität und Unabhängigkeit und nun die Ganzheit ihrer Kraft entfaltend) Druck und Aufschwung wieder auf, die beide auf ihre Eigenwirkung verzichtet hatten, als sie sich zusammen in einer Idee vertreten ließen.

Man müßte eine lange Parenthese öffnen, wollte man den Anteil der beiden Kräfte bestimmen, von denen die eine sozial, die andre übersozial, die eine Antrieb, die andere Anziehung ist und die den ethischen Triebfedern ihre Wirksamkeit verleihen. Ein ehrenhafter Mensch wird z. B. sagen, er handle aus Selbstachtung, aus Gefühl für die menschliche Würde. Er würde sich offenbar so ausdrücken, wenn er sich nicht zunächst in zwei Persönlichkeiten spalten würde, nämlich in die, die er wäre, wenn er sich gehen ließe, und die, zu der sein Wille ihn erhöht: das achtende Ich ist nicht das gleiche wie das geachtete. Welches ist also das letztere? Worin besteht seine Würde? Wo kommt die Achtung her, die es einflößt? Wir wollen die Analyse der Achtung beiseite lassen; wir würden darin vor allem das Bedürfnis finden, sich selbst auszulöschen; die Haltung des Lehrlings vor dem Meister, oder besser, um uns aristotelisch auszudrücken, des Akzidentiellen vor dem Essentiellen. Es bliebe also jenes höhere Ich zu definieren, vor dem die durchschnittliche Persönlichkeit sich neigt. Zweifellos ist dies zunächst das ›soziale Ich‹, das jedem innewohnt und von dem wir schon ein Wort gesagt haben. Wenn man, und sei es auch nur theoretisch, eine ›primitive Mentalität‹ annimmt, so wird man dort die Selbstachtung zusammenfallen sehen mit dem Gefühl einer solchen Solidarität zwischen Individuum und Gruppe, daß die Gruppe im einzelnen Individuum gegenwärtig bleibt, es überwacht, es ermutigt oder bedroht, kurz, verlangt, daß sie befragt und daß ihr gehorcht wird: hinter der Gesellschaft selbst stehen übernatürliche Kräfte, von denen die Gruppe abhängt und die die Gesellschaft für die Handlung des Individuums verantwortlich machen; der Druck des sozialen Ich erfolgt mit all diesen konzentrierten Energien. Das Individuum gehorcht übrigens nicht nur, weil es an Disziplin gewöhnt ist oder aus Furcht vor Strafe: die Gruppe, zu der es gehört, stellt sich notwendigerweise über die andern (sei es auch nur, um ihren Mut in der Schlacht zu erhöhen), und das Bewußtsein dieser Überlegenheit an Kraft sichert ihm selbst eine größere Kraft zu, mit allen Genüssen des Stolzes. Davon kann man sich überzeugen, wenn man eine schon ›entwickeltere‹ Mentalität betrachtet. Man bedenke, was an Stolz und gleichzeitig an moralischer Energie in dem ›Civis sum romanus‹ enthalten war: bei einem römischen Bürger muß die Selbstachtung mit dem zusammengefallen sein, was wir heute seinen Nationalismus nennen würden. Aber wir brauchen gar nicht zur Geschichte oder zur Vorgeschichte zurückzugreifen, um die Selbstachtung mit der Eigenliebe der Gruppe zusammenfallen zu sehen. Wir brauchen nur zu beobachten, was sich unter unsern Augen in den kleinen Gesellschaften abspielt, die sich inmitten einer großen bilden, wenn Menschen sich durch ein unterscheidendes Merkmal, das eine wirkliche oder scheinbare Überlegenheit unterstreicht und sie von den andern absondert, einander nahegebracht finden. Zur Selbstachtung, die jeder Mensch als Mensch an den Tag legt, gesellt sich dann noch eine weitere Achtung: die des Ich, das einfach Mensch ist, vor einem Ich, das unter den Menschen hervorragt; alle Mitglieder der Gruppe ›halten auf sich‹ und legen sich solcherart eine ›Haltung‹ auf; man sieht ein ›Ehrgefühl‹ entstehen, das eins ist mit dem Korpsgeist. Das sind die ersten Komponenten der Selbstachtung. Von dieser Seite gesehen, die wir heute nur durch angestrengtes Abstrahieren bloßlegen können, verpflichtet die Selbstachtung durch alles, was sie an gesellschaftlichem Druck mitbringt. Jetzt würde der Antrieb offenbar zur Anziehung werden, wenn die ›Selbst‹-Achtung die Achtung vor einer bewunderten, verehrten Persönlichkeit wäre, deren Bild man in sich trägt und in der man aufzugehen strebt, wie die Kopie in ihrem Urbild. Es ist tatsächlich nicht so, denn wenn das Wort Selbstachtung auch nur die Vorstellung einer Rückwendung zu sich selbst erweckt, so bleibt die Selbstachtung darum nicht weniger, am Ende ihrer Entwicklung ebenso wie am Anfang, ein soziales Gefühl. Aber die großen ethischen Gestalten, die in der Geschichte Epoche gemacht haben, reichen sich die Hände über die Jahrhunderte hinweg, über unsere menschlichen Gemeinwesen hinweg: sie bilden zusammen ein göttliches Gemeinwesen, in das einzutreten sie uns einladen. Wir können ihre Stimme nicht deutlich hören; dennoch ist ihr Ruf ergangen; etwas in der Tiefe unserer Seele antwortet ihm; aus der realen Gesellschaft, der wir angehören, schwingen wir uns durch das Denken in die ideale Gesellschaft empor; ihr gilt unsere Huldigung, wenn wir uns vor der menschlichen Würde in uns verneigen, wenn wir aus Selbstachtung zu handeln erklären. Gewiß neigt die von Personen auf uns ausgeübte Einwirkung solcherart dazu, unpersönlich zu werden. Und dieser unpersönliche Charakter wird sich in unsern Augen noch verstärken, wenn die Ethiker uns darlegen, es sei die Vernunft, die in jedem von uns gegenwärtige, die die Würde des Menschen ausmache. Über diesen Punkt ist jedoch folgendes zu sagen. Daß die Vernunft das unterscheidende Merkmal des Menschen ist, wird niemand bestreiten. Daß sie einen ungeheuren Wert hat, in dem Sinne wie ein schönes Kunstwerk einen Wert hat, das wird man ebenfalls zugeben. Aber es muß erklärt werden, wieso sie absolut befehlen kann, wie sie es macht, daß man ihr gehorcht. Die Vernunft kann nur Gründe anführen, und es scheint immer möglich, diesen Gründen andre entgegenzustellen. Wir wollen also nicht nur sagen, die Vernunft, die in jedem von uns gegenwärtige, erzwinge sich unsere Achtung und unsern Gehorsam vermöge ihres hervorragenden Wertes. Wir wollen vielmehr hinzufügen, daß hinter ihr die Männer stehen, die die Menschheit göttlich gemacht haben, und dadurch der Vernunft, diesem wesentlichen Attribut der Menschheit einen göttlichen Charakter aufgeprägt haben. Diese ziehen uns in eine ideale Gesellschaft hinauf, während wir gleichzeitig dem Druck der realen Gesellschaft nachgeben.

Alle ethischen Vorstellungen durchdringen sich gegenseitig, aber keine ist lehrreicher als die Idee der Gerechtigkeit, erstens weil sie die meisten andern mitumfaßt, sodann weil sie sich, trotz ihres größten Reichtums, durch die einfachsten Formeln ausdrückt, schließlich und vor allem, weil bei ihr die beiden Formen der Verpflichtung sich ineinander einschachteln. Immer hat die Gerechtigkeit Vorstellungen von Gleichheit, von Gleichmaß, von Kompensation hervorgerufen. Pensare, wovon ›Kompensation‹ abgeleitet ist, bedeutet ›wägen‹; die Gerechtigkeit wurde mit einer Waage dargestellt, Billigkeit ist Gleichheit. Regel und Reglement, Rechtlichkeit und Regelmäßigkeit sind Worte, die die grade Linie bezeichnen. Diese Bezugnahme auf die Arithmetik und die Geometrie ist ein Charakteristikum der

Gerechtigkeit während ihrer ganzen Geschichte. Der Begriff muß sich schon zur Zeit des Tauschhandels deutlich herausgebildet haben. So primitiv eine Gesellschaft auch sein mag — Tauschhandel wird in ihr getrieben, und man kann ihn nicht treiben ohne sich gefragt zu haben, ob die beiden ausgetauschten Objekte auch gleichen Wertes seien, d. h. austauschbar gegen ein gleiches drittes. Nun möge diese Wertgleichheit zur Regel erhoben und diese Regel in die Gebräuche der Gruppe eingefügt werden, und auf diese Weise möge die Regel mit der ›Totalität der Verpflichtung‹, wie wir sagten, belegt werden — so haben wir schon die Gerechtigkeit in ihrer präzisen Form, mit ihrem zwingenden Charakter und den Vorstellungen von Gleichheit und Gegenseitigkeit, die ihr anhaften. — Aber man wird sie nicht nur beim Tausch von Sachen anwenden. Allmählich wird sie sich auf Beziehungen zwischen Personen ausdehnen, freilich ohne sich lange Zeit von jedem Gedanken an Dinge und an Tausch losmachen zu können. Sie wird alsdann hauptsächlich darin bestehen, natürliche Impulse dadurch zu regeln, daß sie in diese die Vorstellung von einer nicht weniger natürlichen Gegenseitigkeit einführt, z. B. die Erwartung eines Schadens, der dem gleichwertig ist, den man etwa verursacht hat. In den primitiven Gesellschaften interessieren Angriffe auf Personen die Gemeinschaft nur ausnahmsweise, wenn die Tat ihr selbst schaden kann, indem sie den Zorn der Götter auf sie herabzieht. Demnach braucht die verletzte Person, oder ihre Familie, nur ihrem Instinkt zu folgen, naturhaft zu reagieren, sich zu rächen, und die Gegenmaßnahmen konnten zu dem Angriff in keinem Verhältnis stehen, wenn dieser Austausch von Missetaten nicht irgendwie der allgemeinen Regel des Tauschhandels unterworfen schiene. Allerdings bestände die Gefahr, daß der Streit sich verewigt; die ›vendetta‹ würde zwischen den beiden Familien endlos dauern, wenn nicht eine von ihnen sich entschlösse, eine Geldentschädigung anzunehmen: alsdann löst sich deutlich die Vorstellung der Kompensation heraus, die schon in den Vorstellungen vom Tauschverkehr und von der Gegenseitigkeit enthalten war. — Wenn die Gesellschaft es nun übernimmt, selbst einzuschreiten, die Freveltaten zu unterdrücken, welche es auch seien, dann wird man sagen, es sei die Gesellschaft, die die Gerechtigkeit ausübt, wenn man mit diesem Wort schon die Regel bezeichnete, auf die sich die Individuen oder die Familien berufen, um ihren Streitigkeiten ein Ende zu machen. Die Gesellschaft wird ja die Strafe nach der Schwere der Untat bemessen, da man andernfalls kein Interesse daran hätte aufzuhören, wenn man mit Bösem angefangen hat; das Risiko wäre nicht größer, wenn man bis zum Äußersten ginge. Auge um Auge, Zahn um Zahn, der Schaden, den man erleidet, wird dem verursachten Schaden stets gleich sein müssen. — Aber ist ein Auge immer ein Auge wert, ein Zahn immer ein Zahn? Man muß die Qualität ebenso berücksichtigen wie die Quantität: das Gesetz der Wiedervergeltung wird man nur innerhalb einer Klasse anwenden; dieselbe Schädigung, dieselbe Beleidigung wird eine größere Entschädigung oder eine schwerere Strafe erheischen, wenn das Opfer einer höheren Klasse angehörte. Kurz, die Gleichheit kann sich auf ein Verhältnis erstrecken und zu einer Proportion werden. Also wenn auch die Gerechtigkeit eine größere Mannigfaltigkeit von Dingen umfaßt, bestimmt sie sich doch immer auf die gleiche Art. — Ihre Formel wird sich auch dann nicht ändern, wenn sie sich in einem Zustand höherer Zivilisation, auf die Beziehungen zwischen Herrschenden und Beherrschten oder allgemeiner zwischen sozialen Kategorien erstreckt: eine de facto bestehende soziale Situation wird sie mit Vorstellungen von Gleichheit oder von Angemessenheit ausstatten, die daraus etwas mathematisch Bestimmtes und eben dadurch anscheinend Endgültiges machen. Es besteht ja kein Zweifel, daß am Anfang der Teilung der antiken Gesellschaften in über- und untergeordnete Klassen die Macht gestanden hat. Aber ein gewohntes Untergeordnetsein erscheint schließlich als etwas Natürliches, und es sucht sich selbst eine Erklärung: wenn die untergeordnete Klasse ihre Lage lange genug auf sich genommen hat, wird sie es auch dann noch tun, wenn sie die virtuell stärkere geworden ist, weil sie dann der herrschenden Schicht eine Überlegenheit im Werte zuschreibt. Diese Überlegenheit wird ja zu einer tatsächlichen, wenn die Oberschicht die ihr gebotenen leichteren Möglichkeiten, sich intellektuell und moralisch zu vervollkommnen, benutzt hat; aber sie kann auch nur eine sorgsam aufrecht erhaltene Fiktion sein. Aber wie sie auch sei, ob wirklich oder scheinbar, sie braucht nur anzudauern, um als etwas Angeborenes zu erscheinen: es muß wohl, so sagt man sich, eine eingeborene Überlegenheit geben, da es doch eine erbliche Bevorzugtheit gibt. Die Natur, die disziplinierte Gesellschaften gewollt hat, hat die Menschen zu dieser Illusion prädisponiert. Platon hat sie geteilt, zum wenigsten für sein ideales Staatswesen. Wenn man die Hierarchie der Klassen so versteht, dann werden Lasten und Vorteile wie eine Art gemeinsamen Gutes behandelt, das dann zwischen den Individuen nach ihrem Wert und somit nach den von ihnen geleisteten Diensten verteilt wird: die Gerechtigkeit behält ihre Waage bei: sie mißt und gibt im Verhältnis. — Wie gelangen wir nun von dieser Gerechtigkeit, die, auch wenn sie nicht in Nützlichkeitsbegriffen ausgedrückt wird, ihrem merkantilen Ursprung darum nicht weniger treu bleibt, zu einer andern, die weder Tausch noch Dienste impliziert und nur die reine einfache Aussage des unverletzlichen Rechts ist und die menschliche Person als inkommensurabel mit allen Werten betrachtet? Bevor wir diese Frage beantworten, wollen wir die magische

Kraft der Sprache bewundern, ich meine die Macht, die ein Wort auf einen neuen Gedanken überträgt, wenn es sich auf ihn ausdehnt, nachdem es früher auf ein vorher bestehendes Objekt angewendet worden war, die Macht dieses Objekt zu verändern und die Vergangenheit rückwirkend zu beeinflussen. Wie auch immer man sich den Übergang der relativen Gerechtigkeit zur absoluten Gerechtigkeit vorstellen mag, ob er nun mehrmals oder mit einem Schlage stattgefunden hat — es war eine Schöpfung. Ein Etwas ist aufgetaucht, das ebensogut nicht hätte sein können, das nicht gewesen wäre ohne gewisse Umstände, ohne gewisse Menschen, vielleicht ohne einen gewissen Menschen. Aber statt an ein Neues zu denken, das sich des Alten bemächtigt hat, um es in ein unvorhergesehenes Ganze aufzusaugen, sehen wir das Alte lieber als einen Teil des Ganzen an, das virtuell schon vorher existiert hätte: die Vorstellungen von Gerechtigkeit, wie sie in den alten Gesellschaften aufeinander gefolgt sind, wären demnach nur teilhafte, unvollständige Ahnungen von einer vollständigen Gerechtigkeit gewesen, die eben die unsre ist. Es ist unnötig, diesen besonderen Fall einer sehr allgemeinen Illusion im einzelnen zu analysieren, einer Illusion, die von den Philosophen wenig beachtet worden ist, die ein gut Teil der metaphysischen Lehren verfälscht hat und der Erkenntnistheorie unlösbare Probleme stellt. Wir wollen nur so viel sagen, daß sie sich an unsere Gewohnheit knüpft, jede Vorwärtsbewegung als fortschreitende Verringerung der Entfernung vom Ausgangspunkt (der tatsächlich gegeben ist) zu dem Zielpunkt zu betrachten, der jedoch als Haltepunkt nur dann existiert, wenn das Bewegte sich dafür entschieden hat dort anzuhalten. Weil es immer so angesehen werden kann, wenn es seinen Endpunkt erreicht hat, daraus folgt nicht, daß die Bewegung darin bestanden hätte, sich diesem Endpunkt zu nähern: Ein Zwischenraum, von dem es erst den einen Randpunkt gibt, kann sich nicht nach und nach verringern, da er ja noch nicht Zwischenraum ist: er wird sich erst dann nach und nach verringert haben, wenn das Bewegte durch sein tatsächliches oder virtuelles Innehalten den andern Randpunkt geschaffen haben wird, und wenn wir es rückblickend betrachten, oder auch, wenn wir die Bewegung lediglich in ihrem Fortschritt verfolgen und sie im voraus in dieser Weise wiederherstellen, indem wir rückwärts gehen. Aber darüber geben wir uns meist keine Rechenschaft: wir legen dieses rückwärtsgewandte Voraussehen in die Dinge selbst, in der Form einer Präexistenz des Möglichen im Wirklichen. Die Illusion bildet den Kern so manches philosophischen Problems, für das die Dichotomie des Zeno das Muster geliefert hat. Und wir finden sie in der Ethik wieder, wenn die immer mehr erweiterten Formen der relativen Gerechtigkeit als wachsende Annäherungen an die absolute Gerechtigkeit bestimmt werden. Höchstens dürften wir sagen, erst wenn diese einmal gesetzt ist, können jene Annäherungen als ebenso viele Stationen auf einem Wege betrachtet werden, der von uns nachträglich gezeichnet, zu ihr hinführen würde. Und wir müßten immer noch hinzufügen, daß es nicht ein gleichmäßiges Vorwärtsgehen war, sondern in einem gewissen Augenblick ein jäher Sprung. — Es wäre interessant den genauen Punkt festzustellen, wo dieser *saltus* erfolgte. Und es wäre nicht weniger lehrreich zu untersuchen, wieso die absolute Gerechtigkeit, nachdem sie einmal in freilich vager Form konzipiert war, so lange im Zustand eines respektierten Ideals blieb, dessen Verwirklichung gar nicht in Frage kam. Zum ersten Punkt wollen wir nur soviel sagen: die antiken Klassenunterschiede, die ursprünglich zweifellos durch Gewalt begründet worden waren und später als Unterschiede an Wert und Leistung aufgefaßt wurden, verfielen mehr und mehr der Kritik der unteren Klassen: die Führenden verlieren auch mehr und mehr an Wert, weil sie, ihrer selbst zu sicher, in der inneren Anspannung nachlassen, der sie eine größere Verstandes- und Willenskraft abgerungen hatten und die ihre Herrschaft befestigt hatte. Sie würden sich trotzdem halten, wenn sie einig blieben; aber gerade weil sie dazu neigen, ihre Individualität zu betonen, werden sich eines Tages unter ihnen Ehrgeizige finden, die die Herren sein wollen und eine Stütze an der Unterschicht suchen, besonders wenn diese bereits einigen Anteil an den Staatsgeschäften besitzt: alsdann gibt es keine angeborene Überlegenheit mehr bei den Angehörigen der Oberklasse; der Zauber ist gebrochen. So neigen die Aristokraten dazu in der Demokratie aufzugehen, einfach weil die politische Ungleichheit etwas Unbeständiges ist, was übrigens auch von der schließlich erreichten politischen Gleichheit gelten wird, wenn sie lediglich eine Tatsache ist und somit Ausnahmen zuläßt, wenn sie z. B. im Gemeinwesen die Sklaverei duldet. — Doch es ist ein weiter Weg von diesen Arten mechanisch erreichten Gleichgewichts, die immer nur etwas Vorläufiges sind, so wie das Gleichgewicht der Waage in den Händen der antiken Justitia, bis zu einer Gerechtigkeit wie der unsrigen, der der ›Menschenrechte‹, die nicht mehr Vorstellungen von Beziehung oder Maß erweckt, sondern im Gegenteil Vorstellungen von Inkommensurabilität und Absolutheit. Eine vollständige Darstellung würde diese Gerechtigkeit nur ›im Unendlichen‹ finden, wie die Mathematiker sagen; genau und kategorisch formuliert sie sich, in einem bestimmten Augenblick, nur in Verboten; aber in dem, was sie Positives hat, tritt sie mit einer Folge von Schöpfungen auf, deren jede eine immer vollständigere Verwirklichung der Persönlichkeit und somit der Menschheit ist. Diese Verwirklichung ist nur möglich durch Vermittlung der Gesetze; sie bedeutet die Zustimmung der Gesellschaft. Vergebens würde man übrigens einwenden, sie entstehe nach und nach von selbst, kraft des Seelenzustandes der Gesellschaft in einer gewissen Epoche ihrer Geschichte. Vielmehr ist es ein Sprung vorwärts, der nur getan wird, wenn die Gesellschaft sich entschlossen hat, ein Experiment zu wagen; dazu ist nötig, daß sie sich hat überzeugen oder wenigstens erschüttern lassen; und den Anstoß hat immer jemand gegeben. Vergebens wird man erklären, dieser Sprung vorwärts setze keine dahinterstehende schöpferische Anstrengung voraus, und es sei hier nicht die Rede von einem Finden und Erfinden, vergleichbar dem künstlerischen. Das hieße vergessen, daß die meisten großen Reformen zuerst als unrealisierbar erschienen und es in der Tat auch waren. Sie konnten nur in einer Gesellschaft verwirklicht werden, deren Seelenzustand bereits der war, den sie durch ihre Verwirklichung herbeiführen sollten; aus diesem Kreislauf wäre man nie herausgekommen, hätten nicht eine oder mehrere bevorzugte Seelen, die in sich selbst die soziale Seele erweitert hatten, den Kreislauf gebrochen und die Gesellschaft mit sich gerissen. Eben das aber ist das Wunder der künstlerischen Schöpfung. Ein geniales Werk, das zuerst nur Kopfschütteln erregt, kann durch sein bloßes Vorhandensein allmählich eine Auffassung der Kunst und eine künstlerische Atmosphäre schaffen, die sein Verständnis ermöglichen; dann wird es rückwirkend genial: wenn nicht, dann bleibt es, was es zu Anfang war, lediglich Kopfschütteln erregend. Bei einer Finanzspekulation ergibt erst der Erfolg, daß die Idee gut gewesen war. Etwas von dieser Art gibt es auch bei der künstlerischen Schöpfung, nur mit dem Unterschied, daß der Erfolg, wenn er dem Kunstwerk, das zuerst nur Anstoß erregte, schließlich zuströmt, auf einer Umformung des allgemeinen Geschmacks beruht, die von dem Werk selbst ausging; dieses war also zugleich Stoff und Kraft; es hat einen Aufschwung vermittelt, der ihm vom Künstler verliehen worden war, oder vielmehr geradezu der Schwung des Künstlers selbst ist, unsichtbar und doch in ihm gegenwärtig. Dasselbe könnte man von der ethischen Erfindung sagen, und speziell von den aufeinanderfolgenden Schöpfungen, die die Idee der Gerechtigkeit mehr und mehr bereichern. Sie beziehen sich hauptsächlich auf den Stoff der Gerechtigkeit, aber sie modifizieren ebensowohl ihre Form. — Um mit dieser zu beginnen, können wir sagen, daß die Gerechtigkeit immer als verpflichtend erschienen ist, daß sie aber lange Zeit eine Verpflichtung war wie die andern auch. Sie entsprach wie die andern einer gesellschaftlichen Notwendigkeit; und was sie verpflichtend machte, war der Druck der Gesellschaft auf das Individuum. Unter diesen Umständen war eine Ungerechtigkeit nicht mehr und nicht weniger anstößig, als jeder andre Bruch der Regel. Es gab keine Gerechtigkeit für die Sklaven, oder nur eine relative, beinahe fakultative. Das Wohl der Gesamtheit war nicht nur oberstes Gesetz, was es übrigens geblieben ist; es wurde außerdem als solches ausdrücklich verkündet, während wir heute nicht mehr wagen würden, das Prinzip aufzustellen, es heilige die Ungerechtigkeit — auch wenn wir diese oder jene Konsequenz dieses Prinzips gelten lassen. Befragen wir uns selbst über diesen Punkt; stellen wir uns die berühmte Frage: Was würden wir tun, wenn wir erführen, um des Wohles der Gesamtheit, sogar um der Existenz der Menschheit willen gebe es irgendwo einen Menschen, einen Unschuldigen, der zu ewigen Qualen verurteilt ist? Wir würden es vielleicht zulassen, unter der Voraussetzung, daß ein Zaubertrank es uns vergessen ließe und wir nie mehr etwas davon erführen; aber wenn wir es wissen müßten, daran denken, uns sagen, daß dieser Mensch schreckliche Qualen erdulden muß, damit wir existieren können, daß das eine Grundbedingung der Existenz im allgemeinen ist, o nein, dann lieber hinnehmen, daß nichts mehr existiert! lieber den ganzen Planeten zugrunde gehen lassen! — Was ist denn da geschehen? Wieso ist die Gerechtigkeit aus dem gesellschaftlichen Leben, dem sie irgendwie innewohnte, emporgestiegen, um über ihm und höher als alles andre zu schweben, kategorisch und transzendent? Erinnern wir uns an den Ton und den Akzent der Propheten Israels. Ihre Stimme hören wir, wenn eine große Ungerechtigkeit begangen und zugelassen wurde. Aus der Tiefe der Jahrhunderte erheben sie ihren Einspruch. Sicher, die Gerechtigkeit hat sich seit ihrer Zeit merkwürdig erweitert. Denn was sie predigten, betraf hauptsächlich Israel; ihre Entrüstung über die Ungerechtigkeit war der Zorn Jahwes gegen sein ungehorsames Volk oder gegen die Feinde jenes auserwählten Volkes. Wenn einer von ihnen, wie Jesaias, an eine allgemeine Gerechtigkeit gedacht haben mag, so deshalb, weil Israel, das von Gott vor allen andern Völkern ausgezeichnet war, das mit Gott durch einen Vertrag verbunden war, so hoch über der übrigen Menschheit stand, daß man es früher oder später zum Muster nehmen würde. Mindestens haben sie der Gerechtigkeit den heftig zwingenden Charakter gegeben, den sie seither bewahrt und einem unendlich vergrößerten Stoff aufgeprägt hat. — Aber auch diese Vergrößerungen sind nicht von selbst entstanden. Eine jede von ihnen könnte der genügend unterrichtete Historiker mit einem Eigennamen bekleiden. Jede war eine Schöpfung, und die Tür wird immer offen bleiben für weitere Schöpfungen. Der Fortschritt, der für den Stoff der Gerechtigkeit entscheidend wurde, wie es das Prophetentum für ihre Form gewesen war, bestand darin, daß eine universale, alle Menschen umfassende Republik an die Stelle der alten gesetzt wurde, die an den Grenzen des Gemeinwesens aufhörte und auch innerhalb des Gemeinwesens nur die Freien umfaßte. Mit dieser Ersetzung war alles weitere gegeben; denn wenn auch die Tür für neue Schöpfungen offen geblieben ist und wahrscheinlich immer offen bleiben wird, so mußte sie doch erst einmal geöffnet werden. Es scheint uns nicht zweifelhaft, daß dieser zweite Fortschritt, der Übergang vom Geschlossenen zum Offenen, dem Christentum zu verdanken ist, wie der erste dem jüdischen Prophetentum. Hätte er von der reinen Philosophie bewirkt werden können? Nichts ist lehrreicher, als wenn man sieht, wie die Philosophen ihn gestreift, ihn berührt haben, und ihn doch nicht ergriffen haben. Wir wollen gar nicht von Plato reden, der unter den übersinnlichen Ideen sicher auch die des Menschen begreift: folgte daraus nicht, daß alle Menschen gleichen Wesens sind? Von dort bis zu dem Gedanken, daß alle, als Menschen, schlechthin gleichen Wertes seien und daß diese Wesensgemeinschaft ihnen die gleichen Grundrechte verleihe, war nur ein Schritt. Aber der Schritt wurde nicht getan. Man hätte die Sklaverei verurteilen müssen, man hätte auf die griechische Vorstellung verzichten müssen, daß die Fremden, als Barbaren, kein Recht beanspruchen könnten. War das übrigens eine ausgesprochen griechische Idee? Wir finden sie implizite überall, wo das Christentum nicht hingedrungen ist, bei den Modernen wie bei den Alten. In China z. B. sind sehr hochstehende Morallehren entstanden, die aber nicht darauf gekommen sind, für die ganze Menschheit Gesetze zu geben; ohne es auszusprechen, interessieren sie sich de facto nur für die Gemeinschaft der Chinesen. Jedoch hat es vor dem Christentum den Stoizismus gegeben; Philosophen haben verkündet, alle Menschen seien Brüder und der Weise ein Bürger der Welt. Aber diese Formeln gehörten nur einem Idealbild an, das vielleicht als unerfüllbar konzipiert war. Wir sehen nicht, daß irgendeiner der großen Stoiker, selbst jener, der Kaiser war, es für möglich gehalten hätte, die Schranken niederzulegen zwischen dem Freien und dem Sklaven, zwischen dem römischen Bürger und dem Barbaren. Man mußte bis zum Christentum warten, damit die Idee der allgemeinen Brüderlichkeit, die ja die Gleichheit der Rechte und die Unverletzlichkeit der Person einschließt, wirksam wurde. Man wird sagen, die Wirkung sei sehr langsam eingetreten: es gingen achtzehn Jahrhunderte dahin, bis die Menschenrechte proklamiert wurden, zuerst von den amerikanischen Puritanern und bald darauf von den Männern der französischen Revolution. Gleichwohl hat sie angefangen mit der Lehre des Evangeliums, um sich ins Unendliche fortzusetzen: denn ein Ideal, das den Menschen nur von bewundernswerten Weisen vorgetragen wird, ist nicht dasselbe wie ein Ideal, das in die Welt geschleudert wurde mit einer Botschaft, die Liebe brachte und Liebe heischte. In Wahrheit handelte es sich hier nicht mehr um eine bestimmte Weisheit, die ganz in Maximen zu formulieren wäre. Vielmehr wurde eine Richtung gewiesen, eine Methode gebracht, höchstens wurde ein Ziel bezeichnet, das nur vorläufig sein sollte und daher eine immer erneute Anstrengung erforderte. Diese Anstrengung mußte notwendigerweise, bei einigen wenigstens, eine schöpferische Anstrengung sein. Die Methode bestand darin, das als möglich vorauszusetzen, was in einer gegebenen Gesellschaft tatsächlich unmöglich ist, sich vorzustellen, was für die soziale Seele daraus folgen würde, und dann durch Lehre und Beispiel etwas von diesem Seelenzustand einzuflößen: die Wirkung, erst einmal erreicht, sollte rückwirkend die Ursache vervollständigen; neue — übrigens wieder vergehende — Gefühle, sollten die neue Gesetzgebung hervorbringen, die bei ihrem Auftauchen notwendig erschien und alsdann dazu dienen sollte, diese Gefühle zu festigen. So ist die moderne Idee der Gerechtigkeit durch eine Reihe von individuellen Schöpfungen fortgeschritten, die geglückt sind durch vielfache Bemühungen, die von der gleichen Schwungkraft getragen waren. — Das klassische Altertum hatte die Glaubenspropaganda nicht gekannt; seine Gerechtigkeit hatte die erhabene Unbewegtheit der olympischen Götter. Das Bedürfnis sich auszubreiten, der Drang, seine Meinung auf andre fortzupflanzen, Aufschwung, Bewegung, das alles ist jüdisch-christlichen Ursprungs. Aber da man fortfuhr dasselbe Wort zu brauchen, hat man allzu gern gemeint, es handle sich um die gleiche Sache. Wir können es nicht oft genug wiederholen: allmähliche, individuelle und zufällige Schöpfungen werden immer unter die gleiche Rubrik eingeordnet, demselben Begriff subsummiert und mit demselben Wort bezeichnet werden, wenn jede die folgende verursacht hat und es hinterher so aussieht, als hätten sie einander fortgesetzt. Ja, noch mehr. Das Wort wird nicht nur auf die schon bestehenden Begriffe der so beschaffenen Reihe angewendet werden. Die Zukunft vorwegnehmend, wird es die ganze Reihe bezeichnen, man wird es an das Ende stellen — was sage ich? ins Unendliche; da das Wort seit langem geprägt ist, so wird man vermuten, der zugehörige Begriff, der doch offen und von unbestimmtem Inhalt ist, sei ebenfalls seit langem, ja sogar seit aller Ewigkeit geprägt; jeder einzelne der erreichten Fortschritte erscheint dann als lediglich aus dieser präexistenten Entität bezogen; das Wirkliche scheint am Ideal zu nagen, indem es sich stückweise die Ganzheit der ewigen Gerechtigkeit einverleibt. — Und das gilt nicht nur für die Idee der Gerechtigkeit, sondern ebenso auch für die, die ihr beigeordnet sind, zum Beispiel Gleichheit und Freiheit. Den Fortschritt der Gerechtigkeit definiert man gern als den Weg zur Freiheit und zur Gleichheit. Die Definition ist unanfechtbar, aber was wird man aus ihr entnehmen? Sie gilt für die Vergangenheit; selten wird sie unsere Entscheidung für die Zukunft orientieren können. Nehmen wir zum Beispiel die Freiheit. Man sagt gewöhnlich, das Individuum habe Anspruch auf jedwede Freiheit, die nicht die Freiheit des Nebenmenschen beeinträchtigt. Aber die Bewilligung einer neuen Freiheit, die in der gegenwärtigen Gesellschaft ein gegenseitiges Sichniedertreten aller Freiheiten zur

Folge hätte, könnte gerade die entgegengesetzte Wirkung hervorbringen in einer Gesellschaft, deren Gefühle und Sitten durch eben diese Reform verändert worden wären. So daß es oft unmöglich ist, *a priori* zu sagen, welches das Maß von Freiheit ist, das man dem Individuum ohne Schaden für die Freiheit seiner Mitmenschen zubilligen kann: wenn die Quantität wechselt, ist es nicht mehr die gleiche Qualität. Anderseits wird die Gleichheit kaum anders als auf Kosten der Freiheit erreicht, so daß man sich zunächst fragen müßte, welche der beiden der andern vorzuziehen sei. Auf diese Frage aber gibt es keine allgemeine Antwort: denn das Opfer dieser oder jener bestimmten Freiheit, wenn es von der Gesamtheit der Bürger freiwillig auf sich genommen wird, ist auch Freiheit; und vor allem kann die Freiheit, die dabei zurückbleibt, von höherer Qualität sein, wenn die im Sinne der Gleichheit durchgeführte Reform eine Gesellschaft ergeben hat, wo man leichter atmet, wo man mit mehr Freude handelt. Was man auch tut, man wird immer auf den Begriff der ethischen Schöpfer-Persönlichkeiten zurückkommen müssen, die sich mittels des Denkens eine neue soziale Atmosphäre vorstellen, ein Milieu, in dem besser zu leben wäre, ich meine eine Gesellschaft, die so beschaffen wäre, daß die Menschen, wenn sie sie erfahren hätten, nicht mehr in den alten Zustand zurückzukehren wünschten. Nur so könnte man den moralischen Fortschritt definieren; aber man kann ihn immer erst nachträglich definieren, wenn eine bevorzugte ethische Natur ein neues Gefühl geschaffen hat, ähnlich einer neuen Musik, und dieses auf die Menschen übertragen hat, indem sie ihm ihren eigenen Elan aufgeprägt hat. Man reflektiere einmal in dieser Weise über die ›Freiheit‹, die ›Gleichheit‹, das ›Rechtsgefühl‹, und man wird sehen, daß nicht lediglich ein Gradunterschied, sondern ein radikaler Artunterschied besteht zwischen den beiden Ideen der Gerechtigkeit, die wir unterschieden haben, der geschlossenen und der offenen. Denn die relativ unveränderliche, geschlossene Gerechtigkeit, die dem automatischen Gleichgewicht einer Gesellschaft entspricht, wie sie aus den Händen der Natur hervorgegangen ist, drückt sich in Gebräuchen aus, an die ›die Totalität der Verpflichtung‹ sich anheftet, und diese ›Totalität der Verpflichtung‹ verleibt sich dann allmählich, in dem Maße, wie sie von der öffentlichen Meinung angenommen werden, die Vorschriften der andern Art Gerechtigkeit ein, derjenigen Gerechtigkeit, die für immer neue Schöpfungen offen ist. So prägt eine und dieselbe Form sich zwei verschiedenen Stoffmassen auf, von denen die eine von der Gesellschaft geliefert und die andre aus dem Genius des Menschen hervorgegangen ist. In der Praxis mögen sie ja miteinander vermischt sein. Aber der Philosoph wird sie unterscheiden müssen, weil er sich sonst über den Charakter der gesellschaftlichen Entwicklung und zugleich über den Ursprung der Pflicht schwer täuschen wird.

Die soziale Entwicklung ist nicht die einer Gesellschaft, die sich zunächst nach einer Methode entfaltet hätte, die bestimmt war, sie später umzuformen. Zwischen der Entfaltung und der Umformung gibt es hier weder eine Analogie noch ein gemeinsames Maß. Daraus, daß geschlossene und offene Gerechtigkeit sich in Gesetzen verkörpern, die gleichermaßen zwingend sind, auf die gleiche Art formuliert werden und sich äußerlich ähneln, daraus folgt nicht, daß sie in gleicher Weise zu erklären sind. Kein Beispiel kann den doppelten Ursprung der Moral und die zwei Komponenten der Verpflichtung besser zeigen als dieses.

Daß bei der gegenwärtigen Sachlage die Vernunft als das einzig Zwingende erscheinen muß, daß es im Interesse der Menschheit liegt, den Moralbegriffen eine eigene Autorität und eine eingeborene Kraft zuzuschreiben, kurz, daß die moralische Aktivität in einer zivilisierten Gesellschaft wesentlich rational ist, das ist nicht zweifelhaft. Wie würde man sonst wissen, was man in jedem besonderen Fall tun soll? Da sind tiefgründige Kräfte, die eine ein Antrieb, die andre eine Anziehung: wir können uns nicht jedesmal, wo eine Entscheidung zu treffen ist, direkt an sie wenden. In den meisten Fällen hieße das, unnützerweise eine Arbeit noch einmal tun, die einerseits die Gesellschaft im allgemeinen, und anderseits die Elite der Menschheit für uns getan haben. Durch diese Arbeit wurden schließlich Regeln aufgestellt und ein Ideal gezeichnet: diesen Regeln zu folgen, sich diesem Ideal anzupassen, das wird heißen, moralisch leben. Nur so wird man sicher sein, mit sich selbst völlig im Einklang zu bleiben: zusammenhängend, kohärent, ist nur das Rationale. Nur so werden die verschiedenen Linien des Verhaltens miteinander verglichen werden können; nur so wird ihr moralischer Wert abgeschätzt werden können. Das ist so einleuchtend, daß wir kaum eigens darauf hingewiesen haben; wir haben es fast immer stillschweigend angenommen. Aber daher kam es, daß unsere Darlegung schematisch blieb und unzulänglich scheinen konnte. Auf der Ebene des Intellekts durchdringen sich ja alle Forderungen der Moral in Begriffen, deren jeder, wie die Leibnizische Monade, mehr oder weniger repräsentativ für alle anderen ist. Über oder unter dieser Ebene finden wir Kräfte, deren jede, für sich genommen, nur einem Teil von dem entspricht, was auf die Ebene des Intellekts projiziert worden ist. Da dieser Mißstand der von uns befolgten Methode unbestreitbar ist, wie er übrigens auch unvermeidbar ist, da wir sehen, daß die Methode sich einem aufzwingt, und da wir fühlen, daß sie unmöglich auf dem ganzen Weg ihrer Anwendung ohne Widerspruch bleiben kann, wollen wir sie zum Abschluß nochmals charakterisieren und nochmals definieren, auch wenn wir in einigen Punkten, fast in den gleichen Ausdrücken, wiederholen müßten, was wir schon zu sagen Gelegenheit hatten.

Eine menschliche Gesellschaft, deren Glieder so miteinander verbunden wären, wie die Zellen eines Organismus, oder was beinahe auf dasselbe hinausläuft, wie die Ameisen eines Ameisenhaufens, hat es niemals gegeben, aber die Gruppierungen der primitiven Menschheit waren sicher näher daran als die unsrigen. Da die Natur den Menschen als ein geselliges Tier erschaffen hat, hat sie diese enge Solidarität gewollt, mag sie sie auch wiederum lockern in dem Maße, wie es nötig ist, damit das Individuum, im Interesse der Gesellschaft selbst, die Intelligenz entfalten könne, mit der sie es ausgestattet hatte. Auf diese Feststellung haben wir uns im ersten Teil unserer Ausführungen beschränkt. Sie wäre nur von mäßiger Wichtigkeit für eine Moral-Philosophie, die ohne Diskussion den Glauben an die Erblichkeit des Erworbenen annehmen würde: dann könnte der Mensch heute mit Anlagen geboren werden, die von denen seiner entferntesten Ahnen sehr verschieden wären. Wir aber halten uns an die Erfahrung, die uns zeigt, daß die Vererbung der erworbenen Gewohnheit eine Ausnahme ist — vorausgesetzt, daß sie überhaupt vorkommt — und nicht etwa ein hinreichend regelmäßiges, hinreichend häufiges Faktum, um mit der Zeit eine tiefgehende Änderung der natürlichen Disposition fertigzubringen. So radikal der Unterschied zwischen dem Zivilisierten und dem Primitiven auch sein mag, er beruht dann einzig und allein auf dem, was das Kind vom ersten Erwachen seines Bewußtseins an aufgespeichert hat: alle Errungenschaften der Menschheit während der Jahrhunderte der Zivilisation stehen vor ihm, niedergelegt in der Wissenschaft, die man ihm beibringt, in der Überlieferung, in den Einrichtungen, in den Gebräuchen, in der Syntax und dem Wortschatz der Sprache, die es sprechen lernt, und sogar in den Gesten der Menschen, die es umgeben. Diese dicke Schicht Nährboden bedeckt heute den Felsen der ursprünglichen Natur. Mag sie auch die langsam angehäuften Wirkungen von unendlich verschiedenen Ursachen darstellen, so hat sie gleichwohl die allgemeine Gestaltung des Bodens annehmen müssen, auf dem sie sich niederließ. Kurz, die bindende Verpflichtung, die wir auf dem Grunde unseres Bewußtseins finden und die ja, wie das Wort es gut anzeigt, uns gegenüber den andern Mitgliedern der Gesellschaft verpflichtet und bindet, ist ein Band von der gleichen Art wie jenes, das die Ameisen eines Ameisenhaufens miteinander vereint oder die Zellen eines Organismus. Das ist die Form, die dieses Band in den Augen einer Ameise annehmen würde, die so intelligent geworden wäre wie ein Mensch, oder einer organischen Zelle, die in ihren Bewegungen ebenso unabhängig geworden wäre wie eine intelligente Ameise. Ich spreche, wohlverstanden, von der Verpflichtung, die als diese einfache Form, ohne Stoffinhalt, angesehen wird; sie ist das, was unsere moralische Natur an Nicht-Weiter-Zurückführbarem und an noch immer

Gegenwärtigem besitzt. Es ist selbstverständlich, daß der Stoffinhalt, der sich bei einem intelligenten Wesen in diese Form einfügt, mehr und mehr intelligent und zusammenhängend wird in dem Maße, wie die Zivilisation fortschreitet, und daß unaufhörlich neuer Stoff hinzukommt, nicht notwendigerweise auf den Ruf dieser Form, aber doch unter dem logischen Druck des intelligenten Stoffinhalts, der sich bereits in sie eingefügt hat. Und wir haben auch gesehen, wie ein Stoff, der eigentlich dazu geschaffen ist, sich in eine ganz andere Form zu schmiegen (eine Form, die nicht mehr, auch nicht ganz indirekt, durch das Bedürfnis sozialer Erhaltung zugebracht wurde, sondern durch einen Aufschwung des individuellen Gewissens), gleichwohl diese Form annimmt und sich wie die übrige Ethik auf der intellektuellen Ebene einordnet. Aber jedesmal, wenn wir auf das zurückkommen, was die Verpflichtung an eigentlich Zwingendem enthält, und selbst dann, wenn wir in ihr alles finden würden, was die Intelligenz hineingetan hat, um sie zu bereichern, alles was die Vernunft rings herum aufgestellt hat, um sie zu rechtfertigen, versetzen wir uns in diese Grundstruktur zurück. So viel über die reine Verpflichtung.

Eine mystische Gesellschaft jedoch, die die ganze Menschheit umfassen würde, und die, von einem gemeinsamen Willen beseelt, zur unaufhörlich erneuerten Schöpfung einer vollkommeneren Menschheit fortschritte, wird sich offenbar ebensowenig in der Zukunft verwirklichen, wie in der Vergangenheit menschliche Gesellschaften mit organischem Funktionieren, vergleichbar den tierischen Gesellschaften, existiert haben. Der reine Aufschwung ist ebenso ein idealer Grenzfall wie die nackte Verpflichtung. Und doch bleibt es nicht weniger wahr, daß es die mystischen Seelen sind, die die zivilisierten Gesellschaften in ihre Bewegung hineingezogen haben und noch hineinziehen. Die Erinnerung an das, was sie gewesen sind, was sie getan haben, hat sich im Gedächtnis der Menschen niedergeschlagen. Jeder von uns kann es wieder beleben, besonders wenn er sie dem – in ihm lebendig gebliebenen – Bilde einer Person nähert, die dieser Mystik teilhaftig war, und sich mit ihrem Glanze umgeben hat. Selbst wenn wir nicht diese oder jene große Gestalt heraufbeschwören, so wissen wir doch, daß es uns möglich wäre, sie zu beschwören; auf diese Art übt sie auf uns eine virtuelle Anziehung aus. Selbst wenn wir von den Personen absehen, so bleibt die allgemeine Formel der Moralität, die die zivilisierte Menschheit heute annimmt: diese Formel umschließt zwei Dinge, ein System von *Befehlen*, die von *unpersönlichen* sozialen Forderungen diktiert werden, und ein Gesamt von *Anrufen*, die an das Gewissen eines jeden von uns ergehen von Personen her, die das Beste darstellen, was es in der Menschheit gegeben hat. Die an den Befehl geknüpfte Verpflichtung ist in dem, was sie an Eigentümlichem und Grundsätzlichem an sich hat, unter-intellektuell. Die Wirksamkeit des *Anrufs* dagegen beruht auf der Macht der Emotion, die einstmals erzeugt wurde, es noch wird oder es werden könnte: diese Emotion ist — und sei es auch nur deshalb, weil sie sich ad infinitum in Ideen auflösen läßt — mehr als Idee; sie ist über-intellektuell. Die beiden Kräfte, die sich in verschiedenen Regionen der menschlichen Seele betätigen, werden auf die mittlere Ebene projiziert, und das ist die der Intelligenz. Sie werden alsdann durch ihre Projektionen ersetzt werden. Diese vermischen sich, durchdringen sich. Es ergibt sich eine Umformung der Befehle und der Anrufe in Begriffe der reinen Vernunft. Auf diese Weise wird die Gerechtigkeit unaufhörlich durch die Liebe erweitert; die Liebe nimmt mehr und mehr die Form der bloßen Gerechtigkeit an; die Elemente der Moralität werden untereinander homogen, vergleichbar und nahezu kommensurabel; die moralischen Probleme erhalten genaue Fassungen und methodische Lösungen. Die Menschheit wird aufgefordert, sich auf ein bestimmtes Niveau zu versetzen — das höher liegt als eine tierische Gesellschaft, wo die Verpflichtung nur die Kraft des Instinkts wäre, doch weniger hoch als eine Versammlung von Göttern, wo alles schöpferischer Schwung wäre. Betrachtet man alsdann die Manifestationen des so organisierten Lebens, so wird man finden, daß sie untereinander vollkommen zusammenhängen und daher auf Prinzipien zurückführbar sind. Das ethische Leben wird ein rationales sein.

Alle Welt wird in diesem Punkte übereinstimmen. Aber daraus, daß man den rationalen Charakter des moralischen Betragens festgestellt hat, folgt nicht, daß die Moral ihren Ursprung oder auch nur ihre Grundlage in der reinen Vernunft habe. Die große Frage ist die, warum wir eine Nötigung auch in Fällen empfinden, wo es, um seine Pflicht zu tun, durchaus nicht genügt sich gehenzulassen.

Daß alsdann die Vernunft spricht, gebe ich gern zu; aber wenn sie nur in ihrem eigenen Namen spräche, wenn sie anderes täte, als das Wirken gewisser Kräfte, die hinter ihr stehen, rational zu formulieren — wie könnte sie dann gegen Leidenschaft oder Eigennutz ankämpfen? Dem Philosophen, welcher glaubt, sie genüge sich selbst, und behauptet, es beweisen zu können, gelingt sein Beweis nur dann, wenn er diese Kräfte wieder einführt, ohne es zu sagen: überdies sind sie, ohne sein Wissen, heimlich schon wieder eingeschlichen. Prüfen wir seine Beweisführung. Sie kann zwei Formen annehmen, je nachdem er die Vernunft als leer annimmt oder ihr einen Stoff läßt, je nachdem er in der moralischen Verpflichtung die reine, einfache Notwendigkeit sieht, mit sich selbst in Übereinstimmung zu bleiben, oder aber eine Aufforderung, in logischer Weise ein gewisses Ziel zu verfolgen. Betrachten wir diese beiden Formen hintereinander. Wenn Kant sagt, ein Depot müsse zurückerstattet werden, denn wenn der Aufbewahrer es sich aneignete, dann wäre es kein Depot mehr, so ist das offenbar ein Spiel mit Worten. Oder er versteht unter einem Depot das materielle Faktum, daß man eine Summe Geldes z. B. einem Freunde übergibt, und ihm dabei ankündigt, daß man sie später wieder einfordern würde; aber dieses materielle Faktum allein, mit dieser Ankündigung allein, wird die Folge haben, daß sie den Aufbewahrer dazu bestimmt, die Summe zurückzugeben, wenn er sie nicht braucht, und sie sich ganz einfach anzueignen, wenn er in Geldnot ist: die beiden Verhaltungsweisen sind gleichermaßen logisch sinnvoll, sofern das Wort ›Depot‹ nur ein materielles Bild erweckt, das nicht von moralischen Ideen begleitet ist. Oder aber die moralischen Erwägungen sind vorhanden: die Idee, daß das Gut ›anvertraut‹ worden ist, und daß ein Vertrauen nicht getäuscht werden ›darf‹; die Idee, daß der Verwahrer ›sich verpflichtet‹ hat, daß er ›sein Wort gegeben‹ hat; die Idee, daß er, selbst wenn er nichts gesagt hat, durch ein schweigendes ›Übereinkommen‹ gebunden ist; die Idee, daß es ein Besitz-›Recht‹ gibt usw. Dann würde man sich allerdings selbst widersprechen, wenn man ein Depot annähme und sich weigerte, es wieder zurückzugeben; das Depot wäre kein Depot mehr; der Philosoph könnte sagen, das Unmoralische sei hier ein Irrationales. Aber das liegt daran, daß das Wort ›Depot‹ dann eben in der Bedeutung angesetzt worden wäre, die es in einer Menschenklasse hat, in der moralische Ideen im eigentlichen Sinne, Konventionen und Verpflichtungen existieren: die moralische Verpflichtung wird sich dann nicht mehr auf die leere Notwendigkeit reduzieren, sich nicht selbst zu widersprechen, da ja der Widerspruch hier nur darin bestände, eine moralische Verpflichtung, nachdem man sie angenommen hatte, zu verwerfen, eine Verpflichtung, die sich gerade dadurch als schon vorher bestehend erwiese. — Aber lassen wir diese Spitzfindigkeiten. Der Anspruch, die Moral auf den Respekt vor der Logik zu gründen, konnte bei Philosophen und Gelehrten entstehen, die gewöhnt sind, sich auf dem Gebiete der Spekulation vor der Logik zu verbeugen und dadurch geneigt sind zu glauben, für jedes Gebiet und für die ganze Menschheit zwinge die Logik sich mit souveräner Autorität auf. Aber aus dem Faktum, daß die Wissenschaft die Logik der Dinge und die Logik im allgemeinen respektieren muß, wenn ihre Forschungen gelingen sollen, oder daraus, daß dies das Interesse des Gelehrten als Gelehrter ist, kann man nicht schließen, daß wir verpflichtet seien, in unserm Verhalten immer die Logik zu wahren, als ob das im Interesse des Menschen im allgemeinen, oder sogar des Gelehrten als Menschen läge. Unsre Bewunderung für die spekulative Funktion des Geistes mag groß sein; aber wenn Philosophen vorbringen, sie würde genügen, um Egoismus und Leidenschaft zum

Schweigen zu bringen, so zeigen sie uns — und wir müssen sie dazu beglückwünschen — daß weder des einen noch der andern Stimme jemals sehr stark in ihrer Brust erklungen ist. Soviel über die Ethik, die sich auf die Vernunft, als reine Form ohne Stoff betrachtet, berufen möchte.

Bevor wir nun die andere betrachten, die dieser Form einen Stoff beifügt, wollen wir bemerken, daß man sehr oft noch bei der ersten hält, wenn man glaubt, bei der zweiten anzulangen. Dies tun jene Philosophen, die die moralische Verpflichtung durch die Kraft erklären, mit der die Idee des Guten sich aufdrängt. Wenn sie diese Idee in einer organisierten Gesellschaft ergreifen, in der die menschlichen Handlungen bereits klassifiziert sind, und zwar nach ihrer größeren oder geringeren Eignung, den sozialen Zusammenhang aufrecht zu halten und die Menschheit vorwärts zu bringen, und in der vor allem bestimmte Kräfte diesen Zusammenhang hervorbringen und diesen Fortschritt sichern — dann werden sie allerdings sagen können, ein Handeln sei um so moralischer, je mehr es dem Guten entspricht, und sie werden auch hinzufügen können, daß das Gute als obligatorisch betrachtet wird. Aber das Gute wird eben nur die Rubrik sein, in die man herkömmlicherweise die Handlungen einreiht, die dieses oder jenes Geeignetsein darstellen und zu denen man sich durch die Kräfte des Antriebs und der Anziehung, die wir definiert haben, veranlaßt fühlt. Die Vorstellung von einer Hierarchie dieser verschiedenen Verhaltungsweisen, und damit ihres entsprechenden Wertes, und anderseits die Quasi-Notwendigkeit, mit der sie sich aufzwingen, werden also schon vor der Idee des Guten existiert haben, die erst nachträglich auftaucht, um ein Etikett oder ein Wort zu liefern: diese Idee hätte, sich selbst überlassen, nicht dazu dienen können sie zu klassifizieren, und noch weniger sie aufzuzwingen. Meint man dagegen, die Idee des Guten sei die Quelle aller Verpflichtung und allen Aufschwungs und diene auch dazu, die menschlichen Handlungen zu qualifizieren, dann muß man uns sagen, an welchem Zeichen man erkenne, daß ein bestimmtes Verhalten ihr angemessen sei; man wird uns also das Gute definieren müssen, und wir sehen wiederum nicht, wie man es definieren könnte, ohne eine Hierarchie der Wesen oder wenigstens der Handlungen zu postulieren, eine mehr oder weniger große sittliche Höhe der einen und der andern: wenn aber diese Hierarchie von selbst besteht, dann ist es nicht nötig, die Idee des Guten zu ihrer Aufstellung zu bemühen; außerdem sehen wir nicht, warum diese Hierarchie erhalten bleiben müßte, warum wir verpflichtet sein sollten, sie zu respektieren; man wird zu ihren Gunsten nur ästhetische Gründe anführen können, etwa ein Verhalten sei ›schöner‹ als ein anderes, es stelle uns in der Reihe der Wesen mehr oder weniger hoch; was aber wollte man dem Menschen erwidern, der einfach erklärte, höher als alles andere stelle er die Rücksicht auf sein Interesse? Bei genauerem Zusehen wird man finden, daß diese Moral sich niemals selbst genügt hat. Sie ist lediglich, als eine kunstvolle Ergänzung, zu Verpflichtungen hinzugekommen, die schon vor ihr existierten und sie erst möglich machten. Wenn die griechischen Philosophen der reinen Idee des Guten und allgemeiner dem kontemplativen Leben eine sehr hohe Würde beilegen, so sprechen sie für eine Elite, die sich innerhalb der Gesellschaft bilden und das soziale Leben von Anfang an als gegeben betrachten würde. Man hat gesagt, diese Moral habe nicht von Pflicht gesprochen, sie habe die Verpflichtung in unserm Sinne nicht gekannt. Es ist sehr richtig, daß sie nicht davon gesprochen hat; aber das ist gerade deshalb der Fall, weil sie sie als selbstverständlich betrachtete. Es wurde angenommen, daß der Philosoph zunächst, wie alle Welt, die Pflicht erfüllte, so wie die Gemeinschaft sie ihm auferlegte. Dann erst kam eine Moral hinzu, die dazu bestimmt war, sein Leben zu verschönern, indem sie es wie ein Kunstwerk behandelte. Kurz, um alles zusammenzufassen, es kann nicht die Rede davon sein, die Ethik auf den Kultus der Vernunft zu gründen.

Dann bliebe, wie wir schon angekündigt haben, noch zu untersuchen, ob sie insofern auf der Vernunft beruhen könnte, als diese unserem Handeln ein bestimmtes Ziel setzt, das der Vernunft gemäß ist, aber zu ihr hinzukommt, ein Ziel, das die Vernunft uns lehren würde methodisch zu verfolgen. Aber es ist leicht zu sehen, daß kein Ziel – nicht einmal das doppelte Ziel, das wir angedeutet haben, nicht einmal das doppelte Bemühen, den sozialen Zusammenhalt aufrecht zu erhalten und die Menschheit vorwärts zu bringen – sich in zwingender Weise aufdrängen wird, wenn es nur von der Vernunft vorgeschlagen wird. Wenn gewisse wirklich handelnde und wirksam auf unseren Willen drückende Kräfte zur Stelle sind, dann kann und muß die Vernunft eingreifen, um ihre Wirkungen miteinander zu verknüpfen, aber sie wird nicht mit diesen Kräften rivalisieren können, da man mit ihr ja immer vernünfteln, ihren Gründen andere Gründe entgegensetzen oder auch ganz einfach die Diskussion verweigern kann, um mit einem ›sic volo sic jubeo‹ zu antworten. In Wahrheit führt – wie wir schon gesagt haben und wie wir wiederholen wollen – eine Ethik, die die Verpflichtung auf rein rationale Erwägungen gründen zu können glaubt, stets Kräfte einer andern Art unbewußt wieder ein. Gerade deshalb hat sie so leichtes Spiel. Die wahre Verpflichtung ist schon vorhanden, und was die Vernunft dann zu ihr hinzubringt, wird naturgemäß einen obligatorischen Charakter annehmen. Auch die Gesellschaft, mit dem was sie aufrecht hält und was sie vorwärts treibt, ist schon vorhanden, und deshalb kann die Vernunft als Moralprinzip irgendeines der Ziele adoptieren, die der Mensch in der Gesellschaft verfolgt; indem sie ein wohl zusammenhängendes System von Mitteln konstruiert, die dieses Ziel verwirklichen sollen, wird sie irgendwie die Moral wiederfinden, so wie der gewöhnliche Verstand sie versteht, so wie die Menschheit im allgemeinen sie ausübt oder sie auszuüben behauptet. Es wird eben jedes dieser Ziele, da die Vernunft es in der Gesellschaft aufgreift, vergesellschaftet und eben dadurch trächtig von allen andern Zielen, die man sich in der Gesellschaft setzen kann. Es wird daher selbst dann, wenn man das persönliche Interesse als Moralprinzip aufstellt, nicht schwer sein, eine vernünftige Moral zu konstruieren, die der landläufigen Moral hinreichend ähnlich ist, wie es der relative Erfolg der Nützlichkeitsmoral beweist. Der Egoismus umfaßt ja für den in der Gesellschaft lebenden Menschen die Eigenliebe, das Bedürfnis gelobt zu werden usw.; derart daß das reine Eigeninteresse fast nicht mehr zu definieren ist, soviel Gemeinschaftsinteresse geht darin ein und so schwierig ist es, eins vom andern zu trennen. Man bedenke, wieviel Rücksicht auf den Nebenmenschen in dem liegt, was man Selbstliebe nennt, und sogar in der Eifersucht und im Neid! Wer den absoluten Egoismus üben wollte, müßte sich in sich selbst einschließen und sich nicht mehr genug um seinen Nachbar kümmern, um eifersüchtig oder neidisch auf ihn zu sein. Diese Formen des Hasses enthalten auch Sympathie, und selbst die Untugenden des in der Gesellschaft lebenden Menschen sind nicht ganz ohne einen Beisatz von Tugend: alle sind mit Eitelkeit gesättigt, und Eitelkeit bedeutet zunächst Soziabilität. Noch viel eher wird man die Moral irgendwie von Gefühlen ableiten können wie Ehre, oder Sympathie oder Mitleid. Jede dieser Regungen ist bei dem in der Gesellschaft lebenden Menschen mit dem beladen, was die soziale Moral hineingelegt hat; und man müßte sie dieses Inhalts entleert haben (auf die Gefahr hin, sie auf ein sehr geringes Etwas zu reduzieren), um nicht eine petitio principii zu begehen, indem man die Moral aus ihr erklären möchte. Die Leichtigkeit, mit der Theorien dieser Art aufgebaut werden, müßte unsern Argwohn erregen: wenn die verschiedensten Ziele von den Philosophen solcherart in moralische Ziele verwandelt werden können, so beruht das wahrscheinlich darauf — da sie ja den Stein der Weisen noch nicht besitzen — daß sie von vornherein Gold in ihren Tiegel getan haben. Wie es auch einleuchtend ist, daß keine dieser Lehren die Verpflichtung verständlich machen wird; wir können an die Anwendung bestimmter Mittel gebunden sein, wenn wir dieses oder jenes Ziel verwirklichen wollen; wenn es uns aber gefällt, auf das Ziel zu verzichten, wie kann man uns dann die Mittel aufzwingen? Die Philosophen jedoch haben irgendein beliebiges von diesen Zielen als Moralprinzip erwählt und auf diese Weise ganze Systeme von Maximen daraus entwickelt, die, ohne geradezu die Form von Imperativen anzunehmen, sich dieser Form doch so weit nähern, daß man sich damit zufrieden geben kann. Der Grund ist sehr einfach. Sie haben, um es nochmals zu sagen, die Verfolgung dieser Ziele in einer Gesellschaft untersucht, in der mannigfaltiger Druck von entscheidender Gewalt herrscht und, ihn ergänzend und verstärkend, verschiedene Arten von Hinaufstreben. Druck und Anziehung würden, wenn sie näher bestimmt würden, zu irgendeinem dieser Systeme von Maximen gelangen, da ja jedes von ihnen auf die Verwirklichung eines Zieles gerichtet ist, das zugleich individuell und sozial ist. Also existiert jedes dieser Systeme in der sozialen Atmosphäre schon vor dem Erscheinen des Philosophen; es begreift Maximen ein, die durch ihren Inhalt denen, die der Philosoph formulieren wird, recht nahe stehen und die ihrerseits obligatorisch sind. Von der Philosophie wiedergefunden, aber nicht mehr unter der Form eines Befehls (da es ja nur noch Ratschläge sind im Hinblick auf die vernünftige Verfolgung eines Zieles, das die Vernunft ebensogut verwerfen könnte), werden sie erhascht von der vageren oder sogar bloß virtuellen Maxime, die ihnen gleicht, aber mit Verpflichtung beladen ist. Sie werden also obligatorisch; aber die Verpflichtung ist nicht, wie man glauben könnte, von oben herabgestiegen, d. h. von dem Prinzip, aus dem die Maximen rational abgeleitet worden sind; vielmehr ist sie von unten aufgestiegen, ich meine aus der Tiefe des Druckes, auf dem die Gesellschaft beruht und der sich durch Aufstrebungen erweitern kann. Kurz, die Theoretiker der Ethik postulieren die Gesellschaft und damit die zwei Kräfte, denen die Gesellschaft ihre Stabilität und ihre Bewegung verdankt. Sie benutzen die Tatsache, daß alle sozialen Ziele einander durchdringen und daß jedes von ihnen, irgendwie auf diesem Gleichgewicht und dieser Bewegung ruhend, sich mit diesen beiden Kräften auszustatten scheint, und so können sie den Inhalt der Ethik ohne Mühe mit irgendeinem der als Prinzip angenommenen Ziele wiederherstellen und dann zeigen, daß diese Moral obligatorisch ist. Sie haben sich eben mit der Gesellschaft im voraus den Stoff dieser Ethik gegeben und ihre Form, alles was sie enthält und die ganze Verpflichtung, in die sie sich einhüllt. Würde man nun diese, allen Moraltheorien gemeinsame Illusion noch schärfer aufs Korn nehmen, so würde man folgendes finden. Die Verpflichtung ist eine Notwendigkeit, mit der man diskutiert, und die somit von Intelligenz und Freiheit begleitet ist. Übrigens handelt es sich hier um eine ähnliche Notwendigkeit, wie sie der Hervorbringung eines physiologischen oder sogar physischen Effekts anhaftet: in einer Menschheit, die von der Natur nicht mit Intelligenz begabt worden wäre und in der das Individuum nicht die Freiheit der Entscheidung hätte, würde die zur Erhaltung des Bestandes und des Zusammenhangs der Gruppe bestimmte Handlung mit starrer Notwendigkeit erfolgen; sie würde unter dem Einfluß einer ganz bestimmten Kraft erfolgen, derselben Kraft, die es bewirkt, daß jede Ameise für den Ameisenhaufen arbeitet und jede Zelle eines Gewebes für den Organismus. Nun tritt aber die Intelligenz dazwischen, mit der Fähigkeit zu wählen: damit ist nun eine andre, immer wirksame Kraft gegeben, die die vorhererwähnte im Zustand der Virtualität oder besser einer Realität erhält, die in ihrem Wirken kaum sichtbar, jedoch in ihrem Druck fühlbar ist: ebenso verhindern es bei einer Uhr die Schwingungen des Pendels, daß die Spannung der Feder sich mit einem plötzlichen Ruck entlädt, und doch beruhen die Schwingungen eben auf dieser Spannung, so daß sie Wirkungen sind, die auf ihre Ursache einen hindernden oder regulierenden Einfluß üben. Was wird nun die Intelligenz tun? Sie ist eine Fähigkeit, die das Individuum naturgemäß dazu benutzt, sich aus den Schwierigkeiten des Lebens herauszuhelfen; sie wird nicht der Richtung einer andern Kraft folgen, die im Gegenteil für die ganze Gattung arbeitet und die, wenn sie auf das Individuum Rücksicht nimmt, dies im Interesse der Gattung tut. Sie wird geradewegs auf egoistische Entscheidungen losmarschieren. Aber das wird nur ihre erste Bewegung sein. Es wird ihr unmöglich sein, die Kraft unberücksichtigt zu lassen, unter deren unsichtbarem Druck sie steht. Sie wird also sich selbst einreden, ein intelligenter Egoismus müsse auch allen andern Egoismen ihr Recht lassen. Und ist es die Intelligenz eines Philosophen, dann wird er eine Moraltheorie konstruieren, in der das Ineinanderfließen des persönlichen und des allgemeinen Nutzens gezeigt wird und in der die Verpflichtung auf die — von uns gefühlte — Notwendigkeit zurückgeführt wird, an den Mitmenschen zu denken, wenn wir auf intelligente Weise uns selber nützen wollen. Aber wir werden immer antworten können, es gefalle uns nicht, unser Interesse so zu verstehen, und dann sieht man nicht ein, warum wir uns noch verpflichtet fühlen sollten. Doch wir sind verpflichtet, und die Intelligenz weiß es wohl, und gerade deshalb hat sie ihre Beweisführung versucht. Aber in Wirklichkeit scheint ihre Beweisführung nur deshalb zu gelingen, weil sie den Weg frei macht für etwas, wovon sie nicht spricht, und das die Hauptsache ist: eine erlittene und gefühlte Notwendigkeit, die durch die Vernunftschlüsse unterdrückt worden war und die durch gegensätzliche Vernunftschlüsse wieder nach oben gebracht wird. Das was in der Verpflichtung das eigentlich Verpflichtende ist, kommt also nicht aus der Intelligenz. Diese erklärt von der Verpflichtung nur das, was sich an Zögern in ihr findet. Während sie die Verpflichtung zu begründen scheint, beschränkt sie sich in Wahrheit darauf, sie aufrechtzuerhalten, indem sie einem Widerstand widersteht, indem sie sich hindert zu hindern. Im nächsten Kapitel werden wir übrigens sehen, welche Hilfskräfte sie sich beigesellt. Für den Augenblick wollen wir auf einen Vergleich zurückkommen, der uns schon einmal gedient hat. Eine Ameise, die ihre schwere Arbeit vollbringt, als wenn sie niemals an sich dächte, als wenn sie nur für den Ameisenhaufen lebte, ist wahrscheinlich in einem somnambulen Zustand; sie gehorcht einer unentrinnbaren Notwendigkeit. Nehmen wir einmal an, sie würde plötzlich intelligent: sie wird über das, was sie tut, reflektieren, sich fragen, warum sie es tut, sich sagen, sie sei sehr dumm, daß sie sich nicht Ruhe und gute Tage gönne. »Genug der Opfer! Die Zeit ist gekommen, an sich selbst zu denken.« Damit wäre die natürliche Ordnung umgestürzt. Aber die Natur paßt auf. Sie hatte die Ameise mit dem sozialen Instinkt ausgestattet; nun hat sie, vielleicht weil der Instinkt es im Augenblick nötig hatte, einen Lichtstrahl von Intelligenz hinzugefügt. Wenn die Intelligenz den Instinkt nur im geringsten beeinträchtigt, wird sie geschwind dazu dienen müssen, die Dinge wieder in Ordnung zu bringen und das wieder rückgängig zu machen, was sie getan hat. Ergo wird eine neue Überlegung feststellen, die Ameise habe das größte Interesse daran, für den Ameisenhaufen zu arbeiten, und so wird die Verpflichtung als begründet erscheinen. Aber in Wirklichkeit ist es so, daß eine solche Begründung sehr wenig solide wäre, und daß die Verpflichtung in ihrer ganzen Kraft schon vorher existiert hat: die Intelligenz ist nur zum Hindernis geworden für ein Hindernis, das von ihr selbst ausging. Der Philosoph des Ameisenhaufens wird trotzdem abgeneigt sein, das zuzugeben; er wird sicher darauf bestehen, der Intelligenz eine positive, nicht negative Rolle zuzuschreiben. So sind die Theoretiker der Moral meistens verfahren, sei es deshalb, weil es Intellektuelle waren, die fürchteten, der Intelligenz nicht genug Platz einzuräumen, oder eher deshalb, weil ihnen die Verpflichtung als eine einfache, nicht zerteilbare Sache erschien: sieht man dagegen, wie eine quasi-Notwendigkeit gelegentlich von einem Widerstand beeinträchtigt wird, so begreift man, daß der Widerstand aus der Intelligenz kommt, ebenso aber auch der Widerstand gegen den Widerstand, und daß die Notwendigkeit, die die Hauptsache ist, einen andern Ursprung hat. In Wahrheit kann kein Philosoph umhin, zunächst diese Notwendigkeit zu setzen; aber meistens setzt er sie implicite, ohne es zu sagen. Wir haben sie gesetzt und es ausdrücklich gesagt. Wir knüpfen sie überdies an ein Prinzip an, das unmöglich nicht zugegeben werden kann. Denn welcher Philosophie man sich auch anschließen mag, man wird immer zugeben müssen, daß der Mensch ein lebendes Wesen ist, daß die Entwicklung des Lebens, in seinen beiden Hauptlinien, sich in der Richtung auf das soziale Leben vollzogen hat, daß die Vergesellschaftung die allgemeinste Form der lebendigen Aktivität ist, da ja das Leben Organisation ist, und daß man somit durch unmerkliche

Übergänge von den Beziehungen zwischen den Zellen eines Organismus zu den Beziehungen zwischen den Individuen der Gesellschaft gelangt. Wir beschränken uns also darauf, Unbestrittenes, Unbestreitbares vorauszusetzen. Aber ist dies einmal zugegeben, wird jede Theorie der Verpflichtung unnütz und zugleich wirkungslos; unnütz, weil die Verpflichtung eine Notwendigkeit des Lebens ist; unwirksam, weil die eingeführte Hypothese höchstens in den Augen der Intelligenz (und sehr unvollkommen) eine Verpflichtung rechtfertigen kann, die schon vor dieser intellektuellen Rekonstruktion existierte.

Das Leben hätte übrigens dabei stehen bleiben können und nichts weiter tun, als geschlossene Gesellschaften zu begründen, deren Mitglieder durch strenge Verpflichtungen miteinander verbunden gewesen wären. Da sie aus intelligenten Wesen beständen, hätten diese Gesellschaften eine Veränderlichkeit dargeboten, wie man sie in den Tiergesellschaften, die vom Instinkt geleitet werden, nicht findet; aber die Veränderung wäre nicht so weit gegangen, um den Traum von einer radikalen Umformung zu ermutigen; die Menschheit hätte sich nicht so weit gewandelt, daß eine einzige, alle Menschen umfassende Gesellschaft möglich erschienen wäre. De facto besteht diese noch immer nicht, und wird vielleicht niemals existieren; als die Natur dem Menschen die moralische Struktur gab, die er brauchte, um in Gruppen zu leben, hat sie wahrscheinlich für die Gattung alles getan, was sie tun konnte. Aber ebenso wie sich geniale Menschen gefunden haben, die die Grenzen der Intelligenz hinausschoben, wie auf diese Weise ab und zu einzelnen Individuen weit mehr zugestanden worden ist, als der ganzen Rasse auf einmal gegeben werden konnte, so sind auch Helden der Seele erstanden, die sich allen Seelen verwandt fühlten und die, statt in den Grenzen der Gruppe zu bleiben und an dem naturgegebenen Zusammenhalt Genüge zu finden, sich in einem Aufschwung der Liebe der ganzen Menschheit zuwandten. Die Erscheinung eines jeden von ihnen war gleichsam die Schöpfung einer neuen, nur aus einem Individuum bestehenden Gattung, der Auftrieb des Lebens gelangte ab und zu, in einem bestimmten Menschen, zu einem Ergebnis, das nicht auf einmal für das Gesamt der Menschheit hätte erreicht werden können. So bezeichnete jeder von diesen Seelenhelden einen gewissen Punkt, den die Entwicklung des Lebens erreicht hatte; und jeder von ihnen bekundete in einer neuartigen Form jene Liebe, die das eigentliche Wesen des schöpferischen Ringens zu sein scheint. Die schöpferische Erregung, die diese bevorzugten Seelen schwellte und die ein Überfließen von Lebenskraft war, hat sich um sie her verbreitet; da sie Begeisterte waren, strahlten sie eine Begeisterung aus, die niemals ganz erloschen ist und deren Flamme sich immer entfachen kann. Wenn wir heute diese großen Männer des Guten in Gedanken wiedererwecken, wenn wir ihnen zuhören und zusehen, dann fühlen wir, daß sie uns etwas von ihrer Glut mitteilen, daß sie uns in ihre Bewegung hineinziehen: das ist nicht mehr ein mehr oder weniger abgeschwächter Zwang, sondern eine mehr oder weniger unwiderstehliche Anziehung. Aber diese zweite Kraft bedarf nicht mehr als die erste einer Erklärung. Es ist uns unmöglich, uns nicht diesem halben Zwang hinzugeben, wie er von den Gewohnheiten ausgeübt wird, die dem Instinkt symmetrisch entsprechen; und es ist unmöglich, dieses Schwellen der Seele, das wir Emotion nennen, nicht anzusetzen: in dem einen Fall haben wir die originale Verpflichtung, und in dem andern etwas, das zu ihrer Fortsetzung wird; aber in beiden Fällen steht man vor Kräften, die nicht eigentlich und ausschließlich ethisch sind, und deren Genesis nicht der Ethiker aufzuzeigen hat. Da sie es jedoch tun wollten, haben die Philosophen den gemischten Charakter der Verpflichtung unter ihrer gegenwärtigen Form verkannt; folglich mußten sie dieser oder jener Vorstellung der Intelligenz die Fähigkeit zusprechen, den Willen mit sich zu reißen: als ob eine Idee jemals kategorisch ihre eigene Verwirklichung verlangen könnte! als ob die Idee hier etwas anderes wäre, als der gemeinsame intellektuelle Extrakt – oder besser die Projektion auf die intellektuelle Ebene – einer Gruppe von Neigungen und Strebungen, von denen die einen über, die andern unter der reinen Intelligenz liegen! Stellen wir die ursprüngliche Dualität wieder her, und die Schwierigkeiten verschwinden. Und die Dualität selbst geht in der Einheit auf, denn ›gesellschaftlicher Druck‹ und ›Aufschwung der Liebe‹ sind nur zwei sich ergänzende Manifestationen des Lebens, die normalerweise dazu dienen, die gesellschaftliche Form, die von Anbeginn für die menschliche Art charakteristisch war, im großen ganzen zu bewahren, die aber ausnahmsweise auch fähig sind sie zu verändern, dank gewissen Individuen, von denen jedes, wie es mit dem Erscheinen einer neuen Gattung der Fall wäre, eine Tat schöpferischer Entwicklung darstellt.

Von diesem doppelten Ursprung der Ethik haben offenbar nicht alle Erzieher eine völlig klare Einsicht, aber sie bemerken etwas davon, sobald sie ihren Schülern die Ethik wirklich einprägen und nicht nur davon reden wollen. Nicht leugnen wollen wir die Nützlichkeit und sogar die Notwendigkeit eines Moralunterrichts, der sich an die reine Vernunft wendet, der die Pflichten definiert und sie an ein Prinzip knüpft, dessen verschiedene Anwendungen er dann im einzelnen verfolgt. Auf der Ebene der Intelligenz und nur auf dieser ist die Diskussion möglich, und es gibt keine vollständige Moralität ohne Reflexion, ohne Analyse, ohne Diskussion mit andern und sich selbst. Aber wenn auch ein Unterricht, der sich an die Vernunft wendet, unentbehrlich ist, um dem moralischen Sinn Sicherheit und Feinheit zu geben, wenn er uns auch voll in den Stand setzt, unser Streben in die Tat umzusetzen — sofern unser Streben gut ist — so muß doch zunächst ein Streben da sein, und das Streben kennzeichnet sich ebensosehr und noch mehr als eine Richtung des Willens, denn als eine solche der Intelligenz. Wie wird man Macht gewinnen über den Willen? Zwei Wege stehen dem Erzieher offen. Der eine ist die Dressur, das Wort in seinem höchsten Sinn genommen; das andre ist die mystische Liebe, wobei jedoch das Wort hier seine bescheidenste Bedeutung haben soll. Nach der ersten Methode prägt man eine aus unpersönlichen Gewohnheiten bestehende Moral ein; nach der zweiten erreicht man die Nachfolge einer Person, und sogar eine seelische Vereinigung, ein mehr oder weniger vollständiges Einswerden mit ihr. Die ursprüngliche Dressur, die naturgewollte, bestand darin, daß man die Gewohnheiten der Gruppe annahm; sie war automatisch; sie entstand von selbst, soweit das Individuum sich mit der Allgemeinheit halb verschmolzen fühlte. In dem Maße, wie die Gesellschaft sich infolge der Arbeitsteilung differenzierte, wies sie den solchermaßen in ihrem Schoße entstandenen Gruppen die Aufgabe zu, das Individuum zu dressieren, es mit den Gruppen und dadurch mit ihr selbst in Einklang zu bringen; aber es handelte sich immer um ein System von Gewohnheiten zum alleinigen Nutzen der Gesellschaft. Daß eine derartige Moral, wenn sie vollständig ist, allenfalls genügt, daran ist nicht zu zweifeln. So würde ein Mensch, der genau in den Rahmen seines Berufes oder Gewerbes eingespannt ist, der ganz seiner täglichen Arbeit gehört, der sein Leben so einrichtet, daß es die größtmögliche Quantität und Qualität an Arbeit liefert, im allgemeinen *ipso facto* viele andre Verpflichtungen erfüllen. Die Disziplin hätte aus ihm einen ehrenhaften Menschen gemacht. Das ist die erste Methode; sie bewegt sich im Unpersönlichen. Die andre wird sie, wenn nötig, ergänzen; sie wird sie sogar ersetzen können. Wir zögern nicht, sie religiös zu nennen und sogar mystisch; aber man muß den Sinn dieser Worte recht verstehen. Man sagt gern, die Religion sei ein Hilfsmittel der Moral, insofern sie Strafen befürchten oder Belohnungen erhoffen läßt. Man hat vielleicht recht, aber man müßte hinzufügen, daß die Religion, von dieser Seite gesehen, kaum etwas anderes tut, als daß sie eine Erweiterung und eine Korrektur der menschlichen Gerechtigkeit durch die göttliche Gerechtigkeit verspricht: über die von der Gesellschaft geschaffenen Strafen und Belohnungen, deren Funktionieren so unvollkommen ist, setzt sie andere, unendlich höhere, die wir in der Stadt Gottes empfangen sollen, wenn wir die Stadt der Menschen verlassen haben werden. Aber damit verbleibt man in der Ebene des Menschenstaates; man läßt zwar die Religion eingreifen, aber nicht mit dem, was an ihr spezifisch religiös ist; so hoch man sich auch erhebt, man betrachtet die moralische Erziehung wiederum als eine Dressur und die Moralität als eine Disziplin; man hält sich immer noch an die erste der zwei Methoden, man ist nicht zur zweiten übergegangen. Anderseits denken wir gewöhnlich, sobald das Wort ›Religion‹ fällt, an die religiösen Dogmen, an die ihnen innewohnende Metaphysik: so daß man sich, wenn man die Religion als das Fundament der Moral ansetzt, eine Gesamtheit von Begriffen vorstellt, die sich auf Gott und die Welt beziehen und deren Anerkennung die Übung des Guten zur Folge hätte. Aber es ist klar, daß diese Begriffe, als solche, unsern Willen und unser Verhalten so beeinflussen, wie Theorien, d. h. Ideen dazu imstande sind: wir sind hier auf der intellektuellen Ebene, und, wie wir oben gesehen haben, weder die Verpflichtung noch das, was sie fortpflanzt, können von der reinen Idee herstammen, da diese auf unsern Willen nur so weit wirkt, als es uns paßt, sie zu akzeptieren und sie in die Tat umzusetzen. Hebt man aber diese Metaphysik aus allen andern hervor, indem man sagt, gerade sie zwinge sich unserer Zustimmung auf, so hat man vielleicht wiederum recht, aber dann denkt man nicht mehr an ihren bloßen Inhalt, an die reine intellektuelle Vorstellung; vielmehr nimmt man etwas anderes hinzu, das die Vorstellung unterstützt, das ihr irgendeine besondere Wirksamkeit verleiht, und das das spezifisch religiöse Element ist: aber jetzt ist es dieses Element, und nicht die Metaphysik, an die es geknüpft ist, was zum religiösen Fundament der Moral wird. Jetzt haben wir es wirklich mit der zweiten Methode zu tun, aber es handelt sich eben um die mystische Erfahrung. Wir meinen die mystische Erfahrung in ihrer Unmittelbarkeit, außerhalb aller Interpretation. Die wahren Mystiker öffnen sich nur der Flut, die sie überschwemmt. Ihrer selbst sicher, weil sie etwas in sich fühlen, das besser ist als sie, enthüllen sie sich als große Männer der Tat, zum Erstaunen derer, für die die Mystik nur Vision, Überschwang, Verzückung bedeutet. Was sie in ihrem Innern strömen ließen, das ist eine herabstürzende Flut, die durch sie hindurch die andern Menschen erreichen möchte; das Bedürfnis, das Empfangene um sich herum weiter zu verbreiten, empfinden sie als ein Schwingen der Liebe. Einer Liebe, der jeder von ihnen das Zeichen seiner Persönlichkeit aufprägt. Einer Liebe, die in jedem von ihnen ein ganz neues Gefühl ist, das das menschliche Leben in eine andre Tonart zu transponieren vermag. Einer Liebe, die bewirkt, daß jeder von ihnen solcherart um seiner selbst willen geliebt wird, und daß durch ihn, um seinetwillen, andre Menschen ihre Seelen der Liebe zur Menschheit öffnen werden. Einer Liebe, die auch durch Vermittlung einer Person übertragen werden kann, die sich ihnen oder ihrem lebendig gebliebenen Gedächtnis angeschlossen hat und die ihr Leben nach diesem Vorbild geformt hat. Mehr noch. Wenn das Wort eines großen Mystikers oder eines seiner Nachfolger bei dem oder jenem unter uns ein Echo findet, ist es dann nicht so, daß in uns ein Mystiker wohnt, der nur schlummert und nur auf eine Gelegenheit wartet, um zu erwachen? Im ersteren Falle heftet die Person sich an das Unpersönliche und trachtet sich ihm einzufügen. Jetzt aber antwortet sie dem Ruf einer Persönlichkeit, und das ist entweder einer der Offenbarer des moralischen Lebens, oder einer seiner Nachahmer, oder auch unter Umständen er selbst.

Ob man nun die eine oder die andre Methode anwendet, in beiden Fällen wird man das Wesen der menschlichen Natur berücksichtigt haben, mag man sie statisch in sich selbst ansehen oder dynamisch in ihren Ursprüngen. Ein Irrtum aber wäre es zu glauben, Druck und Aufstreben fänden ihre endgültige Erklärung in dem als einfaches Faktum betrachteten sozialen Leben. Man pflegt zu sagen, die Gesellschaft existiere, daher übe sie notwendigerweise auf ihre Mitglieder einen Zwang aus, und dieser Zwang sei die Verpflichtung. Aber damit die Gesellschaft existiere, muß zunächst das Individuum ein Gesamt von eingeborenen Anlagen mitbringen; die Gesellschaft erklärt sich also nicht von selbst; folglich muß man unterhalb der sozialen Errungenschaften nachgraben, und so gelangt man zum Leben, von dem die menschlichen Gesellschaften, wie ja das ganze Menschengeschlecht, nur Manifestationen sind. Aber nicht genug damit: man wird noch tiefer schürfen müssen, wenn man nicht allein verstehen will, wie die Gesellschaft das Individuum verpflichtet, sondern auch, wie das Individuum zum Richter über die Gesellschaft werden und von ihr eine moralische Umwandlung erreichen kann. Wenn die Gesellschaft sich selbst genügt, so ist sie die oberste Autorität. Ist sie aber nur eine von den Bestimmungen des Lebens, dann begreift man, daß das Leben, das an einem bestimmten Punkte seiner Entwicklung das Menschengeschlecht hervorgebracht haben muß, gewissen bevorzugten Individualitäten einen neuen Anstoß leiht, Individualitäten, die hineingetaucht sind, um neue Kraft zu schöpfen und der Gesellschaft zu weiterem Fortschreiten zu verhelfen. Freilich haben wir so bis zum Lebensprinzip selber vorstoßen müssen. Alles bleibt dunkel, wenn man sich an bloße Manifestationen hält, ob man sie alle zusammen sozial nennt, oder ob man im sozialen Menschen vor allem die Intelligenz berücksichtigt. Dagegen wird alles klar, wenn man hinter diesen Manifestationen das Leben selbst sucht. Wir wollen also dem Wort Biologie den sehr weiten Sinn geben, den es haben sollte, den es vielleicht einmal erhalten wird, und abschließend sagen: alle Ethik, ob Druck oder Aufstreben, ist biologischer Natur.

II Die statische Religion

Hält man sich vor Augen, was die Religionen waren und was gewisse Religionen heute noch sind, so ist das sehr demütigend für die menschliche Intelligenz. Welch ein Gestrüpp von Verirrungen! Mag die Erfahrung auch sagen: »Das ist falsch«, und die Vernunft: »Das ist absurd« — die Menschheit klammert sich darum nur noch mehr an die Absurdität und den Irrtum. Und wenn es noch dabei bliebe! Aber man hat die Religion die Unmoral vorschreiben und Verbrechen gebieten sehen. Je roher sie ist, einen desto größeren Raum nimmt sie materiell im Leben eines Volkes ein. Was sie später mit der Wissenschaft, der Kunst, der Philosophie teilen muß, das verlangt und erhält sie zunächst für sich allein. Das muß einen wohl überraschen, da man den Menschen ja zunächst als ein intelligentes Wesen definiert hat.

Unser Erstaunen wächst, wenn wir sehen, daß so lange Zeit hindurch der niedrigste Aberglaube ein allgemeines Faktum gewesen ist. Er hat sich ja übrigens bis heute erhalten. In der Vergangenheit findet man und selbst heute noch könnte man menschliche Gesellschaften finden, die weder Wissenschaft noch Kunst noch Philosophie haben. Aber es hat niemals Gesellschaften ohne Religion gegeben.

Wie groß müßte jetzt unsere Beschämung sein, wenn wir uns in dieser Hinsicht mit dem Tier vergleichen! Sehr wahrscheinlich kennt das Tier keinen Aberglauben. Wir wissen nicht recht, was in einem Bewußtsein vorgeht, das anders ist als das unsrige; aber da die religiösen Seelenzustände sich gewöhnlich durch Haltungen und Akte ausdrücken, so würde wohl irgendein Zeichen uns davon künden, wenn das Tier der Religiosität fähig wäre. Wir müssen uns also damit abfinden. Der homo sapiens, das einzige vernunftbegabte Wesen, ist auch das einzige, das imstande ist, seine Existenz an unvernünftige Dinge zu hängen.

Man spricht wohl von einer »primitiven Mentalität«, die heute die Mentalität der untergeordneten Rassen wäre, die ehemals die Mentalität der ganzen Menschheit gewesen wäre und auf deren Konto man den Aberglauben zu setzen hätte. Beschränkt man sich solcherart darauf, gewisse

Denkarten unter eine gemeinsame Bezeichnung zu gruppieren und gewisse Beziehungen unter ihnen aufzuzeigen, dann tut man nützliche und unangreifbare Arbeit: nützlich, insofern man damit ein Feld ethnologischer und psychologischer Studien umschreibt, das von größtem Interesse ist; unangreifbar, da man ja lediglich die Existenz gewisser Glaubensformen und gewisser Übungen bei einer Menschheit konstatiert, die weniger zivilisiert ist als die unsrige. Dabei hat es Lévy-Bruhl in seinen hervorragenden Arbeiten, besonders den letzten, anscheinend bewenden lassen. Aber man läßt dann die Frage unberührt, wie so unvernünftige Glaubensformen und Praktiken von intelligenten Wesen angenommen werden konnten und noch angenommen werden können. Wir aber können uns nicht enthalten, auf diese Frage eine Antwort zu suchen. Nolens volens wird der Leser der schönen Bücher von Lévy-Bruhl daraus den Schluß ziehen, die menschliche Intelligenz habe sich entwickelt; die natürliche Logik wäre danach nicht immer die gleiche gewesen; die »primitive Mentalität« würde einer grundverschiedenen Struktur entsprechen, die von der unsren verdrängt worden wäre und sich heute nur noch bei Zurückgebliebenen findet. Aber dann gibt man zu, daß die von den Individuen im Laufe von Jahrhunderten erworbenen Geistesgewohnheiten erblich werden, die Natur verändern und der Gattung eine neue Mentalität geben konnten. Nichts ist zweifelhafter! Selbst angenommen, eine von den Eltern erworbene Gewohnheit übertrage sich jemals auf das Kind, so ist das ein seltenes Faktum, das dem Zusammenwirken einer Reihe zufällig zusammentreffender Umstände zu verdanken ist: keinerlei Veränderung der Art wird daraus hervorgehen. Dann aber muß, da die Struktur des Geistes dieselbe bleibt, die von den aufeinanderfolgenden Generationen erworbene, im sozialen Milieu niedergelegte und von diesem Milieu an einen jeden von uns zurückgegebene Erfahrung genügen, um zu erklären, warum wir nicht so denken wie der Nicht-Zivilisierte, warum der Mensch von Einst vom heutigen Menschen verschieden war. Der Geist arbeitet in beiden Fällen in der gleichen Weise, aber vielleicht wird er nicht auf die gleiche Materie angewendet, wahrscheinlich weil die Gesellschaft in dem einen und im andern Falle nicht die gleichen Bedürfnisse hat. Das wird wohl das Fazit unserer Untersuchungen sein. Ohne ihm vorzugreifen, wollen wir nur soviel sagen: die Beobachtung der ›Primitiven‹ stellt uns unweigerlich vor die Frage nach den psychologischen Wurzeln des Aberglaubens, und die allgemeine Struktur des menschlichen Geistes — mithin die Beobachtung des gegenwärtigen, zivilisierten Menschen — scheint uns genügend Elemente zur Lösung des Problems zu bieten.

Ungefähr ebenso möchten wir uns bezüglich der ›kollektiven‹ und nicht mehr ›primitiven‹ Mentalität äußern. Nach Emile Durkheim braucht man nicht lange danach zu suchen, weshalb die Dinge, für die diese oder jene Religion Glauben erheischt, »auf die individuellen Intelligenzen einen so verwirrenden Eindruck machen. Es liegt einfach daran, daß die Vorstellung, die sie von diesen Dingen bietet, nicht das Werk dieser Einzelintelligenzen ist, sondern des Kollektiv-Geistes. Nun ist es aber natürlich, daß dieser Geist sich die Wirklichkeit anders vorstellt als der unsrige, weil er ja von anderer Natur ist. Die Gesellschaft hat ihre eigentümliche Art zu sein, und also auch ihre besondere Art zu denken«[1]. Wir unserseits wollen gern die Existenz kollektiver Vorstellungen zugeben, die in den Einrichtungen, der Sprache und den Sitten niedergelegt sind. Zusammen bilden sie die soziale Intelligenz, die die Ergänzung zu den individuellen Intelligenzen bildet. Aber wir sehen nicht, wieso diese beiden Mentalitäten im Mißklang miteinander stehen und wieso die eine die andere ›verwirren‹ könnte. Die Erfahrung sagt nichts derartiges, und die Soziologie scheint uns kein Recht zu haben, es zu vermuten. Wenn man der Meinung ist, die Natur hätte es beim Individuum bewenden lassen, die Gesellschaft sei durch einen Zufall oder durch ein Übereinkommen entstanden, so könnte man die These bis zu Ende führen und behaupten, dieses Zusammentreffen von Individuen, vergleichbar dem Zusammentreffen der einfachen Elemente, die sich zu einer chemischen Verbindung vereinen, hätte eine Kollektiv-Intelligenz entstehen lassen, und einige ihrer Vorstellungen wirkten verwirrend auf die individuelle Vernunft. Aber niemand mehr schreibt der Gesellschaft einen zufälligen oder vereinbarungsmäßigen Ursprung zu. Wenn man der Soziologie einen Vorwurf zu machen hätte, dann wäre es eher der, daß sie das Umgekehrte zu sehr betont; mancher von ihren Vertretern möchte im Individuum eine Abstraktion und im Gesellschaftskörper die einzige Realität sehen. Aber wieso wäre dann die kollektive Mentalität nicht in der individuellen Mentalität vorgebildet? Wieso hätte die Natur, als sie den Menschen zu einem ›politischen Tier‹ machte, die menschlichen Intelligenzen derart angeordnet, daß sie sich desorientiert fühlen, wenn sie ›politisch‹ denken? Wir unserseits sind der Meinung, daß man, wenn man das Individuum studieren will, seiner gesellschaftlichen Bestimmung gar nicht genug Rechnung tragen kann. Weil sie das vernachlässigt hat, hat die Psychologie in gewissen Richtungen sowenig Fortschritte gemacht. Ich spreche nicht von dem Interesse, das das genauere Studium gewisser anormaler oder krankhafter Zustände hätte, die zwischen den Mitgliedern einer Gesellschaft, wie zwischen den Bienen des Korbes, eine unsichtbare Anastomose implizieren: außerhalb des Bienenschwarms siecht die Biene dahin und stirbt; ist der Mensch von der Gesellschaft getrennt oder nimmt er nicht genügend an ihrem Schaffen teil, so

[1] *Année sociologique*, Band II, S. 29 und folgende.

leidet er an einer vielleicht ähnlichen, bisher noch wenig untersuchten Krankheit, die man Langeweile, Unlust, Melancholie nennt; dauert die Isolierung an, wie bei der Gefängnisstrafe, so zeigen sich charakteristische geistige Störungen. Diese Phänomene würden es verdienen, daß die Psychologie ihnen ein besonderes Konto eröffnet; es würde mit schönen Gewinnen abschließen. Aber damit nicht genug. Die Zukunft einer Wissenschaft hängt von der Art ab, in der sie zuerst ihren Gegenstand angeschnitten hat. Wenn sie das Glück hatte, beim Schneiden die natürlichen Gelenke zu treffen, so wie der gute Koch, von dem Plato spricht, dann macht es wenig aus, wieviel Stücke sie geschnitten hat: da die Zertrennung in Teile die Analyse in Elemente vorbereitet hat, so wird man schließlich eine vereinfachte Vorstellung des Ganzen haben. Das ist unserer Psychologie nicht eingefallen, als sie vor gewissen Unterteilungen zurückgeschreckt ist. Zum Beispiel nimmt sie allgemeine Fähigkeiten des Wahrnehmens, des Deutens, des Verstehens an, ohne sich zu fragen, ob nicht verschiedene Mechanismen im Spiele sind, je nachdem ob diese Fähigkeiten auf Personen oder auf Sachen angewendet werden, je nachdem die Intelligenz in das soziale Milieu eingetaucht ist oder nicht. Dabei wird diese Unterscheidung sogar vom Laien empfunden und hat sogar in seiner Sprache ihren Niederschlag gefunden: neben die Sinne, die uns über die Dinge unterrichten, setzt er den gesunden Sinn oder gesunden Menschenverstand, der unsere Beziehungen zu den Personen betrifft. Wie konnte man die Tatsache übersehen, daß man ein tiefgründiger Mathematiker, ein kenntnisreicher Physiker, ein feinsinniger Psychologe sein kann, sofern man sich selbst analysiert, und dabei doch die Handlungen anderer mißverstehen, die eigenen Handlungen falsch berechnen, sich nie richtig dem Milieu anpassen, kurz, nicht genug gesunden Menschenverstand haben kann? Der Verfolgungswahn, genauer das Delirium der falschen Deutung, zeigt, daß der gesunde Menschenverstand beschädigt sein kann, während die Fähigkeit zu reflektieren intakt bleibt. Die Schwere dieser Krankheit, ihr hartnäckiger Widerstand gegen jede Behandlung, die Tatsache, daß man Vorboten im allgemeinen schon in der entferntesten Vergangenheit des Kranken findet, alles das scheint in der Tat darauf hinzudeuten, daß es sich um einen tiefen psychischen Mangel handelt, der angeboren und scharf abgegrenzt ist. Der gesunde Menschenverstand, den man den sozialen Sinn nennen könnte, ist also dem normalen Menschen angeboren, so wie die Fähigkeit zu sprechen, die gleichfalls die Existenz der Gesellschaft voraussetzt, und die gleichwohl in den individuellen Organismen schon vorgezeichnet ist. Man kann übrigens nur schwer zugeben, daß die Natur, die das gesellschaftliche Leben am Ende der beiden großen Entwicklungslinien eingerichtet hat, die in den Hautflüglern und im Menschen gipfeln, im voraus alle Einzelheiten der Tätigkeit jeder Ameise im Ameisenhaufen geregelt haben und es versäumt haben sollte, dem Menschen wenigstens allgemeine Richtlinien für die Anpassung seines Verhaltens an das seiner Mitmenschen zu geben. Die menschlichen Gesellschaften unterscheiden sich allerdings von den Insektenstaaten insofern, als sie die Handlungen des Individuums undeterminiert lassen, wie übrigens auch die Handlungen der Gesamtheit. Aber das heißt mit andern Worten, daß in der Natur des Insekts die Handlungen vorgebildet sind, beim Menschen dagegen nur die Funktion. Die Funktion ist darum nicht weniger vorhanden; sie ist im Individuum organisiert, damit sie in der Gesellschaft ausgeübt werde. Wie könnte es dann eine soziale Mentalität geben, die noch außerdem hinzukäme, und die imstande wäre, die individuelle Mentalität aus der Fassung zu bringen? Wieso wäre die eine Mentalität der andern nicht immanent? Das Problem, das wir gestellt haben, nämlich wie konnten und können absurde Aberglauben das Leben vernünftiger Wesen beherrschen, bleibt also in seiner Ganzheit bestehen. Wir sagten schon, man könne freilich von primitiver Mentalität sprechen, aber das Problem betreffe darum nicht minder die Psychologie des heutigen Menschen. Wir möchten nun hinzufügen, man könne freilich von kollektiven Vorstellungen sprechen, aber nichtsdestoweniger richtet die Frage sich an die Psychologie des individuellen Menschen.

Aber kommt die Schwierigkeit nicht zunächst daher, daß unsere Psychologie sich nicht genügend damit befaßt, ihr Objekt gemäß den von der Natur vorgezeichneten Linien abzuteilen? Die Ideen, die abergläubische Vorstellungen erzeugen, haben das gemeinsame Charakteristikum, daß sie phantasmatisch sind. Die Psychologie führt sie auf eine allgemeine Fähigkeit, die Phantasie, zurück. Unter derselben Rubrik klassifiziert sie ja die Entdeckungen und Erfindungen der Wissenschaft, die Schöpfungen der Kunst. Aber weshalb gruppiert man so verschiedene Dinge zusammen, und gibt ihnen den gleichen Namen und erweckt dadurch die Vorstellung einer Verwandtschaft unter ihnen? Nur wegen der Bequemlichkeit der Sprache, und aus dem rein negativen Grunde, daß diese verschiedenen Operationen weder Wahrnehmung noch Gedächtnis noch logische Arbeit des Geistes sind. Wir wollen uns also darauf einigen, daß wir die phantasmatischen Vorstellungen absondern und den Akt, der sie hervorruft, ›Fabulation‹ oder ›Fiktion‹ nennen. Das ist der erste Schritt zur Lösung des Problems. Wir wollen ferner darauf hinweisen, daß die Psychologie, wenn sie die Aktivität des Geistes in einzelne Operationen zerlegt, sich nicht genug mit der Frage beschäftigt, wozu jede von ihnen diene: gerade deshalb ist die Einteilung allzuoft unzulänglich oder oberflächlich. Der Mensch kann freilich träumen oder philosophieren, aber zuerst muß er leben; zweifellos ist unsere psychologische Struktur in der Notwendigkeit begründet, das individuelle und soziale Leben zu bewahren und zu entwickeln. Wenn die Psychologie sich nicht nach dieser Erkenntnis richtet, wird sie ihren Gegenstand notwendigerweise deformieren. Was würde man von einem Gelehrten sagen, der die Anatomie der Organe und die Histologie der Gewebe untersuchen wollte, ohne sich mit ihrer Aufgabe zu befassen? Er würde Gefahr laufen, fehlerhaft zu teilen und fehlerhaft zu gruppieren. Wenn die Funktion nur aus der Struktur zu begreifen ist, so kann man auch die großen Linien der Struktur nicht entwirren ohne eine Vorstellung von der Funktion. Man darf also den Geist nicht so behandeln, als wäre er das, was er ist, »um nichts, zum Vergnügen«. Man darf nicht sagen: da seine Struktur derart war, hat er diesen oder jenen Nutzen daraus gezogen. Der Nutzen, den er daraus ziehen wird, ist im Gegenteil das, was seine Struktur bestimmt haben muß; in jedem Fall ist das der leitende Faden der Untersuchung. Betrachten wir also, auf dem vage und fraglos künstlich abgegrenzten Gebiete der ›Phantasie‹, den natürlichen Abschnitt, den wir ›Fabulation‹ genannt haben, und sehen wir, wozu sie wohl natürlicherweise gebraucht werden kann. Dieser Funktion unterstehen der Roman, das Drama, die Mythologie mit allem, was ihr voranging. Aber es hat nicht immer Romanciers und Dramatiker gegeben — während die Menschen niemals auf die Religion verzichtet haben. Es ist also wahrscheinlich, daß Dichtungen und Phantasien jeder Art noch hinzugekommen sind, von der Tatsache, daß der Geist fabulieren konnte, profitierend — daß aber die Religion der Existenzgrund der fabulatorischen Funktion war: in bezug auf die Religion wäre diese Fähigkeit also Ergebnis und nicht Ursache. Ein vielleicht individuelles, in jedem Falle soziales Bedürfnis muß diese Art der Aktivität vom Geiste gefordert haben. Fragen wir uns, welches dieses Bedürfnis war. Es ist zu bemerken, daß die Fiktion, wenn sie Wirksamkeit besitzt, wie eine beginnende Halluzination ist: sie kann der Urteilskraft und dem Reflektieren, also eigentlich intellektuellen Fähigkeiten, entgegenwirken. Was hätte die Natur nun aber getan, nachdem sie intelligente Wesen geschaffen hatte, wenn sie gewisse Gefahren der intellektuellen Aktivität hätte abwehren wollen, ohne die Zukunft der Intelligenz zu gefährden? Die Beobachtung gibt uns die Antwort. Heute, in der vollen Entfaltung der Wissenschaft, sehen wir die schönsten Schlußfolgerungen vor einer einzigen Erfahrung zusammenbrechen: nichts kann den Tatsachen widerstehen. Sollte also die Intelligenz, bei ihrem ersten Auftreten, auf einem für das Individuum und die Gesellschaft gefährlichen Abhang zurückgehalten werden, so konnte das nur durch Schein-Beobachtungen geschehen, durch Phantome von Tatsachen: bei dem Mangel wirklicher Erfahrung mußte eine Imitation der Erfahrung herbeigerufen werden. Eine Fiktion kann, wenn das Trugbild lebhaft, wenn man von ihm besessen ist, die Wahrnehmung genau nachahmen und dadurch die Handlung verhindern oder abändern. Eine systematisch falsche Erfahrung, die sich vor der Intelligenz aufrichtet, wird diese in dem Augenblick aufhalten können, wo sie in den Folgerungen, die sie aus der wirklichen Erfahrung zieht, zu weit ginge. So wäre also die Natur vorgegangen. Unter diesen Umständen würde man sich nicht mehr darüber wundern, daß die Intelligenz, sobald sie geschaffen war, vom Aberglauben überschwemmt worden ist, daß ein wesentlich intelligentes Wesen natürlicherweise abergläubisch ist, und daß es Aberglauben nur bei den intelligenten Wesen gibt.

Allerdings erheben sich dann neue Fragen. Zunächst muß man sich genauer fragen, wozu die fabulatorische Funktion dient und welcher Gefahr die Natur begegnen mußte. Ohne auf diesen Punkt zunächst näher einzugehen, wollen wir soviel sagen: der menschliche Geist kann den rechten oder den falschen Weg gehen, aber in dem einen wie in dem andern Fall, welche Richtung er auch eingeschlagen hat, immer geht er geradeaus: von Folgerung zu Folgerung, von Analyse zu Analyse vergräbt er sich tiefer in den Irrtum, ebenso wie er sich vollständiger in der Wahrheit ausbreitet. Wir kennen nur eine schon entwickelte Menschheit, denn die »Primitiven«, die wir heute beobachten, sind ebenso alt wie wir, und die Dokumente, mit denen die Religionsgeschichte arbeitet, stammen aus einer relativ nahen Vergangenheit. Die ungeheure Vielfalt der Glaubensmeinungen, mit denen wir es zu tun haben, ist also das Ergebnis einer langen Fortzeugung. Aus ihrer Absurdität oder ihrer Seltsamkeit kann man freilich für den Weg einer gewissen Geistesfunktion auf eine gewisse Orientierung auf das Seltsame oder Absurde hin schließen; aber diese Kennzeichen sind wahrscheinlich nur deshalb so ausgesprochen, weil der Weg so lang war: betrachtet man nur lediglich die Richtung, so wird man von dem, was die Tendenz Irrationales hat, weniger entsetzt sein und wird vielleicht ihre Nützlichkeit erfassen. Wer weiß, ob nicht die Irrtümer, zu denen sie schließlich gelangt ist, Entstellungen einer Wahrheit sind, die später gewissen Individuen aufgehen sollte, Entstellungen, die damals für die Gattung vorteilhaft waren. Aber noch mehr. Eine zweite Frage erhebt sich, auf die wir sogar noch vorher antworten müssen: woher kommt diese Tendenz? Steht sie in Beziehung zu anderen Manifestationen des Lebens? Wir sprachen von einer Absicht der Natur: das war eine Metapher, die in der Psychologie ebenso bequem ist wie in der Biologie; wir stellten fest, daß die beobachtete Vorrichtung dem Interesse des Individuums oder der Gattung dient. Aber der Ausdruck ist vage, und größerer Genauigkeit halber würden wir sagen, die erwähnte Tendenz sei ein Instinkt — wenn diese phantasmatischen Bilder im Geiste nicht gerade an Stelle eines Instinkts auftauchen würden. Sie spielen eine Rolle, die dem Instinkt *hätte* zufallen *können* und ihm zweifellos auch zugefallen wäre bei einem Wesen, das der Intelligenz ermangeln würde. Wir wollen vorläufig sagen, es sei ein *virtueller Instinkt*, womit wir meinen, daß wir am Ende einer andern Entwicklungslinie, in den Insektenstaaten, den Instinkt mechanisch ein Verhalten hervorrufen sehen, das im Hinblick auf seine Nützlichkeit dem Verhalten vergleichbar ist, das dem intelligenten und freien Menschen von quasi halluzinatorischen Bildern suggeriert wird. Aber wenn man solcherart divergierende und komplementäre Entwicklungen annimmt, die einerseits bei realen Instinkten und anderseits bei virtuellen Instinkten enden würden, heißt das nicht, sich über die Entwicklung des Lebens aussprechen?

Das ist ja das umfassendere Problem, das unsere zweite Frage stellt. Es war übrigens in der ersten implicite enthalten. Wie kann man die Fiktionen, die sich vor der Intelligenz und manchmal gegen sie aufrichten, auf ein vitales Bedürfnis zurückführen, wenn man nicht die fundamentalen Forderungen des Lebens bestimmt hat? Dasselbe Problem werden wir, mehr explicite, wiederfinden, wenn sich eine Frage erheben wird, die wir nicht vermeiden können: wie kommt es, daß die Religion die Gefahr, aus der sie entstanden ist, überlebt hat? Wieso hat sie sich, statt zu verschwinden, nur einfach umgewandelt? Weshalb besteht sie weiter, wo doch inzwischen die Wissenschaft die in der Tat gefährliche Leere ausgefüllt hat, die die Intelligenz zwischen ihrer Form und ihrem Stoff gelassen hatte? Sollte es nicht so sein, daß hinter dem Bedürfnis nach Stabilität, welches das Leben aufweist, in diesem Stillstand oder vielmehr diesem Auf-der-Stelle-Treten, das die Erhaltung der Art bedeutet, ein gewisses Verlangen nach Vorwärtsbewegung lebt, ein Rest von Antrieb, ein Lebensschwung? Aber die beiden ersten Fragen mögen für den Augenblick genügen. Die eine wie die andre führen uns auf die Betrachtungen zurück, die wir früher über die Entwicklung des Lebens vorgelegt haben. Diese Betrachtungen waren durchaus nicht hypothetisch, wie gewisse Leute zu glauben schienen. Als wir von einem ›Lebensschwung‹ und von einer schöpferischen Entwicklung sprachen, hielten wir uns so eng an die Erfahrung, wie wir nur konnten. Man beginnt das zu merken, denn die positive Wissenschaft nähert sich — einfach dadurch, daß sie gewisse Thesen aufgibt oder sie als bloße Hypothesen hinstellt — mehr unsern Ansichten. Wenn sie sich diese zu eigen machte, würde sie lediglich ihr eigenes Gut zurücknehmen.

Wir wollen also auf einige markante Wesenszüge des Lebens zurückkommen und den deutlich empirischen Charakter der Konzeption eines Lebensschwunges feststellen. Wir sagten: ist das Lebensphänomen in physikalische und chemische Tatsachen auflösbar? Wenn der Physiologe das behauptet, dann meint er damit, bewußt oder unbewußt, Aufgabe der Physiologie sei es zu untersuchen, was es an Physikalischem und Chemischem im Lebendigen gibt, dieser Untersuchung könnte nicht im voraus eine Grenze gesetzt werden, und somit müsse man so vorgehen, als ob die Untersuchung keine Grenze haben sollte: nur so wird man vorwärts kommen. Er stellt also eine methodische Regel auf, spricht aber keine Tatsache aus. Wir wollen uns also an die Erfahrung halten: dann werden wir sagen — und mehr als ein Biologe erkennt es an — daß die Wissenschaft von einer physikalisch-chemischen Erklärung des Lebens weiter entfernt ist denn je. Das haben wir zunächst festgestellt, als wir von einem Lebensschwung sprachen. — Ist nun das Leben einmal gesetzt — wie soll man sich seine Entwicklung vorstellen? Man könnte behaupten, der Übergang von einer Gattung zur andern wäre durch eine Reihe kleiner, rein zufälliger Veränderungen erfolgt, die durch Auswahl bewahrt und durch Erblichkeit fixiert wurden. Bedenkt man aber die ungeheure Zahl von einander zugeordneten und sich gegenseitig ergänzenden Veränderungen, die erfolgen müssen, damit der Organismus dabei gewinne oder auch nur, damit er dabei keinen Schaden erleide, so fragt man sich, wie jede von ihnen, für sich genommen, durch Auswahl erhalten bleiben und auf die weiteren Veränderungen warten soll, die sie ergänzen würden. An und für sich dient sie meistens zu nichts, sie kann die Funktion sogar behindern oder lähmen. Wenn man also ein Zusammenwirken von Zufall mit Zufall ansetzt und dabei die Richtung, die das sich entwickelnde Leben nimmt, keiner speziellen Ursache zuschreibt, dann wendet man a priori das Prinzip der Ökonomie an, das sich für die positive Wissenschaft empfiehlt, man stellt aber keineswegs eine Tatsache fest, und man wird sofort auf unüberwindliche Schwierigkeiten stoßen. Diese Unzulänglichkeit des Darwinismus ist der zweite Punkt, den wir betont haben, als wir von einem Lebensschwung sprachen: der Theorie setzten wir ein Faktum entgegen; wir konstatierten, daß die Entwicklung des Lebens sich in bestimmten Richtungen vollzieht. — Sind nun diese Richtungen dem Leben eingeprägt durch die Bedingungen, unter denen es sich entwickelt? Dann müßte man zugeben, daß die vom Individuum erlittenen Veränderungen auf seine Abkömmlinge übergehen, oder daß das wenigstens regelmäßig genug geschieht, um zum Beispiel die allmähliche Differenzierung eines Organs zu gewährleisten, das die gleiche Funktion immer feiner ausführt. Aber die Vererbung erworbener Eigenschaften ist bestreitbar, und selbst angenommen, daß sie überhaupt je beobachtet wird, ist sie eine Ausnahme; nur wiederum a priori und der Theorie zuliebe läßt man sie mit solcher Regelmäßigkeit funktionieren. Wir aber wollen diese regelmäßige Übertragbarkeit auf das Konto des Angeborenen setzen: dann werden wir in Einklang mit der Erfahrung kommen, und dann werden wir sagen: nicht das mechanische

Wirken äußerer Ursachen, sondern ein innerer Antrieb, der von Keim zu Keim durch die Individuen hindurchgeht, trägt das Leben, in einer gegebenen Richtung, zu einer immer höheren Differenzierung. Das ist die dritte Vorstellung, die das Bild des Lebensschwungs hervorruft. — Mehr noch. Wenn man vom Fortschritt eines Organismus oder eines Organs spricht, die sich komplexeren Verhältnissen anpassen, dann meint man meistens, daß die Komplexität der Bedingungen dem Leben seine Form aufnötigt, wie eine Gießform dem Gips: nur unter dieser Voraussetzung wird man, so sagt man sich, eine mechanische, somit wissenschaftliche Erklärung erhalten. Aber nachdem man sich die Genugtuung verschafft hat, die Anpassung im allgemeinen auf diese Weise zu interpretieren, argumentiert man in den Einzelfällen so, als wäre die Anpassung etwas ganz anderes, nämlich — und das ist sie in der Tat — die vom Leben gefundene eigenartige Lösung des Problems, das die äußern Bedingungen ihm stellen. Und diese Fähigkeit, Probleme zu lösen, die läßt man unerklärt. Wenn wir alsdann einen ›Schwung‹ eingreifen ließen, so gaben wir damit freilich auch keine Erklärung; aber wir wiesen damit auf den mysteriösen Charakter im Wirken des Lebens hin, anstatt ihn zwar systematisch im allgemeinen auszuschließen, ihn aber in jedem Einzelfall heimlich zuzulassen und zu benutzen. — Haben wir aber nichts getan, um das Geheimnis zu durchdringen? Wenn die wundervolle Zuordnung der Teile zum Ganzen sich nicht mechanisch erklären läßt, verlangt sie unseres Ermessens auch wiederum nicht, daß man sie zweckhaft ansieht. Was von außen gesehen in eine Unendlichkeit von einander zugeordneten Teilen zerlegbar ist, das würde vielleicht von innen her als einfacher Akt erscheinen: so wird etwa eine Bewegung unserer Hand, die wir als unteilbar empfinden, von außen als eine durch eine Gleichung bestimmbare Kurve wahrgenommen werden, d. h. als eine Aneinanderreihung zahlloser Punkte, die alle dem gleichen Gesetze folgen. Mit dem Bilde eines Schwunges wollten wir diese fünfte Vorstellung suggerieren, und sogar noch ein wenig mehr. Da, wo unsere Analyse, die im Äußern bleibt, in immer größerer Zahl positive Elemente entdeckt, die wir, eben dadurch, in immer erstaunlicherem Maße einander zugeordnet finden, da würde eine Intuition, die sich in das Innere versetzte, nicht mehr kombinierte Mittel finden, sondern umgangene Hindernisse. Eine unsichtbare Hand, die plötzlich durch Eisenfeilspäne hindurchfahren würde, würde lediglich Widerstand beseitigen, aber gerade die Einfachheit dieser Handlung würde, von der Seite des Widerstandes aus gesehen, als die in bestimmter Ordnung vorgenommene Aneinanderreihung der einzelnen Späne erscheinen. — Läßt sich nun nichts über diesen Akt und den Widerstand, dem er begegnet, aussagen? Wenn das Leben nicht in physikalische und chemische Tatsachen auflösbar ist, dann wirkt es in der Art einer speziellen Ursache, die dem hinzugefügt ist, was wir gewöhnlich Materie nennen: diese Materie ist Instrument und sie ist auch Hindernis. Sie zerteilt das, was sie präzisiert. Wir können vermuten, daß die Vielheit der großen Entwicklungslinien des Lebens einer derartigen Teilung zu verdanken ist. Aber dadurch wird uns ein Mittel suggeriert, die Intuition, die wir vom Leben haben möchten, vorzubereiten und zu kontrollieren. Wenn wir sehen, daß zwei oder drei große Entwicklungslinien frei neben andern Wegen fortlaufen, die als Sackgasse enden, und wenn sich auf diesen Linien mehr und mehr ein wesentlicher Charakter entfaltet, dann können wir vermuten, daß der Lebensantrieb diese Charakterzüge zunächst im Zustand eines wechselseitigen Ineinanders aufwies: Instinkt und Intelligenz, die ihren Kulminationspunkt an den äußersten Punkten der beiden Hauptlinien animalischer Entwicklung erreichen, werden also, von ihrer Zweiteilung, als eins im andern aufgefaßt werden müssen, nicht etwa als zusammengesetzt, sondern als konstitutive Elemente einer einfachen Realität, von der Intelligenz und Instinkt nichts als Gesichtspunkte wären. Das sind, da wir einmal angefangen haben, sie zu numerieren, die sechste, siebente und achte Vorstellung, die die Idee eines Lebensschwungs hervorrufen wird. — Und dabei haben wir das Wesentliche nur implicite erwähnt: die Unvorhersehbarkeit der Formen, die das Leben auf dem Wege seiner Entwicklung durch diskontinuierliche Sprünge fix und fertig erzeugt. Ob man sich auf den Boden des reinen Mechanismus stellt oder auf den Boden der reinen Finalität, in beiden Fällen sind die Schöpfungen des Lebens im voraus bestimmt, da die Zukunft sich aus der Gegenwart durch Berechnung ableiten läßt oder sich als Idee darin abzeichnet, und die Zeit somit ohne Wirkung ist. Die reine Erfahrung suggeriert uns nichts Derartiges. Weder Antrieb noch Anziehung, scheint sie zu sagen. Gerade ein Schwung hingegen kann etwas Derartiges suggerieren, und einerseits durch die Unteilbarkeit dessen, was davon innerlich gefühlt wird, anderseits durch die endlose Teilbarkeit dessen, was äußerlich davon wahrgenommen wird, kann er auch an jene wahre, wirksame Dauer denken lassen, die das wesentliche Attribut des Lebens ist. — Das waren die Vorstellungen, die wir in das Bild vom ›Lebensschwung‹ eingeschlossen haben. Vernachlässigt man sie, wie man es nur zu oft getan hat, so steht man begreiflicherweise vor einem leeren Begriff, wie dem des reinen ›Lebenswillens‹, und vor einer sterilen Metaphysik. Berücksichtigt man sie dagegen, dann hat man eine Idee, die mit Stoff erfüllt und empirisch gefunden ist, eine Idee, die imstande ist, die Einzelforschung zu orientieren, die im Großen zusammenfaßt, was wir vom Lebensprozeß wissen und auch das betont, was wir davon nicht wissen.

So betrachtet erscheint die Entwicklung als etwas sich in plötzlichen

Sprüngen Vollziehendes, und die konstitutive Variation der neuen Gattung als aus vielfachen Differenzen bestehend, die sich gegenseitig ergänzen, und in ihrer Totalität in dem aus dem Keim hervorgegangenen Organismus auftauchen. Es ist, um unsern Vergleich wieder aufzunehmen, eine plötzliche Bewegung der Hand, die in die Eisenspäne taucht und eine unmittelbare Neugruppierung aller Einzelspäne hervorruft. Mag auch die Umformung bei verschiedenen Vertretern der gleichen Gattung eintreten, so kann es doch sein, daß sie nicht bei allen mit dem gleichen Erfolg auftritt. Nichts beweist, daß das Erscheinen der menschlichen Art nicht mehreren Sprüngen in gleicher Richtung zu verdanken ist, die gelegentlich in einer vorhergehenden Gattung erfolgten und solcherart sehr verschiedene Probestücke von Menschheit hervorbrachten; jeder dieser Sprünge würde einem geglückten Versuch entsprechen, in dem Sinne, daß die vielfachen Veränderungen, die einen jeden charakterisieren, einander vollkommen gleichgeordnet sind; doch sie sind vielleicht nicht alle gleichwertig, weil die Sprünge nicht in allen Fällen dieselbe Entfernung erreicht haben. Aber sie hatten darum doch die gleiche Richtung. Man könnte sagen, wenn man es vermeidet, dem Wort einen anthropomorphen Sinn zu geben, sie entsprächen einer gleichen Absicht des Lebens.

Ob übrigens das Menschengeschlecht aus einem einzigen Stamm hervorgegangen ist oder nicht, ob es eins oder mehrere nicht weiter zurückführbare Probestücke der Menschheit gibt, das macht wenig aus: der Mensch weist immer zwei wesentliche Züge auf, die Intelligenz und die Gesellschaftlichkeit. Aber unter dem Gesichtspunkt, unter dem wir es betrachten, erhalten diese Merkmale eine besondere Bedeutung. Sie interessieren nicht mehr allein den Psychologen und den Soziologen. Sie verlangen zunächst nach einer biologischen Ausdeutung. Intelligenz und Gesellschaftlichkeit müssen wieder in die allgemeine Entwicklung des Lebens hineingestellt werden.

Um mit der Gesellschaftlichkeit zu beginnen, so finden wir diese in ihrer vollendeten Form auf den zwei Höhepunkten der Entwicklung, bei den Hautflüglern (so bei der Biene und der Ameise) und beim Menschen. Im Zustande einer bloßen Tendenz ist sie überall in der Natur vorhanden. Man hat sagen können, schon das Individuum sei eine Gesellschaft: Protozoen, die nur aus einer einzigen Zelle bestehen, hätten Aggregate gebildet, die, ihrerseits aneinanderrückend, Aggregate von Aggregaten ergeben hätten; somit hätten die differenziertesten Organismen ihren Ursprung in der Vereinigung von kaum differenzierten, elementaren Organismen. Das ist freilich eine offenbare Übertreibung; der ›Polyzoismus‹ ist ein Ausnahmefall und etwas Anormales. Aber trotzdem ist es richtig, daß es in einem höheren Organismus so aussieht, als ob sich Zellen zusammengeschlossen hätten, um die Arbeit unter sich zu teilen. Das Besessensein von der sozialen Form, das man in einer so großen Zahl von Gattungen findet, zeigt sich also bis in die Struktur der Individuen hinein. Aber, noch einmal: das ist nur eine Tendenz; will man mit fertigen Gesellschaften zu tun haben, mit klaren Organisationen von unterschiedlichen Individuen, so muß man die beiden vollendeten Typen von Vergesellschaftung nehmen, die von einer Insekten-Gesellschaft und einer menschlichen Gesellschaft repräsentiert werden: jene unveränderlich[2] und diese wechselnd, die eine instinktiv und die andre intelligent, die erste einem Organismus vergleichbar, dessen Elemente nur im Hinblick auf das Ganze existieren, während die zweite den Individuen so viel Spielraum läßt, daß man nicht weiß, ob sie für diese da ist oder diese für sie. Von den beiden von Comte aufgestellten Möglichkeiten ›Ordnung‹ und ›Fortschritt‹ hat das Insekt nur die Ordnung gewollt, während es gerade der Fortschritt ist — manchmal unter Ausschluß der Ordnung und immer in individueller Initiative begründet — auf den wenigstens ein Teil der Menschheit abzielt. Diese beiden vollendeten Typen des sozialen Lebens bilden also Gegenstücke und ergänzen sich. Aber das gleiche könnte man auch vom Instinkt und der Intelligenz sagen, die sie wechselseitig charakterisieren. In die Entwicklung des Lebens hineingestellt, erscheinen sie als zwei divergierende und sich ergänzende Wirksamkeiten.

Wir werden nicht auf das zurückkommen, was wir in einer früheren Arbeit dargelegt haben. Wir wollen nur daran erinnern, daß das Leben eine gewisse Anstrengung bedeutet, von der rohen Materie gewisse Dinge zu erreichen, und daß Instinkt und Intelligenz, im vollendeten Zustand genommen, zwei Mittel sind, um ein Werkzeug zu diesem Zweck zu gebrauchen: im ersten Fall ist das Werkzeug ein Teil des lebenden Wesens; im zweiten Fall ist es ein anorganisches Instrument, das man erfinden, herstellen und anwenden lernen mußte. Man setze die Anwendung oder gar die Herstellung, oder erst recht die Erfindung, und man hat Stück für Stück alle Elemente der Intelligenz beisammen, denn ihr Zweck erklärt ihre Struktur. Aber man darf nicht vergessen, daß um die Intelligenz herum ein Saum von Instinkt verbleibt, und daß auf dem Grund des Instinkts Schimmer von Intelligenz fortbestehen. Man kann vermuten, daß sie anfangs ineinandergewoben waren, und daß man, wenn man weit genug in die Vergangenheit hinaufstiege, Instinkte finden würde, die der Intelligenz näher standen, als die Instinkte unserer Insekten, und eine Intelligenz, die dem Instinkt verwandter war als die Intelligenz unserer Wirbeltiere. Die beiden Kräfte, die

---

[2] Natürlich ist die Unveränderlichkeit nicht *absolut*, wohl aber *wesentlich*. Im Prinzip existiert sie, aber de facto läßt sie Variationen über das einmal gegebene Thema zu.

sich zunächst gegenseitig durchdrangen, mußten sich trennen, um groß zu werden; aber etwas von der einen ist an der andern haften geblieben. Man könnte übrigens von allen großen Manifestationen des Lebens das gleiche sagen. Jede von ihnen zeigt meistens rudimentär oder latent oder virtuell die wesentlichen Merkmale der meisten andern Manifestationen.

Betrachten wir dann aber jene am Endpunkt des einen der großen Anläufe der Natur stehenden Gruppen wesentlich intelligenter und teilweise freier Wesen, die menschlichen Gesellschaften, dann dürfen wir den andern Endpunkt der Entwicklung nicht aus den Augen verlieren, die Gesellschaften, die durch reinen Instinkt regiert werden, in denen das Individuum blindlings dem Interesse der Gemeinschaft dient. Dieser Vergleich wird niemals zu bestimmten Schlußfolgerungen berechtigen, aber er könnte Interpretationen suggerieren. Wenn sich an den zwei Hauptendpunkten der Entwicklungsbewegung Gesellschaften finden und wenn der individuelle Organismus nach einem Plan erbaut ist, der den Bauplan der Gesellschaften ankündet, so deshalb, weil das Leben Koordination und Hierarchie von Elementen ist, unter denen die Arbeit verteilt wird: auf dem Grunde des Vitalen liegt das Soziale. Muß in diesen Gesellschaften, die schon die individuellen Organismen sind, das Element bereit sein, sich dem Ganzen zu opfern, ist das auch noch der Fall in diesen Gesellschaften von Gesellschaften, die, am Endpunkt der beiden großen Entwicklungslinien, vom Bienenstock und vom Ameisenhaufen gebildet werden; wird schließlich dieses Ergebnis durch den Instinkt erreicht, der nur die Fortführung der organisatorischen Arbeit der Natur ist, so deshalb, weil der Natur an der Gesellschaft mehr gelegen ist als am Individuum. Wenn es beim Menschen nicht mehr ebenso ist, so deshalb, weil das erfinderische Ringen, das sich auf dem ganzen Gebiet des Lebens durch die Schaffung neuer Arten kundgibt, allein in der Menschheit das Mittel gefunden hat, sich in Individuen fortzusetzen, denen dann, mit der Intelligenz, die Fähigkeit zur Initiative, zur Unabhängigkeit, zur Freiheit zugefallen ist. Wenn die Intelligenz jetzt aber droht, auf gewissen Punkten den sozialen Zusammenhang zu brechen, und wenn die Gesellschaft fortbestehen soll, muß in diesen Punkten die Intelligenz ein Gegengewicht bekommen. Wenn dieses Gegengewicht nicht der Instinkt selbst sein kann, da ja sein Platz eben von der Intelligenz eingenommen ist, so muß eine Virtualität von Instinkt, oder, wenn man lieber will, der Rest von Instinkt, der um die Intelligenz her fortbesteht, denselben Effekt haben: er kann nicht direkt handeln, aber da ja die Intelligenz an Vorstellungen arbeitet, wird er ›imaginäre‹ Vorstellungen hervorbringen, die der Vorstellung des Wirklichen die Stirn bieten werden und denen es durch Vermittlung der Intelligenz selbst gelingen wird, der intellektuellen Arbeit entgegenzuwirken. So würde die fabulatorische Funktion sich erklären. Mag sie übrigens eine soziale Rolle spielen, so muß sie auch dem Individuum dienen, das zu schonen die Gesellschaft meistens ein Interesse hat. Man kann also vermuten, daß sie, in ihrer elementaren und ursprünglichen Form, dem Individuum selbst einen Zuwachs an Kraft bringt. Aber bevor wir zu diesem zweiten Punkt gelangen, wollen wir den ersten betrachten.

Unter den von der ›psychischen Wissenschaft‹ gesammelten Beobachtungen haben wir früher einmal folgendes Faktum notiert. Eine Dame befand sich im oberen Stockwerk eines Hotels. Da sie hinunter wollte, begab sie sich auf den Treppenabsatz. Das Gitter am Zugang zum Fahrstuhl war gerade offen. Dieses Gitter konnte sich nur öffnen, wenn der Fahrstuhl an der Etage hielt, also glaubte sie natürlich, der Fahrstuhl wäre da, und wollte eilends einsteigen. Plötzlich fühlte sie sich zurückgeworfen: der Fahrstuhlführer war aufgetaucht und hatte sie auf den Treppenabsatz zurückgestoßen. In diesem Augenblick hörte ihre Geistesabwesenheit auf. Sie konstatierte verblüfft, daß weder der Mann noch der Fahrstuhl vorhanden waren. Der Mechanismus war in Unordnung geraten und das Gitter hatte sich in dem Stockwerk geöffnet, wo sie sich befand, während der Fahrstuhl unten geblieben war. Sie war also im Begriff gewesen, in den Abgrund zu stürzen: eine wunderbare Halluzination hatte ihr das Leben gerettet. Braucht man zu sagen, daß das Wunder sich leicht erklärt? Die Dame hatte ihre Überlegung auf ein wirkliches Faktum gegründet, denn das Gitter war tatsächlich offen, und folglich hätte der Fahrstuhl in dem betreffenden Stockwerk sein müssen. Lediglich die Wahrnehmung des leeren Schachtes hätte sie aus ihrem Irrtum reißen können; aber diese Wahrnehmung wäre zu spät gekommen, da die aus richtiger Überlegung kommende Handlung bereits begonnen war. Da hatte die instinktive, somnambule Persönlichkeit eingegriffen, die unter der verstandesmäßig überlegenden liegt. Sie hatte die Gefahr bemerkt. Sofortiges Handeln war geboten. Sofort hatte sie den Körper nach hinten zurückgeworfen und gleichzeitig die fiktive, halluzinatorische Wahrnehmung aufblitzen lassen, die am besten imstande war, die scheinbar unangebrachte Bewegung hervorzurufen und zu erklären.

Stellen wir uns nun eine primitive Menschheit und rudimentäre Gesellschaften vor. Um bei diesen Gruppen die gewollte Kohäsion zu sichern, würde die Natur über ein sehr einfaches Mittel verfügen: sie brauchte den Menschen nur mit geeigneten Instinkten zu versehen. Das tat sie beim Bienenstock und beim Ameisenhaufen. Ihr Erfolg war ja vollständig: die Individuen leben hier nur für die Gemeinschaft. Und ihre Arbeit war leicht, da sie ja nur ihrer gewohnten Methode zu folgen brauchte: der Instinkt ist tatsächlich dem Leben coextensiv, und der soziale Instinkt, so wie man ihn beim Insekt findet, ist nichts wie der Geist der Unterordnung und Nebenordnung, der die Zellen, Gewebe und Organe jedes lebenden Körpers beseelt. Aber in der Reihe der Wirbeltiere geht der Lebensstrom auf eine Entfaltung der Intelligenz aus, nicht mehr auf eine Entwicklung des Instinkts. Wenn mit dem Menschen das Ziel der Bewegung erreicht ist, so ist der Instinkt zwar nicht unterdrückt, aber er ist verhüllt; übrig bleibt von ihm nur noch ein vager Schimmer rings um den voll erleuchteten oder besser strahlenden Kern, die Intelligenz. Von nun an gestattet die Reflexion dem Individuum zu erfinden, der Gesellschaft fortzuschreiten. Aber damit die Gesellschaft fortschreite, muß sie auch fortbestehen. Erfindung bedeutet auch Initiative, und ein Appell an die individuelle Initiative läuft schon Gefahr, die soziale Disziplin aufs Spiel zu setzen. Was aber wird erst geschehen, wenn das Individuum seine Reflexion von dem Objekt, für das sie da ist, das heißt von der zu erfüllenden, zu verbessernden, zu erneuernden Aufgabe abwendet, um sie auf sich selbst zu richten, auf den Zwang, den das soziale Leben ihm auferlegt, auf das Opfer, das er der Gemeinschaft bringt? Dem Instinkt ausgeliefert, wie die Ameise oder die Biene, wäre er ganz auf das äußere Ziel gerichtet geblieben, das zu erreichen ist; er hätte für die Gattung gearbeitet, automatisch, somnambul. Dagegen mit Intelligenz begabt, zur Reflexion erwacht, wird er sich zu sich selbst wenden und nur darauf bedacht sein, wie er angenehm leben könne. Sicher würde eine regelrechte logische Überlegung ihm beweisen, daß es in seinem Interesse liegt, das Glück anderer zu fördern; aber es bedarf jahrhundertelanger Kultur, um einen Utilitaristen wie Stuart Mill hervorzubringen, und Stuart Mill hat nicht alle Philosophen überzeugt und noch viel weniger die Laien. In Wirklichkeit wird die Intelligenz zunächst den Egoismus anraten. Nach dieser Richtung wird das intelligente Wesen sich stürzen, wenn es durch nichts aufgehalten wird. Aber die Natur wacht. Eben sahen wir, wie vor dem offenen Gitter ein Wächter aufgetaucht war, der den Zutritt untersagte und den Übertreter zurückstieß. Hier wird es ein Schutzgott des Gemeinwesens sein, welcher verbietet, bedroht, straft. Die Intelligenz richtet sich in der Tat nach gegenwärtigen Wahrnehmungen oder nach jenen mehr oder weniger bildhaften Wahrnehmungsrückständen, die man Erinnerungen nennt. Da nun der Instinkt nur mehr als Spur oder Virtualität existiert, da er nicht mehr stark genug ist, um Handlungen hervorzurufen oder zu verhindern, muß er eine illusorische Wahrnehmung erzeugen, oder wenigstens eine so genaue, so eindrucksvolle Nachahmung einer Erinnerung, daß die Intelligenz sich davon bestimmen läßt. *Unter diesem ersten Gesichtspunkt erscheint also die Religion als eine Verteidigungsmaßnahme der Natur gegen die zersetzende Macht der Intelligenz.*

Aber so erhalten wir nur eine stilisierte Darstellung der tatsächlichen

Vorgänge. Der größeren Deutlichkeit wegen haben wir in der Gesellschaft eine plötzliche Empörung des Individuums angenommen, und in der individuellen Phantasie das plötzliche Erscheinen eines Gottes, der hindert oder verbietet. Diese dramatische Form nehmen die Dinge freilich in einem gegebenen Moment und für eine gewisse Zeit an, in einer Menschheit, die auf dem Wege der Zivilisation schon vorgeschritten ist. Zur Präzision des Dramas entwickelt sich die Wirklichkeit aber nur durch Intensivierung des Wesentlichen und durch Ausmerzung des Überflüssigen. In Wahrheit ist in den menschlichen Gruppen, so wie sie aus den Händen der Natur hervorgegangen sein mögen, die Unterscheidung zwischen dem, was für die Kohäsion der Gruppe wichtig oder unwichtig ist, nicht so scharf, die Konsequenzen einer vom Individuum vollzogenen Handlung scheinen nicht so streng individuell, die inhibierende Kraft, die in dem Moment auftaucht, wo die Handlung gerade ausgeführt werden soll, verkörpert sich nicht so vollkommen in einer Person. Bei diesen drei Punkten wollen wir verweilen.

In Gesellschaften wie den unsrigen gibt es Gebräuche und Gesetze. Gewiß sind die Gesetze oft festgewordne Gebräuche; aber ein Brauch wird nur dann zum Gesetz umgewandelt, wenn er einen deutlichen, anerkannten und formulierbaren Nutzen gewährt; alsdann ist er aus der Masse herausgehoben. Die Unterscheidung zwischen Wesentlichem und Zufälligem ist also klar: auf der einen Seite steht das, was nur Gebrauch ist, auf der andern das, was gesetzliche und sogar moralische Verpflichtung ist. Das gilt jedoch nicht in weniger entwickelten Gesellschaften, die nur Gebräuche haben, von denen die einen durch ein wirkliches Bedürfnis gerechtfertigt, die meisten aber dem bloßen Zufall oder einer unüberlegten Ausdehnung der ersteren zu danken sind. Hier ist alles Gebräuchliche notwendigerweise verpflichtend, da ja die soziale Solidarität, die nicht zu Gesetzen und noch weniger zu Prinzipien verdichtet ist, auf der gemeinsamen Annahme der Bräuche beruht. Alles was bei den Gliedern der Gruppe gang und gäbe ist, alles was die Gesellschaft von den Individuen erwartet, wird also einen religiösen Charakter annehmen müssen, wenn es wahr ist, daß der Mensch durch Beobachtung des Brauchs, und nur dadurch, mit den andern Menschen verbunden und so von sich selbst losgelöst wird. Nebenbei bemerkt, vereinfacht sich die Frage der Beziehung zwischen Ethik und Religion sehr, wenn man die primitiven Gesellschaften betrachtet. Die primitiven Religionen kann man nur dann unmoralisch und indifferent gegen die Moral nennen, wenn man die Religion so nimmt, wie sie zuerst war, und sie mit der Ethik, so wie sie später geworden ist, vergleicht. Ursprünglich ist der Brauch die ganze Moral; und da die Religion verbietet davon abzuweichen, ist die Moral der Religion coextensiv. Mit Unrecht würde man also einwenden, die religiösen Verbote hätten nicht immer das betroffen, was uns heute als unmoralisch oder als antisozial erscheint. Die primitive Religion, von der Seite gesehen, die wir zuerst ins Auge fassen, ist eine Vorsichtsmaßregel gegen die Gefahr, daß man, sobald man denkt, nur an sich selbst denken könnte. Es ist also eine Verteidigungsmaßnahme der Natur gegen die Intelligenz.

Anderseits ist die Idee der individuellen Verantwortung bei weitem nicht so einfach wie man glauben könnte. Sie impliziert eine relativ abstrakte Vorstellung vom Handeln des Individuums, das man für unabhängig hält, weil man es vom sozialen Handeln isoliert hat. Aber zunächst ist die Solidarität zwischen den Gliedern der Gruppe derart, daß alle sich bis zu einem gewissen Grade an dem Versagen eines einzelnen beteiligt fühlen müssen, zum wenigsten in den Fällen, die sie für schwer halten: die moralische Krankheit — wenn man diesen Ausdruck schon gebrauchen darf — macht den Eindruck einer körperlichen Krankheit, die sich von einem zum andern fortpflanzt und durch Ansteckung die ganze Gesellschaft in Mitleidenschaft zieht. Wenn also eine rächende Macht auftaucht, so wird sie die Gesellschaft als Ganzes treffen und nicht allein auf den Punkt losschlagen, von dem das Übel ausgegangen ist: das Bild von der Gerechtigkeit, die den Schuldigen verfolgt, ist relativ modern, und wir haben die Dinge zu sehr vereinfacht, wenn wir den Menschen zeigen, wie er im Augenblick, da er das soziale Band zerreißen will, zurückgehalten wird durch die religiöse Furcht vor einer Züchtigung, die nur er allein zu erleiden hätte. Aber es ist trotzdem richtig, daß die Dinge dazu neigen, diese Form anzunehmen, und daß sie sie tatsächlich immer mehr annehmen, in dem Maße, wie die Religion ihre eigenen Konturen fixiert und in ausgesprochener Weise mythologisch wird. Der Mythus wird übrigens stets die Spuren seines Ursprungs tragen; nie unterscheidet er so ganz zwischen der physischen Ordnung und der moralischen oder sozialen Ordnung, zwischen der gewollten Regelmäßigkeit, die daher kommt, daß alle dem gleichen Gesetz gehorchen, und der Ordnung, die sich im Getriebe der Natur offenbart. Themis, die Göttin der menschlichen Gerechtigkeit, ist die Mutter der Jahreszeiten ($\Omega\varrho\alpha\iota$) und der Dike, die sowohl das physische Gesetz wie das moralische Gesetz repräsentiert. Von dieser Verwirrung sind wir heute kaum frei geworden; ihre Spuren leben in unserer Sprache weiter. Sitte und Moral, Regel im Sinne der gleichartigen Wiederholung und Regel im Sinne des befohlenen Verhaltens: die de facto und die de jure bestehende Allgemeinheit werden sprachlich fast auf die gleiche Weise ausgedrückt. Bedeutet das französische Wort ›ordre‹ nicht zugleich Ordnung und Anordnung?

Drittens und letztens sprachen wir oben von einem Gott, der auftauche um einzugreifen, zu warnen oder zu strafen. Die moralische Kraft, von der

der Widerstand und nötigenfalls die Vergeltung ausgehen, würde sich also in einer *Person* verkörpern. Daß sie, ganz natürlicherweise, in der Tat dazu neigt, in den Augen des Menschen eine menschliche Form anzunehmen, das ist nicht zweifelhaft; aber wenn die Mythologie ein Produkt der Natur ist, so ist sie ein spätes Produkt, wie die Blütenpflanze, und die Anfänge der Religion waren bescheidener. Eine aufmerksame Prüfung dessen, was in unserm Bewußtsein vorgeht, zeigt uns, daß ein absichtliches Eingreifen und sogar eine Rache uns zunächst als sich selbst genügende Wesenheiten erscheinen; sich mit einem fest umgrenzten Körper zu umgeben, etwa mit dem Körper einer wachenden und rächenden Gottheit, ist für sie schon ein Luxus; die fabulatorische Funktion des Geistes wird allerdings mit der Freude des Künstlers nur an solcherart eingekleideten Vorstellungen ausgeübt, aber sie formt diese nicht gleich auf den ersten Anhieb; sie nimmt sie zuerst ganz nackt. Wir werden bei diesem Punkte, der die Aufmerksamkeit der Psychologen noch nicht genügend erregt hat, verweilen müssen. Es ist nicht erwiesen, daß das Kind, das sich an einem Tisch gestoßen hat und ihm den Schlag zurückgibt, in dem Tisch eine Person sieht. Übrigens wird diese Deutung heute durchaus nicht von allen Psychologen angenommen. Aber nachdem sie hierin der mythologischen Erklärung zuviel Raum gegeben hatten, gehen sie jetzt wiederum nicht weit genug, wenn sie annehmen, das Kind folge einfach einem durch den Zorn hervorgerufenen Bedürfnis zu schlagen. In Wirklichkeit liegt zwischen der Angleichung des Tisches an eine Person und der Wahrnehmung des Tisches als eines toten Gegenstandes eine Zwischenvorstellung, bei der weder eine Sache noch eine Person vorgestellt wird: sondern das Bild der Handlung, die der Tisch ausführt, indem er stößt, oder besser das Bild des Stoßaktes, der — wie ein Paket, das er auf dem Rücken trüge — den dahinterbefindlichen Tisch mitführt. Der Akt des Stoßens ist ein Persönlichkeitselement, aber noch keine vollständige Persönlichkeit. Der Fechter, der die Degenspitze seines Gegners auf sich zukommen sieht, weiß sehr wohl: die Bewegung der Spitze hat den Degen mitgerissen, der Degen aber den Arm, und der Arm hat den Körper gestreckt, indem er sich selbst ausstreckte: beim Fechten richtig ausfallen und einen richtigen Stoß führen kann man erst, wenn man die Dinge so empfindet. Ihnen die umgekehrte Reihenfolge geben, heißt Rekonstruieren und folglich Philosophieren; in jedem Falle heißt es, das implicite Vorhandene explizieren, anstatt sich an die Forderungen des reinen Handelns zu halten, an das, was unmittelbar gegeben und wirklich primitiv ist. — Wenn wir auf einer Tafel lesen: ›Durchgang verboten‹, so erfassen wir zunächst das Verbot; dieses steht in vollem Licht; erst hinter ihm im Halbschatten erhebt sich, nur undeutlich vorgestellt, der Wächter, der einen aufschreiben wird. So werden auch die

Verbote zum Schutze der sozialen Ordnung zuerst einfach abgeschossen; sie sind allerdings schon mehr als bloße Formeln; sie sind vielmehr Widerstände, Drängen und Stoßen; aber die Gottheit, die verbietet, und die von ihnen maskiert war, wird erst später erscheinen, wenn die Tätigkeit der fabulatorischen Funktion vollständiger geworden sein wird. Wir wollen uns also nicht wundern, wenn wir bei den Nicht-Zivilisierten Verbote antreffen, die halb-physische und halb-moralische Widerstände gegen gewisse individuelle Akte sind: der Gegenstand, der im Mittelpunkt des Widerstandsfeldes steht, wird zugleich ›heilig‹ und ›gefährlich‹ genannt werden, wenn sich diese beiden präzisen Begriffe herausgebildet haben, wenn die Unterscheidung zwischen einer Kraft des physischen Zurückstoßens und dem moralischen Zurückhalten deutlich geworden ist; bis dahin besitzt dieser Gegenstand die beiden Eigenschaften in eine verschmolzen; er ist — um den polynesischen Ausdruck zu gebrauchen, den die Religionswissenschaft uns vertraut gemacht hat — *tabu*. Hat die primitive Menschheit das Tabu in der gleichen Art aufgefaßt wie die ›Primitiven‹ von heute? Verständigen wir uns zunächst über den Sinn dieser Wörter. Es gäbe keine primitive Menschheit, wenn die Gattungen sich durch unmerkliche Übergänge gebildet hätten; es gäbe keinen bestimmten Augenblick, in dem der Mensch aus der Tierheit emporgetaucht wäre; aber das ist eine willkürliche Hypothese, die sich an so viel Unwahrscheinlichkeiten stößt und auf so viel Unklarheiten beruht, daß wir sie als unhaltbar ansehen[3]; wenn man dem Leitfaden der Tatsachen und der Analogien folgt, so gelangt man viel eher zu einer diskontinuierlichen Entwicklung, die sprungweise vorwärtsgeht, und bei jedem Innehalten eine in ihrer Art vollkommene Zusammensetzung erhält, vergleichbar den Figuren, die einander folgen, wenn man ein Kaleidoskop dreht; es gibt also sehr wohl einen Typus primitiver Menschheit, wenn auch das Menschengeschlecht sich durch mehrere konvergierende Sprünge gebildet haben mag, die von verschiedenen Punkten ausgeführt wurden und der Verwirklichung des Typs nicht alle so nahe kamen. Anderseits würde uns die primitive Seele heute vollkommen unzugänglich sein, wenn es eine Vererbung erworbener Eigenschaften gegeben hätte. Unsere moralische Natur, im Rohzustand genommen, würde alsdann von der unserer entferntesten Ahnen grundverschieden sein. Aber unter dem Einfluß vorgefaßter Ideen und um die Forderungen einer Theorie zu erfüllen, spricht man immer noch von ererbten Gewohnheiten, und vor allem hält man die Vererbung für regelmäßig genug, um eine Umwandlung zu vollbringen. In Wirklichkeit aber hat die Zivilisation den Menschen dadurch tiefgehend geändert, daß sie in dem sozialen Milieu, wie in einem Reservoir,

[3] Siehe ›Die schöpferische Entwicklung‹, besonders die beiden ersten Kapitel.

Gewohnheiten und Kenntnisse angehäuft hat, die die Gesellschaft in jeder neuen Generation auf das Individuum ausschüttet. Kratzen wir die Oberfläche ab, löschen wir aus, was uns aus einer in jedem Augenblick wirkenden Erziehung zufließt: dann werden wir in unserm Innern die primitive Menschheit oder etwas nur wenig anderes wiederfinden. Bieten uns nun die ›Primitiven‹, die wir heute beobachten, ein Bild von dieser Menschheit? Das ist nicht wahrscheinlich, da auch bei ihnen die Natur mit einer Schicht von Gewohnheiten bedeckt ist, die das soziale Milieu aufbewahrt hat, um sie in jedem Individuum niederzulegen. Aber wir dürfen annehmen, daß diese Schicht weniger dick ist als beim zivilisierten Menschen, daß sie die Natur mehr durchscheinen läßt. Die Vervielfältigung der Gewohnheiten im Laufe der Jahrhunderte hat bei ihnen in der Tat in anderer Weise vor sich gehen müssen, an der Oberfläche, durch ein Fortschreiten von Analogie zu Analogie und unter dem Einfluß von zufälligen Umständen, während der Fortschritt der Technik, der Kenntnisse, kurz der Zivilisation ziemlich lange Perioden hindurch in einer und derselben Richtung verläuft, in die Höhe, durch Veränderungen, die sich übereinanderlegen oder sich verbinden und so auf tiefe Umbildungen hinauslaufen, nicht nur auf oberflächliche Komplikationen. Demnach sieht man, inwieweit wir den Begriff des Tabu, das wir bei den ›Primitiven‹ von heute finden, in absolutem Sinne für primitiv halten können. Selbst angenommen, der Begriff sei, so wie er ist, schon in einer grade aus den Händen der Natur hervorgegangenen Menschheit in Erscheinung getreten, so muß er nicht auf all dieselben Dinge angewendet worden sein, wahrscheinlich auch nicht auf ebenso viele Dinge. Jedes Tabu muß ein Verbot gewesen sein, an dem die Gesellschaft ein bestimmtes Interesse hatte. Irrational vom Standpunkt des Individuums aus, da es intelligente Akte kurz abschnitt, ohne sich an die Intelligenz zu wenden, war es doch insofern rational, als es für die ganze Gattung und für die Gesellschaft vorteilhaft war. So haben beispielsweise die sexuellen Beziehungen in nützlicher Weise durch *Tabus* geregelt werden können. Aber gerade weil das Tabu sich nicht an die individuelle Intelligenz wandte und es gerade darauf ankam, dieser entgegenzuwirken, muß diese sich des Tabubegriffes bemächtigt haben und durch zufällige Ideenverbindungen allerlei willkürliche Ausdehnungen mit ihm vorgenommen haben, ohne sich um das zu kümmern, was man die ursprüngliche Absicht der Natur nennen könnte. Also, selbst angenommen, das Tabu sei immer das gewesen, was es heute ist, so dürfte es doch nicht eine so große Zahl von Dingen betreffen und nicht so unsinnige Anwendungen gehabt haben. — Aber hat es seine ursprüngliche Form bewahrt? Die Intelligenz der ›Primitiven‹ unterscheidet sich nicht wesentlich von der unsrigen; sie muß, wie die unsrige, dazu neigen, das Dynamische in Statisches zu verwandeln, und die Handlungen in Dinge zu verfestigen. Man kann also annehmen, daß die Verbote sich unter ihrem Einfluß in den Dingen, auf die sie sich bezogen, eingenistet haben: es waren nur Widerstände gegen bestimmte Neigungen, aber da die Neigung meistens ein Objekt hat, schien der Widerspruch vom Objekt auszugehen, als wenn er darin seinen Sitz hätte, und so wurde er ein Attribut seiner Substanz. In den stagnierenden Gesellschaften hat diese Konsolidierung sich endgültig vollzogen. Weniger vollständig und jedenfalls nur zeitweilig vollzog sie sich dagegen in Gesellschaften, die in Bewegung waren und in denen die Intelligenz schließlich hinter dem Verbot eine *Person* bemerken würde.

Wir haben die erste Funktion der Religion besprochen, die Funktion, die für die Erhaltung der Gesellschaft unmittelbar von Interesse ist. Wir kommen zur zweiten Funktion. Diese sehen wir zwar auch noch für das Wohl der Gesellschaft wirken, aber indirekt, indem sie das individuelle Handeln anregt und leitet. Ihr Wirken ist übrigens komplizierter, und wir werden die Formen dieses Wirkens aufzählen müssen. Aber bei dieser Untersuchung besteht keine Gefahr, daß wir uns verirren, denn wir haben den Leitfaden in der Hand. Wir müssen uns immer sagen, daß das Reich des Lebens wesentlich das Reich des Instinkts ist, daß auf einer gewissen Entwicklungslinie der Instinkt einen Teil seines Gebietes an die Intelligenz abgetreten hat, daß daraus eine Störung des Lebens erfolgen kann und daß die Natur dann kein anderes Mittel hat, als die Intelligenz entgegenzustellen. Die intellektuelle Vorstellung, die so zum Nutzen der Natur das Gleichgewicht wiederherstellt, ist *religiöser* Art. Beginnen wir mit dem einfachen Fall.

Die Tiere wissen nicht, daß sie sterben müssen. Zweifellos gibt es unter ihnen solche, die das Tote vom Lebendigen unterscheiden: damit ist gemeint, daß bei ihnen durch die Wahrnehmung von Totem und von Lebendigem nicht die gleichen Bewegungen, die gleichen Handlungen, die gleichen Haltungen ausgelöst werden; nicht aber ist damit gemeint, daß sie eine allgemeine Idee vom Tode hätten oder eine allgemeine Idee vom Leben, oder irgendeine andre allgemeine Idee, wenigstens insofern sie im Geiste vorgestellt wird und nicht nur vom Körper gespielt wird. Manches Tier »stellt sich tot« um einem Feinde zu entgehen; aber wir sind es, die seine Haltung so bezeichnen; das Tier selbst rührt sich deshalb nicht, weil es fühlt, daß es durch eine Bewegung sofort die Aufmerksamkeit erregen oder wieder auf sich lenken, daß es den Angriff herausfordern würde, daß die Bewegung Bewegung hervorruft. Man hat geglaubt, bei Tieren Fälle von Selbstmord zu finden; vorausgesetzt, daß man sich nicht getäuscht hat, ist noch ein weiter

Abstand zwischen dem Tun, das erforderlich ist um zu sterben, und dem Wissen, das man davon sterben wird; es ist etwas anderes, eine — selbst richtig berechnete, selbst angemessene — Handlung auszuführen und sich den Zustand, der daraus folgen wird, vorzustellen. Aber wir wollen sogar zugeben, das Tier besitze den Begriff ›Tod‹. Es stellt sich gewiß nicht vor, daß es zum Sterben bestimmt sei, daß es eines natürlichen Todes sterben werde, wenn es nicht gewaltsam stirbt. Dazu wäre eine Reihe von Beobachtungen an andern Tieren erforderlich, und sodann eine Synthese, kurz eine Arbeit des Verallgemeinerns, die schon einen wissenschaftlichen Charakter hätte. Selbst angenommen, das Tier könnte eine solche Arbeit irgendwie leisten — dann würde es sie für etwas aufwenden, das der Mühe lohnte; nun wäre aber nichts ihm so unnütz, als zu wissen, daß es sterben muß. Es hat eher ein Interesse daran, es nicht zu wissen. Der Mensch aber weiß, daß er sterben wird. Alle andern Lebewesen sind an das Leben geklammert und geben sich einfach seinem Schwingen hin. Wenn sie sich auch nicht *sub specie aeterni* denken, so ist doch ihr Vertrauen, dieses ständige Eingreifen der Gegenwart in die Zukunft, die Übersetzung dieses Gedankens in Gefühl. Mit dem Menschen jedoch erscheint die Reflexion, und damit die Fähigkeit, ohne unmittelbaren Nutzen zu beobachten, Beobachtungen, die zunächst interesselos sind, miteinander zu vergleichen, kurz, zu folgern und zu verallgemeinern. Da er feststellt, daß alles Lebendige ringsum schließlich stirbt, ist er überzeugt, daß er selbst sterben wird. Da die Natur ihn mit Intelligenz begabt hat, mußte sie ihn nolens volens zu dieser Überzeugung führen. Aber diese Überzeugung setzt sich der Bewegung der Natur entgegen. Während der Lebensschwung alle andern Lebewesen von der Vorstellung des Todes abwendet, muß beim Menschen der Gedanke an den Tod die Bewegung des Lebens verlangsamen. Später mag er sich in eine Philosophie eingliedern können, die die Menschheit über sich selbst erheben wird und ihr mehr Kraft zum Handeln geben wird. Zunächst aber ist er niederdrückend, und er wäre es noch mehr, wenn dem Menschen, so gewiß er ist, daß er sterben muß, nicht das Datum seines Todes unbekannt wäre. Wenn das Ereignis auch eintreten muß: da man in jedem Augenblick feststellt, daß es nicht eintritt, verdichtet diese ständig wiederholte negative Erfahrung sich zu einem kaum bewußten Zweifel, der die Wirkungen der durch Reflexion erlangten Gewißheit abschwächt. Es ist darum nicht weniger wahr, daß die Gewißheit des Todes, mit der Reflexion auftauchend in einer Welt lebender Wesen, die dazu geschaffen war, nur an Leben zu denken, der Absicht der Natur in die Quere kommt. Diese ist nahe daran, über das Hindernis, das sie sich, wie sich nun zeigt, selbst in den Weg gelegt hat, zu stolpern. Aber sie rafft sich sofort wieder auf. Der Idee, daß der Tod unvermeidlich ist, stellt sie das Bild eines Fortlebens nach dem Tode entgegen[4]; dieses Bild, das sie in das Feld der Intelligenz schleudert, wo jene Idee sich eben eingenistet hatte, bringt die Dinge wieder in Ordnung; in der Neutralisierung der Idee durch das Bild offenbart sich alsdann das Gleichgewicht der Natur selbst, die sich vor dem Ausgleiten zurückhält. Wir befinden uns also wieder vor dem ganz eigentümlichen Spiel von Bildern und Ideen, das uns die Religion in ihren Anfängen zu charakterisieren schien. *Von diesem zweiten Standpunkt aus betrachtet, ist die Religion eine Verteidigungsmaßnahme der Natur gegen die Vorstellung der Intelligenz von der Unvermeidbarkeit des Todes.*

An dieser Abwehrbewegung ist die Gesellschaft ebenso interessiert wie das Individuum. Nicht nur, weil sie aus der individuellen Anstrengung Nutzen hat und diese Anstrengung größer ist, wenn die Schwungkraft nicht durch die Vorstellung von einem Ende beeinträchtigt wird, sondern auch und vor allem, weil sie selbst der Festigkeit und Dauer bedarf. Eine schon zivilisierte Gesellschaft lehnt sich an Gesetze, an Einrichtungen, sogar an Gebäude an, die dazu bestimmt sind, der Zeit zu trotzen; die primitiven Gesellschaften aber sind lediglich »auf Menschen aufgebaut«: was würde aus ihrer Autorität werden, wenn man nicht an den Bestand der Individualitäten glaubte, aus denen sie bestehen? Es ist also wichtig, daß die Toten gegenwärtig bleiben. Später wird dann der Ahnenkult erscheinen. Dann werden die Toten den Göttern angenähert. Doch dazu ist nötig, daß Götter vorhanden oder mindestens in Vorbereitung seien, daß es einen Kult gebe, daß der Geist sich deutlich in der Richtung auf eine Mythologie hin bewege. Am Ausgangspunkt aber stellt die Intelligenz sich die Toten einfach als mit den Lebenden vermischt vor, in einer Gesellschaft, der sie noch Gutes und Böses zufügen können.

In welcher Form sieht sie sie fortleben? Vergessen wir nicht, daß wir auf dem Grund der Seele, mittels Introspektion, die konstituierenden Elemente einer primitiven Religion suchen. Manches von diesen Elementen ist vielleicht niemals in Reinkultur nach außen gedrungen. Es wird sofort andre einfache Elemente gleichen Ursprungs getroffen haben, mit denen es sich verbunden hat; oder aber es wird, sei es allein oder in Verbindung mit andern Elementen, als Baustein für die endlos fortgesetzte fabulatorische Funktion verwendet worden sein. So existieren von der Natur gelieferte *Themen*, die einfach oder komplex sind, und anderseits gibt es tausend

---

[4] Selbstverständlich ist das Bild nur in der Form halluzinatorisch, die es für den Primitiven annimmt. Über die allgemeine Frage des Fortlebens habe ich mich in früheren Schriften ausgesprochen und in diesem Buche werde ich darauf zurückkommen. Siehe Kapitel III, S. 261 und folgende, sowie Kapitel IV, S. 317.

Variationen, die von der menschlichen Phantasie mit ihnen ausgeführt worden sind. An die Themen selbst schließen sich zweifellos die fundamentalen Glaubensmeinungen an, die die Religionswissenschaft fast überall wiederfindet. Was die Variationen der Themen betrifft, so sind es die Mythen und auch die theoretischen Begriffe, die nach Zeit und Ort ad infinitum wechseln. Es ist nicht zweifelhaft, daß das einfache Thema, das wir eben besprochen haben, sich sofort mit andern Themen verbindet, um noch vor den Mythen und Theorien die primitive Vorstellung der *Seele* zu geben. Aber hat es außerhalb dieser Verbindung eine bestimmte Form? Wenn diese Frage sich erhebt, so deshalb, weil unsere Idee von einer Seele, die den Körper überlebe, sich heute über das dem unmittelbaren Bewußtsein dargebotene Bild eines Körpers gelegt hat, der sich selbst überleben könne. Dieses Bild existiert darum nicht weniger, und eine leichte Anstrengung genügt, um es wieder zu erfassen. Es ist ganz einfach das Seh-Bild des Körpers, losgelöst von dem erfühlten Bilde. Heute sind wir freilich gewohnt, das Seh-Bild als untrennbar vom Fühl-Bild anzusehen, wie einen Reflex oder eine Wirkung. In dieser Richtung hat sich der Fortschritt des Erkennens vollzogen. Für unsere Wissenschaft ist der Körper wesentlich das, was er für den Tastsinn ist; er hat eine bestimmte Form und eine bestimmte Ausdehnung, die von uns unabhängig sind; er nimmt einen gewissen Platz im Raum ein und könnte ihn nicht wechseln, ohne daß er sich die Zeit nähme, nacheinander die dazwischen liegenden Stellungen einzunehmen; das Seh-Bild, das wir von ihm haben, wäre alsdann ein bloßer Schein, dessen Veränderungen man immer dadurch korrigieren müßte, daß man auf das Fühlbild zurückgreift; dieses wäre die Sache selbst und das andre würde sie nur anzeigen. Dies aber ist nicht der unmittelbare Eindruck. Ein geschulter Geist wird das Seh- und das Tast-Bild auf die gleiche Stufe stellen, ihnen die gleiche Realität beilegen, und sie für relativ unabhängig voneinander halten. Der ›Primitive‹ braucht sich nur über einen Teich zu beugen, um dort seinen Körper, so wie man ihn sieht, zu erblicken, losgelöst von dem Körper wie man ihn erfühlt. Gewiß ist der Körper, den er erfühlt, gleichfalls ein Körper, den er sieht: das beweist, daß die Oberflächenhaut des Körpers, die den gesehenen Körper ausmacht, imstande ist, sich durch Spaltung zu verdoppeln, und daß eines der beiden Exemplare bei dem erfühlbaren Körper verbleibt. Es ist darum nicht weniger wahr, daß es einen Körper gibt, der von dem erfühlten Körper ablösbar ist, einen Körper ohne Inneres, ohne Schwere, der sich stracks zu der Stelle begeben hat, wo er jetzt ist. Zwar weist dieser Körper nichts auf, das uns veranlassen könnte zu glauben, er bestehe nach dem Tode weiter. Aber stellen wir erst das Prinzip auf, daß irgend etwas fortbestehen muß, dann wird es sicher *dieser* Körper sein und nicht der andere, denn der Körper, den man fühlt, der ist noch gegenwärtig, er bleibt unbeweglich und verdirbt sehr schnell, während die sichtbare Oberfläche irgendwohin geflohen und lebendig geblieben sein kann. Die Vorstellung, daß der Mensch im Zustand eines Schattens oder Phantoms fortlebe, ist also ganz natürlich. Sie muß, so meinen wir, eher dagewesen sein als die verfeinerte Idee eines Prinzips, das wie ein Hauch den Körper belebe; dieser Hauch (ἄνεμος) hat sich seinerseits allmählich zur Seele (anima oder animus) vergeistigt. Freilich erscheint das Phantom des Körpers außerstande, durch sich selbst einen Einfluß auf die menschlichen Ereignisse zu üben, und doch muß es ihn üben, da es ja das Verlangen nach einem fortdauernden Handeln war, was den Glauben an das Fortleben veranlaßt hat. Aber hier tritt ein neues Element hinzu.

Wir wollen diese weitere elementare Neigung noch nicht definieren. Sie ist ebenso natürlich wie die beiden vorher erwähnten; auch sie ist eine Verteidigungsmaßnahme der Natur. Später werden wir ihren Ursprung aufsuchen müssen. Im Augenblick betrachten wir nur ihr Ergebnis. Sie gelangte zu der Vorstellung von einer Kraft, die im Gesamt der Natur verbreitet sei und sowohl den Dingen wie den individuellen Wesen innewohnt. Diese Vorstellung wird von der Religionswissenschaft gewöhnlich für primitiv gehalten. Man erzählt uns vom polynesischen ›mana‹, dessen Analogon sich unter verschiedenen Namen wiederfindet: ›wakanda‹ bei den Sioux, ›orenda‹ bei den Irokesen, ›pantang‹ bei den Malaien usw. Nach der Meinung der einen ist das ›mana‹ ein allgemeines Prinzip des Lebens und stellt im besonderen, in unserer Sprache ausgedrückt, die Substanz der Seelen dar. Nach andern ist es vielmehr eine Kraft, die noch hinzukommt und die die Seele, wie übrigens jedes andre Ding auch, sich aneignen kann, die aber nicht wesentlich zur Seele gehört. Durkheim, der in der Richtung der ersten Hypothese zu argumentieren scheint, meint, das ›mana‹ liefere das totemistische Prinzip, durch das die Glieder des Clans miteinander in Verbindung stehen; die Seele wäre eine direkte Individualisierung des ›Totem‹ und hätte durch diese Vermittlung am ›mana‹ teil. Es kommt mir nicht zu, zwischen den verschiedenen Deutungen zu entscheiden. Im allgemeinen möchte ich zögern, eine Vorstellung als primitiv, ich meine als naturhaft zu betrachten, die wir nicht auch heute noch von Natur aus bilden würden. Ich bin der Meinung, das, was primitiv war, habe nicht aufgehört primitiv zu sein, wenn auch die Anstrengung einer inneren Vertiefung nötig sein mag, um es wiederzufinden. Aber unter welcher Form man die fragliche Vorstellung auch auffassen mag, wir werden ohne Schwierigkeit zugeben, daß die Idee eines Kräftevorrats, aus dem die lebenden Wesen und sogar ein gut Teil der unbelebten Dinge schöpfen, eine der ersten ist, die der Geist auf seinem Wege findet, wenn er einer gewissen Tendenz folgt, die ihrerseits naturhaft und elementar ist und die wir etwas später definieren wollen. Wir wollen also diesen Begriff für gesichert halten. Da ist also der Mensch mit etwas versehen, was er späterhin eine Seele nennen wird. Wird diese Seele den Körper überleben? Es wäre kein Grund vorhanden dies anzunehmen, wenn man sich an sie allein hielte. Nichts beweist, daß eine Macht wie das ›mana‹ länger dauern müsse als der Gegenstand, in dem sie sich birgt. Aber wenn man einmal prinzipiell angenommen hat, der Schatten des Körpers bleibe, so wird nichts einen hindern, diesem Schatten das Prinzip zu belassen, das dem Körper die Kraft zu handeln verlieh. So wird man einen aktiven, handelnden Schatten erhalten, der fähig ist, die menschlichen Ereignisse zu beeinflussen. Das wäre die primitive Vorstellung vom Fortleben.

Der Einfluß wäre aber nicht groß, wenn sich nicht zur Idee des Geistes die Idee der Seele geselite. Diese stammt von einer andern natürlichen Neigung her, die wir gleichfalls zu bestimmen haben werden. Wir wollen sie ebenfalls als gegeben annehmen und feststellen, daß zwischen den beiden Begriffen sogleich Austausche stattfinden werden. Die Geister, die man als überall in der Natur gegenwärtig annimmt, würden sich der menschlichen Form nicht so sehr nähern, wenn man sich nicht schon die Seelen so vorstellte. Anderseits wären die vom Körper losgelösten Seelen ohne Einfluß auf die Naturerscheinungen, wenn sie nicht von derselben Art wären wie die Geister, und mehr oder weniger imstande, unter ihnen Platz zu nehmen. Die Toten werden dann zu Persönlichkeiten, mit denen man rechnen muß. Sie können schaden. Sie können nützen. Sie verfügen bis zu einem gewissen Grade über das, was wir die Naturkräfte nennen. Im eigentlichen und im übertragenen Sinne machen sie Regen und Sonnenschein. Man wird das unterlassen, was sie erzürnen könnte. Man wird sich bemühen, ihr Vertrauen zu erwerben. Man wird tausend Mittel ersinnen um sie zu gewinnen, sie zu kaufen, sogar sie zu täuschen. Hat man sich einmal auf diesen Weg begeben, gibt es kaum eine Absurdität, auf die die Intelligenz nicht verfallen könnte. Die fabulatorische Funktion arbeitet schon von sich aus gut genug: was wird erst geschehen, wenn sie von Furcht und Not angestachelt wird! Um eine Gefahr abzuwenden oder um eine Gunst zu erlangen, wird man dem Toten alles anbieten, wovon man glaubt, daß er es sich wünscht. Man wird so weit gehen, Menschen zu köpfen, wenn ihm das angenehm sein kann. Die Berichte der Missionare sind voll von diesbezüglichen Einzelheiten. Kindereien, Ungeheuerlichkeiten, endlos ist die Liste der Praktiken, die die menschliche Dummheit in dieser Hinsicht erfunden hat. Sähe man nur sie, man wäre versucht, die Menschheit zu verabscheuen. Aber man darf nicht vergessen, daß die Primitiven von heute oder gestern, die ja ebenso viele Jahrhunderte gelebt haben wie wir, Zeit genug gehabt haben, um das, was in den elementaren, ziemlich natürlichen Denkgewohnheiten an Irrationalem liegen mochte, zu übertreiben und sozusagen ins Fieberhafte zu steigern. Die wirklichen Primitiven waren sicher vernünftiger, wenn sie sich auf die Denkneigung und ihre unmittelbaren Wirkungen beschränkten. Alles ändert sich, und wie wir oben schon sagten, die Änderung wird an der Oberfläche erfolgen, wenn sie in der Tiefe nicht möglich ist. Es gibt Gesellschaften, die Fortschritte machen, — wahrscheinlich sind es die, die von ungünstigen Existenzbedingungen zu einer gewissen Anstrengung gezwungen worden sind um leben zu können, und die sich dann entschlossen haben, von Zeit zu Zeit ihre Anstrengung zu verdoppeln, um einem Führer, einem Erfinder, einem höheren Menschen zu folgen. Die Änderung ist hier ein Wachsen an Intensität; ihre Richtung ist ziemlich konstant; man schreitet zu immer höherer Wirksamkeit fort. Anderseits gibt es Gesellschaften, die ihr notwendigerweise ziemlich tiefes Niveau behalten. Da sie sich gleichwohl verändern, vollzieht sich bei ihnen nicht eine Intensivierung, die ein qualitativer Fortschritt wäre, sondern eine Vervielfältigung oder eine Übertreibung des primitiv Gegebenen: die Erfindung, wenn man dieses Wort noch gebrauchen darf, fordert keine Anstrengung mehr. Von einem Glauben, der ein Bedürfnis befriedigte, wird man zu einem neuen Glauben übergehen, der äußerlich dem vorhererwähnten gleicht, der irgendein oberflächliches Merkmal betont, aber zu nichts mehr nütze ist. Somit tritt man auf der Stelle, unaufhörlich tut man hinzu und spinnt aus. Durch die doppelte Wirkung der Wiederholung und der Übertreibung wird das Irrationale zum Absurden und das Sonderbare zum Scheußlichen. Auch diese fortlaufenden Erweiterungen müssen übrigens von Individuen ausgeführt worden sein; aber hier war keine intellektuelle Überlegenheit mehr nötig, um zu erfinden oder um die Erfindung anzunehmen. Die Logik des Absurden genügte, jene Logik, die den Geist immer weiter führt, zu immer ausschweifenderen Folgerungen, wenn er von einer sonderbaren Idee ausgeht, ohne sie an die Ursprünge anzuknüpfen, die ihre Sonderbarkeit erklären und ihr Wuchern verhindern würden. Wir alle sind schon einmal einer von jenen sehr zusammenhaltenden, sehr selbstzufriedenen Familien begegnet, die sich aus Schüchternheit oder Überheblichkeit ganz abseits halten. Nicht selten beobachtet man bei diesen gewisse bizarre Gewohnheiten, Abneigungen oder Aberglauben, die gefährlich werden könnten, wenn sie im geschlossenen Gefäß weitergären würden. Jede dieser Sonderbarkeiten hat ihren Ursprung. Es ist etwa eine Idee, die dem oder jenem Familienmitglied gekommen ist und die von den andern in blindem Vertrauen angenommen wurde. Oder man hat an einem Sonntag einen Spaziergang gemacht, den man am folgenden Sonntag wiederholte, und der sich dann für alle Sonntage des Jahres eingeführt hat: wenn man ihn unglücklicherweise einmal ausließe, könnte wer weiß was daraus entstehen. Um zu wiederholen, um nachzuahmen, um zu vertrauen genügt es, daß man sich gehen läßt; die Kritik dagegen erfordert eine Anspannung. — Nun denke man sich ein paar hundert Jahrhunderte anstatt weniger Jahre; man vergrößere die kleinen Exzentrizitäten einer abgeschlossen lebenden Familie ins Ungeheure: und man wird sich ohne Mühe vorstellen können, was in primitiven Gesellschaften vorgegangen sein muß, die abgeschlossen und mit ihrem Los zufrieden waren, anstatt sich Fenster nach außen zu öffnen, die Miasmen auszutreiben, sobald sie sich in ihrer Atmosphäre bildeten, und eine ständige Anstrengung zu machen, um ihren Horizont zu erweitern.

Wir haben damit zwei wesentliche Funktionen der Religion bestimmt, und wir haben im Laufe unserer Untersuchung elementare Tendenzen angetroffen, die, wie uns scheint, die allgemeinen Formen, die die Religion angenommen hat, erklären müssen. Wir gehen nun zum Studium dieser allgemeinen Formen, dieser elementaren Tendenzen über. Unsere Methode wird übrigens dieselbe bleiben. Wir setzen ein gewisses instinktives Handeln; dann lassen wir die Intelligenz auftauchen und untersuchen, ob sie eine gefährliche Störung zur Folge hat; in diesem Falle wird wahrscheinlich das Gleichgewicht wiederhergestellt durch Vorstellungen, die der Instinkt mitten im Schoß der störenden Intelligenz erwecken wird: wenn solche Vorstellungen existieren, so sind es elementare religiöse Ideen. So weiß der Lebensdrang z. B. nichts vom Tod. Wenn unter seinem Druck die Intelligenz hervorbricht, dann erscheint die Idee von der Unvermeidbarkeit des Todes: um nun dem Leben seine Schwungkraft wiederzugeben, erhebt sich eine gegensätzliche Vorstellung, und aus dieser gehen primitive Glaubensmeinungen über den Tod hervor. Mag aber der Tod der Unfall par excellence sein — wieviel andern Unfällen ist das menschliche Leben nicht ausgesetzt! Öffnet nicht gerade die Anwendung der Intelligenz auf das Leben dem Unvorhergesehenen die Tür, und führt sie nicht das Gefühl des Risikos herbei? Das Tier ist seiner selbst sicher. Nichts stellt sich bei ihm zwischen Zweck und Handlung. Wenn seine Beute da ist, stürzt es sich darauf. Wenn es auf dem Anstand ist, ist seine Erwartung eine vorweggenommene Handlung und wird mit dem sich vollziehenden Akt ein unteilbares Ganzes bilden. Wenn das Endziel ein fernes ist — wie bei der Biene, die den Bienenstock baut — dann ist das Ziel dem Tier unbekannt; es sieht nur das unmittelbare Objekt, und der Anlauf, den zu nehmen ihm bewußt ist, ist coextensiv der Handlung, die es sich vornimmt. Dagegen gehört es zum Wesen der Intelligenz, Mittel im Hinblick auf ein fernes Ziel zu kombinieren und auch Dinge zu unternehmen, die zu verwirklichen sie sich nicht ganz in der Lage fühlt. Zwischen dem, was sie tut, und dem Resultat, das sie erreichen will, liegt oft, sowohl an Raum wie an Zeit, ein Zwischenraum, der dem Zufall großen Spielraum läßt. Wohl beginnt sie — aber wenn sie auch zu Ende kommen soll, müssen, wie man zu sagen pflegt, die Umstände es gestatten. Von diesem Spielraum für das Unvorhergesehene kann sie übrigens volle Kenntnis haben. Der Wilde, der seinen Pfeil abschießt, weiß nicht, ob er sein Ziel erreichen wird; hier besteht nicht, wie beim Tier, das sich auf seine Beute stürzt, eine Kontinuität zwischen der Bewegung und dem Ergebnis; vielmehr erscheint ein leerer Raum, der dem Zufall offensteht, der das Unvorhergesehene anzieht. Der Theorie nach dürfte es sich freilich nicht so verhalten. Die Intelligenz ist dazu da, um mechanisch auf die Materie zu wirken; sie stellt sich also die Dinge mechanisch vor; sie postuliert den Mechanismus als allgemein und konzipiert virtuell eine vollendete Wissenschaft, die es gestatten würde, in dem Augenblick, da die Handlung abgeschlossen wird, alles vorherzusehen, was ihr vor Erreichung des Ziels begegnen wird. Aber es gehört zum Wesen eines solchen Ideals, daß es niemals verwirklicht wird und höchstens als Ansporn für die Arbeit der Intelligenz dient. De facto muß die menschliche Intelligenz sich mit einer sehr begrenzten Einwirkung auf eine ihr nur sehr unvollkommen bekannte Materie begnügen. Da ist nun aber der Lebensdrang, der nicht warten will, der das Hindernis nicht anerkennt. Was geht ihn der Zufall, das Unvorhergesehene, kurz das Ungewisse an, das auf dem Wege lauert; er geht sprungweise vorwärts und sieht nur das Ziel, denn der Schwung verschlingt den Zwischenraum. Dieser Vorwegnahme muß sich jedoch die Intelligenz wohl bewußt sein. In der Tat wird eine Vorstellung auftauchen, die Vorstellung günstig gesinnter Mächte, die sich über die natürlichen Ursachen stellen oder an ihre Stelle treten und den auf natürliche Weise begonnenen Schritt fortführen würden zu Handlungen, die von ihnen gewollt und unsern Wünschen gemäß sind. Wir haben einen Mechanismus in Bewegung gesetzt, das ist der Anfang; der Mechanismus wird sich in der Verwirklichung des gewünschten Ergebnisses wiederfinden, das ist das Ende: zwischen beide aber würde eine außermechanische Erfolgsgarantie sich einschieben. Wenn wir freilich auf diese Weise freundliche Mächte imaginieren, die sich für unsern Erfolg interessieren, so wird die Logik der Intelligenz verlangen, daß wir auch feindliche Ursachen und ungünstige Mächte ansetzen, um unsern Mißerfolg zu erklären. Dieser Glaube wird übrigens praktischen Nutzen haben; er wird indirekt unsere Aktivität anspornen und uns zur Vorsicht anhalten. Das aber ist etwas Abgeleitetes, ich möchte fast sagen etwas Dekadentes.

Die Vorstellung einer hindernden Kraft ist sicherlich kaum jünger als die Vorstellung einer hilfreichen Kraft; wenn die eine natürlich ist, so wird die andere als unmittelbare Folge daraus abgeleitet; besonders aber muß sie wuchern in stagnierenden Gesellschaften, wie es die sind, die wir heute primitiv nennen, wo die Glaubensmeinungen sich auf dem Wege der Analogie, ohne Rücksicht auf ihren Ursprung, ad infinitum vervielfältigen. Der Lebensdrang ist optimistisch. Alle religiösen Vorstellungen, die hier direkt aus ihm hervorgehen, könnten also in der gleichen Weise definiert werden: *es sind Verteidigungsmaßnahmen der Natur gegen die aus der Intelligenz stammende Vorstellung eines mutlos machenden Spielraums für das Unvorhergesehene, der zwischen der unternommenen Initiative und dem ersehnten Ergebnis liege.*

Jeder von uns kann die Erfahrung machen, wenn er mag: er wird unter seinen Augen aus dem Willen zum Erfolg den Aberglauben entspringen sehen. Man setze eine Summe Geldes auf eine Nummer des Roulettes und warte, bis die Kugel das Ende ihres Laufes erreicht: in dem Augenblick, wo sie vielleicht, trotz ihres Schwankens, an die Nummer unserer Wahl herankommt, rückt unsere Hand vor, um sie zu stoßen, und dann, um sie anzuhalten; unser eigener Wille, aus uns herausprojiziert, soll hier den Zwischenraum zwischen der Entscheidung, die er getroffen hat, und dem Ergebnis, das er erwartet, überbrücken; so vertreibt er aus diesem Zwischenraum den Zufall. Man werde nun ein häufiger Gast in den Spielsälen, man lasse die Gewohnheit ihre Wirkung tun, und unsere Hand wird es sehr schnell aufgeben sich zu bewegen; unser Wille zieht sich in sein eigenes Innere zurück; aber sowie er den Platz räumt, läßt sich eine Wesenheit da nieder, die von ihm ausstrahlt und von ihm eine Vollmacht erhält: das ist das *Spielglück*, in das der Entschluß zu gewinnen sich verwandelt. Das Glück ist nicht eine vollständige Person; und es fehlt ihm noch mehr als das, um eine Gottheit zu sein. Aber es hat gewisse Elemente von einer Person — gerade genug, daß wir uns ihm anvertrauen.

Eine Macht dieser Art ruft der Wilde an, damit sein Pfeil das Ziel erreiche. Man durchlaufe die Etappen einer langen Entwicklung und man gelangt zu den Schutzgöttern der Stadt, die den Kämpfenden den Sieg sichern sollen.

Aber man beachte, daß in jedem Falle rationelle Mittel benutzt werden, daß man sich nach der mechanischen Folge von Ursachen und Wirkungen richtet, um die Dinge in Gang zu bringen. Man tut zunächst, was von einem selbst abhängt; erst wenn man sich nicht mehr fähig fühlt, sich selbst zu helfen, wendet man sich an eine außermechanische Macht, auch wenn man, da man sie ja für gegenwärtig hielt, das Handeln, von dem man sich durch sie keineswegs dispensiert fühlte, von Anfang an unter ihre Anrufung gestellt hatte. Aber was den Psychologen hier täuschen kann, ist die Tatsache, daß die zweite, die übernatürliche Kausalität, die einzige ist, von der man spricht. Von der ersten sagt man nichts, weil sie von selbst abläuft. Sie regiert die Akte, die man mit der Materie als Instrument ausführt; man spielt und man sieht den Glauben, den man an sie hat; was hätte es für einen Zweck, sie in Worte zu übersetzen und ihre Idee auseinanderzusetzen? Das wäre nur von Nutzen, wenn man schon eine Wissenschaft besäße, die daraus Nutzen ziehen könnte. Aber es ist gut, an die zweite Kausalität zu denken, weil man dort wenigstens eine Ermutigung und einen Anreiz findet. Wenn die Wissenschaft dem Nicht-Zivilisierten eine Vorrichtung liefern würde, die ihm die mathematische Sicherheit gäbe, das Ziel zu treffen, so würde er sich an die mechanische Kausalität halten (natürlich vorausgesetzt, daß er sofort auf eingewurzelte Denkgewohnheiten verzichten könnte). Bis diese Wissenschaft kommt, benutzt sein Handeln von der mechanischen Kausalität alles, was es davon benutzen kann, denn er spannt seinen Bogen und zielt; aber sein Denken wendet sich mehr der außer-mechanischen Ursache zu, die den Pfeil so lenken soll, wie es nötig ist; denn sein Glaube an diese gibt ihm, mangels einer Waffe, mit der er sicher wäre das Ziel zu treffen, das Selbstvertrauen, das es ihm ermöglicht, besser zu zielen.

Die menschliche Aktivität entfaltet sich inmitten von Ereignissen, die von ihr beeinflußt werden und von denen sie wiederum abhängt. Sie sind teilweise vorhersehbar, und zum großen Teil unvorhersehbar. Da unsere Wissenschaft das Feld unserer Voraussicht immer mehr vergrößert, so erschauen wir im Grenzpunkt eine vollkommene Wissenschaft, für die es keine Unvorhersehbarkeit mehr gäbe. Deshalb muß, für das reflektierende Denken des zivilisierten Menschen (wir werden bald sehen, daß es sich mit seiner spontanen Vorstellung nicht ganz ebenso verhält), dieselbe mechanische Verkettung von Ursachen und Wirkungen, mit der er in Berührung tritt, wenn er auf die Dinge einwirkt, sich auf die Totalität des Weltalls erstrecken. Der Zivilisierte gibt nicht zu, daß das für die physischen Ereignisse, über die er Macht hat, passende Erklärungssystem, sobald er sich weiter wagt, einem ganz andern System Platz machen soll: jenem System, das er im sozialen Leben benutzt, wenn er dem Betragen der andern Menschen ihm gegenüber gute oder schlechte, freundliche oder feindliche Absichten beimißt. Tut er es, dann unbewußt; er gesteht es sich selbst nicht ein. Der Unzivilisierte dagegen, der nur über eine nicht-ausdehnbare Wissenschaft verfügt, genau auf die Handlung zugeschnitten, die er auf die Materie ausübt, ist nicht in der Lage, in das Feld des Unvorhersehbaren eine virtuelle Wissenschaft zu schleudern, die es ganz zudecken würde und die seinem Ehrgeiz sofort große Perspektiven eröffnet. Eher als daß er sich entmutigen läßt, dehnt er das Erklärungssystem, das er in seinen Beziehungen zu seinesgleichen benutzt, auf diesen Bereich aus; er wird auch hier freundliche Mächte zu finden glauben, er wird auch hier Böses wirkenden Einflüssen ausgesetzt sein; auf jeden Fall wird er es nicht mit einer Welt zu tun haben, die ihm vollkommen fremd wäre. Wenn allerdings gute und böse Geister die Wirkung fortsetzen sollen, die er auf die Materie ausübt, so werden sie schon diese Wirkung selbst zu beeinflussen scheinen. Der Mann wird daher so reden, als rechnete er ganz und gar nicht, nicht einmal soweit es von ihm abhängt, mit einer mechanischen Verkettung von Ursachen und Wirkungen. Aber wenn er hier nicht an eine mechanische Verkettung glaubte, so würden wir ihn nicht, sobald er handelt, alles Nötige tun sehen, um das Resultat mechanisch auszulösen. Nun muß man sich aber, ob es sich um Wilde oder um Zivilisierte handelt, wenn man bis auf den Grund wissen will, was ein Mensch denkt, an das halten, was er tut und nicht an das, was er sagt.

In den so interessanten und so lehrreichen Büchern, die Lévy-Bruhl der »primitiven Mentalität« gewidmet hat, betont er »die Indifferenz dieser Mentalität gegen sekundäre Ursachen«, ihr sofortiges Zurückgreifen auf »mystische Ursachen«. »Unser tagtägliches Handeln«, sagt er, »impliziert ein ruhiges und vollkommenes Vertrauen in die Unveränderlichkeit der Naturgesetze. Ganz anders ist die Geisteshaltung des Primitiven. Die Natur, in deren Mitte er lebt, stellt sich ihm unter einem ganz andern Aspekt dar. Alle Gegenstände und alle Wesen sind gefangen in einem Netz von mystischem Ein- und Ausgeschlossensein[5]«. Und etwas weiter unten: »Was in den Kollektivvorstellungen wechselt, das sind die okkulten Kräfte, denen man den Eintritt von Krankheit oder Tod zuschreibt: bald ist ein Zauberer der Schuldige, bald der Geist eines Toten, bald mehr oder weniger bestimmte oder individualisierte Kräfte...; was ähnlich und man könnte fast sagen identisch bleibt, das ist die schon vorher bestehende Verknüpfung zwischen Krankheit und Tod einerseits und einer unsichtbaren Macht anderseits[6].« Zur Stütze dieser These bringt der Verfasser übereinstimmende Zeugnisse von Reisenden und Missionaren bei, und er führt die seltsamsten Beispiele an.

Aber erstens ist ein Punkt sehr auffallend: in allen angeführten Fällen ist die Wirkung, von der man spricht und die von dem Primitiven einer okkulten Ursache zur Last gelegt wird, ein Ereignis, das den *Menschen* betrifft, besonders ein Unfall, der einem Menschen zugestoßen ist, noch spezieller Tod oder Krankheit eines Menschen. Dagegen ist niemals die Rede von der Wirkung des Unbelebten auf Unbelebtes (falls es sich nicht um ein meteorologisches Phänomen handelt oder etwas Ähnliches, woran der Mensch

[5] Lévy-Bruhl, *La mentalité primitive*, Paris 1922, S. 17 u. 18.
[6] Ebenda, S. 24.

sozusagen interessiert ist). Wir hören nicht, daß der Primitive, wenn er den Wind einen Baum umbiegen, die Welle Kieselsteine rollen, oder auch seinen eigenen Fuß Staub aufwirbeln sieht, irgend etwas anderes dabei im Spiel sein läßt als das, was wir die mechanische Kausalität nennen. Die ständige Beziehung zwischen dem Vorhergehenden und dem Folgenden, die er wahrnimmt, muß ihm notgedrungen auffallen: hier aber gibt er sich damit zufrieden, und wir sehen nicht, daß er eine ›mystische‹ Kausalität darüber, oder gar an ihre Stelle setzen würde. Wir wollen noch einen Schritt weiter gehen und die physischen Tatsachen, denen der Primitive als indifferenter Zuschauer beiwohnt, beiseite lassen: kann man nicht auch von ihm sagen, »sein tagtägliches Handeln impliziere ein vollkommenes Vertrauen in die Unveränderlichkeit der Naturgesetze«? Ohne dieses würde er nicht mit der Strömung des Flusses rechnen, der sein Kanu trägt, nicht mit der Spannung des Bogens, die den Pfeil abschnellt, nicht mit dem Beil, um den Baumstamm zu fällen, nicht mit seinen Zähnen, wenn er beißen, oder mit seinen Füßen, wenn er gehen will. Er mag sich diese natürliche Kausalität nicht ausdrücklich vorstellen; er hat auch kein Interesse daran, es zu tun, denn er ist weder Physiker noch Philosoph, aber er glaubt an sie und er benutzt sie als Grundlage für sein Handeln. Noch mehr. Wenn der Primitive eine mystische Ursache zu Hilfe ruft, um Tod, Krankheit oder jedes andre Unheil zu erklären, welches ist da genaugenommen die Denkoperation, von der er sich bestimmen läßt? Er sieht z. B., daß ein Mensch von einem Felsstück getötet wurde, das sich während eines Sturmes gelöst hat. Leugnet er, daß der Fels schon gespalten war, daß der Wind den Stein losgerissen, daß der Anprall einen Schädel zertrümmert hat? Offenbar nicht. Er konstatiert wie wir das Wirken dieser sekundären Ursachen. Weshalb führt er also eine ›mystische Ursache‹ ein, wie etwa den Willen eines Geistes oder eines Zauberers, um sie als primäre Ursache aufzustellen? Man sehe genauer zu und man wird erkennen: was der Primitive hier mit einer ›übernatürlichen‹ Ursache erklärt, das ist nicht die physische Wirkung, sondern ihr *menschlicher Sinn*, ihre Bedeutung für den Menschen, im besonderen für einen bestimmten Menschen, für den, der vom Stein erschlagen wird. Nichts Unlogisches und somit auch nichts ›Prälogisches‹, nicht einmal etwas, was von einer ›Unzugänglichkeit für die Erfahrung‹ zeugt, liegt in dem Glauben, eine Ursache müsse in richtigem Verhältnis zu ihrer Wirkung stehen, und wenn man den Riß im Felsen, die Richtung und die Heftigkeit des Windes — rein physische und sich um die Menschheit nicht kümmernde Erscheinungen — konstatiert hat, so bleibt immer noch die Tatsache zu erklären, die für uns entscheidend ist: der Tod eines Menschen. Die Ursache enthält in hohem Maße die Wirkung, sagten einst die Philosophen; und wenn die Wirkung eine beträchtliche menschliche

Bedeutung hat, muß die Ursache eine mindestens gleiche Bedeutung haben; in jedem Falle ist sie gleicher Art; es ist eine *Absicht*. Daß die wissenschaftliche Erziehung den Geist von dieser Art zu argumentieren entwöhnt, ist nicht zweifelhaft. Aber sie ist die natürliche; sie besteht noch beim Zivilisierten und äußert sich jedesmal, wo nicht die entgegengesetzte Kraft dazwischentritt. Wir haben darauf hingewiesen, daß der Spieler, der auf eine Nummer des Roulettespiels gesetzt hat, den Erfolg oder Mißerfolg dem Spielglück oder dem ›Pech‹ zuschreiben wird, d. h. einer günstigen oder mißgünstigen Absicht: alles, was zwischen dem Moment, wo er das Geld einsetzt und dem Moment, wo die Kugel stehen bleibt, geschieht, wird er gleichwohl aus natürlichen Ursachen erklären; aber über diese mechanische Kausalität wird er zum Schluß eine halb-willenhafte Entscheidung stellen, die das Gegenstück zu seiner eigenen bildet: die letzte Wirkung wird somit von der gleichen Wichtigkeit und der gleichen Ordnung sein, wie die erste Ursache, die ebenfalls eine Entscheidung gewesen war. Wir können übrigens den praktischen Ursprung dieses sehr logischen Argumentierens erfassen, wenn wir sehen, wie der Spieler eine Handbewegung andeutet, um die Kugel anzuhalten: seinen Willen zum Erfolg und den Widerstand gegen diesen Willen will er in dem ›Glück‹ oder ›Pech‹ objektivieren, damit er einer verbündeten oder feindlichen Macht gegenüberstehe und dem Spiel sein ganzes Interesse widmen könne. Aber noch schlagender ist die Ähnlichkeit zwischen der Mentalität des Zivilisierten und der des Primitiven, wenn es sich um solche Tatsachen handelt, wie die eben erwähnten: Tod, Krankheit, schwerer Unfall. Ein Offizier, der am Weltkrieg teilgenommen hat, erzählte mir, die Soldaten hätten die Gewehrkugeln immer mehr gefürchtet als die Geschosse, obgleich das Artilleriefeuer sehr viel mörderischer war. Das erklärt sich so: bei der Kugel fühlt man, daß auf einen gezielt wird, und jeder stellt, unwillkürlich, folgende Überlegung an: »um diese für mich so wichtige Wirkung wie meinen Tod oder eine schwere Verwundung hervorzubringen, ist eine Ursache von gleicher Bedeutung, ist eine Absicht nötig«. Ein Soldat, der von einer geplatzten Granate getroffen worden war, erzählte uns, seine erste Regung sei gewesen auszurufen: »Was ist das blöd!« Daß diese von einer rein mechanischen Ursache geschleuderte Granate, die irgend jemanden oder auch niemanden treffen konnte, dennoch gerade ihn getroffen hat, ihn und keinen andern, das war unlogisch für seine spontane Intelligenz. Hätte er das ›Pech‹ dabei eingreifen lassen, so hätte er die Verwandtschaft dieser spontanen Intelligenz mit der primitiven Mentalität noch besser offenbart. Eine inhaltsreiche Vorstellung, wie die Idee eines Zauberers oder eines Geistes, muß freilich den größten Teil ihres Inhalts aufgeben, um zur Idee des ›Pechs‹ zu werden; sie besteht jedoch weiter, sie ist nicht vollkommen entleert, und infolgedessen unterscheiden die beiden Mentalitäten sich nicht wesentlich voneinander.

Die so verschiedenen Beispiele von ›primitiver Mentalität‹, die Lévy-Bruhl in seinen Arbeiten gesammelt hat, lassen sich unter einer gewissen Zahl von Rubriken gruppieren. Am zahlreichsten sind solche, die nach Ansicht des Autors die Hartnäckigkeit bezeugen, mit der der Primitive nichts als zufällig gelten läßt. Wenn ein Stein herunterfällt und einen Vorübergehenden erschlägt, dann hat ein böser Geist ihn gelöst: es gibt keinen Zufall. Wenn ein Mensch von einem Krokodil aus seinem Boot gerissen wird, dann war er behext: es gibt keinen Zufall. Wenn ein Krieger von einem Lanzenstich getötet oder verwundet wird, so war er nicht imstande gewesen zu parieren, weil man ein Los auf ihn geworfen hatte: es gibt keinen Zufall[7]. Die Formel kehrt bei Lévy-Bruhl so oft wieder, daß man sie als einen der wesentlichsten Charakterzüge der primitiven Mentalität bezeichnend ansehen kann. — Wir aber müssen dem bedeutenden Philosophen entgegnen: wenn du dem Primitiven den Vorwurf machst, daß er nicht an den Zufall glaube oder es wenigstens als einen charakteristischen Zug seiner Mentalität feststellst, daß er nicht daran glaube — nimmst dann du selbst nicht an, es gäbe einen Zufall? Und wenn du es annimmst — bist du ganz sicher, nicht in diese primitive Mentalität zurückzufallen, die du kritisierst, die du jedenfalls von deiner eigenen wesentlich unterscheiden willst? Ich weiß wohl, daß du aus dem Zufall nicht eine handelnde Kraft machst. Aber wenn es für dich ein reines Nichts wäre, so würdest du nicht davon sprechen. Du würdest das Wort für nichtexistent halten, ebenso wie die Sache. Aber das Wort existiert, und du gebrauchst es, und es bedeutet etwas für dich — wie übrigens für uns alle. Fragen wir uns, was es wohl bedeuten könne. Ein großer Dachstein, vom Winde losgerissen, fällt herab und tötet einen Vorübergehenden. Wir sagen, das sei ein Zufall. Würden wir das auch sagen, wenn der Stein einfach auf dem Boden zersprungen wäre? Vielleicht, aber dann deshalb, weil wir vage an einen Menschen denken würden, der sich dort befunden haben könnte, oder weil, aus irgendeinem Grunde, gerade dieser Punkt des Pflasters uns besonders interessierte, so daß der Ziegel ihn *gewählt* zu haben schien, um darauf zu fallen. In beiden Fällen liegt Zufall nur vor, weil ein menschliches Interesse im Spiel ist und weil die Dinge so vor sich gegangen sind, als wäre der Mensch in Betracht gezogen worden[8], sei es, um ihm zu nützen, sei es

[7] Siehe besonders *La Mentalité primitive*, S. 28, 36, 45 usw. Vergleiche *Les fonctions mentales dans les sociétés inférieures*, S. 73.
[8] Diese Auffassung vom Zufall haben wir in einer 1898 am Collège de France gehaltenen Vorlesung entwickelt, aus Anlaß des περὶ εἱμαρμένης des Alexander von Aphrodisias.

mit der Absicht, ihm zu schaden. Man denke lediglich an den Wind, der den Ziegel losreißt, an den Stein, der auf das Pflaster fällt, an den Anprall des Steins auf den Boden: dann sieht man nur noch Mechanismus, der Zufall verschwindet. Damit dieser eingreife, muß, da die Wirkung eine menschliche Bedeutung hat, diese Wirkung auf die Ursache zurückstrahlen und sie sozusagen mit Menschlichkeit färben. Der Zufall ist also der Mechanismus, der sich so benimmt, als wenn er eine Absicht hätte. Man wird vielleicht sagen: gerade weil wir das Wort gebrauchen, wenn die Dinge so vor sich gehen, *als ob* eine Absicht bestanden hätte, vermuten wir dabei keine wirkliche Absicht, wir erkennen im Gegenteil an, daß sich alles mechanisch erkläre. Und das wäre ganz richtig, gäbe es nur das überlegte, voll bewußte Denken. Aber unter diesem liegt ein spontanes und halbbewußtes Denken, das über die mechanische Verkettung von Ursachen und Wirkungen etwas ganz anderes setzt, gewiß nicht, um über den Fall des Steins Rechenschaft zu geben, sondern um zu erklären, daß der Fall gerade mit dem Vorübergehen eines Menschen zusammengetroffen ist, daß er gerade diesen Augenblick gewählt hat. Das Element der Wahl oder der Absicht ist so beschränkt wie möglich; es weicht zurück, je mehr die Überlegung es ergreifen will; es ist flüchtig, es löst sich sogar in Nebel auf; aber wenn es nicht existierte, würde man nur vom Mechanismus sprechen, von Zufall wäre nicht die Rede. Der Zufall ist also eine Absicht, die sich ihres Inhalts entleert hat. Es ist nur noch ein Schatten; aber die Form ist da, auch wenn der Stoff fehlt. Halten wir hier eine der Vorstellungen in Händen, die wir ›wirklich primitiv‹ nennen, die von der Menschheit spontan gebildet werden, kraft einer natürlichen Tendenz? Nicht ganz. So spontan sie auch noch sei, die Idee des Zufalls kommt unserm Bewußtsein erst, nachdem es die Schicht von angehäuften Erfahrungen durchlaufen hat, die die Gesellschaft in uns ablagert, von dem Tage an, wo sie uns sprechen lehrt. Gerade auf diesem Wege entleert sie sich, da eine immer mechanistischer werdende Wissenschaft alles aus ihr austreibt, was sie an Finalität enthielt. Man müßte diese Idee wieder füllen, also ihr einen Körper geben, wenn man die ursprüngliche Vorstellung wiederherstellen wollte. Das bloße Phantom von Absicht würde dann zu einer lebendigen Absicht werden. Umgekehrt müßte man dieser lebendigen Absicht viel zuviel Inhalt geben, sie übertrieben mit Materie belasten, um die Übles wirkenden oder wohltätigen Wesenheiten zu erhalten, an die die Nicht-Zivilisierten denken. Wir können nicht oft genug wiederholen: diese Aberglauben enthalten gewöhnlich eine Vergrößerung, eine Verdichtung, kurz etwas Karikaturhaftes. Sie zeigen meistens, daß das Mittel sich von seinem Zweck losgelöst hat. Ein Glaube, der zuerst nützlich war und den Willen antrieb, wird von dem Objekt, bei dem er seine Berechtigung hatte, auf neue Objekte übertragen, bei denen er zu nichts dient, bei denen er sogar gefährlich werden kann. Nachdem er sich auf träge Weise durch ganz äußerliche Nachahmung vermehrt hat, hat er jetzt zur Wirkung, daß er die Trägheit ermutigt. Wir wollen jedoch nicht übertreiben. Es kommt selten vor, daß der Primitive sich durch diesen Glauben vom Handeln dispensiert fühlt. Eingeborene von Kamerun wenden sich lediglich dann an die Zauberer, wenn einer aus ihrem Stamm von einem Krokodil verschlungen wurde; aber Lévy-Bruhl, der diese Tatsache berichtet, fügt hinzu – nach dem Bericht eines Reisenden –, daß die Krokodile des Landes fast niemals einen Menschen angreifen[9]. Wir können überzeugt sein, daß da, wo das Krokodil regelmäßig gefährlich wird, der Eingeborene sich wie wir hütet, ins Wasser zu gehen: das Tier flößt ihm dann Furcht ein, mit oder ohne Verhexung. Gleichwohl ist es richtig, daß man, um von dieser ›primitiven Mentalität‹ zu Seelenzuständen überzugehen, die ebensogut die unsrigen sein könnten, meistens zwei Denkoperationen auszuführen hätte. Zuerst muß man sich unsere ganze Wissenschaft abgeschafft denken. Sodann muß man sich einer gewissen Trägheit überlassen, man muß sich von einer Erklärung abwenden, von der man errät, daß sie vernünftiger wäre, die jedoch ein größeres Aufgebot an Intelligenz und besonders an Willen erfordern würde. In vielen Fällen genügt eine dieser Operationen; in andern werden wir sie beide kombinieren müssen.

Betrachten wir z. B. eines der merkwürdigsten Kapitel bei Lévy-Bruhl, jenes Kapitel, das über den ersten Eindruck handelt, den unsere Feuerwaffen, unsere Schrift, unsere Bücher, kurz das, was wir ihm bringen, auf den Primitiven machen. Dieser Eindruck verblüfft uns zunächst. Wir wären in der Tat versucht, ihn einer Mentalität zuzuschreiben, die von der unsern verschieden ist. Aber je mehr wir aus unserm Geiste die allmählich und fast unbewußt erworbene Wissenschaft auslöschen, um so mehr wird uns die ›primitive‹ Erklärung als natürlich erscheinen. Da sind Menschen, vor denen ein Reisender ein Buch öffnet und denen man sagt, dieses Buch gäbe Auskünfte. Sie schließen daraus, daß das Buch spricht und daß sie einen Ton vernehmen werden, wenn sie es ans Ohr halten. Aber wenn wir von einem Menschen, dem unsre Kultur fremd ist, etwas anderes erwarten, dann verlangen wir von ihm viel mehr Intelligenz, als die meisten von uns haben, mehr als eine überlegene Intelligenz, mehr als Genie: dann verlangen wir, daß er die Schrift noch einmal erfinde. Denn wenn er sich die Möglichkeit vorstellte, eine Rede auf ein Blatt Papier zu zeichnen, dann hätte er das Prinzip einer alphabetischen Schrift oder allgemeiner einer phonetischen Schrift; dann wäre er mit einem Schlage bis zu einem Punkt gelangt, der bei den

[9] *La Mentalité primitive.* S. 38.

Zivilisierten erst durch die lange zusammengeballten Bemühungen einer großen Zahl hervorragender Männer erreicht werden konnte. Wir wollen also in diesem Fall nicht von Mentalitäten sprechen, die von den unsrigen verschieden seien. Wir wollen lediglich sagen, daß ihnen das nicht bekannt ist, was wir gelernt haben.

Nun gibt es, wie wir hinzufügten, auch Fälle, wo die Unkenntnis von einer Abneigung gegen die Anstrengung begleitet ist. Das wären die Fälle, die Lévy-Bruhl unter die Rubrik ›Undankbarkeit der Kranken‹ eingereiht hat. Die Primitiven, die von europäischen Ärzten behandelt worden sind, zeigen sich diesen durchaus nicht dankbar; sie erwarten vielmehr vom Arzte eine Belohnung, als wenn sie ihrerseits den Dienst geleistet hätten. Aber da sie keine Ahnung von unserer Medizin haben, da sie nicht wissen, daß das eine mit Kunst gepaarte Wissenschaft ist, da sie ferner sehen, daß der Arzt den Kranken durchaus nicht immer heilt, da sie schließlich erwägen, daß er seine Zeit und Mühe daran wendet, wie sollten sie sich nicht sagen, daß der Arzt ein ihnen unbekanntes Interesse daran haben müßte zu tun, was er tut? Wie sollten sie nicht, bevor sie sich abmühen, aus der Unwissenheit herauszukommen, vielmehr ganz natürlich die Interpretation annehmen, die ihnen zuerst in den Sinn kommt und aus der sie Vorteil ziehen können? Das möchte ich den Autor der ›Primitiven Mentalität‹ fragen, und ich will dabei eine sehr alte Erinnerung zu Hilfe rufen, die indessen kaum älter ist als unsere alte Freundschaft. Ich war damals ein Kind und hatte schlechte Zähne. Also mußte man manchmal mit mir zum Zahnarzt gehen, und der wütete sogleich sehr streng gegen den schuldigen Zahn; er riß ihn mitleidslos aus. Unter uns gesagt tat mir das nicht sehr weh, denn es handelte sich um Zähne, die von selbst ausgefallen wären; aber ich saß noch kaum in dem verstellbaren Sessel, als ich schon, aus Prinzip, schrecklich zu schreien begann. Meine Familie fand schließlich ein Mittel, um mich zum Schweigen zu bringen. Geräuschvoll warf der Zahnarzt in das Glas, aus dem ich mir nach der Operation den Mund spülen sollte (die Asepsis war in dieser weit zurückliegenden Zeit noch unbekannt), ein Geldstück, dessen Kaufkraft damals zehn Zuckerstangen betrug. Ich war 6 oder 7 Jahre alt und nicht dümmer als irgendein anderer. Ich wäre wohl imstande gewesen zu erraten, daß zwischen dem Zahnarzt und meiner Familie ein Einverständnis bestand, um mein Stillsein zu erkaufen, und daß meine Umgebung zu meinem Besten konspirierte. Aber dazu wäre eine leichte Denkanstrengung nötig gewesen, und ich zog es vor, sie nicht zu machen, wahrscheinlich aus Faulheit, vielleicht auch, damit ich nicht meine Einstellung einem Manne gegenüber zu ändern brauchte, der mir — hier paßt diese Redensart — immerfort auf den Zahn fühlte. Ich überließ mich also einfach dem Nichtdenken, und die Vorstellung, die ich von dem Zahnarzt zu haben hatte, zeichnete sich in meinem Geiste von selbst in leuchtender Klarheit ein. Es war offenbar ein Mann, dessen größtes Vergnügen es war, Zähne auszuziehen, und der so weit ging, dafür eine Summe von 50 Centimes zu zahlen.

Aber wir wollen diese Parenthese schließen und resümieren. Am Ursprung der Glaubensvorstellungen, die wir soeben ins Auge gefaßt haben, fanden wir eine Abwehrbewegung der Natur gegen eine Entmutigung, die ihre Quelle in der Intelligenz hatte. Diese Bewegung erweckt, mitten im Schoße der Intelligenz selbst, Bilder und Ideen, die die niederdrückende Vorstellung in Schach halten, oder sie verhindern sich zu aktualisieren. Es tauchen Wesenheiten auf, die nicht vollständige Persönlichkeiten zu sein brauchen: es genügt, wenn sie Absichten haben oder auch nur mit solchen Absichten zusammenfallen. Glaube bedeutet doch wesentlich Vertrauen; der erste Ursprung ist nicht die Furcht, sondern eine Versicherung gegen die Furcht. Und anderseits muß der Glaube zunächst nicht notwendigerweise eine Person zum Gegenstand haben; ein teilweiser Anthropomorphismus genügt ihm. Das sind die beiden Punkte, die uns auffallen, wenn wir die natürliche Haltung eines Menschen gegenüber einer Zukunft betrachten, an die er eben deshalb denkt, weil er intelligent ist, und die ihn beunruhigen würde wegen des Unvorhersehbaren, das er darin findet, wenn er sich nur an die Vorstellung hielte, die die reine Intelligenz ihm davon gibt. Aber das sind auch die beiden Feststellungen, die man in den Fällen machen kann, wo es sich nicht mehr um die Zukunft handelt, sondern um die Gegenwart, und wo der Mensch das Spielzeug von Kräften ist, die seiner eigenen Kraft ungeheuer überlegen sind. Dazu gehören die großen Katastrophen, ein Erdbeben, eine Überschwemmung, ein Orkan. Eine schon alte Theorie ließ die Religion aus der Furcht hervorgehen, die uns in solchen Fällen die Natur einflößt: *Primus in orbe deos fecit timor*. Man ist zu weit gegangen, als man diese Theorie vollkommen verwarf; die Erregung, die der Mensch vor der Natur empfindet, hat beim Ursprung der Religionen sicherlich etwas zu sagen. Aber, um es zu wiederholen: die Religion ist weniger Furcht als eine Reaktion gegen die Furcht, und sie ist nicht sofort Glaube an Götter. Es wird nicht überflüssig sein, wenn wir diese zweifache Nachprüfung nunmehr vornehmen. Sie wird nicht nur unsere früheren Darlegungen bestätigen; sie wird uns auch instand setzen, diese Wesenheiten genauer zu erfassen, von denen wir sagten, daß sie an der Persönlichkeit teilhaben, ohne schon Personen zu sein. Die Götter der Mythologie können daraus hervorgehen; man erhält sie auf dem Wege der Bereicherung. Aber ebensowohl würde man aus ihnen auch, indem man sie ärmer werden ließe, jene unpersönliche Kraft ziehen können, die die Primitiven, wie man uns sagt, auf dem Grund der Dinge annehmen. Wir wollen also unserer gewohnten Methode folgen. Wir wollen unser eigenes, von dem Erworbenen befreites, seiner ursprünglichen Einfachheit wiedergegebenes Bewußtsein fragen, wie es auf einen Angriff der Natur antwortet. Die Selbstbeobachtung ist hier sehr schwierig, wegen der Plötzlichkeit, mit der die großen Katastrophen auftreten: die Gelegenheiten, sie gründlich auszuüben, sind überdies selten. Aber gewisse einst empfangene Eindrücke, von denen wir nur eine verworrene Erinnerung behalten haben und die schon oberflächlich und undeutlich waren, werden vielleicht klarer werden und deutlichere Umrisse annehmen, wenn wir sie vervollständigen durch die Beobachtung, die ein Meister der psychologischen Wissenschaft an sich selbst gemacht hat. William James befand sich in Kalifornien, als das schreckliche Erdbeben vom April 1906 einen Teil von San Franzisko zerstörte. Ich gebe eine sehr unvollkommene Übersetzung der wahrhaft unübersetzbaren Seiten, die er darüber geschrieben hat:

»Als ich im letzten Dezember von Harvard abreiste, um nach der Universität Stanford zu gehen, war beinahe der letzte Abschiedsgruß, den ich erhielt, der meines alten Freundes B., eines Kaliforniers: ›Ich hoffe‹, sagte er, ›Du wirst ein bißchen Erdbeben haben, während du dort bist, damit du auch diese kalifornische Einrichtung kennen lernst.‹

Daher war, als ich am Morgen des 18. April gegen $^1/_2 6$ Uhr in meiner kleinen Wohnung in den Studentenhäusern von Stanford wach lag und merkte, wie mein Bett zu schwanken begann, mein erstes Gefühl, daß ich die Bedeutung dieses Schwankens vergnügt erkannte. ›Beim Zeus‹, sagte ich mir, ›da ist wahrhaftig B.'s altes Erdbeben. Es ist also wirklich gekommen.‹ Und dann, als es crescendo weiterging: ›Und es ist sogar ein recht üppiges.‹ Wie ich erfuhr, hat das Lick Observatorium nachher bekanntgegeben, daß die ganze Sache in 48 Sekunden vorüber war. Ungefähr so lange erschien es mir auch, wogegen ich andre sagen hörte, es hätte ihnen länger geschienen. In meinem Falle waren Empfindung und Erregung so stark, daß nur wenig Denken und gar keine Überlegung, kein Wollen in der kurzen Zeit, die das Phänomen einnahm, möglich war.

Mein Empfinden war ganz Freude und Bewunderung; Freude über die Lebendigkeit, die solch eine abstrakte Vorstellung oder ein Wort wie ›Erdbeben‹ annehmen konnte, sobald es einmal in fühlbare Realität übertragen und konkret bestätigt wurde; und Bewunderung darüber, wie solch ein kleines schwaches Holzhaus trotz der Erschütterung zusammenhalten konnte. Ich empfand keine Spur von Furcht; nur reines Entzücken und Willkommenheißen. Ich rief beinahe aus: ›Nur weiter, immer feste.‹

Sobald ich denken konnte, unterschied ich nachträglich gewisse Besonderheiten, mit denen mein Bewußtsein das Phänomen aufgenommen hatte.

Diese waren ganz spontan und sozusagen unvermeidlich und unwiderstehlich.

Zunächst personifizierte ich das Erdbeben als eine dauernde individuelle Wesenheit. Es war *das* Erdbeben aus der Vorhersage meines Freundes B., das all die vergangenen Monate lang ruhig geblieben war und sich zurückgehalten hatte, um an diesem denkwürdigen Aprilmorgen in mein Zimmer einzudringen und sich um so intensiver und triumphierender zu betätigen. Außerdem kam es direkt zu *mir*. Es hatte sich hinter meinem Rücken eingeschlichen, und nachdem es einmal im Zimmer war, hatte es mich ganz allein vor und konnte sich überzeugend offenbaren. Nie ist in der Handlung eines Menschen Beseeltheit und Vorsatz offenkundiger gewesen, und nie hat menschliches Handeln entschiedener auf ein lebendiges Agens als seinen Quell und Ursprung zurückgewiesen.

Alle, die ich über diesen Punkt befragte, stimmten in diesem Zug ihrer Erfahrung überein. ›Es drückte eine Absicht aus‹, ›Es war boshaft‹, ›Es ging auf Zerstörung aus‹, ›Es wollte seine Macht zeigen‹ und was sonst noch. Mir persönlich wollte es nur die volle Bedeutung seines Namens offenbaren. Aber wer war dieses ›es‹? Für manche offenbar eine vage dämonische Macht; für mich ein individuelles Wesen, B.'s Erdbeben nämlich.

Eine der von mir befragten Personen hatte es als das Ende der Welt und den Beginn des jüngsten Gerichts interpretiert. Das war eine Dame in einem Hotel in San Franzisko, die nicht gedacht hatte, daß es ein Erdbeben sei, bis sie auf die Straße kam und jemand es ihr so erklärt hatte. Sie sagte mir, die theologische Interpretation hätte die Furcht von ihr fern gehalten, und daher habe sie das Beben ruhig aufgenommen.

Für die ›Wissenschaft‹ ist das Erdbeben nur der Sammelname für alle Sprünge und Stöße und Unruhen, die sich ergeben, wenn die Spannungen in der Erdkruste den Punkt des Zerreißens erreicht haben und die Schichten in ein anderes Gleichgewicht übergehen. Sie *sind* das Erdbeben. Aber für mich war das Erdbeben die *Ursache* der Störungen und seine Vorstellung als eines lebenden Agens war unwiderstehlich. Es hatte eine überwältigende dramatische Überzeugungskraft.

Ich erkenne jetzt besser denn je, wie unvermeidlich die früheren mythologischen Versionen solcher Katastrophen waren und wie künstlich und unserer spontanen Wahrnehmung entgegengesetzt die späteren Gewohnheiten sind, zu denen die Wissenschaft uns erzieht. Es war für geistig unausgebildete Menschen einfach unmöglich, die Erdbeben als etwas anderes zu empfinden denn als übernatürliche Warnungen oder Vergeltungen[10].«

[10] William James, *Memories and Studies*, S. 209–214. Zitiert von H. M. Kallen in *Why religion*, New York 1927.

Zunächst sieht man, daß James von dem Erdbeben als von einem »individualisierten Wesen« spricht; er stellt fest, daß das Erdbeben für ihn »sich als eine dauernde und individuelle Wesenheit personifiziert«. Aber er sagt nicht, es gäbe eine vollständige Persönlichkeit — sei es ein Gott oder ein Dämon — die verschiedener Handlungen fähig und von der das Erdbeben eine besondere Manifestation wäre. Im Gegenteil, die Wesenheit, um die es sich handelt, ist das Phänomen selbst, als etwas Dauerndes betrachtet; seine Manifestation erst liefert uns sein Wesen aus; es hat nur die eine Funktion, Erdbeben zu sein; es ist eine Seele da, aber sie ist die Beseelung des Akts durch ihre Absicht[11]. Wenn der Autor uns sagt, »niemals hat menschliches Handeln deutlicher ein lebendiges Agens hinter sich erblicken lassen«, so versteht er darunter, daß die Absicht und die »Beseelung« zu dem Erdbeben zu gehören schienen, wie zu einem hinter ihnen gelegenen lebendigen Agens die Akte gehören, die dieses Agens ausführt. Aber daß das lebendige Agens hier das Erdbeben selbst ist, daß es keine andre Aktivität hat, keine andre Eigenart, daß es also mit dem, was es tut, zusammenfällt, das beweist der ganze Bericht. Eine Wesenheit dieser Art, deren Sein mit dem Erscheinen eins ist, die in einem bestimmten Akt aufgeht und deren Absicht diesem Akt selbst immanent ist, da sie von ihm nur die Abzeichnung und die bewußte Bedeutung ist — das ist nun aber genau das, was wir ein Persönlichkeitselement genannt haben.

Es gibt noch einen andern Punkt, von dem man sicherlich überrascht sein wird. Das Erdbeben von San Franzisko war eine große Katastrophe. Aber auf James der der Gefahr plötzlich gegenübergestellt wird, macht es einen merkwürdig gutmütigen Eindruck, der ihm erlaubt, es wie etwas Vertrautes zu behandeln. »Schau, schau, da kommt dieses gute alte Erdbeben.« Der Eindruck der andern Augenzeugen war ganz ähnlich. Das Beben war »nichtsnutzig«; es hatte so seine Ideen, es »hatte sich in den Kopf gesetzt, zu zerstören«. So spricht man von einem Taugenichts, mit dem man jedoch noch nicht alle Beziehungen abgebrochen zu haben braucht. Eine wirklich lähmende Furcht hingegen stammt aus dem Gedanken, starke und blinde Kräfte lägen bereit, uns unbewußt zu zerschmettern. So erscheint die materielle Welt der reinen Intelligenz. Die wissenschaftliche Auffassung vom Erdbeben, auf die James in den letzten Zeilen anspielt, wird die gefährlichste von allen sein, solange die Wissenschaft, die uns die klare Erkenntnis der Gefahr vermittelt, uns keinerlei Mittel in die Hand gegeben hat, ihr zu entgehen. Gegen diese wissenschaftliche Auffassung und allgemeiner gegen die intellektuelle Vorstellung, die von ihr nur präzisiert worden ist, entsteht angesichts der schweren, plötzlich drohenden Gefahr eine Abwehrbewegung.

[11] „Animus and intent were never more present in any human action."

Die Störungen, mit denen wir es zu tun haben und deren jede ganz mechanisch ist, setzen sich zu einem ›Ereignis‹ zusammen, das einem Jemand gleicht, der ein Bösewicht sein kann, der aber trotzdem sozusagen zu unserer Welt gehört. Er ist uns nicht fremd. Eine gewisse Kameradschaft zwischen ihm und uns ist möglich. Das genügt, um den Schrecken zu zerstreuen, oder vielmehr um sein Entstehen zu verhindern. Allgemein gesprochen ist der Schrecken nützlich, wie alle andern Gefühle. Ein Tier, das der Furcht unzugänglich wäre, könnte nicht fliehen und sich in Deckung bringen; es würde im Kampf ums Dasein sehr schnell unterliegen. Daß ein Gefühl wie die Furcht existiert, ist also erklärlich. Man begreift auch, daß die Furcht zur Schwere der Gefahr im Verhältnis steht. Aber es ist ein Gefühl, das hemmt, das zurückhält, das abwendet: es ist wesentlich verhindernd. Wenn die Gefahr äußerst groß ist, wenn die Gefahr ihren Gipfelpunkt erreichen und lähmend werden würde, dann entsteht eine Abwehrbewegung der Natur gegen die Emotion, die ihrerseits gleichfalls natürlich war. Unsere Fähigkeit des Empfindens könnte sich sicher nicht ändern, sie bleibt wie sie war; aber unter dem Antrieb des Instinkts verändert die Intelligenz die Situation. Sie ruft das beruhigende Bild hervor. Sie gibt dem ›Ereignis‹ eine Einheit und eine Individualität, die daraus ein vielleicht boshaftes oder bösartiges, aber uns nahestehendes Wesen machen, das etwas Soziables und Menschliches hat.

Ich bitte den Leser seine Erinnerungen zu befragen. Wenn ich mich nicht sehr täusche, werden sie die Analyse von James bestätigen. Jedenfalls werde ich mir erlauben, ein paar eigene Erinnerungen anzuführen. Die erste geht auf eine sehr ferne Zeit zurück, denn ich war noch jung und trieb allerlei Sport, besonders das Reiten. Eines schönen Tages, als ich auf der Landstraße der phantastischen Erscheinung eines Radfahrers auf einem Hochrad begegnete, bekam mein Pferd Furcht und scheute. Daß so etwas passieren kann, daß man in solchen Fällen gewisse Dinge tun oder wenigstens versuchen muß, das wußte ich wie jeder, der eine Reitschule besucht hat. Aber diese Möglichkeit hatte sich meinem Geiste immer nur in abstrakter Form dargeboten. Daß das Ereignis wirklich eintrat, in einem bestimmten Punkt der Zeit und des Raumes, daß es gerade mir geschah und nicht einem andern, das schien mir eine meiner Person gewährte Bevorzugung zu enthalten. Wer also hatte mich auserwählt? Nicht etwa das Pferd. Nicht etwa ein vollständiges Wesen, wie immer es sein mochte, gut oder böse. Sondern das Ereignis selbst, ein Individuum, das keinen ihm zugehörigen Körper hat, denn es war nur die Synthese der Umstände, aber es hatte seine sehr elementare Seele, die sich kaum von der Absicht unterschied, die die Umstände zu offenbaren schienen. Es folgte mir boshaft in meinem aufgelösten Ritt, um zu sehen, wie ich mich aus der Affäre ziehen würde. Und ich hatte keine andre Sorge als ihm zu zeigen, was ich zu tun verstand. Wenn ich keine Furcht hatte, so lag es daran, daß ich von diesem Bemühen ganz in Anspruch genommen war; vielleicht auch daran, daß die Bosheit meines seltsamen Gefährten nicht eine gewisse Gutmütigkeit ausschloß. Ich habe oft an diesen kleinen Vorfall gedacht und ich habe mir gesagt, daß die Natur keinen andern psychologischen Mechanismus erdacht haben würde, wenn sie, die uns die Furcht als eine nützliche Empfindung verliehen hat, uns in solchen Fällen vor ihr hätte bewahren wollen, wo wir Besseres zu tun haben, als uns ihr hinzugeben.

Ich habe ein Beispiel gegeben, wo der ›gutmütige‹ Charakter des ›Ereignisses‹ besonders auffallend ist. Ich gebe ein anderes, das vielleicht seine Einheit, seine Individualität, die Schärfe, mit der es sich in der Kontinuität des Wirklichen abhebt, noch besser ins Licht setzt. Da ich 1871, am Ende des Krieges noch ein Kind war, hatte ich, wie alle Kinder meiner Generation, während der 12 bis 15 folgenden Jahre einen neuen Krieg als unmittelbar bevorstehend angesehen. Nachher erschien uns dieser Krieg zugleich als wahrscheinlich und als unmöglich: eine komplizierte und widerspruchsvolle Idee, die bis zu dem verhängnisvollen Datum fortbestand. Sie erweckte übrigens in unserm Geiste keinerlei Bild, abgesehen von ihrem sprachlichen Ausdruck. Sie bewahrte ihren abstrakten Charakter bis zu jenen tragischen Stunden, wo der Konflikt unvermeidlich schien, bis zum letzten Augenblick, da man gegen alle Hoffnung noch hoffte. Aber als ich am 4. August 1914 eine Nummer des *Matin* aufmachte und in großen Buchstaben las »Deutschland erklärt Frankreich den Krieg«, hatte ich das plötzliche Gefühl einer unsichtbaren *Anwesenheit,* die von der ganzen Vergangenheit vorbereitet und angekündigt worden war, in der Art eines Schattens, der dem Körper, der ihn wirft, vorangeht. Es war, als wenn eine Legendenfigur aus dem Buche, das ihre Geschichte erzählt, herausträte und sich gemächlich im Zimmer placierte. In Wahrheit hatte ich es freilich nicht mit der vollständigen Persönlichkeit zu tun. Es war von ihr nur das vorhanden, was nötig war, um eine gewisse Wirkung zu erreichen. Sie hatte ihre Stunde abgewartet, und gemütlich ohne Umstände setzte sie sich an ihren Platz. Um in diesem Augenblick an dieser Stelle einzugreifen, dazu hatte sie sich auf dunkle Weise in meine ganze Lebensgeschichte eingeflochten. Dreiundvierzig Jahre vager Unruhe hatten darauf abgezielt, dieses Gemälde zu entwerfen: das Zimmer mit seinen Möbeln, die aufgeschlagene Zeitung auf dem Tisch, ich davorstehend, und das ›Ereignis‹ alles mit seiner Gegenwart durchtränkend. Trotz meiner Bestürzung und obgleich ein Krieg, auch ein siegreicher, mir als eine Katastrophe erschien, empfand ich wie James ein Gefühl der Bewunderung für die Leichtigkeit, mit der sich der Übergang vom Abstrakten zum Konkreten vollzogen hatte: wer hätte gedacht, daß eine so furchtbare Möglichkeit ihren Eintritt in die Wirklichkeit mit sowenig Schwierigkeit vollziehen könnte? Dieser Eindruck der Einfachheit beherrschte alles. Wenn man darüber nachdenkt, bemerkt man, daß die Natur, wenn sie der Furcht eine Abwehrbewegung entgegenstellen, wenn sie angesichts der allzu intelligenten Vorstellung eines Zusammenstürzens mit endlosen Rückwirkungen eine Lähmung des Willens verhindern wollte, zwischen uns und das vereinfachte, in eine elementare Persönlichkeit umgewandelte Ereignis gerade diese Kameradschaft setzen mußte, die uns beruhigt, uns entspannt und uns geneigt macht, ganz einfach unsere Pflicht zu tun.

Diesen flüchtigen, sogleich von der Reflexion verwischten Eindrücken muß man nachgehen, wenn man etwas von dem wiederfinden will, was unsere entferntesten Ahnen empfunden haben mögen. Man würde nicht zögern es zu tun, wäre man nicht von dem Vorurteil durchdrungen, daß die intellektuellen und moralischen Errungenschaften der Menschheit sich der Substanz der individuellen Organismen einverleibt und sich so vererbt hätten. Danach wären wir also schon bei der Geburt etwas ganz anderes als unsere Ahnen. Aber diese Kraft hat die Vererbung nicht. Sie könnte die von Generation zu Generation erworbenen Gewohnheiten nicht in natürliche Anlagen umwandeln. Wenn sie der Gewohnheit überhaupt etwas anhaben könnte, dann nur sehr wenig, nur gelegentlich und ausnahmsweise; aber sie kann ihr offenbar gar nichts anhaben. Demnach ist also die Naturanlage heute noch das, was sie immer war. Es ist richtig, daß sich alles so abspielt, als wenn sie sich verändert hätte, da sie ja von alledem überdeckt ist, was die Kultur hinzu erworben hat, indem die Gesellschaft die Individuen durch eine von ihrer Geburt an ununterbrochen fortgesetzte Erziehung formt. Aber sobald diese oberflächlichen Aktivitäten durch eine plötzliche Überraschung gelähmt werden, sobald das Licht, in dem sie arbeiten, einen Augenblick erlischt, sofort erscheint die Naturanlage wieder, wie der unveränderliche Stern in der Nacht. Der Psychologe, der bis zum Primitiven zurückgehen will, wird auf diese ausnahmsweisen Erfahrungen zurückgreifen müssen. Doch wird er darum seinen Leitfaden nicht loslassen, er wird nicht vergessen, daß die Natur utilitaristisch ist, und daß es keinen Instinkt gibt, der nicht seine Funktion hätte; die Instinkte, die man intellektuell nennen könnte, sind Abwehrbewegungen gegen das, was es in der Intelligenz an Übertreibung und besonders an Vorzeitig-Intelligentem gibt. Aber die beiden Methoden werden sich gegenseitig stützen: die eine wird mehr der Untersuchung dienen, die andre der Nachprüfung. Was uns gewöhnlich von ihnen abhält, ist unser Stolz, und zwar ein doppelter Stolz. Wir wollen, daß der Mensch schon bei seiner Geburt ein höheres Wesen sei, als er einstmals war: als ob das wahre Verdienst nicht in der Anstrengung läge! als ob eine Gattung, bei der jedes Individuum sich durch mühsame Aneignung der ganzen Vergangenheit über sich selbst hinaufarbeiten muß, nicht mindestens ebensoviel wert wäre als eine solche, bei der jede Generation durch das automatische Spiel der Vererbung im Ganzen über die vorhergehenden emporgetragen würde! Aber es gibt da noch einen andern Stolz, den der Intelligenz, die ihr ursprüngliches Unterworfensein unter biologische Notwendigkeiten nicht anerkennen will. Man würde eine Zelle, ein Gewebe, ein Organ nicht studieren, ohne sich mit seiner Funktion zu beschäftigen; sogar auf dem Gebiete der Psychologie würde man nicht glauben, mit einem Instinkt fertig zu sein, wenn man ihn nicht an ein Bedürfnis der Gattung anknüpfte; aber sobald man bei der Intelligenz angelangt ist, läßt man die Natur und das Leben fahren; die Intelligenz soll das, was sie ist, »für nichts, zum Vergnügen« sein. Als ob nicht auch sie zunächst vitalen Forderungen entspräche! Ihre ursprüngliche Rolle ist die Lösung von Problemen, die denen analog sind, die der Instinkt löst; allerdings tut sie es mit einer ganz andern Methode, die den Fortschritt sichert und die sich ohne eine in der Theorie vollkommene Unabhängigkeit von der Natur nicht anwenden läßt. De facto freilich ist diese Unabhängigkeit begrenzt: sie hört genau in dem Moment auf, wo die Intelligenz gegen ihre eigentliche Bestimmung handeln würde, indem sie ein vitales Interesse verletzte. Die Intelligenz wird also notwendigerweise vom Instinkt überwacht, oder vielmehr vom Leben, dem gemeinsamen Ursprung von Instinkt und Intelligenz. Nichts andres meinen wir, wenn wir von intellektuellen Instinkten sprechen: es handelt sich um Vorstellungen, die naturhaft von der Intelligenz gebildet werden, um sich durch gewisse Überzeugungen gegen gewisse Gefahren des Erkennens zu wappnen. Dies also sind die Tendenzen, und dies sind auch die Erfahrungen, denen die Psychologie Rechnung tragen muß, wenn sie bis zu den Ursprüngen zurückgehen will.

Das Studium der Nicht-Zivilisierten wird darum nicht weniger ergebnisreich. Wir haben schon gesagt und können es nicht oft genug wiederholen: diese sind von den Ursprüngen ebensoweit entfernt wie wir, aber sie haben weniger Neues erfunden. Sie haben also die Anwendungen vervielfältigen, sie haben übertreiben, karikieren, kurz, mehr deformieren als grundlegend transformieren müssen. Ob es sich übrigens um Transformation oder um Deformation handle, die ursprüngliche Form besteht fort, sie ist nur von dem Erworbenen überdeckt; der Psychologe, der die Ursprünge entdecken will, wird daher in beiden Fällen eine Anstrengung der gleichen Art zu machen haben; aber der zu durchlaufende Weg wird im zweiten Falle weniger lang sein können als im ersten. Das wird besonders dann gelten, wenn man ähnliche Glaubenvorstellungen bei Völkerstämmen finden wird, die nicht miteinander in Verbindung gestanden haben können. Diese Vorstellungen sind nicht notwendig primitiv, aber es besteht Aussicht, daß sie geradewegs aus einer der Grundtendenzen herstammen, die ein Akt der Selbstbeobachtung uns bei uns selbst entdecken ließe. Die Vorstellungen werden uns also den Weg zu dieser Entdeckung zeigen und die innere Beobachtung leiten können, die dann dazu dienen wird, sie zu erklären.

Wir wollen immer wieder auf diese methodischen Erwägungen zurückkommen, um uns in unserer Untersuchung nicht zu verirren. An dem Punkt, an dem wir angelangt sind, haben wir sie besonders nötig. Denn es handelt sich hier um nichts weniger, als um die Art, wie der Mensch auf seine Wahrnehmung der Dinge, der Ereignisse, auf das Universum im allgemeinen reagiert. Daß die Intelligenz dazu da ist, die Materie zu nutzen, die Dinge zu beherrschen, die Ereignisse zu meistern, ist nicht zweifelhaft. Daß ihre Macht in geradem Verhältnis zu ihrem Wissen steht, das ist nicht weniger sicher. Aber dieses Wissen ist zunächst sehr begrenzt; winzig ist der Teil des universellen Mechanismus, den sie umfaßt, winzig der Teil von Raum und Zeit, über den sie etwas vermag. Was wird sie mit dem übrigen tun? Sich selbst überlassen, würde sie einfach ihr Nichtwissen feststellen; der Mensch würde sich im ungeheuren Raum verloren fühlen. Aber der Instinkt wacht. Zu der eigentlich wissenschaftlichen Erkenntnis, die die Technik begleitet oder in ihr enthalten ist, fügt sie, für all das, was unserm Zugriff entgeht, den Glauben an Mächte bei, die sich um den Menschen kümmern. So bevölkert das Weltall sich mit Absichten, die übrigens flüchtig und wechselnd sind; lediglich der schmale Streifen, auf dem wir mechanisch handeln, soll dem reinen Mechanismus gehören. Dieser Streifen erweitert sich, je mehr unsere Zivilisation fortschreitet; schließlich nimmt das ganze Universum in den Augen einer Intelligenz, die sich die Wissenschaft ideell als vollendet vorstellt, die Form eines Mechanismus an. Da stehen wir jetzt, und wir brauchen heute eine kräftige Anstrengung innerer Beobachtung, um die ursprünglichen Glaubensvorstellungen wiederzufinden, die unsere Wissenschaft mit all dem überdeckt, was sie weiß und was sie zu wissen hofft. Aber sowie wir sie gefunden haben, sehen wir, wie sie sich aus dem zusammengesetzten Spiel von Intelligenz und Instinkt erklären, wie sie einem vitalen Interesse entsprochen haben müssen. Betrachten wir dann die Nicht-Zivilisierten, so können wir das, was wir in uns selbst beobachtet haben, nachprüfen; aber hier ist die Glaubensvorstellung aufgeblasen, übertrieben, vervielfacht: statt zurückzuweichen, wie sie es angesichts der Fortschritte der Wissenschaft bei den Zivilisierten tat, überschwemmt sie jenen für das mechanische Handeln reservierten Streifen und lagert sich auch über solche

Handlungen, die sie eigentlich ausschließen sollten. Wir berühren hier einen wesentlichen Punkt. Man hat gesagt, die Religion habe mit der Magie angefangen. In der Magie hat man auch ein Vorspiel der Wissenschaft gesehen. Wenn man sich an die Psychologie hält, wie wir es eben getan haben, wenn man durch einen Akt innerer Beobachtung die natürliche Reaktion des Menschen auf seine Wahrnehmung der Dinge rekonstruiert, so findet man, daß Magie und Religion zusammenhängen und daß es zwischen Magie und Wissenschaft keine Gemeinschaft gibt.

Wir haben in der Tat gesehen, daß die primitive Intelligenz ihre Erfahrung in zwei Teile zerlegt. Einerseits gibt es das, was der Tätigkeit der Hand und des Werkzeugs gehorcht, was man vorhersehen kann, wessen man sicher ist: dieser Teil der Welt wird physikalisch aufgefaßt, bis er dann mathematisch aufgefaßt wird; er erscheint als eine Verkettung von Ursachen und Wirkungen oder wird jedenfalls so behandelt; es tut wenig, daß diese Vorstellung undeutlich ist und kaum bewußt; es mag sein, daß sie sich nicht expliziert, aber um zu wissen, was die Intelligenz implizite denkt, braucht man nur zu betrachten, was sie tut. — Anderseits gibt es den Teil der Erfahrungswelt über den der *homo faber* keinerlei Macht mehr zu haben empfindet. Dieser Teil wird nicht mehr auf physikalische, sondern auf moralische Weise behandelt. Da wir nicht auf ihn wirken können, hoffen wir, daß er für uns wirken wird. Die Natur wird sich also hier mit Menschlichem durchtränken. Aber sie wird es nur tun, soweit es nötig ist. Wo uns die Macht fehlt, da brauchen wir das Vertrauen. Damit wir uns wohlfühlen, muß das Ereignis, das sich vor unsern Augen aus der Ganzheit des Wirklichen abhebt, als von einer Absicht beseelt erscheinen. Das wird in der Tat unsere natürliche und ursprüngliche Überzeugung sein. Aber wir werden es nicht dabei bewenden lassen. Es genügt uns nicht, daß wir nichts zu fürchten haben, wir möchten außerdem etwas zu hoffen haben. Wenn das Ereignis nicht ganz fühllos ist, wird es uns nicht gelingen, es zu beeinflussen? Wird es sich nicht überzeugen oder zwingen lassen? Das wird bei ihm schwerlich möglich sein, wenn es bleibt, was es ist: eine flüchtige Absicht, eine rudimentäre Seele; es würde nicht genug Persönlichkeit haben, um unsere Wünsche zu erhören, und wiederum zu viel, um uns zu Diensten zu stehen. Aber unser Geist wird es leicht in die eine oder die andere Richtung treiben. In der Tat hat der Druck des Instinkts mitten im Schoße der Intelligenz jene Form der Phantasie erstehen lassen, die die fabulatorische Funktion ist. Diese braucht sich nur gehenzulassen und sie fabriziert, nebst den elementaren Persönlichkeiten, die sich ursprünglich zeigen, immer erhabenere Götter, wie die der Fabel, oder immer tieferstehende Gottheiten wie die bloßen Geister, oder auch Kräfte, die von ihrem psychologischen Ursprung nur eine einzige Eigenschaft behalten werden: die Eigenschaft, daß sie nicht rein mechanisch sind und unsern Wünschen nachgeben, sich unserm Willen beugen. Die erste und die zweite Richtung sind die der Religion, die dritte ist die der Magie. Beginnen wir mit der letzteren.

Man hat viel von jenem Begriff des *Mana* gesprochen, der einst von Codrington in einem berühmten Buche über die Melanesier erwähnt worden ist und zu dem man das Äquivalent oder vielmehr die Analogie bei vielen andern Primitiven finden kann: dahin sollen das *Orenda* der Irokesen, das *Wakanda* der Sioux usw. gehören. Alle diese Wörter sollen eine Kraft bezeichnen, die durch die Natur hin verbreitet ist, und an der in verschiedenen Graden wenn nicht alle, so wenigstens gewisse Dinge teilhaben sollen. Von dort bis zu der Hypothese von einer primitiven Philosophie, die sich im menschlichen Geist abzeichnen soll, sobald er anfängt zu reflektieren, ist nur ein Schritt. Gewisse Forscher haben in der Tat vermutet, das Denken des Nicht-Zivilisierten sei von einem vagen Pantheismus beherrscht. Aber es ist wenig wahrscheinlich, daß die Menschheit mit so allgemeinen und so abstrakten Begriffen begonnen hätte. Bevor man philosophiert, muß man leben. Forscher und Philosophen sind allzusehr geneigt anzunehmen, das Denken werde bei allen Menschen wie bei ihnen selbst geübt: zum Vergnügen. In Wirklichkeit ist es auf das Handeln gerichtet, und wenn man wirklich bei den Nicht-Zivilisierten etwas Philosophie findet, so muß sie eher etwas handelnd Dargestelltes als etwas Gedachtes sein: sie ist enthalten in einer Gesamtheit von Verrichtungen, die nützlich sind oder dafür gehalten werden; sie löst sich davon nicht los; in — notwendigerweise vagen — Worten wird sie nur des bequemeren Handelns halber ausgedrückt. Hubert und Mauß haben in ihrer sehr interessanten *Théorie générale de la Magie* eindringlich gezeigt, daß der Glaube an die Magie vom Begriff des Mana untrennbar ist. Bei ihnen sieht es so aus, als sei dieser Glaube aus diesem Begriff abgeleitet. Sollte das Verhältnis nicht eher umgekehrt sein? Es kommt uns nicht wahrscheinlich vor, daß zuerst die solchen Begriffen wie ›Mana‹, ›Orenda‹ usw. entsprechende Vorstellung gebildet worden und die Magie aus ihr hervorgegangen sei. Im Gegenteil: weil der Mensch an die Magie glaubte, weil er sie ausübte, deshalb wird er sich die Dinge so vorgestellt haben: seine Magie schien Erfolg zu haben, und er beschränkte sich darauf, diesen Erfolg zu erklären oder vielmehr auszudrücken. Daß er die Magie von Anfang an ausgeübt hat, das versteht man leicht: von Anfang an hat er erkannt, daß die Grenze seines normalen Einflusses auf die äußere Welt schnell erreicht ist, und er hat sich nicht damit abgefunden, nicht weiterzukommen. Er setzte also die Bewegung fort, und da die Bewegung durch ihn selbst nicht das gewünschte Ergebnis erzielte, mußte die Natur das übernehmen. Das war nur möglich, wenn die Natur irgendwie magnetisch war, wenn sie sich aus eigenem Antrieb dem Menschen zuwendete, um von ihm Aufträge zu erhalten, um seine Befehle auszuführen. Sie blieb darum nicht weniger, wie wir heute sagen würden, physikalischen Gesetzen unterworfen; das war ja nötig, damit man mechanisch auf sie einwirken konnte. Außerdem aber war sie mit Menschlichkeit getränkt, ich meine mit einer Kraft geladen, die fähig ist, auf die Absichten des Menschen einzugehen. Diese Bereitwilligkeit konnte der Mensch benutzen, um sein Handeln weiter auszudehnen, als die physikalischen Gesetze es erlaubten. Darüber wird man sich mühelos vergewissern, wenn man die Verfahren der Magie erwägt und die Auffassungen von der Materie, durch die sie, wie man sich unklar vorstellte, Erfolg haben könnte.

Die Verrichtungen sind oft beschrieben worden, aber stets als Anwendungen gewisser theoretischer Prinzipien wie: »Gleiches wirkt auf Gleiches«, »Der Teil gilt für das Ganze« usw. Daß diese Formeln dazu dienen können, die magischen Operationen zu klassifizieren, ist nicht zweifelhaft. Aber daraus folgt keineswegs, daß die magischen Verfahren aus ihnen abgeleitet wären. Wenn die primitive Intelligenz hier zuerst Prinzipien konzipiert hätte, so hätte sie bald vor der Erfahrung kapituliert, die ihr die Unhaltbarkeit dieser Prinzipien bewiesen hätte. Aber auch hier tut die primitive Intelligenz nichts anderes, als daß sie Anregungen des Instinkts in Vorstellung übersetzt. Genauer ausgedrückt, es gibt eine Logik des Körpers, die eine Verlängerung des Wunsches ist und schon lange geübt wird, bevor die Intelligenz für sie eine begriffliche Form gefunden hat.

Da ist zum Beispiel ein ›Primitiver‹, der seinen Feind töten möchte; aber der Feind ist fern; unmöglich ihn zu erreichen. Tut nichts. Unser Mann ist wütend; er macht die Bewegung, als wenn er sich auf den Abwesenden stürzte. Einmal im Zuge, geht er bis zu Ende; er preßt das Opfer, das er zu halten glaubt oder halten möchte, in seinen Händen, erwürgt es. Er weiß allerdings, daß das Ergebnis nicht vollständig ist. Er hat alles getan, was von ihm abhing; er will, er verlangt, daß die Dinge das übrige tun. Sie werden das nicht mechanisch tun. Sie werden nicht einer physischen Notwendigkeit gehorchen, so wie es der Fall war, als unser Mann auf den Boden schlug, Arme und Beine bewegte, kurz, von der Materie die seinen Handlungen entsprechenden Reaktionen erzielte. Die Materie muß also zu der Notwendigkeit, die empfangenen Bewegungen mechanisch zurückzuerstatten, noch die Fähigkeit fügen, Wünsche zu erfüllen und Befehlen zu gehorchen. Das wird nicht unmöglich sein, wenn die Natur schon von selbst dazu neigt, auf den Menschen Rücksicht zu nehmen. Es wird genügen, daß die Willfährigkeit, von der gewisse *Ereignisse* zeugen, sich in den *Dingen* wiederfinde. Diese werden dann mehr oder weniger mit Gehorsam und mit Macht behaftet sein; sie werden über eine Kraft verfügen, die den Wünschen des Menschen gefügig ist und deren der Mensch sich bemächtigen können wird. Worte wie ›Mana‹, ›Wakonda‹ usw. drücken diese Kraft und gleichzeitig das Ansehen aus, das sie umgibt. Sie haben nicht alle den gleichen Sinn, wenn man einen genauen Sinn haben will; aber alle entsprechen der gleichen vagen Idee. Sie bezeichnen das, was bewirkt, daß die Dinge sich den Verrichtungen der Magie gefügig zeigen. Was diese Verrichtungen selbst betrifft, so haben wir ihre Natur soeben bestimmt. Sie beginnen den Akt, den der Mensch nicht vollenden kann. Sie machen die Bewegung, die zwar nicht so weit reichen würde, um die gewünschte Wirkung hervorzubringen, die sie aber doch erzielen wird, wenn der Mensch die Gewogenheit der Dinge zu erzwingen weiß.

Die Magie ist also dem Menschen eingeboren, da sie nur die Veräußerlichung eines Wunsches ist, dessen das Herz voll ist. Wenn sie als etwas Gekünsteltes erschien, wenn man sie auf oberflächliche Ideenverbindungen zurückgeführt hat, so deshalb, weil man sie in solchen Verrichtungen studiert hat, die gerade dazu gemacht sind, um den Magier davon zu dispensieren, daß er seine Seele hineinlegt, und um ohne Anstrengung das gleiche Resultat zu erreichen. Der Schauspieler, der seine Rolle einübt, erzeugt in sich ganz ernsthaft das Gefühl, das er darstellen soll; er merkt sich die Gesten und die Akzente, die daraus hervorgehen; später, vor dem Publikum, wird er nur diese Gesten und Akzente wiederholen, er wird sich die Erregung ersparen können. Ebenso verhält es sich mit der Magie. Die ›Gesetze‹, die man dafür gefunden hat, sagen nichts von dem natürlichen Elan, aus dem sie hervorgegangen sind. Sie sind nur die Formel für die Verfahren, die der ursprünglichen Magie von der Faulheit eingegeben worden sind, damit sie sich selbst nachahme.

Sie geht zunächst, heißt es, davon aus, daß »Gleiches Gleiches erzeugt«. Man sieht nicht ein, weshalb die Menschheit gleich zu Anfang ein so abstraktes und willkürliches Gesetz aufstellen sollte. Dagegen versteht man, daß der Mensch (nachdem er instinktiv die Bewegung gemacht hat, als wollte er sich auf den abwesenden Feind stürzen, und sich eingeredet hat, sein Zorn, den er in den Raum hinausschleuderte und der von einer gefälligen Materie weitergetragen wurde, werde den angefangenen Akt vollenden) den Wunsch hat, das gleiche Ergebnis zu erzielen, ohne sich in den gleichen Zustand versetzen zu müssen. Er wird das Verfahren also mit kaltem Blut wiederholen. Den Akt, dessen Zeichnung sein Zorn entworfen hatte, als er glaubte, einen Feind in den Fingern zu haben und zu erwürgen, wird er reproduzieren mit Hilfe einer fertigen Vorzeichnung, mit Hilfe einer Puppe, deren Konturen er nur immer nachzuziehen braucht. So wird er das Behexen ausüben. Die

Puppe, deren er sich bedient, braucht übrigens dem Feind nicht ähnlich zu sehen, denn ihre Rolle besteht ja nur darin, zu bewirken, daß der Akt sich selbst ähnelt. Das scheint uns der psychologische Ursprung eines Prinzips zu sein, dessen Formel vielmehr die folgende wäre: »Gleiches ist Gleichem gleichwertig«, oder noch besser, in schärferer Fassung: »Das Statische kann das Dynamische ersetzen, dessen Schema es gibt.« In dieser Form, die an seinen Ursprung erinnert, würde das Prinzip sich nicht zu unbegrenzter Ausdehnung eignen. In der ersten Form dagegen berechtigt es zu der Annahme, man könne auf ein fernes Objekt durch Vermittlung eines gegenwärtigen Objekts einwirken, das mit ihm die oberflächlichste Ähnlichkeit hat. Das Prinzip braucht nicht einmal herausgelöst und formuliert zu werden. Es braucht nur einfach in einer fast instinkthaften magischen Verrichtung enthalten zu sein, und es gestattet dieser natürlichen Magie, ins Endlose fortzuwuchern.

Die magischen Praktiken werden noch auf andere Gesetze zurückgeführt: »Man kann ein Wesen oder eine Sache beeinflussen, indem man das beeinflußt, wodurch sie berührt worden sind«, »der Teil gilt für das Ganze« usw. Aber der psychologische Ursprung bleibt derselbe. Es handelt sich immer darum, mit ruhigem Gemüt und mit der Einbildung, er sei wirksam, den Akt zu wiederholen, der die gleichsam halluzinatorische Wahrnehmung seiner Wirksamkeit auslöste, als er in einem Augenblick der Aufregung ausgeführt wurde. In Zeiten der Dürre verlangt man vom Magier, er solle Regen beschaffen. Wenn er noch seine ganze Seele hineinlegen würde, so würde er sich durch eine große Anspannung der Phantasie bis zur Wolke erheben, er würde zu fühlen glauben, daß er sie zerteilt, er würde sie als Tropfen verstreuen. Aber er wird es einfacher finden, vorauszusetzen, er sei schon beinahe wieder zur Erde herabgestiegen, und dann ein wenig Wasser auszugießen: dieser winzige Teil des Ereignisses wird es ganz reproduzieren, wenn die Anspannung, die man von der Erde zum Himmel hätte recken müssen, Ersatz für sich beschaffen könnte und wenn die dazwischen liegende Materie mehr oder weniger mit einer halb-physikalischen, halb-sittlichen Geneigtheit behaftet ist – so wie sie mit positiver oder negativer Elektrizität geladen sein könnte – dem Menschen zu dienen oder ihm in die Quere zu kommen. Man sieht, inwiefern es eine natürliche, sehr einfache Magie gibt, die sich auf eine kleine Zahl von Praktiken beschränken würde. Aber die Reflexion über diese Praktiken oder vielleicht auch bloß ihr Ausdruck in Worten hat es ihnen erlaubt, sich nach allen Richtungen hin zu vervielfältigen und sich mit allen Arten von Aberglauben zu belasten, weil die Formel immer über die von ihr ausgedrückte Tatsache hinausgeht.

Die Magie scheint uns also auf zwei Elemente zurückführbar: den

Wunsch, auf alles Mögliche einzuwirken, auch auf das, was einem nicht erreichbar ist, und die Idee, daß die Dinge mit dem, was wir ein menschliches Fluidum nennen, geladen sind oder sich damit laden lassen. Auf den ersten Punkt muß man sich beziehen, wenn man Magie und Wissenschaft miteinander vergleichen will, auf den zweiten, um die Magie an die Religion anzuknüpfen.

Daß es der Magie passiert ist, gelegentlich der Wissenschaft zu dienen, ist wohl möglich: man geht nicht dauernd mit der Materie um, ohne einen Nutzen daraus zu ziehen. Doch muß man, um eine Beobachtung nützen oder auch nur um sie notieren zu können, schon irgendeine Neigung zu wissenschaftlicher Untersuchung haben. Aber dadurch ist man nicht mehr Magier, man wendet sogar der Magie den Rücken. Es ist in der Tat leicht, die Wissenschaft zu definieren, da sie immer in gleicher Richtung gearbeitet hat. Sie mißt und berechnet, um vorherzusehen und zu handeln. Zuerst vermutet sie, dann stellt sie fest, daß das Weltall von mathematischen Gesetzen regiert wird. Kurz, aller Fortschritt der Wissenschaft besteht in einer ausgedehnteren Kenntnis und in einer reicheren Ausnutzung des universalen Mechanismus. Dieser Fortschritt vollzieht sich ja durch eine Anspannung unserer Intelligenz, die dazu da ist, unser Wirken auf die Dinge zu leiten, und deren Struktur infolgedessen der mathematischen Gestaltung des Weltalls nachgebildet, gleichsam nach ihr durchgepaust sein muß. Obwohl wir nur auf die uns umgebenden Objekte zu wirken haben, und obgleich das die primitive Bestimmung der Intelligenz gewesen ist, mußte der Mensch trotzdem, da die Mechanik des Weltalls in jedem seiner Teile gegenwärtig ist, mit einer Intelligenz geboren werden, die virtuell fähig war, die ganze materielle Welt zu umfassen. Es ist mit dem Erkennen wie mit dem Sehen: auch das Auge ist nur dazu da, um uns die Dinge zu enthüllen, auf die wir zu wirken imstande sind; aber ebenso wie die Natur den gewollten Grad des Sehens nur mit einer Einrichtung erreichen konnte, deren Wirkung weiterreicht als ihr Gegenstand (denn wir sehen ja die Sterne, während wir doch ohne Einfluß auf sie sind), so gab sie uns notwendigerweise mit der Fähigkeit, die Materie zu verstehen, die wir handhaben, auch die virtuelle Kenntnis des übrigen und die nicht weniger virtuelle Macht, sie auszunutzen. Freilich ist hier vom Virtuellen zum Aktuellen ein weiter Weg. Jeder effektive Fortschritt, sowohl auf dem Gebiete des Erkennens wie auf dem des Handelns, hat die beharrliche Bemühung eines oder mehrerer überragender Menschen erfordert. Es war jedesmal eine Schöpfung, die die Natur allerdings möglich gemacht hatte, als sie uns eine Intelligenz verlieh, deren Form die Materie übersteigt, die aber sozusagen über das hinausging, was die Natur gewollt hatte. Die Art, wie der Mensch organisiert ist, schien ihn in der Tat für ein bescheideneres Leben zu bestimmen. Sein instinktiver Widerstand gegen Neuerungen beweist es. Die Trägheit der Menschheit ist immer nur dem Ansturm des Genies gewichen. Kurz, die Wissenschaft erfordert eine doppelte Anstrengung: das Mühen einiger Menschen, Neues zu finden, und das Mühen aller andern Menschen, es anzunehmen und sich ihm anzubequemen. Eine Gesellschaft kann zivilisiert genannt werden, sobald man dort zugleich diese Initiativen und diese Gelehrigkeit findet. Die zweite Bedingung ist übrigens schwieriger zu erfüllen als die erste. Was den Nicht-Zivilisierten gefehlt hat, das ist wahrscheinlich nicht der überragende Mensch (man sieht nicht ein, wieso die Natur nicht immer und überall diese glücklichen Einfälle gehabt haben soll), sondern vielmehr die Gelegenheit für einen solchen Menschen, seine Überlegenheit zu zeigen, d. h. die Geneigtheit der andern, ihm zu folgen. Wenn eine Gesellschaft bereits den Weg der Zivilisation betreten hat, dann wird die Aussicht auf ein bloßes Anwachsen des Wohlbefindens zweifellos genügen, um ihre Routine zu besiegen. Aber damit sie ihn betritt, damit der erste Schritt zustande kommt, dazu ist viel mehr nötig: so etwa die Angst vor der Vernichtung des ganzen Stammes, wie sie das Auftauchen einer neuen Waffe bei einem feindlichen Stamme erzeugen würde. Die Gesellschaften, die mehr oder weniger ›primitiv‹ geblieben sind, sind wahrscheinlich solche, die keine Nachbarn gehabt haben, allgemeiner solche, für die das Leben zu bequem war. Sie waren der den Anfang machenden Anstrengung enthoben. Nachher war es zu spät: die Gesellschaft konnte nicht mehr fortschreiten, selbst wenn sie gewollt hätte, denn sie war vergiftet durch die Erzeugnisse ihrer Trägheit. Diese Erzeugnisse waren eben die Praktiken der Magie, zum wenigsten in dem, was sie an Übermäßigem und alles Überschwemmenden aufweist. Denn die Magie ist das Gegenteil der Wissenschaft. Solange die Starre des Milieus sie nicht zum Wuchern bringt, hat sie ihre Existenzberechtigung. Sie beruhigt vorläufig die Beunruhigung einer Intelligenz, deren Form den Inhalt überragt, die sich dunkel von ihrem Nichtwissen Rechenschaft gibt und seine Gefahr erkennt, die um den sehr kleinen Kreis her, wo das Handeln seiner Wirkung sicher, wo die nächste Zukunft vorhersehbar ist und wo es somit schon eine Wissenschaft gibt, eine ungeheure Zone des Unvorhersehbaren ahnt, die ihr den Mut zum Handeln nehmen könnte. Aber man muß trotzdem handeln. Da also greift die Magie ein, als unmittelbare Wirkung des Lebensdranges. Sie wird zurückweichen in dem Maße, wie der Mensch durch Anspannung sein Erkennen erweitert. Vorläufig hat sie, da sie erfolgreich scheint (denn der Mißerfolg einer magischen Operation kann ja immer dem Erfolg irgendeiner feindlichen Magie zugeschrieben werden), die gleiche moralische Wirkung wie die Wissenschaft. Aber nur dies hat sie mit der Wissenschaft gemein, von der sie durch die ganze Entfernung getrennt ist, die zwischen Wünschen und Wollen liegt. Sie hat durchaus nicht, wie behauptet worden ist, die Wissenschaft vorbereitet, sondern sie ist das große Hindernis gewesen, gegen das das methodische Wissen zu kämpfen hatte. Der zivilisierte Mensch ist der Mensch, bei dem die aufkeimende, im alltäglichen Handeln beschlossene Wissenschaft, dank einem unaufhörlich angespannten Willen, gegen die Magie vordringen konnte, die das übrige Feld beherrschte. Der Nicht-Zivilisierte dagegen ist der Mensch, der, die Anstrengung verschmähend, die Magie bis zum Gebiet der aufkeimenden Wissenschaft vordringen, sich über diese lagern, sie so sehr maskieren ließ, daß er uns bewog, an eine ursprüngliche Mentalität zu glauben, bei der jede wahre Wissenschaft gefehlt hätte. Ist aber die Magie einmal Herrin auf dem Gebiet, dann spielt sie tausend und aber tausend Variationen über sich selbst; sie ist fruchtbarer als die Wissenschaft, da ja ihre Erfindungen reine Phantasie sind und nichts kosten. Sprechen wir also nicht von einer Ära der Magie, die auf die Ära der Wissenschaft gefolgt wäre. Sagen wir vielmehr, daß Wissenschaft und Magie gleichermaßen natürlich sind, daß sie immer nebeneinander bestanden haben, daß unsere Wissenschaft zwar unendlich viel ausgedehnter ist als die unserer entfernten Ahnen, daß diese jedoch viel weniger Magier gewesen sein müssen als die Nicht-Zivilisierten von heute. Im Grunde sind wir geblieben, was sie waren. Von der Wissenschaft zurückgedrängt, lebt die Neigung zur Magie fort und wartet auf ihre Stunde. Wenn die Aufmerksamkeit auf die Wissenschaft sich einen Augenblick ablenken läßt, bricht sofort die Magie in unsere zivilisierte Gesellschaft ein, sowie der im Wachen zurückgedrängte Wunsch den leisesten Schlaf benutzt, um sich in einem Traum zu befriedigen.

Bleibt noch die Frage nach den Beziehungen zwischen Magie und Religion. Offenbar hängt dabei alles von der Bedeutung des letztgenannten Ausdrucks ab. Der Philosoph studiert meistens ein Etwas, das der gewöhnliche Menschenverstand schon mit einem Wort bezeichnet hat. Dieses Etwas kann vielleicht nur flüchtig gesehen worden sein; es kann schlecht gesehen worden sein; es kann mit andern Dingen durcheinander geworfen worden sein, von denen man es isolieren mußte. Es kann auch sein, daß es aus der Ganzheit des Wirklichen nur um der Bequemlichkeit der Rede willen herausgeschnitten worden ist und nicht wirklich ein Etwas darstellt, das sich zu einer abgesonderten Untersuchung eignet. Darin besteht die große Unterlegenheit der Philosophie im Verhältnis zur Mathematik und sogar zu den Naturwissenschaften. Sie muß von der Zerstückelung der Wirklichkeit ausgehen, die von der Sprache ausgeführt worden ist und vielleicht etwas durchaus Relatives, den Bedürfnissen der Gemeinschaft Entsprechendes ist: nur zu oft vergißt sie diesen Ursprung und geht vor wie ein Geograph, der, um die verschiedenen Regionen der Erdkugel voneinander abzugrenzen und ihre physischen Beziehungen zueinander zu bestimmen, sich auf die Grenzen bezöge, die durch die Verträge gezogen worden sind. In der Untersuchung, die wir unternommen haben, haben wir dieser Gefahr vorgebeugt, indem wir unmittelbar von dem Wort ›Religion‹ und allem, was es zufolge einer vielleicht künstlichen Zerstückelung der Dinge umfaßt, zu einer gewissen Funktion des Geistes übergegangen sind, die man direkt beobachten kann, ohne sich mit der Einteilung des Wirklichen in Begriffe, welche Worten entsprechen, zu befassen. Wir haben das Wirken der Funktion untersucht und dabei nacheinander mehrere der Bedeutungen aufgefunden, die man dem Wort Religion gibt. Wenn wir unsere Untersuchung fortsetzen, werden wir die andern Bedeutungsnuancen finden, und wir werden vielleicht noch eine oder zwei neue hinzufügen können. Damit wird also ausgemacht sein, daß das Wort diesmal eine Realität umschreibt. Eine Realität, die allerdings oben und unten über die gewöhnliche Bedeutung des Wortes etwas hinausreichen wird. Dann aber werden wir sie in sich selbst erfassen, in ihrer Struktur und ihrem Prinzip, sowie es geschieht, wenn man an eine physiologische Funktion, wie etwa die Verdauung, eine große Zahl von Fakten anknüpft, die man an andern Gebieten des Organismus beobachtet hat, und die auf diese Weise sogar Neues an ihr entdeckt. Wenn man sich auf diesen Gesichtspunkt versetzt, bildet die Magie offenbar einen Teil der Religion. Es handelt sich dabei freilich nur um die tiefstehende Religion, um die Religion, mit der wir uns bisher beschäftigt haben. Aber die Magie stellt, wie diese Religion im allgemeinen, eine Vorsichtsmaßnahme der Natur gegen gewisse Gefahren dar, die das intelligente Wesen läuft. — Man kann nun einen andern Weg verfolgen: man kann von den verschiedenen üblichen Bedeutungen des Wortes Religion ausgehen, sie miteinander vergleichen und eine mittlere Bedeutung herausschälen: damit wird man freilich eher eine lexikalische Frage gelöst haben als ein philosophisches Problem; aber darauf kommt es nicht an, vorausgesetzt, daß man sich darüber klar ist, was man tut, und daß man sich nicht einbildet (eine ständige Illusion der Philosophen), man hätte das Wesen der Sache, wenn man sich über den konventionellen Sinn des Wortes geeinigt hat. — Ordnen wir also alle Bedeutungen unseres Wortes ›Religion‹ längs einer Skala an, wie die Nuancen des Spektrums oder die Noten der Tonleiter: wir werden in der mittleren Region, in gleicher Entfernung von beiden Enden, die Anbetung von Göttern finden, an die man sich durch das Gebet wendet. Selbstverständlich steht die Religion, so verstanden, dann im Gegensatz zur Magie. Diese ist wesentlich egoistisch, jene gestattet und fordert sogar oft die Selbstlosigkeit. Die eine will die Zustimmung der Natur erzwingen, die andere fleht die Gnade des Gottes an. Vor allem wird die Magie in einem halb physischen, halb geistigen Milieu geübt; der Magier hat es jedenfalls nicht mit einer Person zu tun; die Religion dagegen entleiht ihre größte Wirksamkeit der Persönlichkeit des Gottes. Wenn man mit uns annimmt, daß die primitive Intelligenz ringsum, in den Phänomenen wie in den Ereignissen, eher Persönlichkeitselemente als vollständige Persönlichkeiten wahrzunehmen glaubt, so wird die Religion, so wie wir sie eben verstanden haben, diese Elemente schließlich soweit verstärken, daß sie sie in Personen umwandelt, während die Magie sie als abgeblaßt annimmt und sozusagen als aufgelöst in einer materiellen Welt, in der ihre Wirksamkeit erschlichen werden kann. Magie und Religion divergieren also von einem gemeinsamen Ursprung aus, und es kann nicht die Rede davon sein, die Religion aus der Magie hervorgehen zu lassen: sie sind Zeitgenossen. Man versteht übrigens, daß jede von beiden auch weiterhin bei der anderen ein- und ausgeht, daß etwas Magie in der Religion übrig bleibt und vor allem etwas Religion in der Magie. Der Magier arbeitet bekanntlich manchmal durch Vermittlung von Geistern, d. h. von relativ individualisierten Wesen, die aber weder die vollständige Persönlichkeit noch die hohe Würde der Götter haben. Anderseits kann die Beschwörung gleichzeitig am Befehl wie am Gebet teilhaben.

Die Religionsgeschichte hat lange Zeit gemeint, der Glaube an Geister sei das Primitive und erkläre alles übrige. Wie jeder von uns seine Seele hat, die eine feinere Wesenheit ist als der Körper, so wäre in der Natur alles beseelt; eine irgendwie spirituelle Wesenheit soll es begleiten. Nachdem die Geister einmal da waren, wäre die Menschheit vom Glauben zur Anbetung übergegangen. Es gäbe also eine natürliche Philosophie, den Animismus, aus dem die Religion hervorgegangen wäre. Dieser Hypothese scheint man heute eine andre vorzuziehen. In einer ›präanimistischen‹ oder ›animatistischen‹ Phase hätte die Menschheit sich eine unpersönliche Kraft wie etwa das polynesische ›Mana‹ vorgestellt, die, im ganzen All verbreitet, doch unter die Teile ungleich verteilt sei; erst später wäre sie zu den Geistern gelangt. Wenn unsere Untersuchungen richtig sind, dann war es keine unpersönliche Kraft, waren es keine individualisierten Geister, was man zuerst konzipiert hat; man hätte bloß den Dingen und den Ereignissen Absichten untergeschoben, als hätte die Natur überall Augen, die sie auf den Menschen richtet. Daß eine ursprüngliche Neigung dazu existiert, das können wir feststellen, wenn ein plötzlicher Stoß den primitiven Menschen aufweckt, der tief in jedem von uns schlummert. Was wir dann empfinden, ist das Gefühl einer *wirksamen Gegenwart;* auf die Natur dieser Gegenwart kommt es übrigens wenig an, das Wesentliche ist ihre Wirksamkeit: sobald man sich mit uns beschäftigt; so mag zwar die Absicht nicht immer gut sein, aber wir zählen wenigstens im Weltall. Das sagt uns die Erfahrung. Aber *a priori* war es schon unwahrscheinlich, daß die Menschheit mit theoretischen Ansichten begonnen haben sollte, ganz gleich welchen. Eines müssen wir immerfort wiederholen: bevor man philosophiert, muß man leben; die ursprünglichen Neigungen und Überzeugungen müssen aus einer vitalen Notwendigkeit hervorgegangen sein. Wenn man die Religion auf ein System von Ideen zurückführt, auf eine Logik oder eine ›Praelogik‹, dann macht man aus unsern entferntesten Ahnen Intellektuelle, und zwar Intellektuelle, wie sie auch unter uns häufiger vorkommen sollten, denn wir sehen, wie die schönsten Theorien vor der Leidenschaft und vor dem Eigennutz nachgeben und nur in den Stunden zählen, wo man reflektiert, während an die alten Religionen das ganze Leben geknüpft war. In Wahrheit muß die Religion, da sie unserer Gattung coextensiv ist, zu unserer Struktur gehören. Wir haben sie soeben auf eine fundamentale Erfahrung zurückgeführt; aber diese Erfahrung selbst könnte man ahnen, bevor man sie gemacht hat, jedenfalls kann man sie sich gut erklären, nachdem man sie gemacht hat; es genügt dazu, den Menschen wieder in die Gesamtheit der Lebewesen und die Psychologie wieder in die Biologie zurückzuversetzen. Wir brauchen ja nur ein anderes Tier als den Menschen zu betrachten. Es benutzt alles, was ihm dienen kann. Glaubt es ausdrücklich, die Welt sei für es geschaffen? Sicher nicht, denn es stellt sich die Welt nicht vor und hat übrigens gar keine Lust zu spekulieren. Aber da es nur das sieht, jedenfalls nur das ansieht, was seine Bedürfnisse befriedigen kann, da die Dinge für es nur insoweit existieren, als es sie benutzen wird, benimmt es sich offenbar so, als wenn alles in der Natur nur im Hinblick auf sein Wohl und im Interesse seiner Gattung eingerichtet wäre. Das ist seine erlebte Überzeugung; sie erhält es, sie fällt übrigens zusammen mit seinem Lebensdrang. Man lasse nun die Reflexion auftauchen: diese Überzeugung wird hinschwinden; der Mensch wird sich wahrnehmen und denken als einen Punkt in der Unendlichkeit des Weltalls. Er würde sich verloren fühlen, wenn nicht der Lebensdrang in seine Intelligenz gerade an eben die Stelle, die diese Wahrnehmung und dieser Gedanke einnehmen wollte, sofort das gegenteilige Bild projizieren würde: das Bild einer Hinwendung der Dinge und der Ereignisse nach dem Menschen zu: ob wohlwollend oder übelwollend — überallhin folgt ihm eine Absicht der Umgebung, sowie der Mond mit ihm zu laufen scheint, wenn er selbst läuft. Ist sie gut, dann wird er auf ihr ruhen. Sinnt sie ihm Böses, wird er versuchen, die Folgen abzuwenden. In jedem Falle ist auf ihn Rücksicht genommen worden. Keine Theorie, kein Raum für das Willkürliche. Die Überzeugung drängt sich auf, weil sie nichts Philosophisches hat, da sie ja von vitaler Ordnung ist.

Wenn sie sich nun spaltet und sich in zwei auseinanderlaufenden Richtungen entwickelt, einerseits zum Glauben an schon individualisierte Geister, und anderseits zur Idee eines unpersönlichen Wesens, so geschieht das nicht aus theoretischen Gründen: diese fordern die Kontroverse heraus, lassen den Zweifel zu, rufen Dogmen hervor, die zwar die Lebensführung beeinflussen können, sich aber nicht in alle Zwischenfälle der Existenz hineinmischen und nicht Richtschnur für das ganze Leben werden könnten. In Wahrheit ist es so, daß der Wille, wenn die Überzeugung sich erst einmal in ihm niedergelassen hat, sie in die Richtungen drängt, die er offen findet oder die sich im Laufe seiner Anstrengung an den Punkten des geringsten Widerstandes öffnen. Die Absicht, die er anwesend fühlt, wird er mit allen Mitteln benutzen, sei es, daß er sie in dem nimmt, was sie physisch Wirksames an sich hat (wobei er sich sogar von dem, was sie Materielles hat, eine übertriebene Vorstellung macht und demgemäß versucht, sie mit Gewalt zu meistern) oder sei es, daß er von der geistigen Seite an sie herangeht, wobei er sie umgekehrt in der Richtung auf die Persönlichkeit vorwärtsstößt, um sie durch das Gebet zu gewinnen. Also ist ein aus der Forderung nach einer wirksamen Magie hervorgegangener Begriff, wie der des Mana, eine Verarmung oder Vermaterialisierung des ursprünglichen Glaubens; und es ist das Bedürfnis, Vergünstigungen zu erlangen, das aus demselben Glauben, in der umgekehrten Richtung, die Geister und die Götter hervorgebracht hat. Weder hat sich das Unpersönliche zum Persönlichen hin entwickelt, noch sind zuerst reine Persönlichkeiten gesetzt worden. Sondern aus einem Mittelding, das eher dazu geschaffen war, den Willen zu stützen als die Intelligenz zu erhellen, sind durch Abzweigung nach oben und nach unten die Kräfte hervorgegangen, auf denen die Magie ruht, und auch die Götter, zu denen die Gebete aufsteigen.

Wir haben uns über den ersten Punkt ausgesprochen. Wir hätten viel zu tun, wenn wir uns über den zweiten verbreiten müßten. Der allmähliche Aufstieg der Religion zu Göttern mit immer fester umrissener Persönlichkeit, die immer deutlicher herausgearbeitete Beziehungen untereinander haben oder dazu neigen, in eine einzige Gottheit zu verschmelzen, entspricht dem ersten der beiden großen Fortschritte der Menschheit in der Richtung der Zivilisation. Dieser ist bis zu dem Tage fortgesetzt worden, wo der religiöse Sinn sich von außen nach innen wandte, vom Statischen zum Dynamischen, durch eine Umkehr, die der Umkehr ähnelt, die die reine Intelligenz ausführte, als sie von der Betrachtung bestimmter Größen zur Differentialrechnung überging. Diese Umkehr war zweifellos entscheidend; es wurden Umformungen des Individuums möglich gleich denen, welche die aufeinanderfolgenden Arten in der organischen Welt ergeben haben; der Fortschritt konnte nunmehr im Erschaffen neuer Qualitäten bestehen, und nicht mehr im bloßen Vergrößern; anstatt lediglich vom Leben zu profitieren; auf demselben Fleck, auf dem Punkt, an dem man stehengeblieben ist, wird man jetzt die Bewegung des Lebens fortsetzen. Von dieser ganz innerlichen Religion werden wir im folgenden Kapitel handeln. Wir werden sehen, daß sie den Menschen eben durch die Bewegung unterstützt, die sie ihm verleiht, indem sie ihn in den schöpferischen Schwung zurückversetzt, und nicht mehr durch Phantasievorstellungen, an die er, in der Unbeweglichkeit verharrend, sein Tun anlehnt. Aber wir werden auch sehen, daß der religiöse Dynamismus die statische Religion braucht, um sich auszudrücken und sich zu verbreiten. Man begreift demnach, daß diese in der Geschichte der Religionen den ersten Platz einnimmt. Nochmals, wir brauchen sie nicht in der ungeheuren Vielfalt ihrer Äußerungen zu verfolgen. Es wird genügen, wenn wir die hauptsächlichsten angeben und ihre Verkettung aufzeigen.

Gehen wir von der Idee aus, es gäbe den Dingen anhaftende Intentionen: wir werden sogleich dahin kommen, uns Geister vorzustellen. Es sind die schattenhaften Wesenheiten, die z. B. die Quellen, die Flüsse, die Brunnen bevölkern. Jeder Geist ist an den Platz gebannt, wo er sich offenbart. Schon dadurch unterscheidet er sich von der Gottheit im eigentlichen Sinne, die sich, ohne sich zu spalten, auf verschiedene Orte verteilen kann und alles regieren kann, was zur gleichen Art gehört. Diese wird einen Namen tragen; sie wird ihr eigenes Gesicht haben, ihre deutlich gekennzeichnete Persönlichkeit, während die tausend Geister der Wälder und der Quellen Abzüge des gleichen Modells sind und höchstens mit Horaz sagen könnten: *Nos numerus sumus*. Später, wenn die Religion sich bis zu jenen großen Persönlichkeiten, den Göttern, erhoben hat, kann sie die Geister nach deren Bild konzipieren: diese werden dann zu niederen Göttern; und jetzt scheint es, als wären sie es immer gewesen. Aber sie sind es nur durch Rückwirkung geworden. Es hat bei den Griechen sicher sehr lange gedauert, bis der Geist der Quelle eine anmutige Nymphe und der des Waldes eine Hamadryade wurde. In der primitiven Form muß der Geist der Quelle nichts andres als die Quelle selbst gewesen sein, insofern sie Wohltäterin des Menschen ist. Genauer gesagt, es war dieses wohltätige Wirken als ein Dauerndes betrachtet. Zu Unrecht würde man hier für eine abstrakte Idee halten — ich meine für eine von den Dingen durch intellektuelle Arbeit abgezogene Idee — was Vorstellung des Aktes und seiner Fortführung ist. Das ist eine unmittelbare Gegebenheit der Sinne. Unsere Philosophie und unsere Sprache setzen zuerst die Substanz, umgeben sie mit Attributen und lassen alsdann Akte als Emanationen daraus hervorgehen. Aber wir können nicht oft genug wiederholen: es kommt vor, daß die Handlung sich zuerst darbietet und sich selbst genügt, vor allem in den Fällen, wo sie den Menschen besonders interessiert. Dahin gehört der Akt, daß man uns zu trinken gibt: man kann ihn in einer Sache lokalisieren und sodann in einer Person; aber er hat seine eigene, unabhängige Existenz; und wenn er sich endlos fortsetzt, dann wird eben seine Beharrlichkeit ihn zu dem beseelenden Geist der Quelle erhöhen, aus der man trinkt, wohingegen die Quelle, isoliert von der Funktion, die sie ausübt, um so vollständiger in den Zustand einer bloßen Sache übergehen wird. Es ist allerdings richtig, daß die Seelen der Toten sich ganz natürlich zu den Geistern gesellen: von ihren Körpern losgelöst, haben sie doch nicht ganz auf ihre Persönlichkeit verzichtet. Wenn sie sich unter die Geister mischen, färben sie notwendigerweise auf diese ab, und bereiten sie durch die Nuancen, mit denen sie sie färben, dazu vor, Personen zu werden. So werden die Geister auf verschiedenen, aber zusammenlaufenden Straßen sich auf den Weg zur vollständigen Persönlichkeit begeben. Aber in der elementaren Form, die sie zuerst hatten, entsprechen sie einem so natürlichen Bedürfnis, daß man sich nicht wundern muß, wenn der Glaube an Geister sich als Kernstück aller alten Religionen findet. Wir sprachen von der Rolle, die er bei den Griechen spielte: nachdem er ihre primitive Religion gewesen war — soweit man aus der mykänischen Kultur darüber urteilen kann — blieb er Volksreligion. Er war die Grundlage der römischen Religion, sogar nachdem man den aus Griechenland und anderswoher eingeführten großen Gottheiten den größten Raum eingeräumt hatte: die Laren, die Geister des Hauses, haben immer ihre Bedeutung bewahrt. Bei den Römern wie bei den Griechen muß die Göttin, die Hestia oder Vesta hieß, zuerst nur die Herdflamme gewesen sein, angesehen in ihrer Funktion, ich meine in ihrer wohltätigen Absicht. Verlassen wir das klassische Altertum, gehen wir nach Indien, nach China, nach Japan: überall werden wir den Glauben an Geister wiederfinden; es wird versichert, daß er noch heute (neben dem Ahnenkult, der ihm sehr nahesteht) das Wesentliche der chinesischen Religion darstellt. Da er allgemein verbreitet ist, war man leicht zu der Meinung gelangt, er sei ursprünglich. Wir können wenigstens so viel feststellen, daß er den Ursprüngen nicht fernsteht, und daß der menschliche Geist natürlicherweise durch ihn hindurchgeht, bevor er zur Anbetung der Götter gelangt.

Er könnte auch auf einer Zwischenstufe stehenbleiben. Wir meinen den Tierkult, der in der Menschheit von einst so verbreitet war, daß manche ihn für noch natürlicher angesehen haben als die Anbetung der Götter in Menschenform. Wir sehen ihn lebendig und zäh selbst dort noch fortbestehen, wo der Mensch sich schon Götter nach seinem Bilde vorstellt. So bestand er bis zuletzt im alten Ägypten. Manchmal weigert sich der Gott, der aus der Tierform hervorgegangen ist, diese gänzlich aufzugeben; auf seinen Menschenkörper setzt er einen Tierkopf. Alles dies setzt uns heute in Erstaunen. Und zwar hauptsächlich deshalb, weil der Mensch in unsern Augen eine hohe Würde angenommen hat. Wir charakterisieren ihn durch die Intelligenz, und wir wissen, daß es keine Höherwertigkeit gibt, die die Intelligenz uns nicht verleihen, und keine Minderwertigkeit, die sie nicht ausgleichen könnte. Das war nicht so, als die Intelligenz ihre Proben noch nicht abgelegt hatte. Ihre Erfindungen waren zu selten, als daß ihre unbegrenzte Erfindungskraft in Erscheinung treten konnte; die Waffen und Werkzeuge, die sie dem Menschen verschaffte, vertrugen nur schlecht den Vergleich mit denen, die das Tier von Natur aus besaß. Die Reflexion selbst, die das Geheimnis ihrer Kraft ist, könnte den Eindruck einer Schwäche machen, denn sie ist die Quelle der Unentschlossenheit, wohingegen die Reaktion des Tieres, wenn sie wirklich instinktiv ist, unmittelbar und sicher ist. Alles, sogar die Unfähigkeit zu sprechen, hat dazu gedient, das Tier mit der Aureole des Mysteriums zu umgeben. Sein Schweigen kann ja auch als Verachtung gelten, als hätte es Besseres zu tun, denn sich auf Unterhaltungen mit uns einzulassen. Dies alles erklärt, daß die Menschheit dem Tierkult nicht widerstrebt hat. Aber wieso ist sie dazu gekommen? Man bemerke, daß das Tier immer wegen einer charakteristischen Eigenheit angebetet worden ist. Im alten Ägypten stellte der Stier die Kampfeskraft dar; die Löwin war Zerstörung; der Geier, der so fürsorglich für seine Jungen ist, die Mütterlichkeit. Wir würden es nun aber gewiß nicht verstehen, daß das Tier Gegenstand eines Kultes geworden ist, wenn der Mensch von Anfang an an Geister geglaubt hätte. Wenn man sich aber anfangs nicht an Wesen gewendet hat, sondern an wohltätige oder bösartige, als ein Dauerndes angesehene Handlungen, dann ist es natürlich, daß man sich, nachdem man Handlungen erschlichen hatte, Eigenschaften aneignen wollte: diese Eigenschaften schienen sich in reinem Zustande beim Tier zu bieten, dessen Handeln einfach ist, aus einem Guß, und anscheinend nach einer einzigen Richtung hin orientiert. Die Tieranbetung ist also nicht die primitive Religion gewesen; aber als man diese verließ, hatte man die Wahl zwischen dem Geisterkult und dem Tierkult.

Ebenso wie die Natur des Tieres sich in einer einzigen Eigenschaft zu konzentrieren scheint, so könnte man auch sagen, daß seine Individualität sich in einer Gattung auflöst. Einen Menschen erkennen besteht darin, ihn von andern Menschen zu unterscheiden; ein Tier erkennen bedeutet dagegen, gewöhnlich sich darüber Rechenschaft geben, zu welcher Gattung es gehört; das ist in dem einen und dem andern Fall unser Interesse; daraus ergibt sich, daß unsre Wahrnehmung in dem ersten Fall die individuellen Züge erfaßt, während sie diese im zweiten Fall fast stets unbeachtet läßt.

Ein Tier mag also freilich etwas Konkretes und Individuelles sein – es erscheint uns wesentlich als eine Eigenschaft, wesentlich auch als eine Gattung. Von diesen beiden Aspekten erklärt die erste, wie wir eben gesehen haben, zum großen Teil den Tierkult. Die zweite könnte, wie mir scheinen will, in einem gewissen Maße jene seltsame Erscheinung des *Totemismus* verständlich machen. Wir brauchen ihn hier nicht zu untersuchen; doch können wir nicht umhin, ein paar Worte darüber zu sagen, denn wenn der Totemismus auch keine Tieranbetung ist, so impliziert er doch, daß der Mensch eine tierische oder sogar pflanzliche Gattung, manchmal auch einen bloßen unbelebten Gegenstand, mit einer Ehrerbietung behandelt, die der Religion nicht unähnlich ist. Nehmen wir den häufigsten Fall: es handelt sich um ein Tier, z. B. um die Ratte oder das Känguruh, das als ›Totem‹ dient, d. h. als Schutzherr des ganzen Stammes. Das Verblüffendste dabei ist, daß die Mitglieder des Stammes behaupten, mit ihm eins zu sein: sie *sind* Ratten, sie *sind* Känguruhs. Allerdings bleibt die Frage, in welchem Sinne sie das sagen. Wollte man nun gleich auf eine Spezial-Logik schließen, die den ›Primitiven‹ eigen und vom Prinzip des Widerspruchs frei wäre, so hieße das, etwas voreilig handeln. Das Verb ›sein‹ hat Bedeutungen, die auch wir schwer definieren können, so zivilisiert wir auch sind: wie sollen wir den Sinn eines entsprechenden Wortes rekonstruieren, das der Primitive in diesem oder jenem Fall anwendet, selbst wenn er uns Erklärungen gibt? Diese Erklärungen könnten nur dann einigermaßen genau sein, wenn er Philosoph wäre, und dann müßte man alle Feinheiten seiner Sprache kennen, um sie zu verstehen. Überlegen wir einmal, wie er seinerseits über uns urteilen würde, über unsere Fähigkeit zu beobachten und zu reflektieren, über unsern gesunden Menschenverstand, wenn er wüßte, daß unser größter Moralist[12] gesagt hat: »Der Mensch *ist* ein denkendes Rohr«! – Hat er eigentlich Umgang mit seinem Totem? Behandelt er ihn wie einen Menschen? Wir kommen immer wieder auf dasselbe zurück: um zu wissen, was sich im Geiste eines Primitiven und selbst eines Zivilisierten abspielt, muß man das, was er tut, zum mindesten ebensosehr in Betracht ziehen wie das, was er sagt. Wenn nun der Primitive sich nicht mit seinem Totem identifiziert, nimmt er ihn gleich als Emblem? Das hieße in der entgegengesetzten Richtung zu weit gehen: auch wenn der Totemismus nicht, wie Durkheim meint, die Grundlage für die politische Organisation der Nicht-Zivilisierten bildet, so nimmt er doch in ihrer Existenz zu viel Raum ein, als daß man darin ein bloßes Mittel zur Bezeichnung des Clans sehen könnte. Die Wahrheit muß ein Mittelding zwischen diesen beiden extremen Deutungen sein. Geben wir, als bloße Hypothese, die Interpretation, zu der man auf Grund

[12] Pascal (Anmerkung des Übersetzers).

unserer Prinzipien geführt werden könnte. Daß ein Clan dieses oder jenes Tier sein soll, daraus ist nichts zu entnehmen; daß aber zwei Clans desselben Stammes notwendigerweise zwei verschiedene Tiere sein müssen, das ist viel lehrreicher. Nehmen wir einmal an, man wolle betonen, daß diese zwei Clans zwei Gattungen ausmachen, im biologischen Sinne des Wortes: wie wird man das machen, wenn die Sprache noch nicht mit Wissenschaft und mit Philosophie getränkt ist? Da die individuellen Züge eines Tiers, sagten wir, die Aufmerksamkeit nicht erregen, so werde das Tier als Gattung wahrgenommen. Um auszudrücken, daß zwei Clans zwei verschiedene Gattungen vorstellen, wird man dem einen den Namen eines Tiers geben und dem andern den Namen eines andern Tiers. Jeder dieser Namen wäre für sich genommen nur eine Bezeichnung: zusammen sind sie das Äquivalent für eine Behauptung. Sie besagen in der Tat, daß die beiden Clans *verschiedenen Blutes* sind. Wieso sagen sie das? Wenn der Totemismus, wie versichert wird, sich an verschiedenen Stellen der Erde findet, in Gesellschaften, die keine Verbindung miteinander gehabt haben können, so muß er einem gemeinsamen Bedürfnis dieser Gesellschaften entsprechen, einer vitalen Forderung. De facto wissen wir, daß die Clans, in die der Stamm zerfällt, oft exogam sind: anders ausgedrückt, die Ehen werden zwischen Mitgliedern verschiedener Clans geschlossen, aber nicht innerhalb desselben Clans. Man hat sogar lange geglaubt, das wäre ein allgemeines Gesetz und der Totemismus bedeute immer Exogamie. Wir wollen annehmen, daß es anfangs so gewesen und daß die Exogamie in vielen Fällen mit der Zeit weggefallen ist. Man sieht sehr wohl, welches Interesse die Natur daran hat, zu verhindern, daß die Glieder eines Stammes regelmäßig untereinander heiraten und daß die Ehen in dieser geschlossenen Gesellschaft schließlich zwischen nahen Verwandten zustande kommen: die Rasse würde sogleich degenerieren. Ein Instinkt, der von ganz anderen Gewohnheiten überdeckt wird, sobald er aufgehört hat nützlich zu sein, führt also den Stamm dazu, sich in Clans zu teilen, innerhalb deren die Ehe verboten ist. Dieser Instinkt wird sein Ziel übrigens dadurch erreichen, daß er bewirkt, daß die Mitglieder des Clans sich schon als Verwandte betrachten und man sich umgekehrt von Clan zu Clan einander so fremd wie möglich fühlt, denn sein *modus operandi*, den wir ja auch bei uns beobachten können, ist der, daß er die sexuelle Anziehung zwischen Männern und Frauen verringert[13], die zusammen leben oder sich miteinander verwandt wissen. Wie also werden die Mitglieder zweier verschiedener Clans es sich selbst bewußt machen, wie werden sie es ausdrücken, daß sie nicht gleichen

---

[13] Siehe darüber Westermarck, *History of human marriage*, London 1901, S. 290 und folgende.

Blutes sind? Sie werden sich daran gewöhnen zu sagen, daß sie nicht derselben Gattung angehören. Wenn sie also erklären, daß sie zwei Tiergattungen darstellen, dann liegt der Akzent nicht auf der Tierheit, sondern auf der Zweiheit. Wenigstens muß es zu Anfang so gewesen sein[14]. Wir wollen übrigens zugeben, daß wir uns hier im Bereich des bloß Wahrscheinlichen befinden, um nicht zu sagen des bloß Möglichen. Wir wollten nur an einem sehr umstrittenen Problem die Methode versuchen, die uns gewöhnlich die sicherste scheint. Von einer biologischen Notwendigkeit ausgehend, suchen wir beim lebenden Wesen das entsprechende Bedürfnis. Wenn dieses Bedürfnis nicht einen wirklichen und handelnden Instinkt erschafft, so erregt es doch, durch Vermittlung dessen, was man einen virtuellen oder latenten Instinkt nennen könnte, eine Phantasie-Vorstellung, die das Verhalten so bestimmt, wie es der Instinkt tun würde. Grundlage des Totemismus wäre eine Vorstellung dieser Art.

Aber wir wollen diese Parenthese schließen, die wir für ein Thema geöffnet haben, von dem man vielleicht sagen wird, es verdiene Besseres. Wir waren bei den Geistern stehengeblieben. Wir meinen, um bis zum eigentlichen Wesen der Religion vorzudringen und die Geschichte der Menschheit zu verstehen, müßten wir sofort von der statischen und äußerlichen Religion, von der bisher die Rede gewesen ist, zu jener dynamischen, innerlichen Religion übergehen, die wir im folgenden Kapitel behandeln wollen. Die erste war dazu bestimmt, Gefahren abzuwenden, die die Intelligenz für den Menschen heraufbeschwören konnte; sie war unter-intellektuell. Wir wollen hinzufügen, daß sie natürlich war, denn die menschliche Spezies bezeichnet eine gewisse Etappe der vitalen Entwicklung: bei ihr hat, in einem gegebenen Moment, die Vorwärtsbewegung innegehalten; demnach aber ist der Mensch als ein Ganzes gesetzt worden, also mit der Intelligenz, mit den Gefahren, die diese Intelligenz bringen konnte, mit der fabulatorischen Funktion, die ihnen entgegenwirken sollte; Magie und elementarer Animismus, das alles war auf einmal erschienen, das alles entsprach genau den Bedürfnissen des Individuums und der Gesellschaft, beide beschränkt in dem Ehrgeiz, den die Natur eigentlich gewollt hatte. Später hat sich der Mensch durch eine Anstrengung, die auch hätte ausbleiben können, von seinem Auf-der-Stelle-Treten losgerissen; er hat sich von neuem in den Entwicklungslauf eingeschaltet und ihn weitergeführt. Das erreichte die dynamische Religion, die freilich mit einer höheren Intellektualität verbunden, aber etwas von

---

[14] Die Vorstellung, der Clan stamme vom Totemtier ab – die Van Gennep in seinem sehr interessanten Werk über *l'Etat actual du problème totémique* (Paris 1920) betont – kann sich sehr wohl über die von uns angedeutete Vorstellung gelagert haben.

ihr so Verschiedenes ist. Die erste Form der Religion war unter-intellektuell gewesen; wir wissen weshalb. Die zweite wurde, aus Gründen, die wir angeben werden, über-intellektuell. Man würde die beiden Formen am besten verstehen, wenn man sie sogleich einander gegenüberstellte. Nur diese beiden extremen Religionen sind ja wesentlich und rein. Die Zwischenformen, die sich in den antiken Kulturen entwickelten, könnten die Religionsphilosophie nur irreführen, wenn sie die Meinung erweckten, man sei auf dem Wege allmählicher Vervollkommnung von einem Ende zum andern gelangt: ein allerdings natürlicher Irrtum, der sich durch die Tatsache erklärt, daß die statische Religion teilweise innerhalb der dynamischen Religion weitergelebt hat. Aber diese Zwischenformen haben in der uns bekannten Geschichte der Menschheit einen so großen Raum eingenommen, daß wir notgedrungen bei ihnen verweilen müssen. Wir sehen darin, unserseits, nichts absolut Neues, nichts der dynamischen Religion Vergleichbares, nichts als Variationen über das doppelte Thema des elementaren Animismus und der Magie; der Geisterglaube ist übrigens immer das Kernstück der Volksreligion geblieben. Aber aus der fabulatorischen Fähigkeit, die ihn herausgearbeitet hat, ist auf Grund einer anderweitigen Entwicklung eine Mythologie hervorgegangen, aus der eine Literatur, eine Kunst, gewisse Einrichtungen entsprossen sind, kurz alles Wesentliche der antiken Zivilisation. Sprechen wir also von der Mythologie, ohne je aus den Augen zu verlieren, welches der Ausgangspunkt gewesen war und was man noch durch sie hindurchscheinen sieht.

Der Übergang von den Geistern zu den Göttern kann unmerklich sein, aber der Unterschied ist darum nicht weniger auffällig. Der Gott ist eine Person. Er hat seine Vorzüge, seine Fehler, seinen Charakter. Er trägt einen Namen. Er unterhält bestimmte Beziehungen zu andern Göttern. Er übt wichtige Funktionen aus, und vor allem übt er allein sie aus. Im Gegensatz dazu gibt es Tausende von verschiedenen Geistern, die über ein Land verteilt sind und alle dieselbe Aufgabe erfüllen; sie werden mit einem gemeinsamen Namen bezeichnet, und dieser Name wird in gewissen Fällen nicht einmal einen Singular haben: Manen und Penaten, um nur dieses Beispiel anzuführen, sind lateinische Wörter, die man nur im Plural findet. Wenn die wahrhaft ursprüngliche religiöse Vorstellung die einer ›wirksamen Gegenwart‹ ist, mehr die eines Aktes als eines Wesens oder einer Sache, dann ist der Geisterglaube sehr nahe an die Uranfänge zu setzen; die Götter erscheinen erst später, wenn die reine einfache Substantialität der Geister sich bei diesem und jenem von ihnen bis zur Persönlichkeit erhöht hat. Diese Götter fügen sich übrigens zu den Geistern noch hinzu, aber sie ersetzen sie nicht. Der Geisterkult bleibt, wie wir schon sagten, das

Kernstück der Volksreligion. Der aufgeklärte Teil der Nation wird gleichwohl die Götter bevorzugen, und man kann sagen, daß der Übergang zum Polytheismus ein Fortschritt in der Richtung der Zivilisation ist.

Zwecklos wäre es, für diesen Weg einen Rhythmus oder ein Gesetz zu suchen. Er ist die Launenhaftigkeit selbst. Aus der Menge der Geister sieht man eine lokale Gottheit emportauchen, zuerst bescheiden, aber mit dem Gemeinwesen größer werdend und schließlich von der ganzen Nation angenommen. Aber andre Entwicklungen sind ebensogut möglich. Nur selten übrigens gelangt die Entwicklung zu einem endgültigen Zustand. So erhaben der Gott ist, seine Göttlichkeit schließt keineswegs die Unveränderlichkeit ein. Im Gegenteil, gerade die Hauptgötter der antiken Religionen haben sich am meisten verändert; sie bereicherten sich mit neuen Attributen, indem sie verschiedene Götter in sich aufnahmen und damit ihre Substanz vergrößerten. So zieht bei den Ägyptern der Sonnengott Râ, zuerst Gegenstand der höchsten Verehrung, andre Gottheiten zu sich hin, er assimiliert sie sich oder umschlingt sie, er verschmilzt mit dem wichtigen Gott Amon von Theben und bildet den Amon-Râ. So hat Marduk, der Gott von Babylon, sich die Attribute Bels angeeignet, des großen Gottes von Nippur. So vermischen sich in der mächtigen Göttin Istar mehrere assyrische Götter. Aber keine Entwicklung ist so reich, wie die des Zeus, des obersten Gottes der Griechen. Er hat sicherlich als ein Gott angefangen, den man auf den Gipfeln der Berge anbetet, der über die Wolken, den Regen und den Donner gebietet; dann hat er dieser, wenn man sich so ausdrücken darf, meteorologischen Funktion soziale Attribute angefügt, die eine wachsende Vielfältigkeit zeigen; schließlich ist er der Gott, der sämtlichen Gruppenbildungen vorsteht, von der Familie bis zum Staate. Man muß seinem Namen die verschiedensten Epiteta hinzufügen, um alle Richtungen seiner Wirksamkeit zu bezeichnen: Xenios, wenn er über der Erfüllung der Pflichten der Gastfreundschaft wachte, Horkios, wenn er den Eidschwüren beiwohnte, Hikesios, wenn er die Flehenden beschützte, Genethlios, wenn man ihn wegen einer Heirat anrief, usw. Die Entwicklung ist im allgemeinen langsam und natürlich; aber sie kann auch schnell sein und sich künstlich unter den eigenen Augen der Anbeter des Gottes vollziehen. Die olympischen Götter stammen aus der Zeit der homerischen Dichtungen, die sie vielleicht nicht gerade geschaffen, ihnen aber die Form und die Attribute gegeben haben, die wir an ihnen kennen, die sie einander zugeordnet und um Zeus gruppiert haben, wobei sie diesmal eher mit Vereinfachung als mit Komplizierung vorgingen. Sie sind darum nicht weniger von den Griechen angenommen worden, wiewohl diese die Umstände und beinahe das Datum ihrer Geburt kannten. Aber man brauchte das Genie der Poeten nicht: ein Dekret der Fürsten konnte genügen, um Götter ein- oder abzusetzen. Ohne im einzelnen auf diese Eingriffe einzugehen, wollen wir nur an den radikalsten von allen erinnern, an den des Pharao, der den Namen Oknaton annahm: er hob die Götter Ägyptens zugunsten eines einzigen auf, und es gelang ihm, bis zu seinem Tode diese Art von Monotheismus aufrechtzuerhalten. Man weiß ja auch, daß die Pharaonen selbst an der Göttlichkeit teilnahmen. Seit den ältesten Zeiten nannten sie sich »Sohn des Râ«. Und die ägyptische Tradition, den Herrscher als einen Gott zu behandeln, setzte sich unter den Ptolemäern fort. Sie beschränkte sich nicht auf Ägypten. Wir finden sie ebensowohl in Syrien, unter den Seleukiden, in China und in Japan, wo der Kaiser zu seinen Lebzeiten göttliche Ehren empfängt und nach dem Tode Gott wird, endlich in Rom, wo der Senat Julius Caesar zum Gott macht, bis Augustus, Claudius, Vespasian, Titus und schließlich alle Kaiser in den Rang der Götter eingehen. Sicher wird die Anbetung des Herrschers nicht überall mit dem gleichen Ernst geübt. Z. B. liegt ein Abstand zwischen der Göttlichkeit eines römischen Kaisers und der Göttlichkeit des Oberhaupts in den primitiven Gesellschaften; sie verbindet sich vielleicht mit der Idee eines besonderen Fluidums oder einer magischen Macht, deren Inhaber der Gott sei; wohingegen jene dem Caesar nur aus Schmeichelei verliehen und von Augustus als ein *instrumentum regni* benutzt wurde. Indessen blieb diese halbe Skepsis, die sich in die Anbetung der Kaiser mischte, in Rom ein Privileg der Gebildeten; sie erstreckte sich nicht auf das Volk; sie erreichte sicherlich nicht die Provinz. Das bedeutet, daß die Götter des Altertums nach dem Belieben der Menschen und der Umstände geboren werden, sterben und sich verändern konnten und daß der Glaube des Heidentums von einer grenzenlosen Nachgiebigkeit war.

Gerade weil die Laune der Menschen und der Zufall der Umstände einen so großen Anteil an ihrer Genesis hatten, lassen die Götter keine strengen Einteilungen zu. Höchstens kann man einige große Richtungen der mythologischen Phantasie herausheben; dabei fehlt aber viel daran, daß eine von diesen konsequent innegehalten worden wäre. Da man sich meistens Götter verschrieb, um sie zu nutzen, ist es nur natürlich, daß man ihnen im allgemeinen Funktionen beigelegt hat und daß in vielen Fällen die Idee der Funktion vorherrschte. Das ist in Rom geschehen. Es hat gesagt werden können, die Spezialisierung der Götter sei für die römische Religion charakteristisch gewesen. Für die Saat hatte sie Saturn, für die Blüte der Fruchtbäume Flora, für die Reife der Frucht Pomona. Sie wies dem Janus die Bewachung des Tors zu, der Vesta die des Herdfeuers. Eher als daß sie demselben Gott vielfache, einander verwandte Funktionen beilegte, setzte sie lieber unterschiedliche Götter ein, wobei es ihr ja frei stand, ihnen den gleichen Namen mit verschiedenen Attributen zu geben. Da gab es die Venus Victrix, die Venus Felix, die Venus Genetrix. Jupiter selbst war Fulgar, Feretrius, Stator, Victor, Optimus Maximus; und das waren bis zu einem gewissen Punkte besondere Gottheiten; sie bezeichnen den Weg zwischen dem Jupiter, der Regen oder schönes Wetter schickt und dem, der in Krieg und Frieden den Staat beschützt. Aber die gleiche Tendenz findet sich in verschiedenen Graden überall wieder. Seit der Mensch die Erde bebaut, hat er Götter, die sich um die Ernte kümmern, die die Wärme verteilen, die die Regelmäßigkeit der Jahreszeiten sichern. Diese ackerbaulichen Funktionen müssen wohl einige der ältesten Götter charakterisiert haben, wenn man sie auch aus den Augen verloren hat, nachdem die Entwicklung des Gottes aus ihm eine komplexe und mit einer langen Geschichte ausgestattete Persönlichkeit gemacht hat. So scheint Osiris, die reichste Gestalt des ägyptischen Pantheons, zuerst der Gott des Wachstums gewesen zu sein. Das war auch die Funktion, die ursprünglich dem Adonis der Griechen zugefallen war. Ebenso die der Nisaba in Babylonien, die dem Getreide vorstand, bevor sie Göttin der Wissenschaft wurde. Unter den indischen Gottheiten stehen an erster Stelle Indra und Agni. Indra verdankt man den Regen und den Sturm, die den Acker fördern, Agni das Feuer und den Schutz des häuslichen Herdes; und auch hier wieder ist die Verschiedenheit der Funktionen von einer Verschiedenheit des Charakters begleitet, indem Indra sich durch seine Kraft auszeichnet und Agni durch seine Weisheit. Die höchste Funktion ist die des Waruna, der die Weltordnung leitet. Wir finden im Shintoismus in Japan eine Göttin der Erde, eine Göttin der Ernten, solche, die über die Gebirge, die Bäume wachen usw. Aber keine Gottheit dieser Art hat eine so ausgesprochene und vollkommene Persönlichkeit wie die Demeter der Griechen, die wiederum Göttin des Ackers und der Ernte ist und sich außerdem mit den Toten befaßt, denen sie eine Wohnung gibt, während sie anderseits, unter dem Namen Thesmophoros, das Familienleben und das soziale Leben leitet. Solcherart ist die ausgesprochenste Tendenz jener Phantasie, die die Götter schafft.

Aber indem sie ihnen Funktionen beilegt, gibt sie ihnen eine Souveränität, die ganz natürlich die territoriale Form annimmt. Von den Göttern glaubt man, daß sie sich das Weltall teilen. Nach den vedischen Dichtern sind Himmel, Erde und die dazwischenliegende Atmosphäre die verschiedenen Gebiete ihres Einflusses. In der babylonischen Kosmologie ist der Himmel das Reich des Anu und die Erde das Gebiet des Bel; in den Tiefen des Meeres wohnt Ea. Die Griechen teilen die Welt unter Zeus, den Gott des Himmels und der Erde, Poseidon, den Gott der Meere, und Hades, dem die Unterwelt gehört. Das sind Gebiete, die die Natur selbst abgegrenzt hat. Nicht weniger klar umrissen sind aber die Gestirne; sie sind durch ihre Form individualisiert, wie auch durch ihre Bewegungen, die von ihnen abzuhängen scheinen; eines von ihnen verteilt das Leben hier unten, und die andern müssen, wenn sie auch nicht die gleiche Macht haben, doch von gleicher Natur sein; also haben auch sie die nötigen Eigenschaften, um Götter zu sein. In Assyrien hat der Glaube an die Göttlichkeit der Sterne seine systematische Form angenommen. Aber die Anbetung der Sonne und auch des Himmels findet sich fast überall: in dem Shintoismus in Japan, wo die Sonnengöttin zur Herrscherin erhoben ist und einen Mondgott und einen Sterngott unter sich hat; in der ursprünglichen ägyptischen Religion, wo der Mond und der Himmel als Götter betrachtet werden, neben der Sonne, die über sie herrscht; in der vedischen Religion, wo Mitra (identisch mit dem iranischen Mithra, der eine Sonnengottheit ist), Attribute aufweist, die einem Sonnen- oder Lichtgott zukämen; in der alten chinesischen Religion, wo die Sonne ein persönlicher Gott ist; schließlich auch bei den Griechen, bei denen Helios einer der ältesten Götter ist. Bei den indogermanischen Völkern im allgemeinen ist der Himmel Gegenstand eines besonderen Kultes gewesen. Unter den Namen Dyaus, Zeus, Jupiter, Ziu ist er den vedischen Indern, den Griechen, den Römern und den Teutonen gemeinsam, obgleich er nur in Griechenland und Rom der König der Götter gewesen ist, wie es auch die Himmels-Gottheit der Mongolen in China ist. Hier besonders zeigt sich die Tendenz der sehr alten Götter, die ursprünglich mit rein materiellen Aufgaben betraut waren, sich späterhin mit ethischen Attributen zu bereichern. Im südlichen Babylon ist die Sonne, die alles sieht, der Hüter von Recht und Gerechtigkeit geworden; sie bekommt den Titel des »Richters«. Der indische Mitra ist der Kämpfer für Wahrheit und Recht; er gibt der guten Sache den Sieg. Und der ägyptische Osiris, der mit dem Sonnengott verschmolz, nachdem er der Gott des Wachstums gewesen war, ist schließlich der große gerechte und barmherzige Richter geworden, der das Land der Toten regiert.

Alle diese Götter sind an Dinge geknüpft. Aber es gibt auch solche — oft sind es dieselben, von einem andern Gesichtspunkt aus betrachtet —, die durch ihre Beziehungen zu Personen oder Gruppen bestimmt sind. Kann man den einem Individuum zugeteilten Genius oder Dämon als einen Gott betrachten? Der römische *genius* war *numen* und nicht *deus*; er hatte kein Gesicht und keinen Namen; er war beinahe nur diese ›wirksame Gegenwart‹, die, wie wir gesehen haben, das ist, was die Gottheit als Ursprüngliches und Wesentliches enthält. Der *lar familiaris*, der über der Familie wachte, hatte kaum ein Mehr an Persönlichkeit. Aber je bedeutender die Gruppe ist, desto mehr hat sie Anspruch auf einen wirklichen Gott. In Ägypten z. B. hatte jedes der ursprünglichen Gemeinwesen seinen Schutzgott. Diese Götter unterschieden sich voneinander gerade durch ihre Beziehung zu dieser oder jener Gemeinschaft: sagte man »der von Edfu«, »der von Nekkeb«, so waren sie hinreichend bezeichnet. Aber meistens handelte es sich um Gottheiten, die schon vor der Gruppe existierten und von dieser angenommen wurden. Das gilt gerade in Ägypten für Amon-Râ, den Gott von Theben. Das gilt auch für Babylonien, wo die Stadt Ur die Luna als Göttin hatte, die Stadt Uruk den Planeten Venus. Ebenso in Griechenland, wo Demeter sich besonders in Eleusis zu Hause fühlte, Athene auf der Akropolis, Artemis in Arkadien. Oft auch hatten der Beschützer und die Beschützten ein Geschäft auf Gegenseitigkeit; die Götter des Gemeinwesens profitierten von seinem Anwachsen. Der Krieg wurde ein Kampf zwischen rivalisierenden Gottheiten. Diese konnten sich übrigens versöhnen, die Götter des unterworfenen Volkes traten dann in das Pantheon des Siegers ein. In Wahrheit aber bildeten die Stadt oder das Reich einerseits und seine Schutzgötter anderseits irgendwie ein Konsortium, dessen Charakter endlos gewechselt haben muß.

Jedenfalls geschieht es zu unserer Bequemlichkeit, wenn wir die Götter der Sage solcherart definieren und klassifizieren. Kein Gesetz hat ihre Geburt bestimmt, ebensowenig wie ihre Entwicklung; die Menschheit hat hier ihrem Fabulierinstinkt freien Lauf gelassen. Dieser Instinkt reicht zweifellos nicht sehr weit, wenn man ihn sich selbst überläßt, aber er geht endlos weiter, wenn es einem gefällt, ihn zu üben. Es besteht in der Hinsicht ein großer Unterschied zwischen den Mythologien der verschiedenen Völker. Das klassische Altertum bietet uns ein Beispiel dieses Gegensatzes: die römische Mythologie ist arm, die griechische überreich. Die Götter des alten Rom fallen mit der Funktion, die ihnen zuerteilt ist, zusammen und sind in dieser Funktion einigermaßen erstarrt. Sie haben kaum einen Körper, ich meine ein vorstellbares Gesicht. Sie sind kaum Götter. Dagegen hat jeder Gott des antiken Griechenlandes seine Physiognomie, seinen Charakter, seine Geschichte. Er geht und kommt, er wirkt auch außerhalb der Ausübung seiner Funktionen. Man erzählt seine Abenteuer, man beschreibt sein Eingreifen in unsere Angelegenheiten. Er gibt sich für alle Einfälle der Künstler und Dichter her. Er wäre, noch deutlicher gesagt, eine Romanfigur, hätte er nicht eine der menschlichen überlegene Macht und das Privileg, wenigstens in gewissen Fällen die Regelmäßigkeit der Naturgesetze zu brechen. Kurz, im ersten Fall ist die fabulatorische Funktion des Geistes stehengeblieben; im zweiten hat sie ihre Arbeit fortgesetzt. Aber es ist immer die gleiche Funktion. Sie wird, wenn nötig, die unterbrochene Arbeit wieder aufnehmen. Dies war der Fall, als die griechische Literatur und allgemeiner die griechischen Ideen in Rom eingeführt wurden. Man weiß, wie die Römer verschiedene ihrer Götter mit den hellenischen identifizierten, ihnen so eine ausgesprochenere Persönlichkeit gaben und sie vom Stillstand zur Bewegung übergehen ließen.

Von dieser fabulatorischen Funktion haben wir gesagt, man würde sie schlecht definieren, wenn man eine Abart der Phantasie aus ihr machte. Denn dieses Wort hat eher einen negativen Sinn. Phantasien nennt man konkrete Vorstellungen, die weder Wahrnehmungen noch Erinnerungen sind. Da diese Vorstellungen weder einen gegenwärtigen Gegenstand noch auch etwas Vergangenes abbilden, so werden sie vom gewöhnlichen Denken allesamt über einen Leisten geschlagen und in der Umgangssprache durch ein einziges Wort bezeichnet. Aber der Psychologe darf sie gleichwohl nicht in dieselbe Kategorie einordnen, noch sie an die gleiche Funktion anknüpfen. Lassen wir also die Phantasie beiseite, die nur ein Wort ist, und betrachten wir ein ganz bestimmtes Vermögen des Geistes, nämlich die Fähigkeit, Persönlichkeiten zu schaffen, deren Geschichte wir uns selbst erzählen. Bei den Romanschriftstellern und Dramatikern nimmt sie eine seltsame Intensität des Lebens an. Manche sind von ihrem Helden wahrhaft besessen; sie werden mehr von ihm geführt als daß sie ihn führen; es wird ihnen schwer, ihn loszuwerden, wenn sie ihr Theaterstück oder ihren Roman vollendet haben. Es sind nicht notwendigerweise die, deren Werk den höchsten Wert hat; aber sie lassen uns besser als andre das wenigstens bei manchen von uns vorhandene eigentümliche Vermögen der absichtlichen Halluzination erkennen. In Wahrheit findet man sie in irgendeinem Grade bei jedem. Bei den Kindern ist sie sehr lebhaft. Manches Kind hat regelrechten Verkehr mit einer imaginären Person, deren Namen und deren Meinungen über alle Ereignisse des Tages es uns angibt. Aber die gleiche Fähigkeit ist bei denen im Spiel, die, ohne selbst fiktive Wesen zu schaffen, an Fiktionen das gleiche Interesse nehmen, das sie an Realem hätten. Gibt es etwas Seltsameres, als daß man die Zuschauer im Theater weinen sieht? Man wird sagen, das Stück werde von Schauspielern gespielt, es treten Menschen von Fleisch und Blut auf. Gewiß, aber wir können fast ebenso stark von dem Roman ›gepackt‹ werden, den wir lesen, und in demselben Grade mit Personen mitfühlen, deren Geschichte man uns erzählt. Wieso ist es den Psychologen nicht aufgefallen, wie mysteriös dieses Vermögen ist? Man wird erwidern, alle unsere Vermögen seien mysteriös, insofern wir bei keinem von ihnen den inneren Mechanismus kennen. Zweifellos; aber mag auch hier von einer mechanischen Rekonstruktion nicht die Rede sein, so haben wir doch das Recht, eine psychologische Erklärung zu verlangen. Und die Erklärung ist in der Psychologie ebenso beschaffen, wie in der Biologie: man hat über die Existenz einer Funktion Rechenschaft gegeben, wenn man gezeigt hat, wie und warum sie lebensnotwendig ist. Nun ist es gewiß nicht nötig, daß es Romanciers und Dramatiker gibt; das fabulatorische Vermögen im allgemeinen entspricht keiner vitalen Förderung. Aber nehmen wir an, in einem besonderen Punkt und auf ein gewisses Objekt angewandt sei diese Funktion für die Existenz der Individuen wie der Gesellschaft unentbehrlich: dann werden wir ohne Mühe begreifen, daß man sie – die für die Arbeit bestimmt ist, zu der sie notwendig ist – nachher, da sie ja dableibt, zu bloßen Spielen benutzt. In der Tat kommen wir ja mühelos vom modernen Roman zu mehr oder weniger alten Erzählungen, zu den Legenden, zum Folklore und vom Folklore zur Mythologie, die damit nicht identisch ist, sich aber auf die gleiche Weise gebildet hat; die Mythologie ihrerseits tut nichts anderes, als daß sie die Persönlichkeit der Götter zu Geschichten ausspinnt, und die mythologische Schöpfung ist nur die Erweiterung einer andern, einfacheren Schöpfung, der Erfindung jener ›halbpersönlichen Mächte‹ oder ›wirksamen Gegenwarten‹, die, wie wir glauben, am Ursprung der Religion stehen. Hier kommen wir auf das, was wir als eine fundamentale Forderung des Lebens aufgezeigt haben: diese Forderung hat das Fabulierungsvermögen ins Leben gerufen; die fabulatorische Funktion leitet sich also aus den Existenzbedingungen der menschlichen Gattung her. Ohne auf das zurückzukommen, was wir bereits ausführlich auseinandergesetzt haben, wollen wir daran erinnern, daß im Gebiet des Lebens das, was der Analyse als eine unendliche Komplikation erscheint, der Intuition als ein einfacher Akt gegeben ist. Der Akt brauchte nicht ausgeführt zu werden; aber wenn er ausgeführt wurde, so heißt das, daß er mit einem Satz alle Hindernisse genommen hat. Diese Hindernisse, von denen jedes ein anderes auftauchen ließ, bilden eine unendliche Vielfalt, und es ist gerade die allmähliche Beseitigung aller dieser Hindernisse, was sich unserer Analyse darbietet. Jede dieser Beseitigungen aus der vorhergehenden erklären zu wollen, wäre ein falscher Weg; alle erklären sich aus einem einzigen Vorgang, nämlich dem Akt selbst in seiner Einfachheit. So triumphiert die ungeteilte Bewegung des Pfeils auf einmal über die tausend Hindernisse, die unsere Wahrnehmung, von Zenons Argumentierung unterstützt, in der Starrheit der auf der durchlaufenen Linie hintereinanderliegenden Punkte zu fassen glaubt. So umgeht der ungeteilte Akt des Sehens, eben dadurch, daß er gelingt, auf einmal Tausende und aber Tausende von Hindernissen; diese umgangenen Hindernisse sind das, was unserer Wahrnehmung und unserer Wissenschaft in der Vielfalt der das Auge bildenden Zellen erscheint, in der Kompliziertheit des Sehapparates, kurz, in den elementaren Mechanismen des Vorgangs. Ebenso: wenn wir die menschliche Gattung setzen, d. h. den plötzlichen Sprung, mit dem das sich entwickelnde Leben zum individuellen und sozialen Menschen gelangt ist: so geben wir uns mit einem Schlage die Werkzeuge verfertigende Intelligenz und damit eine Kraft, die sich vermöge ihres Schwunges fortsetzen wird über das einfache Verfertigen hinaus, für das sie geschaffen wurde, und so eine Gefahr erzeugen wird. Wenn die Gattung Mensch existiert, so deshalb, weil derselbe Akt, der den Menschen mit der Werkzeuge schaffenden Intelligenz, mit dem fortdauernden Wirken dieser Intelligenz, mit der durch die Fortdauer dieses Wirkens erzeugten Gefahr einsetzte, auch die Funktion des Fabulierens erweckte. Diese war also von der Natur nicht gewollt; und dennoch erklärt sie sich auf natürliche Weise. Denn wenn wir sie mit allen andern psychologischen Funktionen zusammenhalten, so finden wir, daß das Ganze, in der Form einer Vielheit, den unteilbaren Akt ausdrückt, durch den das Leben von der Stufe, auf der es stehengeblieben war, zum Menschen emporgesprungen ist.

Aber sehen wir näher zu, weshalb dieses fabulatorische Vermögen seine Erfindungen mit außergewöhnlicher Kraft gerade dann durchsetzt, wenn es auf religiösem Gebiet geübt wird. Dort ist es zweifellos zu Hause; es ist ja dazu gemacht, Geister und Götter herzustellen. Aber da es seine Fabulierarbeit anderwärts fortsetzt, muß man sich fragen, weshalb es, wo es doch noch ebenso vorgeht, nicht mehr denselben Glauben findet. Dafür könnte man zwei Gründe finden.

Der erste ist der, daß im Bereich des Religiösen die Zustimmung jedes einzelnen durch die aller andern verstärkt wird. Schon im Theater ist die Zugänglichkeit des Zuschauers für das vom Dichter Suggerierte seltsam verstärkt durch die Aufmerksamkeit und das Interesse der anwesenden Gesellschaft. Aber da handelt es sich um eine Gesellschaft, die gerade so groß ist wie der Zuschauerraum, und die gerade so lange dauert, wie das Stück: was aber wird geschehen, wenn der Glaube des einzelnen durch ein ganzes Volk unterstützt und gestärkt wird und wenn er seinen Stützpunkt sowohl in der Vergangenheit wie in der Gegenwart findet? Was wird geschehen, wenn der Gott, von den Dichtern besungen, von der Kunst dargestellt wird und in Tempeln wohnt? Solange die experimentelle Wissenschaft nicht fest begründet ist, wird es keine sicherere Gewähr für die Wahrheit geben als die allgemeine Zustimmung. Meistens wird die Wahrheit in dieser allgemeinen Zustimmung selbst bestehen. Nebenbei gesagt, ist das einer der Gründe für die Erscheinung der Intoleranz. Wer den allgemeinen Glauben nicht annimmt, hindert diesen, solange er ihn leugnet, vollkommen wahr zu sein. Die Wahrheit wird ihre Integrität erst erreichen, wenn er entweder widerruft oder verschwindet.

Wir wollen nicht sagen, daß der religiöse Glaube, selbst im Polytheismus, nicht ein individueller Glaube gewesen sein kann. Jeder Römer hatte einen an seine Person gebundenen *genius;* aber er glaubte nur deshalb so fest an diesen Genius, weil jeder andre Römer auch einen hatte und weil sein — in diesem Punkte persönlicher — Glaube ihm durch einen allgemeinen Glauben garantiert war. Wir wollen erst recht nicht sagen, daß die Religion jemals mehr von sozialer als von individueller Wesensart gewesen sei: wir haben freilich gesehen, daß die Fabulierfunktion, dem Individuum eingeboren, zunächst die Aufgabe hat, die Gesellschaft zu befestigen; aber wir wissen, daß sie auch ebenso dazu bestimmt ist, das Individuum selbst zu stützen, und daß dies ja auch im Interesse der Gesellschaft liegt. In Wahrheit schließen Individuum und Gesellschaft sich gegenseitig ein; die Individuen bilden durch ihre Ansammlung die Gesellschaft; die Gesellschaft bestimmt eine ganze Seite der Individuen, da sie in jedem einzelnen präfiguriert ist. Individuum und Gesellschaft bedingen sich also, kreisförmig. Der von der Natur gewollte Kreis ist vom Menschen an dem Tage zerbrochen worden, wo er sich wieder in den schöpferischen Schwung hineinversetzen konnte und damit die menschliche Natur vorwärts trieb, statt sie auf der Stelle treten zu lassen. Von diesem Tage an datiert eine wesentlich individuelle Religion, die dadurch allerdings tiefer sozial geworden ist. Aber wir werden auf diesen Punkt zurückkommen. Wir wollen nur sagen, daß die Garantie, die dem individuellen Glauben auf religiösem Gebiet durch die Gesellschaft geleistet wird, schon genügen würde, um jene Erfindungen des Fabuliervermögens außer Vergleich zu setzen.

Aber wir müssen noch etwas anderes berücksichtigen. Wir haben gesehen, wie die Alten unbewegt der Entstehung dieses oder jenes Gottes beiwohnten. Von da an sollen sie an ihn geglaubt haben, wie an alle andern. Das wäre unbegreiflich, wenn man annähme, daß die Existenz ihrer Götter für sie von gleicher Natur war, wie die Gegenstände, die sie sahen und berührten. Sie war zwar wirklich, aber von einer Wirklichkeit, die einigermaßen vom menschlichen Willen abhing.

Die Götter der heidnischen Zivilisation sind ja verschieden von den älteren Wesen, den Elfen, Gnomen, Geistern, von denen sich der Volksglaube niemals losgemacht hat. Diese waren fast unmittelbar aus dem Fabulier-Vermögen hervorgegangen, das uns naturhaft ist, und sie waren naturgemäß so aufgenommen worden, wie sie erzeugt worden waren. Sie zeigten genau die Umrisse des Bedürfnisses, aus dem sie hervorgegangen waren. Die Mythologie aber, die eine Erweiterung der ursprünglichen Fabulier-Tätigkeit ist, geht nach allen Seiten über dieses Bedürfnis hinaus; der Raum, den sie zwischen diesem Bedürfnis und sich selbst läßt, ist mit einem Stoff gefüllt, an dessen Wahl die menschliche Laune großen Anteil hat, und die Anhänglichkeit, die man diesem Stoff erweist, verrät es. Es ist zwar noch immer das gleiche Vermögen, das am Werk ist, und für die Gesamtheit seiner Erfindungen erzielt es den gleichen Glauben. Aber jede Erfindung, für sich genommen, wird mit dem Hintergedanken aufgenommen, es wäre auch eine andre möglich gewesen. Das Pantheon existiert unabhängig vom Menschen, aber vom Menschen hängt es ab, einen Gott darin eingehen zu lassen und ihm so zur Existenz zu verhelfen. Wir wundern uns heute über diesen Seelenzustand. Wir beobachten ihn jedoch selbst in gewissen Träumen, wo wir in einem gegebenen Moment den Zwischenfall herbeiführen können, den wir wünschen: er wird von uns verwirklicht innerhalb eines Gesamts, das sich selbst, ohne uns gesetzt hat. Ebenso könnte man sagen, daß zwar jeder bestimmte Gott zufällig ist, aber die Totalität der Götter, oder vielmehr der Gott im allgemeinen, notwendig ist. Wenn wir diesem Punkt tiefer nachgingen, indem wir die Logik weiter trieben als die Alten es getan haben, würden wir finden, daß es einen entschiedenen Pluralismus immer nur beim Geisterglauben gegeben hat, und daß der eigentliche Polytheismus mit seiner Mythologie einen latenten Monotheismus impliziert, bei dem die vielfachen Gottheiten nur sekundär, als Repräsentanten des Göttlichen, existieren.

Aber die Alten hätten diese Erwägungen für nebensächlich gehalten. Sie wären nur dann wichtig, wenn die Religion zum Gebiet des Wissens oder der Kontemplation gehörte. Dann könnte man eine mythologische Erzählung wie eine historische behandeln und im einen wie im andern Falle die Frage nach der Echtheit stellen. In Wahrheit aber gibt es keine Vergleichsmöglichkeit zwischen ihnen, weil sie nicht der gleichen Ordnung angehören. Die Geschichte ist Erkenntnis, die Religion ist wesentlich Handeln: sie betrifft — wie wir mehrfach wiederholt haben — die Erkenntnis nur, soweit eben eine intellektuelle Vorstellung notwendig ist, um die Gefahr einer gewissen Intellektualität abzuwenden. Diese Vorstellung für sich betrachten, sie als Vorstellung an sich kritisieren wollen, hieße vergessen, daß sie eng verflochten ist in die mitwirkende Handlung. Einen Irrtum dieser Art begehen wir, wenn wir uns fragen, wie große Geister das Gewebe von Kindereien und sogar von Absurditäten, das ihre Religion darstellte, akzeptieren konnten. Aber ebenso albern und lächerlich würden die Bewegungen des Schwimmers dem erscheinen, der vergäße, daß da Wasser ist, daß dieses Wasser den Schwimmer trägt, und daß die Bewegungen des Menschen, der Widerstand der Flüssigkeit, die Strömung des Flusses zusammen als ein unteilbares Ganzes erfaßt werden müssen.

Die Religion stärkt und diszipliniert. Deshalb sind ständig wiederholte Übungen nötig, wie jene, deren Automatismus im Körper des Soldaten schließlich die seelische Sicherheit erzeugt, die er am Tage der Gefahr brauchen wird. Damit ist gesagt, daß es keine Religion ohne Riten und Zeremonien gibt. Diesen religiösen Akten dient die religiöse Vorstellung vor allem als Gelegenheit. Gewiß entfließen sie dem Glauben, aber sie wirken sofort auf ihn und konsolidieren ihn: wenn es Götter gibt, muß man ihnen einen Kult weihen; aber sobald es einen Kult gibt, existieren Götter. Diese Solidarität des Gottes mit der Verehrung, die man ihm erweist, macht aus der religiösen Wahrheit eine Sache für sich, die mit der spekulativen Wahrheit kein gemeinsames Maß hat und die bis zu einem gewissen Grade vom Menschen abhängt.

Diese Solidarität noch fester zu machen, darauf eben sind die Riten und Zeremonien gerichtet. Man müßte sich ausführlich über sie verbreiten. Wir wollen nur einige Worte über die beiden wichtigsten sagen, über das Opfer und das Gebet.

In der Religion, die wir die dynamische nennen werden, ist das Gebet von seinem Ausdruck in Worten unabhängig; es ist eine Erhebung der Seele, die auf das Wort verzichten könnte. Auf seiner niedrigsten Stufe dagegen war es nicht ohne Beziehung zur magischen Beschwörung; es zielte darauf ab, wenn nicht gerade den Willen der Götter und zumal der Geister zu zwingen, so wenigstens ihre Gunst zu erschleichen. In der Mitte zwischen diesen beiden Grenzfällen liegt gewöhnlich das Gebet, so wie man es beim Polytheismus versteht. Gewiß hat das Altertum bewundernswerte Formen des Gebets gekannt, Gebete, die ein Streben der Seele nach Besserwerden ausdrückten. Aber das waren Ausnahmen, es war gleichsam die Vorwegnahme eines reineren religiösen Glaubens. Geläufiger ist es dem Polytheismus, dem Gebet eine stereotype Form zu geben, mit dem Hintergedanken, nicht nur die Bedeutung des Satzes, sondern ebenso auch die Wortfolge mit der Gesamtheit der mitwirkenden Gesten verleihe ihm seine Wirksamkeit. Man kann sogar sagen, je weiter der Polytheismus sich entwickelt, desto anspruchsvoller werde er in diesem Punkte; mehr und mehr wird die Mitwirkung eines Priesters nötig, um die Dressur des Gläubigen zu garantieren. Wie könnte man übersehen, daß dieser Brauch, die Vorstellung von dem Gott, nachdem sie einmal aufgerufen war, durch vorgeschriebene Worte und vorbestimmte Haltungen noch auszudehnen, seinem Bilde eine höhere Objektivität gibt? Wie wir früher gezeigt haben, ist das, was die Realität einer Wahrnehmung ausmacht, was sie von einer Erinnerung oder einer Einbildung unterscheidet, vor allem die Gesamtheit der aufkeimenden Bewegungen, die sie dem Körper aufprägt und die ihrerseits die Wahrnehmung durch eine automatisch begonnene Handlung vervollständigen. Bewegungen dieser Art werden sich auch aus anderm Anlaß zeigen können: ihre Aktualität wird dann ebenso auf die Vorstellung zurückfließen, die sie veranlaßt hat, und diese praktisch in eine Sache verwandeln.

Was das Opfer betrifft, so ist es zuerst ohne Zweifel ein Geschenk, das die Gunst des Gottes erkaufen oder seinen Zorn abwenden soll. Es muß um so günstiger aufgenommen werden, je mehr es gekostet hat und je größeren Wert die Opfergabe hat. Wahrscheinlich so erklärt sich zum Teil die Gewohnheit der Menschenopfer, eine Gewohnheit, die sich in der Mehrzahl der antiken Religionen findet, vielleicht sogar in allen, wenn man weit genug zurückgeht. Es gibt keine Verirrung und keine Scheußlichkeit, zu der die Logik nicht führen könnte, wenn sie an Dingen geübt wird, bei denen die reine Intelligenz nicht zuständig ist. Aber es liegt im Opfer noch etwas anderes: sonst wäre nicht zu erklären, daß die Opfergabe notwendig etwas Tierisches oder Pflanzliches gewesen ist und zwar fast immer etwas Tierisches. Zunächst sieht man übereinstimmend die Ursprünge des Opfers in einem Mahl, das der Gott und seine Anbeter angeblich gemeinsam einnahmen. Ferner und vor allem hatte das Blut eine besondere Kraft. Als Prinzip des Lebens brachte es dem Gott Kraft zu, damit er den Menschen besser helfen könnte, und vielleicht auch (aber das war ein kaum bewußter Hintergedanke), um seine Existenz zu verfestigen. Es war, wie das Gebet, ein Band zwischen dem Menschen und der Gottheit.

So hatte der Polytheismus mit seiner Mythologie die doppelte Wirkung, die unsichtbaren Mächte, die den Menschen umgeben, immer mehr zu erhöhen, und den Menschen in immer engere Beziehungen zu ihnen zu setzen. Mit den alten Kulturen eng verwoben, hat er sich mit allem genährt, was sie hervorbrachten, wobei er Literatur und Kunst inspirierte und von ihnen noch mehr erhielt, als er ihnen gab. Damit ist gesagt, daß das religiöse Gefühl im Altertum aus sehr zahlreichen Elementen hervorgegangen ist, die von Volk zu Volk wechselten, sich aber alle um einen primitiven Kern zusammengeballt hatten. Wir haben uns an diesen zentralen Kern gehalten, weil wir aus den antiken Religionen das herausschälen wollten, was sie spezifisch Religiöses hatten. Manche von ihnen, wie die indische oder die persische, haben sich mit einer Philosophie gepaart. Aber Philosophie und Religion bleiben immer etwas Verschiedenes. Denn meistens tritt die Philosophie nur hinzu, um kultiviertere Geister zu befriedigen; im Volke lebt die Religion so weiter, wie wir sie beschrieben haben. Aber auch da, wo die Vermischung eintritt, behalten die Elemente ihre Individualität; wohl hat die Religion Gelüste, zu spekulieren, und die Philosophie zeigt sich nicht ganz desinteressiert am Handeln, dennoch aber bleibt die erstere wesentlich Tun und die letztere vor allem Denken. Als die Religion bei den Alten wirklich zur Philosophie geworden ist, da hat sie eher vom Handeln abgeraten und auf das verzichtet, wozu sie eigentlich auf die Welt gekommen ist. War sie da noch Religion? Zwar können wir den Wörtern die Bedeutung geben, die wir wollen, falls wir sie nur zuerst definieren; aber es wäre falsch, es zu tun, wenn wir gerade einmal ein Wort vor uns haben, das einen natürlichen Ausschnitt aus den Dingen bezeichnet: hier werden wir höchstens aus dem Umfang des Ausdrucks dieses oder jenes Objekt ausschließen dürfen, das man gelegentlich darunter verstanden hat. Das geschieht in bezug auf die Religion. Wir haben gezeigt, wie mit diesem Wort gewöhnlich Vorstellungen bezeichnet werden, die auf das Handeln hin orientiert sind und von der Natur zu einem bestimmten Zweck erweckt wurden. Ausnahmsweise und aus naheliegenden Gründen mag man den Geltungsbereich des Wortes freilich auf Vorstellungen ausgedehnt haben, die sich auf ein andres Objekt beziehen; gleichwohl aber wird die Religion nach Maßgabe dessen definiert werden müssen, was wir die Absicht der Natur genannt haben.

Wir haben mehrfach erklärt, was hier unter Absicht zu verstehen sei. Und wir haben uns in diesem Kapitel ausführlich über die Funktion verbreitet, die die Natur der Religion zugewiesen hat. Magie, Geister- oder Tierkult, Götteranbetung, Mythologie, Aberglauben jeder Art werden als etwas sehr Kompliziertes erscheinen, wenn man sie Stück für Stück betrachtet. Ihre Gesamtheit ist etwas sehr Einfaches.

Der Mensch ist das einzige Lebewesen, dessen Handeln nicht sicher ist, das zögert und tastet, das Pläne macht mit der Hoffnung auf Gelingen und mit der Furcht vor dem Mißlingen. Das einzige, das sich der Krankheit unterworfen fühlt, und auch das einzige, das weiß, daß es sterben muß. Die übrige Natur entfaltet sich in vollkommener Geruhsamkeit. Wohl sind Pflanzen und Tiere allen Zufällen ausgesetzt, aber sie leben trotzdem im flüchtigen Augenblick, als wäre er die Ewigkeit. Etwas von diesem unwandelbaren Vertrauen atmen wir ein, wenn wir einen Spaziergang auf dem Lande machen und voll inneren Friedens zurückkehren. Aber damit ist noch nicht alles gesagt. Von allen gesellschaftlich lebenden Wesen ist der Mensch das einzige, das von der sozialen Linie abweichen kann, indem es egoistischen Neigungen nachgibt, wenn das allgemeine Wohl in Frage steht; überall sonst ist das individuelle Interesse unweigerlich dem allgemeinen Interesse gleich- oder übergeordnet. Diese doppelte Unvollkommenheit ist das Lösegeld, das die Intelligenz zu zahlen hat. Der Mensch kann sein Denkvermögen nicht ausüben, ohne sich eine ungewisse Zukunft vorzustellen, die seine Furcht und seine Hoffnung erweckt. Er kann nicht über das nachdenken, was die Natur von ihm verlangt, insofern sie ein soziales Wesen aus ihm gemacht hat, ohne sich zu sagen, daß es oft sein Vorteil wäre, die andern zu vernachlässigen und sich nur um sich selber zu kümmern. Beide Fälle wären ein Bruch der normalen, natürlichen Ordnung. Und gleichwohl war es die Natur, die die Intelligenz gewollt hat, die sie an das Ende der einen der beiden großen Entwicklungslinien gestellt hat, als Gegenstück zu dem vollkommensten Instinkt, der den Endpunkt der andern Linie bildet. Es ist unmöglich, daß sie nicht ihre Vorsichtsmaßregeln getroffen haben sollte, damit die Ordnung, kaum daß sie von der Intelligenz gestört war, sich automatisch wiederherstelle. Tatsächlich hat die fabulatorische Funktion, die zur Intelligenz gehört, aber nicht reine Intelligenz ist, gerade dies zum Gegenstand. Ihre Aufgabe ist es, die Religion herauszuarbeiten, von der wir bisher gehandelt haben, die wir statisch nennen, und von der wir sagen würden, sie sei die natürliche Religion, wenn dieser Ausdruck nicht schon einen andern Sinn angenommen hätte. Wir brauchen also nur zu resümieren, um diese Religion in genauen Worten zu definieren. *Sie ist eine Abwehrmaßnahme der Natur gegen das, was sich bei der Betätigung der Intelligenz an Niederdrückendem für das Individuum und an Auflösendem für die Gesellschaft ergeben könnte.*

Wir wollen mit zwei Bemerkungen schließen, die zwei Mißverständnissen vorbeugen sollen. Wenn wir sagen, eine der Funktionen der Religion, so wie sie die Natur gewollt hat, sei die, das soziale Leben aufrechtzuerhalten, so meinen wir damit nicht, daß zwischen dieser Religion und der Ethik eine Solidarität bestehe. Die Geschichte bezeugt das Gegenteil. Sündigen hieß immer die Gottheit beleidigen; aber die Gottheit hat sich keineswegs von der Unmoral oder selbst vom Verbrechen beleidigt gefühlt: es kam sogar vor, daß sie sie vorgeschrieben hat. Gewiß, im allgemeinen scheint die Menschheit gewünscht zu haben, daß ihre Götter gut wären; oft hat sie die Tugenden der Gottanbetung unterstellt; vielleicht sogar hat das von uns angedeutete Zusammenfallen der ursprünglichen Moral und der ursprünglichen Religion, die beide rudimentär waren, im Grunde der menschlichen Seele das vage Ideal zurückgelassen von einer präzis gefaßten Moral und einer organisch gestalteten Religion, die sich gegenseitig stützen würden. Gleichwohl aber verhält es sich so, daß die Moral und die Religionen sich unabhängig voneinander entwickelt haben und daß die Menschen ihre Götter immer aus der Überlieferung empfangen haben, ohne von ihnen zu verlangen, daß sie ein Sittenzeugnis vorlegten oder die moralische Ordnung garantierten. Aber man muß eben unterscheiden zwischen den sozialen Verpflichtungen ganz allgemeinen Charakters, ohne die keinerlei Gemeinschaftsleben möglich ist, und der besonderen, konkreten sozialen Bindung, die es bewirkt, daß die Mitglieder einer bestimmten Gemeinschaft an deren Aufrechterhaltung interessiert sind. Die erste Art Verpflichtungen hat sich allmählich aus dem wirren Knäuel von Gebräuchen herausgeschält, der, wie wir gezeigt haben, anfangs bestand; aus ihm hat sie sich auf dem Wege der Reinigung und der Vereinfachung, der Abstraktion und der Verallgemeinerung herausgeschält, um eine soziale Ethik zu ergeben. Was dagegen die Glieder einer bestimmten Gemeinschaft aneinander bindet, ist vielmehr die

Tradition, das Bedürfnis, der Wille, diese Gruppe gegen andre Gruppen zu verteidigen, und sie über alles zu stellen. Dieses Band zu bewahren und es noch enger zu knüpfen — darauf zielt unstreitig die Art Religion ab, die wir naturhaft gefunden haben: sie ist den Gliedern einer Gruppe gemeinsam, sie schmiedet sie in Riten und Zeremonien eng zusammen, sie unterscheidet die Gruppe von den andern Gruppen, sie verbürgt den Erfolg der gemeinsamen Unternehmung und sichert gegen die gemeinsame Gefahr. Daß die Religion, so wie sie aus den Händen der Natur hervorgeht, gleichzeitig — um unsere heutige Sprache zu gebrauchen — beide Funktionen ausgeübt hat, die ethische und die nationale, das scheint uns nicht zweifelhaft: diese beiden Funktionen waren in rudimentären Gesellschaften, wo es nur Gebräuche gab, notwendigerweise miteinander verquickt. Daß aber die Gesellschaften, als sie sich entwickelten, die Religion in die letztere Richtung hineingezogen haben, das wird man ohne weiteres verstehen, wenn man sich vergegenwärtigt, was wir eben auseinandergesetzt haben. Man hätte sich davon sofort überzeugt, wenn man beachtet hätte, daß die menschlichen Gesellschaften, am Endpunkt der einen der beiden großen biologischen Entwicklungslinien, das Gegenstück bilden zu den vollkommensten Tiergesellschaften, die am Endpunkt der andern großen Linie liegen, und daß die fabulatorische Funktion, ohne ein Instinkt zu sein, in den menschlichen Gesellschaften eine Rolle spielt, die der Rolle des Instinkts in jenen Tiergesellschaften parallelläuft.

Die zweite Bemerkung, auf die wir nach dem, was wir so oft wiederholt haben, auch verzichten könnten, betrifft den Sinn, den wir der ›Absicht der Natur‹ geben, ein Ausdruck, den wir gebraucht haben, als wir von der ›natürlichen Religion‹ sprachen. In Wahrheit handelte es sich dabei weniger um diese Religion selbst, als um die von ihr erreichte Wirkung. Es gibt einen Lebensschwung, der durch die Materie hindurchfährt und aus ihr herauszieht, was er kann, wobei es ihm freisteht, sich unterwegs zu spalten. An den äußersten Punkten der beiden so entstehenden Hauptentwicklungslinien befinden sich die Intelligenz und der Instinkt. Gerade weil die Intelligenz etwas Geglücktes ist, wie ja auch der Instinkt, kann sie nicht eingesetzt worden sein, ohne daß sie von der Tendenz begleitet wäre, alles wegzuräumen, was sie hindern würde, ihre volle Wirkung zu entfalten. Diese Tendenz bildet mit ihr, wie mit allem, was die Intelligenz an Voraussetzungen erfordert, einen ungeteilten Block, der sich jedoch zerteilt in den Augen unserer — in bezug auf unsere eigene Intelligenz ganz relativen — Fähigkeiten des Wahrnehmens und Analysierens. Kommen wir noch einmal auf das zurück, was wir vom Auge und dem Sehen gesagt haben. Es gibt den Schakt, der einfach ist, und es gibt eine Unzahl von Elementen und von

Wechselwirkungen dieser Elemente untereinander, mit denen der Anatom und der Physiologe den einfachen Akt rekonstruieren. Elemente und Wirkungen drücken analytisch und sozusagen negativ (denn sie sind Widerstände, die Widerständen entgegengesetzt werden) den allein positiven unteilbaren Akt aus, den die Natur tatsächlich erzielt hat. Ebenso würden die Ängste des auf den Erdball geschleuderten Menschen und die Versuchungen, die an das Individuum herantreten können, sich selbst der Gemeinschaft vorzuziehen – Ängste und Versuchungen, die das besondere Erbteil eines intelligenten Wesens darstellen –, eine endlose Aufzählung ermöglichen. Endlos an Zahl sind auch die Formen des Aberglaubens oder vielmehr der statischen Religion, die diesen Widerständen widerstehen. Aber diese Kompliziertheit schwindet, wenn man den Menschen in die Ganzheit der Natur zurückversetzt, wenn man erwägt, daß die Intelligenz ein Hindernis für die heitere Ruhe wäre, die sonst überall zu finden ist, und daß das Hindernis überwunden, das Gleichgewicht wiederhergestellt werden muß. Von diesem Standpunkt aus gesehen, der der Standpunkt der Genesis und nicht mehr der Analyse ist, wird alles, was die auf das Leben gerichtete Intelligenz an Aufregung und an Versagen mit sich brachte, nebst all dem, was die Religionen an Beruhigung hinzubrachten, zu etwas Einfachem. Die Störung des Gleichgewichts und der Fabuliertrieb kompensieren sich und heben sich auf. Einem Gott, der von oben zusähe, würde das Ganze als unteilbar erscheinen, wie das Vertrauen der Blumen, die sich im Frühling öffnen.

III Die dynamische Religion

Werfen wir einen Blick zurück auf das Leben, dessen Entwicklung wir bis zu dem Punkte verfolgt haben, wo die Religion daraus hervorgehen sollte. Ein großer Strom schöpferischer Energie stürzt sich in die Materie, um von ihr zu erlangen, was er kann. Auf den meisten Punkten wird er zum Stillstand gebracht; diese Stillstände übertragen sich für unser Auge in das Auftauchen ebensovieler lebender Gattungen, d. h. Organismen, an denen unser – wesentlich analytischer und synthetischer – Blick eine Vielheit von Elementen entwirrt, die sich zusammenordnen, um eine Vielheit von Funktionen zu erfüllen; die Organisationsarbeit war jedoch nur der Stillstand selbst, ein einfacher Akt, ähnlich dem Einsinken des Fußes, das im selben Augenblick Tausende von Sandkörnern dazu veranlaßt, sich zu einigen, um eine Zeichnung zu ergeben. Man hätte glauben können, diese Lebensenergie würde auf einer der Linien, wo es ihr gelungen war, am weitesten vorwärts zu kommen, das Beste, was sie hatte, mit sich reißen und geradeaus weiter gehen: doch sie bog ein und alles krümmte sich zusammen; Wesen entstanden, deren Aktivität sich endlos im gleichen Kreise drehte, deren Organe fertige Instrumente waren, statt Raum zu lassen für die unaufhörlich erneute Erfindung von Werkzeugen, und deren Bewußtsein in den Somnambulismus des Instinkts glitt, statt sich zu straffen und sich zum reflektierten Denken zu intensivieren. Dies ist der Zustand des Individuums in jenen Gesellschaften von Insekten, die zwar eine kluge Organisation, aber auch einen vollständigen Automatismus aufweisen. Mit Erfolg hat die schöpferische Anstrengung nur die Entwicklungslinie durchlaufen, an deren Ende der Mensch steht. Diesmal nahm das Bewußtsein, während es die Materie durchlief, wie in einer Gießform die Form der Werkzeuge verfertigenden Intelligenz an. Und die Erfindungsgabe, die die Reflexion in sich trägt, entfaltete sich in Freiheit.

Aber die Intelligenz war nicht ohne Gefahr. Bis dahin hatten alle Lebewesen gierig aus dem Becher des Lebens getrunken. Sie sogen den Honig ein, den die Natur auf den Rand gelegt hat; sie tranken aber auch den Rest aus, ohne ihn gesehen zu haben. Die Intelligenz ihrerseits aber sah bis auf den Grund. Denn das mit Intelligenz begabte Wesen lebte nicht mehr bloß in der Gegenwart; es gibt keine Reflexion ohne Vorhersicht, keine Vorhersicht ohne Beunruhigung, keine Beunruhigung ohne ein momentanes Nachlassen der Anhänglichkeit an das Leben. Vor allem gibt es keine Menschheit ohne Gesellschaft, und die Gesellschaft verlangt vom Individuum eine Selbstlosigkeit, die das Insekt, in seinem Automatismus, bis zu völligem Selbstvergessen treibt. Man darf nicht auf die Reflexion rechnen, daß sie diese Selbstlosigkeit unterstütze. Die Intelligenz, wenn es nicht gerade die Intelligenz eines sehr scharfsinnigen utilitaristischen Philosophen ist, würde eher zum Egoismus raten. Sie erforderte also nach zwei Seiten hin ein Gegengewicht. Oder vielmehr, sie war bereits damit versehen, denn, um es noch einmal zu sagen, die Natur macht die Wesen nicht aus Teilen und Stücken: was in seiner Äußerung vielfältig ist, kann in seiner Genesis einfach sein. Eine entstehende Spezies bringt in der Unteilbarkeit des Aktes, der sie hervorbringt, bis in alle Einzelheiten das mit, was sie lebensfähig macht. Eben der Stillstand des schöpferischen Schwunges, der sich als das Erscheinen unserer Spezies äußerte, hat mit der menschlichen Intelligenz, im Schoße der menschlichen Intelligenz, die fabulatorische Funktion ergeben, die die Religionen erschafft. Das ist die Rolle, das ist die Bedeutung jener Religion, die wir statisch oder natürlich genannt haben. Die Religion ist das, was bei den mit Reflexion begabten Wesen ein eventuelles Defizit in der Anhänglichkeit an das Leben ausgleichen soll.

Es ist richtig, daß man sogleich eine andere Lösungsmöglichkeit für das Problem sieht. Die statische Religion macht den Menschen anhänglich an das Leben, und damit das Individuum an die Gesellschaft, indem es ihm Geschichten erzählt, ähnlich denen, womit man die Kinder einschläfert. Gewiß sind das nicht Geschichten wie alle andern. Aus der fabulatorischen Funktion einer Notwendigkeit halber und nicht bloß zum Vergnügen hervorgegangen, kopieren sie die wahrgenommene Wirklichkeit derart, daß sie in Handlungen auslaufen: die andern Schöpfungen der Phantasie haben wohl die gleiche Tendenz, aber sie verlangen nicht, daß wir ihr nachgeben; sie können im Zustand von Ideen bleiben; jene dagegen sind ideomotorisch. Es sind trotzdem Fabeln, die, wie wir gesehen haben, von kritischen Geistern oft de facto akzeptiert werden mögen, von ihnen aber von Rechts wegen verworfen werden sollten. Das aktive, bewegende Prinzip, dessen bloßer Stillstand an einem extremen Punkt sich durch das Auftauchen der Menschheit ausgedrückt hat, erfordert freilich von allen geschaffenen Spezies, daß sie sich an das Leben klammern. Aber – wie wir früher gezeigt haben – wenn dieses Prinzip alle Gattungen auf einmal spendet, in der Art eines Baumes, der nach allen Richtungen hin Zweige treibt, die in Knospen enden, so bleibt doch das In-die-Materie-Hineinsetzen einer frei schöpferischen Energie, so bleibt doch der Mensch oder ein Wesen gleicher Bedeutung — wir sagen nicht gleicher Form — der Existenzgrund der gesamten Entwicklung. Das Ganze hätte freilich viel vollkommener sein können als es ist, und das ist wahrscheinlich der Fall in Welten, wo der Strom durch eine weniger widerspenstige Materie hindurchströmt. Wie es anderseits auch möglich war, daß der Strom nie einen freien Durchgang gefunden hätte, nicht einmal in diesem ungenügenden Maße, und in diesem Falle hätte sich auf unserm Planeten niemals die Qualität und Quantität an schöpferischer Energie frei gemacht, die sich in der menschlichen Form darstellt. Aber in jeder Weise ist das Leben für den Menschen etwas mindestens ebenso Wünschenswertes oder sogar Wünschenswerteres als für die anderen Gattungen, denn diese nehmen es hin als einen Effekt, der von der schöpferischen Energie nebenbei erreicht worden ist, während es beim Menschen eben der, wenn auch unvollkommene und fragwürdige Erfolg dieser Anstrengung ist. Warum sollte nun der Mensch das Vertrauen, das ihm fehlt oder das die Reflexion hat erschüttern können, nicht wiederfinden, wenn er, um wieder in Schwung zu kommen, zurückgreift in die Richtung, aus der der Schwung gekommen war? Das könnte er freilich nicht mit der Intelligenz leisten, oder jedenfalls nicht mit der Intelligenz allein; diese würde eher in entgegengesetzter Richtung gehen; sie hat eine besondere Bestimmung, und wenn sie sich zum spekulativen Denken erhebt, läßt sie uns höchstens Möglichkeiten konzipieren, kommt aber an keine Wirklichkeit heran. Doch wie wir wissen, ist rings um die Intelligenz, vage und hinschwindend, ein Saum von Intuition übriggeblieben. Könnte man nun diesen Saum nicht verdichten, verstärken und vor allem zur Handlung vervollständigen? Denn reine Vision ist er nur durch eine Abschwächung seines Prinzips geworden und, wenn man so sagen darf, durch eine an sich selbst vollzogene Abstraktion.

Eine Seele, die dieser Anstrengung fähig und würdig ist, würde sich nicht einmal fragen, ob das Prinzip, mit dem sie nun in Fühlung steht, die transzendente Ursache aller Dinge sei oder nur deren irdischer Sachwalter. Es würde ihr genügen, zu fühlen, daß sie, ohne daß ihre Persönlichkeit darin aufgeht, von einem Wesen durchflutet wird, das unendlich viel mehr vermag als sie, wie das Eisen beim Schmieden vom Feuer durchflutet wird. Ihre Anhänglichkeit an das Leben wäre von da an eins mit ihrem Unzertrennlichsein von diesem Prinzip, Freude in der Freude, Liebe zu dem, was nichts als Liebe ist. Der Gesellschaft gäbe sie sich außerdem, aber einer Gesellschaft, die nunmehr die ganze Menschheit wäre, geliebt in der Liebe zu dem, was ihr Prinzip ist. Das Vertrauen, das die statische Religion dem Menschen zubrachte, wäre verwandelt und verklärt: keine Sorge um die Zukunft mehr, kein unruhiges Zurückschauen auf sich selbst; das Objekt würde materiell nicht mehr der Mühe lohnen, und geistig würde es eine zu hohe Bedeutung gewinnen. Jetzt würde die Anhänglichkeit an das Leben im allgemeinen aus einem Losgelöstsein von jedem Einzelding bestehen. Aber könnte man dann noch von Religion sprechen? Oder müßte man dann dieses Wort schon auf alles Vorhergehende anwenden? Sind die beiden Dinge nicht so verschieden, daß sie sich ausschließen und nicht mit dem gleichen Namen benannt werden können?

Es gibt indessen viele Gründe, um in beiden Fällen von Religion zu sprechen. Wohl mag die Mystik — denn an sie denken wir — die Seele auf eine andere Ebene führen: sie gewährt ihr darum nicht weniger, in köstlicher Form, die Sicherheit und die Heiterkeit, die zu verschaffen Aufgabe der statischen Religion ist. Vor allem aber muß man beachten, daß die reine Mystik ein seltener Saft ist, daß man ihr meistens in verdünntem Zustande begegnet, daß sie aber dann der Masse, mit der sie sich vermischt, ihre Farbe und ihren Duft mitteilt, und daß man sie mit dieser Masse zusammenlassen muß, praktisch von ihr untrennbar, wenn man sie lebendig erfassen will — denn so hat sie sich schließlich der Welt aufgezwungen. Würde man sich freilich auf diesen Standpunkt stellen, so sähe man eine Reihe von Übergängen und gleichsam Gradunterschieden, wo in Wirklichkeit ein grundlegender Artunterschied vorliegt. Kommen wir mit wenigen Worten auf jeden dieser Punkte zurück.

Als wir die Mystik in ihrer Beziehung zum Lebensschwung bestimmten, haben wir implizite zugegeben, daß die wahre Mystik etwas Seltenes ist. Etwas später werden wir von ihrer Bedeutung und von ihrem Wert zu sprechen haben. Für den Augenblick wollen wir uns auf die Bemerkung beschränken, daß sie, nach dem Vorhergehenden, an einem Punkte liegt, bis zu dem der durch die Materie geschleuderte Strom des Geistes wahrscheinlich gehen wollte, aber nicht konnte. Denn einerseits setzt er über Hindernisse hinweg, die die Natur in ihrem Bau aufrichten mußte, und anderseits versteht man die Entwicklung des Lebens — abgesehen von den Nebenwegen, in die es mit Gewalt eingedrungen ist — nur, wenn man es auf der Suche nach etwas Unzulänglichem sieht, das der große Mystiker erreicht. Wenn alle Menschen, wenn viele Menschen so hoch steigen könnten, wie dieser bevorzugte Mensch, dann wäre die Natur nicht bei der menschlichen Spezies stehengeblieben, denn jener ist in Wirklichkeit mehr als ein Mensch. Man könnte übrigens von andern Formen des Genies das gleiche sagen: alle sind gleich selten. Es ist also kein Zufall, sondern es liegt in ihrem Wesen, daß die wahre Mystik eine Ausnahme ist.

Aber wenn sie spricht, so zeigt sich in der Tiefe der meisten Menschen etwas, das ihr unmerklich antwortet. Sie enthüllt uns, oder besser, sie würde uns eine wundervolle Perspektive enthüllen, wenn wir wollten: wir wollen es nicht und meistens könnten wir es nicht wollen; die Anstrengung würde uns zerbrechen. Trotzdem hat der Zauber gewirkt; und wie es geschieht, wenn ein genialer Künstler ein Werk hervorgebracht hat, das über uns hinausgeht, dessen Geist wir uns nicht aneignen können, das uns aber die Erbärmlichkeit alles dessen, was wir früher bewundert haben, zum Bewußtsein bringt, so mag die statische Religion wohl weiterbestehen – sie ist doch nicht mehr ganz das, was sie war, vor allem wagt sie nicht mehr sich zu bekennen, wenn die wahre große Mystik erschienen ist. Auch weiterhin wird die Menschheit von dieser Religion oder mindestens in der Hauptsache von ihr die Stütze verlangen, die sie braucht; auch weiterhin wird sie, so gut es geht reformierend, die fabulatorische Funktion arbeiten lassen; kurz, ihr Vertrauen zum Leben wird fast ebenso bleiben, wie die Natur es eingesetzt hatte. Aber sie wird in aller Aufrichtigkeit so tun, als habe sie diesen Kontakt mit dem ureignen Prinzip der Natur gesucht und in gewissem Maße gefunden, der sich durch ein ganz anderes Haften am Leben bekundet, durch ein umgewandeltes, verklärtes Vertrauen. Unfähig, sich ebensohoch zu erheben, wird sie die Geste andeuten, die Haltung annehmen und in ihren Reden den besten Platz für Formeln reservieren, denen es nicht glücken wird, sich ihr mit dem vollen Sinn zu erfüllen – wie jene Lehnsessel, die man bei einer Feierlichkeit für hohe Persönlichkeiten reserviert und die leer bleiben. So wird sich eine gemischte Religion herausbilden, die eine neue Orientierung der alten bedingt, ein mehr oder weniger ausgesprochenes Streben der aus der fabulatorischen Funktion hervorgegangenen alten Gottheit, sich aufzulösen in dem, der sich wirklich offenbart, der bevorzugte Geister mit seiner Gegenwart erleuchtet und erwärmt. So schieben sich, wie wir schon sagten, scheinbare Übergänge und Gradunterschiede zwischen zwei Dinge, die ihrer Natur nach radikal verschieden sind und von denen es zunächst so aussieht, als dürfte man sie nicht in gleicher Weise benennen. Der Kontrast ist nicht selten geradezu verblüffend, so zum Beispiel dann, wenn zwei Nationen, die miteinander Krieg führen, behaupten, sie hätten jede einen Gott für sich, der sich auf diese Weise als der Nationalgott des Heidentums erweist, während der Gott, von dem sie sich einbilden zu sprechen, ein allen Menschen gemeinsamer Gott ist, dessen bloßes Erscheinen vor aller Augen die sofortige Abschaffung des Krieges bedeuten würde. Und doch dürfte man diesen Kontrast nicht dazu ausbeuten, um Religionen verächtlich zu machen, die, aus dem mystischen Erlebnis geboren, den Gebrauch seiner Formeln allgemein gemacht haben, ohne doch die ganze Menschheit mit der Ganzheit seines Geistes durchdringen zu können. Auch nahezu leeren Formeln begegnet es hie und da, daß sie als wahrhaft magische Worte den Geist hervorsprudeln lassen, der fähig ist, sie zu füllen. Ein mittelmäßiger Lehrer kann dadurch, daß er eine Wissenschaft, die von genialen Menschen geschaffen wurde, mechanisch weitergibt, bei irgendeinem seiner Schüler die Berufung erwecken, die er selbst nicht gehabt hat, und ihn unbewußt zur Nachfolge dieser großen Männer bekehren, die in der Botschaft, die er überliefert, unsichtbar und doch gegenwärtig sind.

Es gibt indessen einen Unterschied zwischen den beiden Fällen, und wenn man ihn berücksichtigt, wird man sehen, wie auf religiösem Gebiet der Gegensatz zwischen dem ›Statischen‹ und dem ›Dynamischen‹, den wir betont haben, um die Charaktere beider deutlich zu markieren, sich abschwächt. Der großen Mehrzahl der Menschen kann z. B. die Mathematik vollkommen fremd bleiben, obwohl sie sich vor dem Genie eines Descartes oder eines Newton verehrungsvoll neigen. Aber diejenigen, die sich vor der mystischen Botschaft von ferne geneigt haben, weil sie in der Tiefe ihres eigenen Selbst ein schwaches Echo vernahmen, werden gegen das, was sie ihnen verkündet, nicht unempfindlich bleiben. Wenn sie schon einen Glauben hatten und sich von ihm nicht lösen können oder wollen, so werden sie sich sagen, daß sie ihn umwandeln müssen, und sie werden ihn dadurch wirklich wandeln: die Elemente zwar werden bleiben, aber sie werden durch dieses Kraftfeld magnetisiert und in andere Richtung gelenkt werden. Mühelos wird der Religionshistoriker in der Stofflichkeit eines in vager Weise mystischen Glaubens, der sich unter den Menschen verbreitet hat, mythische und sogar magische Elemente wiederfinden können. Er wird damit beweisen, daß es eine statische, dem Menschen natürliche Religion gäbe, und daß die menschliche Natur unwandelbar sei. Aber wenn er es dabei bewenden läßt, dann wird er etwas vernachlässigt haben, und vielleicht das Wichtigste. Wenigstens wird er, ohne es direkt zu wollen, eine Brücke vom Statischen zum Dynamischen geworfen und den Gebrauch desselben Wortes in so verschiedenen Fällen gerechtfertigt haben. Wohl hat man es noch immer mit einer Religion zu tun, aber mit einer neuen Religion.

Wir werden uns noch besser davon überzeugen und noch von einer andern Seite her sehen, wie diese beiden Religionen einander entgegengesetzt sind und wie sie sich vereinen, wenn wir die Versuche berücksichtigen, die die letztere gemacht hat, sich in der ersteren einzunisten, bevor sie sie verdrängte. In Wahrheit freilich sind wir es, die nachträglich ›Versuche‹ daraus machen. Es waren, als sie in Erscheinung traten, regelrechte Akte, die sich selbst genügten, und Anfänge oder Vorbereitungen sind es erst mit dem

Tage geworden, wo sie durch einen Enderfolg in Mißerfolge verwandelt wurden — dank der mysteriösen Macht, die die Gegenwart auf die Vergangenheit ausübt. Gleichwohl werden sie uns dazu dienen, einen Zwischenraum abzustecken, den unteilbaren Akt, durch den die dynamische Religion in Erscheinung tritt, in seine virtuellen Elemente zu teilen, und gleichzeitig zu zeigen — durch die offenbar gemeinsame Richtung der Aufschwünge, die nicht ans Ziel gelangt sind —, inwiefern der plötzliche Sprung, der dann entscheidend war, nichts Zufälliges hatte.

An die erste Stelle unter diesen Skizzen der kommenden Mystik werden wir gewisse Aspekte der heidnischen Mysterien zu stellen haben. Wir dürfen uns durch das Wort nicht täuschen lassen: die Mehrzahl der Mysterien hatte nichts Mystisches. Sie schlossen sich an die bestehende Religion, die es ganz natürlich fand, sie neben sich zu haben. Sie feierten die gleichen Götter, oder doch Götter, die aus der gleichen fabulatorischen Funktion hervorgegangen waren. Sie kräftigten bei den Eingeweihten lediglich den religiösen Geist, indem sie ihn mit jener Genugtuung paarten, die die Menschen stets empfunden haben, wenn sie kleine Gesellschaften innerhalb der großen bilden und sich durch das Faktum einer geheimgehaltenen Eingeweihtheit zu bevorzugten Wesen erhöhen. Dem Gott, den sie anriefen, fühlten die Mitglieder dieser geschlossenen Gesellschaften sich näher, sei es auch nur, weil die Darstellung mythologischer Szenen hier eine größere Rolle spielte als in den öffentlichen Zeremonien. In gewissem Sinne war der Gott anwesend; die Eingeweihten hatten an seiner Göttlichkeit ein wenig Teil. Sie konnten also von einem andern Leben mehr und Besseres erwarten, als die National-Religion erwarten ließ. Aber wahrscheinlich waren das nur Gedankengänge, die fertig aus dem Ausland gekommen waren: es ist bekannt, wie sehr Ägypten sich immer mit dem Geschick des Menschen nach dem Tode beschäftigt hat, und man erinnert sich an das Zeugnis des Herodot, nach dem die Demeter der eleusinischen und der Dionysos der orphischen Mysterien Umbildungen der Isis und Osiris gewesen wären. So daß die Feier der Mysterien, oder wenigstens das, was wir davon wissen, uns nichts bietet, was aus dem öffentlichen Kult herausgefallen wäre. Auf den ersten Blick würde man also an dieser Religion nicht *mehr* Mystik finden als an der andern. Aber wir dürfen uns nicht nur an den äußeren Eindruck halten, der freilich wahrscheinlich das einzige war, was die Mehrzahl der Eingeweihten interessierte. Wir müssen uns vielmehr fragen, ob nicht wenigstens einzelne dieser Mysterien den Stempel dieser oder jener großen Persönlichkeit trugen, deren Geist sie wiedererwecken konnten. Wir müssen auch vermerken, daß die meisten Autoren nachdrücklich auf die Szenen der Ekstase hingewiesen haben, bei denen der Gott wirklich von der Seele, die ihn anrief, Besitz nahm.

In der Tat waren die lebendigsten Mysterien, die schließlich sogar die eleusinischen Mysterien in ihre Bewegtheit hineinzogen, die des Dionysos und seines Nachfolgers Orpheus. Dionysos, ein fremder Gott, der aus Thrazien gekommen war, bildet in seiner Wildheit den vollen Gegensatz zu der heiteren Ruhe der Olympier. Er war zuerst nicht der Gott des Weines, aber er wurde es ohne Mühe, da die Trunkenheit, in die er die Seele versetzte, nicht ohne Ähnlichkeit mit der Trunkenheit war, die der Wein erzeugt. Man weiß, wie es William James ergangen ist, weil er den Folgezustand einer Stickstoff-Oxydul-Inhalation als Mystik bezeichnete oder als solche studiert hat. Man sah darin Irreligion. Und man hätte es mit Recht getan, hätte der Philosoph aus der ›inneren Offenbarung‹ ein psychologisches Äquivalent des Oxyduls gemacht, das dann, wie die Metaphysiker sagen, die adäquate Ursache des erzeugten Effekts gewesen wäre. Aber die Vergiftung sollte in seinen Augen nur die Gelegenheit sein. Der Seelenzustand war da, sicherlich ebenso vorgebildet wie die andern Seelenzustände, und wartete nur auf ein Signal, um sich auszulösen. Er hätte auf geistige Weise hervorgerufen werden können, durch eine Anstrengung auf seiner eigenen Ebene, der geistigen. Aber es konnte auch ebensogut auf materielle Weise geschehen, durch eine Hemmung dessen, was ihn hemmte, durch die Beseitigung eines Hindernisses, und das war der rein negative Effekt des Giftes; der Psychologe hat vorzugsweise das Gift gewählt, das ihm erlaubt, das Resultat nach Belieben zu erlangen. Es sollte vielleicht auch keine größere Ehrung für den Wein sein, als man seine Wirkungen mit dem dionysischen Rausch verglich. Aber das ist nicht der springende Punkt. Die Frage ist vielmehr die, ob dieser Rausch nachträglich, im Lichte der seither erschienenen Mystik, als Vorläufer für gewisse mystische Zustände betrachtet werden kann. Um diese Frage zu beantworten, braucht man nur einen Blick auf die Entwicklung der griechischen Philosophie zu werfen.

Diese Entwicklung war rein rational. Sie brachte das menschliche Denken zu dem höchsten Grad der Abstraktion und Verallgemeinerung. Sie verlieh den dialektischen Funktionen des Geistes so viel Kraft und Geschmeidigkeit, daß wir uns noch heute, um sie zu üben, in die Schule der Griechen begeben. Zwei Punkte sind jedoch zu beachten. Der eine ist der, daß zu Beginn dieser großen Bewegung ein Antrieb oder Anstoß erfolgt ist, der nicht philosophischer Art war. Der andere Punkt ist der, daß das Lehrgebäude, zu dem die Bewegung gelangt ist und in dem das hellenische Denken seine Vollendung gefunden hat, über die reine Vernunft hinauszugehen behauptete. Es ist nicht zweifelhaft, daß der dionysische Rausch sich im Orphismus und der Orphismus sich als Pythagorismus fortgesetzt hat: auf diesen aber, vielleicht sogar auf jenen geht die erste Anregung für den Platonismus zurück. Es ist bekannt, in welche Atmosphäre von Mystik – im orphischen Sinne des Wortes – die platonischen Mythen getaucht sind, und wie sehr die Theorie der Ideen selbst in geheimer Sympathie zur pythagoräischen Zahlentheorie hinneigte. Gewiß ist bei Aristoteles und seinen unmittelbaren Nachfolgern kein Einfluß dieser Art spürbar; aber die Philosophie des Plotin, in der diese Entwicklung gipfelt und die dem Aristoteles ebensoviel schuldet wie dem Plato, ist unzweifelhaft mystisch. Wenn sie den Einfluß orientalischen Denkens erlitten hat, das in der alexandrinischen Welt sehr lebendig war, so war das Plotin selbst unbewußt, der nichts weiter zu tun glaubte, als die gesamte griechische Philosophie zusammenzuballen, um sie gerade den fremden Lehrmeinungen entgegenzusetzen. Es gab also, kurz gesagt, am Anfang ein Eindringen des Orphismus, und am Ende eine Entfaltung der Dialektik zur Mystik. Daraus könnte man schließen, daß es eine außerrationale Kraft ist, die diese rationale Entwicklung hervorgerufen und sie bis zu ihrem Höhepunkt geführt hat, über die Vernunft heraus. Auf dieselbe Weise sind die langsamen und regelmäßigen Vorgänge der Boden-Ablagerung, die allein in Erscheinung treten, von unsichtbaren eruptiven Kräften bedingt, die in gewissen Momenten die Erdrinde durchbrechen und dem Ablagerungsvorgang seine Richtung weisen. Aber es ist auch eine andere Interpretation möglich; und diese wäre, unserer Meinung nach, wahrscheinlicher. Man kann vermuten, die Entwicklung des griechischen Denkens sei allein das Werk der Vernunft gewesen, und neben ihm, unabhängig von ihm, sei von Zeit zu Zeit in einigen prädisponierten Seelen ein Streben aufgebrochen, jenseits der Intelligenz eine Vision, einen Kontakt, die Enthüllung einer transzendenten Realität zu suchen. Dieses Streben hätte freilich sein Ziel niemals erreicht; aber jedesmal hätte es, im Augenblick seines Versiegens, den Rest seiner Kraft lieber der Dialektik anvertraut, als vollkommen zu verschwinden; und so konnte, mit der gleichen Kraftanstrengung, ein neuer Versuch eine größere Strecke durchlaufen, bevor er zum Stillstand kam, da er die Intelligenz in einem fortgeschritteneren Punkte einer philosophischen Entwicklung erreichte, die in der Zwischenzeit mehr Elastizität erworben hatte und mehr an mystischem Gehalt mitbrachte. In der Tat sehen wir, wie eine erste, rein dionysische Welle im Orphismus aufgeht, der von höherer Intellektualität war; eine zweite, die man orphisch nennen könnte, gelangte bis zum Pythagorismus, d. h. zu einer Philosophie; der Pythagorismus seinerseits teilte etwas von seinem Geiste dem Platonismus mit; und nachdem dieser ihn aufgenommen hatte, öffnete er sich später naturgemäß der alexandrinischen Mystik. Doch von welcher Art immer man sich die Beziehung zwischen den beiden Strömungen vorstellt, von denen die eine intellektuell, die andre außerintellektuell ist – nur wenn man sich auf den Gipfelpunkt versetzt, kann man die zweite als supra-intellektuell oder mystisch qualifizieren und einen Impuls, der von den Mysterien ausging, für mystisch halten.

Auch dann bliebe noch die Frage übrig, ob der Gipfelpunkt der Bewegung eine vollkommene Mystik war. Man kann jedem Wort den Sinn geben, den man will, vorausgesetzt, daß man es zuerst definiert. Für uns ist der Höhepunkt der Mystik eine Fühlungnahme, und damit ein teilweises Einswerden mit der schöpferischen Anstrengung, die vom Leben offenbart wird. Diese Anstrengung ist von Gott, wenn nicht geradezu Gott selbst. Der große Mystiker wäre demnach eine Individualität, die die Grenzen überschreitet, die der Spezies durch ihre Stofflichkeit gezogen sind, und so das göttliche Wirken fortsetzt und verlängert. Das ist unsere Definition. Es steht uns frei, sie aufzustellen, falls wir uns dabei nur fragen, ob sie überhaupt je und ob sie dann auf diesen oder jenen bestimmten Fall anzuwenden sei. Was Plotin betrifft, so ist die Antwort nicht zweifelhaft. Es war ihm vergönnt, das gelobte Land zu sehen, nicht aber, seinen Boden zu betreten. Er kam bis zur Ekstase, einem Zustand, da die Seele sich in Gegenwart Gottes fühlt oder zu fühlen glaubt, da sie von seinem Licht erleuchtet ist; doch überschritt er diese Etappe nicht und kam nicht bis zu dem Punkt, wo die Schau in der Handlung versinkt und der menschliche Wille sich mit dem göttlichen Willen vermischt. Er glaubte, auf dem Gipfel zu sein; ein Weitergehen wäre für ihn ein Abstieg gewesen. Das hat er in einer herrlichen Sprache ausgedrückt, die aber nicht die Sprache der vollkommenen Mystik ist: »Die Handlung«, sagt er, »ist eine Abschwächung der Schau[1].« Damit bleibt er dem griechischen Intellektualismus treu, er faßt ihn sogar in einer ergreifenden Formel zusammen; immerhin hat er ihn stark mit Mystik durchtränkt. Kurz, die Mystik in dem absoluten Sinne, in dem wir sie verstehen wollten, ist vom hellenischen Denken nicht erreicht worden. Gewiß wäre sie gern ans volle Licht getreten; sie hat, eine bloße Virtualität, mehrmals an die Tür geklopft. Diese hat sich um einen Spalt geöffnet, der immer weiter wurde, aber sie hat die Mystik niemals ganz eingelassen.

Der Unterschied zwischen Mystik und Dialektik ist hier radikal; sie treffen lediglich von Zeit zu Zeit zusammen. Anderswo dagegen sind sie ständig gemischt gewesen, haben sich anscheinend gegenseitig geholfen, vielleicht auch sich gegenseitig behindert, bis zu Ende zu gehen. Das ist, glaube ich, im Denken der Hindus geschehen. Wir haben nicht vor, tiefer in dieses einzudringen oder es zu resümieren. Seine Entwicklung erstreckt sich über beträchtliche Zeiträume. Philosophie und Religion zugleich, hat es nach Zeit und Ort Verschiedenheiten aufgewiesen. Es hat sich in einer Sprache ausge-

[1] Ἐπεὶ καὶ ἄνθρωποι, ὅταν ἀσθενήσωσιν εἰς τὸ θεωρεῖν, σκιὰν θεωρίας καὶ λόγου τὴν πρᾶξιν ποιοῦνται (Enneaden III, VIII, 4).

drückt, von der viele Nuancen selbst denen entgehen, die sie am besten kennen. Die Worte dieser Sprache haben übrigens ihren Sinn durchaus nicht unverändert bewahrt, selbst angenommen, daß dieser Sinn immer klar und genau war, oder daß er es überhaupt je gewesen ist. Aber für den Gegenstand, der uns beschäftigt, wird ein Blick auf die Gesamtheit der Lehrmeinungen genügen. Und da wir, um diesen Gesamteindruck zu erhalten, uns notwendigerweise damit begnügen müssen, schon von andern gewonnene Einsichten aufeinanderzuschichten, werden wir einige Aussicht haben, uns nicht zu täuschen, wenn wir vorzugsweise die zusammenfallenden Linien betrachten.

Wir wollen zunächst sagen, daß Indien stets eine Religion geübt hat, die der Religion des alten Griechenland vergleichbar ist. Die Götter und Geister spielten dort die gleiche Rolle wie sonst überall. Die Riten und Zeremonien waren ähnlich. Das Opfer hatte eine äußerst große Bedeutung. Diese Kulte blieben durch den Brahmanismus, den Jainismus und den Buddhismus hindurch bestehen. Wie waren sie mit einer Lehre wie der des Buddha zu vereinen? Man muß beachten, daß der Buddhismus, der den Menschen die Befreiung brachte, die Götter selbst als der Befreiung bedürftig betrachtete. Er behandelte also Menschen und Götter als Wesen der gleichen Spezies, dem gleichen Fatum unterworfen. Das würde man bei einer Hypothese wie der unsrigen gut begreifen: der Mensch lebt von Natur aus in Gesellschaft, und mittels eines natürlichen Vermögens, das wir fabulatorisch genannt haben, umgibt er sich mit phantasmatischen Wesen, die ein dem seinen ähnliches Leben führen, das höher ist als das seine und diesem solidarisch; solcher Art ist die Religion, die wir für natürlich halten. Haben sich die Denker Indiens die Dinge je so vorgestellt? Das ist wenig wahrscheinlich. Aber jeder Geist, der den mystischen Weg betritt, außerhalb des Gemeinwesens, fühlt mehr oder weniger dunkel, daß er die Menschen und die Götter hinter sich läßt. Eben dadurch sieht er sie zusammen.

Bis wohin ist nun das indische Denken in dieser Richtung gegangen? Es handelt sich wohlverstanden nur um das antike Indien, das abgeschlossene, noch vor dem Einfluß, den es durch die abendländische Kultur oder das Bedürfnis, dagegen zu reagieren, erlitten haben mag. Ob statisch oder dynamisch, wir erfassen ja die Religion in ihren Ursprüngen. Wir haben gefunden, daß die erste in der Natur vorgebildet war; wir sehen jetzt in der zweiten einen Sprung aus der Natur heraus; und wir betrachten zuerst den Sprung in solchen Fällen, wo der Schwung ungenügend oder gehemmt war. Es scheint, daß die indische Seele sich in diesem Schwung auf zwei verschiedene Weisen versucht hat.

Die eine ist gleichzeitig physiologisch und psychologisch. Ihren entferntesten Ursprung kann man in einem Verfahren finden, das den Hindus und den Iranern gemeinsam war, also vor ihrer Trennung liegen muß: die Zuhilfenahme des berauschenden Getränks, das beide ›Soma‹ nannten. Es war eine göttliche Trunkenheit, der vergleichbar, die die Anhänger des Dionysos vom Wein verlangten. Später trat dann ein Gesamt von Exerzitien auf, dazu bestimmt, die Empfindung aufzuheben, die geistige Aktivität zu verlangsamen, kurz, Zustände herbeizuführen, die der Hypnose ähneln; sie wurden systematisiert im ›Yoga‹. War das Mystik, in dem Sinne, in dem wir das Wort verstehen? Hypnotische Zustände haben an sich nichts Mystisches, aber sie können Mystik werden oder wenigstens die wahre Mystik ankündigen und vorbereiten, vermöge der Suggestion, die sich zu ihnen gesellt. Sie werden leicht zur Mystik werden, ihre Form wird dazu prädisponiert sein, sich mit diesem Stoff zu füllen, wenn sie bereits Visionen und Ekstasen hervortreten lassen, die die kritische Funktion der Intelligenz aufheben. Das muß, wenigstens nach einer Seite hin, die Bedeutung der Exerzitien gewesen sein, die sich schließlich als ›Yoga‹ organisiert haben. Die Mystik war darin nur in skizzenhaftem Zustand enthalten; aber eine ausgesprochenere Mystik, eine rein geistige Konzentration konnte sich mit dem Yoga durch das helfen, was dieser an Materiellem hatte, und ihn gerade dadurch spiritualisieren. In der Tat scheint das Yoga, je nach Zeit und Ort, eine populärere Form der mystischen Versenkung gewesen zu sein, oder ein Gesamtbegriff, der diese umfaßte.

Es bleibt nun noch übrig zu wissen, was diese Versenkung selbst war und welche Beziehung sie zu der Mystik haben konnte, wie wir sie verstehen. Seit den ältesten Zeiten grübelte der Hindu über das Sein im allgemeinen, über die Natur, über das Leben. Aber sein Bemühen, das sich während so vieler Jahrhunderte fortgesetzt hat, ist nicht, wie das der griechischen Philosophen, bis zu dem ad infinitum entwickelbaren Wissen gelangt, aus dem schon die griechische Wissenschaft bestand. Der Grund ist der, daß das Wissen in seinen Augen immer eher ein Mittel als ein Zweck war. Für ihn handelte es sich darum, dem Leben zu entrinnen, das für ihn besonders grausam war. Durch Selbstmord konnte er dieses Entrinnen nicht erreichen, denn die Seele mußte nach dem Tode in einen andern Körper eingehen, und es wäre in alle Ewigkeit ein Wiederbeginn des Lebens und des Leidens gewesen. Aber seit den Anfängen des Brahmanismus war er überzeugt, zur Befreiung gelange man durch die Entsagung. Diese Entsagung war ein Aufgehen im All, wie auch in sich selbst. Der Buddhismus, der dann den Brahmanismus umbog, hat ihn im Wesen nicht verändert. In der Hauptsache machte er etwas Gelehrteres daraus. Bis dahin hatte man festgestellt, das Leben sei Leiden; der Buddha stieg bis zur Ursache des Leidens empor; er fand sie im Begehren im allgemeinen, im Lebensdurst. So konnte der Weg der Befreiung mit größerer Genauigkeit gezeichnet werden. Brahmanismus, Buddhismus und sogar Jainismus haben also mit immer größerer Kraft die Abtötung des Lebenswillens gepredigt, und diese Predigt stellt sich auf den ersten Blick wie ein Anruf an die Intelligenz dar, denn die drei Lehren unterschieden sich nur durch ihren mehr oder weniger hohen Grad von Intellektualität. Aber wenn man näher zusieht, bemerkt man, daß die Überzeugung, die sie einimpfen wollten, durchaus nicht etwa ein rein intellektueller Zustand war. Schon im alten Brahmanismus erhält man die letzte Überzeugung nicht durch eine Vision, die von dem, der sie gehabt hat, weitergegeben wird. Der Buddhismus ist wohl einesteils mehr gelehrt, aber anderseits noch mystischer. Der Zustand, zu dem er die Seele führt, liegt jenseits von Glück und Leiden und jenseits vom Bewußtsein. Durch eine Reihe von Etappen und durch eine ganze mystische Disziplin gelangt er zum Nirvana, der Aufhebung des Wollens während des Lebens und des Karmas nach dem Tode. Man darf nicht vergessen, daß am Anfang der Mission des Buddha die Erleuchtung steht, die er in seiner Jugend hatte. Alles das, was am Buddhismus in Worten ausgedrückt werden kann, kann freilich als eine Philosophie betrachtet werden; aber das Wesentliche ist die endgültige Offenbarung, die über die Vernunft und über das Wort hinausgeht. Es ist die stufenweise erworbene und plötzlich erlangte Überzeugung, daß das Ziel erreicht ist; zu Ende ist das Leiden, das alles ausmacht, was es in der Existenz an Bestimmtem und damit an eigentlich Existierendem gibt. Erwägen wir, daß wir es hier nicht mit einer theoretischen Meinung zu tun haben, sondern mit einer Erfahrung, die sehr einer Ekstase gleicht, daß eine Seele bei der Bemühung, mit dem schöpferischen Schwung eins zu werden, den so beschriebenen Weg wählen und nur dann Schiffbruch leiden könnte, wenn sie auf halbem Wege stehenbliebe, wo sie dann vom menschlichen Leben losgelöst wäre ohne das göttliche zu erreichen und zwischen beiden im schwindelnden Nichts hinge — dann werden wir nicht zögern, im Buddhismus eine Mystik zu sehen. Aber wir werden auch verstehen, inwiefern der Buddhismus keine vollkommene Mystik ist. Diese wäre Handlung, Schöpfung, Liebe.

Nicht als ob dem Buddhismus die Caritas unbekannt gewesen wäre. Er hat sie im Gegenteil in den allererhabensten Ausdrücken anempfohlen. Und zu den Vorschriften hat er das Beispiel gefügt. Aber es hat ihm an Wärme gefehlt. Wie ein Religionshistoriker sehr treffend gesagt hat, war ihm »die vollständige und mysteriöse Selbsthingabe« fremd. Wir wollen hinzufügen — und es ist vielleicht im Grunde dasselbe —: er hat nicht an die Wirksamkeit des menschlichen Handelns geglaubt. Er hatte kein Vertrauen in dieses. Nur dieses Vertrauen aber kann eine Macht werden und Berge versetzen.

Eine vollkommene Mystik wäre soweit gegangen. Vielleicht ist sie auch in Indien zu finden gewesen — aber viel später. In der Tat finden wir bei einem Ramakrishna oder einem Vivekanada, um nur die jüngsten zu nennen, ein heißes Mitgefühl, eine Mystik, die der christlichen vergleichbar wäre. Aber in der Zwischenzeit war eben das Christentum erstanden. Sein Einfluß auf Indien — das übrigens zum Islam kam — war freilich sehr oberflächlich, aber für dazu prädisponierte Seelen genügt eine bloße Anregung, ein Signal. Wir müssen gleichwohl zugeben, daß die direkte Wirkung des Christentums, so weit es Dogma ist, in Indien ungefähr gleich Null gewesen ist. Da es die ganze abendländische Kultur durchdrungen hat, spürt man es, wie ein Parfüm, in allem, was diese Kultur mit sich bringt. Sogar der Industrialismus stammt — wie ich versuchen werde zu zeigen — indirekt von ihm ab. Nun ist es aber unser Industrialismus, unsre abendländische Kultur, was die Mystik eines Ramakrishna oder eines Vivekanada ausgelöst hat. Niemals hätte diese glühende, tätige Mystik in einer Zeit entstehen können, wo der Hindu sich von der Natur zerschmettert fühlte und jedes menschliche Eingreifen ihm nutzlos schien. Was sollte man tun, wenn unvermeidbare Hungersnöte Millionen von Unglücklichen zum Hungertode verurteilten? In dieser Ohnmacht findet der Pessimismus des Hindu seinen wesentlichen Ursprung. Und dieser Pessimismus wiederum hat Indien verhindert, seine Mystik bis zu Ende zu führen, denn die vollkommene Mystik ist Handeln. Dann aber kommen die Maschinen, die den Ertrag des Bodens vermehren und vor allem seine Erzeugnisse in Umlauf bringen, es kommen die politischen und sozialen Organisationen, die experimentell beweisen, daß die Massen nicht zu einem Leben der Knechtschaft und des Elends als einer unabwendbaren Notwendigkeit verurteilt sind: die Befreiung wird in einem ganz neuen Sinne möglich; der mystische Drang wird, wenn er irgendwo mit hinreichender Kraft auftritt, nicht mehr vor Unmöglichkeiten des Handelns plötzlich Halt machen; er wird nicht mehr zurückgedrängt auf Lehren der Entsagung oder ekstatische Übungen; statt sich in sich selbst zu versenken, wird die Seele sich weit einer allgemeinen Liebe öffnen. Nun sind aber diese Erfindungen und Organisationen ihrem Wesen nach abendländisch; sie wiederum haben in diesem Falle der Mystik erlaubt, bis zu ihrem eigenen Gipfel zu gelangen. Wir können also den Schluß ziehen, daß es weder in Griechenland noch im antiken Indien vollkommene Mystik gegeben hat, bald weil der Schwung nicht genügte, bald weil materielle Umstände oder eine zu enge Intellektualität ihm entgegenstanden. Erst ihr Erscheinen in einem bestimmten Augenblick bewirkt es, daß wir rückblickend an ihrer Vorbereitung teilzunehmen glauben, wie der Ausbruch des Vulkans plötzlich Licht wirft auf eine lange Reihe von Erdbeben in der Vergangenheit[2].

Die vollständige Mystik ist in der Tat die Mystik der großen christlichen Mystiker. Wir wollen ihr Christentum zunächst einmal beiseitelassen und bei ihnen die Form ohne den Inhalt betrachten. Gewiß sind die meisten von ihnen durch Zustände hindurchgegangen, die den verschiedenen Gipfelpunkten der antiken Mystik ähneln. Aber sie sind nur hindurchgegangen: sich zusammenraffend, um sich in einer ganz neuen Anstrengung zu spannen, haben sie einen Damm durchbrochen; ein ungeheurer Lebensstrom hat sie von neuem ergriffen; aus ihrer vermehrten Vitalität hat sich eine Energie, eine Kühnheit, eine Macht ganz außergewöhnlichen Planens und Verwirklichens entbunden. Man bedenke, was Persönlichkeiten wie Paulus, die heilige Therese, die heilige Katharina von Siena, der heilige Franziskus, Jeanne d'Arc und viele andre im Bereich der Tat vollbracht haben[3]. Fast alle diese überströmende Aktivität hat der Verbreitung des Christentums gegolten. Es gibt jedoch Ausnahmen, und der Fall Jeanne d'Arc genügt, um zu zeigen, daß die Form vom Stoff getrennt werden kann.

Wenn man solcherart die innere Entwicklung der großen Mystiker in ihrem Gipfelpunkt betrachtet, so fragt man sich, wie es möglich war, daß sie auf die Stufe von Kranken gestellt worden sind. Gewiß, wir leben in einem Zustand des labilen Gleichgewichts, und die durchschnittliche Gesundheit des Geistes ist — wie ja auch die des Körpers — etwas schwer zu Definierendes. Es gibt jedoch eine intellektuelle Gesundheit, die etwas fest Gegründetes, Außergewöhnliches und mühelos zu Erkennendes ist. Sie bekundet sich in der Lust am Handeln, in der Fähigkeit, sich immer wieder den Verhältnissen anzupassen, in der mit Schmiegsamkeit gepaarten Festigkeit, in der prophetenhaften Unterscheidung des Möglichen und des Unmöglichen, in einem Geist der Einfachheit, der über Wirrnisse triumphiert, kurz in einem höheren Menschenverstand. Findet man das nicht gerade bei den Mystikern, von denen wir sprechen? Und könnten sie nicht geradezu für die Definition der intellektuellen Robustheit herangezogen werden?

[2] Wir wissen wohl, daß es im Altertum noch andere Arten Mystik gegeben hat als den Neuplatonismus und den Buddhismus. Aber für den Gegenstand, der uns beschäftigt, genügt es, wenn wir die am weitesten vorgeschrittenen in Betracht ziehen.
[3] Auf das wesentlich Handelnde bei den großen christlichen Mystikern hat Henri Delacroix in einem Buche hingewiesen, das klassisch zu werden verdiente (*Etudes d'histoire et de psychologie du mysticisme*, Paris 1908). — Ähnliche Gedanken finden sich in den bedeutenden Arbeiten von Evelyn Underhill *(Mysticism*, London 1911; und *The mystic way*, London 1913). Diese knüpft mit ihren Darlegungen teilweise an das an, was wir in der *Evolution créatrice* auseinandergesetzt haben und was wir in diesem Kapitel wieder aufnehmen und fortsetzen. Siehe darüber besonders *The Mystic way*.

Wenn man anders geurteilt hat, so geschah es wegen der anormalen Zustände, die bei ihnen oft der endgültigen Verwandlung vorangingen. Sie sprechen von ihren Visionen, von ihren Ekstasen, von ihren Verzückungen. Das sind Erscheinungen, die auch bei Kranken auftreten und Wesensmerkmale gewisser Krankheiten sind. Über die Ekstase als psychasthenische Erscheinung ist kürzlich ein wichtiges Werk erschienen[4]. Aber es gibt krankhafte Zustände, die Nachahmungen gesunder Zustände sind: diese sind darum nicht weniger gesund und die andern nicht weniger krank. Wenn sich ein Geisteskranker für einen Kaiser hält, wird er seinen Bewegungen, seinen Worten, seinen Handlungen systematisch eine napoleonische Haltung geben, und eben darin besteht sein Wahnsinn; aber wird Napoleon davon irgendwie berührt? Ebenso wird sich die Mystik parodieren lassen, und es wird einen mystischen Wahnsinn geben: aber folgt daraus, daß die Mystik Wahnsinn ist? Freilich — das ist nicht zu bestreiten — sind Ekstasen, Visionen, Verzückungen anormale Zustände, und es ist nicht leicht, zwischen dem Anormalen und dem Krankhaften zu unterscheiden. Das war übrigens die Meinung der großen Mystiker selbst. Sie waren die ersten, die ihre Schüler vor Visionen warnten, die bloße Halluzinationen sein könnten. Und ihren eigenen Visionen, sofern sie welche hatten, haben sie im allgemeinen nur sekundäre Bedeutung beigemessen: das waren Zwischenfälle auf dem Wege; man mußte über sie hinwegschreiten und ebenso auch die Entzückungen und Ekstasen hinter sich lassen, um das Ziel zu erreichen, nämlich das Einswerden des menschlichen mit dem göttlichen Willen. In Wahrheit kann man diese anormalen Zustände, ihre Ähnlichkeit und manchmal gewiß auch ihre Identität mit krankhaften Zuständen leicht verstehen, wenn man die Umwälzung bedenkt, die der Übergang vom Statischen zum Dynamischen, vom Geschlossenen zum Offenen, vom gewohnten Leben zum mystischen Leben bedeutet. Sind die dunkelsten Tiefen der Seele aufgerührt, dann nimmt das, was da an die Oberfläche steigt und zum Bewußtsein dringt, wenn es eine genügende Intensität hat, die Form eines Bildes oder einer Emotion an. Das Bild ist meistens reine Halluzination, so wie die Emotion nur leere Aufregung ist. Aber beide können ausdrücken, daß die Umwälzung eine systematische Neuordnung im Hinblick auf ein höheres Gleichgewicht ist: das Bild ist dann symbolisch für das, was sich vorbereitet, und die Emotion ist eine Konzentration der Seele in der Erwartung einer Umformung. Dieser Fall ist der Fall der Mystik, aber er kann an dem andern Fall teilhaben; was lediglich anormal ist, kann zu etwas ausgesprochen Krankhaftem werden; wenn man die gewohnten Beziehungen zwischen dem Bewußten und dem Unbewußten stört, so läuft man immer

[4] Pierre Janet, *De l'angoisse à l'extase*.

Gefahr. Man darf sich also nicht wundern, wenn die Mystik mitunter von nervösen Störungen begleitet ist; man trifft diese ja auch bei andern Formen des Genies, besonders bei den Musikern. Sie sind als etwas Nebensächliches anzusehen. Sie sind in dem einen Fall ebensowenig Mystik, wie im andern Fall Musik.

Durch den Strom, der sie mitreißen soll, in ihren Tiefen erschüttert, hört die Seele auf, sich um sich selbst zu drehen und entrinnt für einen Augenblick dem Gesetz, wonach Gattung und Individuum sich gegenseitig, im Kreise, bedingen. Sie hält inne, als hätte sie eine Stimme vernommen, die sie riefe. Dann läßt sie sich geradeaus tragen. Sie kann die Kraft, von der sie bewegt wird, nicht direkt wahrnehmen, aber sie fühlt ihre undefinierbare Gegenwart, oder sie ahnt sie, durch eine symbolische Vision hindurch. Nun kommt eine ungeheure Freude, eine Ekstase, in der sie aufgeht, oder eine Verzückung, von der sie ergriffen wird: Gott ist da, und sie ist in ihm. Kein Geheimnis mehr. Die Probleme schwinden hin, die Dunkelheiten zerstreuen sich; es ist eine Erleuchtung. Aber für wie lange Zeit? Eine unmerkliche Unruhe, die über der Ekstase schwebte, steigt herab und heftet sich an sie wie ein Schatten. Sie würde schon genügen, auch ohne die Zustände, die dann folgen, um die wahre, vollständige Mystik von dem zu unterscheiden, was einstmals ihre vorweggenommene Nachahmung oder ihre Vorbereitung war. Sie zeigt in der Tat, daß die Seele des großen Mystikers nicht bei der Ekstase stehenbleibt, wie am Ziel einer Reise. Es ist wohl ein Ausruhen, wenn man so will, aber wie auf einer Station, wo die Maschine unter Dampf stehenbleibt und wo die Bewegung durch eine Erschütterung auf der Stelle fortgeführt wird, während sie auf das neue Vorwärtsstürmen wartet. Sagen wir es genauer: die Vereinigung mit Gott mag noch so eng sein, endgültig ist sie erst, wenn sie absolut ist. Gewiß ist kein Zwischenraum mehr zwischen dem Denken und seinem Gegenstand, da die Probleme, die den Abstand bezeichneten und sogar ausmachten, gefallen sind. Keine grundlegende Trennung mehr zwischen dem Liebenden und dem Geliebten: Gott ist gegenwärtig, und die Freude ist ohne Grenzen. Aber wenn die Seele durch das Denken und das Fühlen in Gott aufgeht, so bleibt etwas von ihr draußen; nämlich der Wille: ihr Handeln würde, wenn sie handelte, einfach von ihm ausgehen. Ihr Leben ist also noch nicht göttlich. Sie weiß es; davon ist sie in vager Weise beunruhigt, und diese Unruhe in der Ruhe ist charakteristisch für das, was wir die vollständige Mystik nennen: sie besagt, daß der Schwung, zu dem sie angesetzt hat, weiterschwingen soll, daß die Ekstase freilich die Fähigkeit des Sehens und Empfindens angeht, daß es aber auch das Wollen gibt, und daß man auch dieses in Gott hineinstellen muß. Wenn dieses Gefühl so groß geworden ist, daß es allen Raum einnimmt, dann ist die Ekstase verrauscht, die Seele bleibt einsam zurück und ist manchmal in Verzweiflung. Da sie sich eine Zeitlang an das blendende Licht gewöhnt hatte, kann sie im Schatten nichts mehr unterscheiden. Sie gibt sich nicht Rechenschaft über die tiefinnere Arbeit, die sich heimlich in ihr vollzieht. Sie fühlt, daß sie viel verloren hat; sie weiß noch nicht, daß es geschieht, damit sie alles gewinne. Das ist die ›dunkle Nacht‹, von der die großen Mystiker gesprochen haben, und die vielleicht das Bezeichnendste oder jedenfalls das Lehrreichste ist, was die christliche Mystik aufweist. Die entscheidende, charakteristische Phase der großen Mystik bereitet sich vor. Diese letzte Vorbereitung zu analysieren ist unmöglich, die Mystiker selbst haben kaum etwas von ihrem Mechanismus gesehen. Wir können nur sagen, eine Maschine aus unerhört widerstandsfähigem Stahl, die im Hinblick auf eine ganz außerordentliche Leistung gebaut worden ist, befände sich sicherlich in einem ähnlichen Zustand, wenn sie im Augenblick des Aufstellens ein Bewußtsein von sich selbst gewänne. Da ihre Einzelteile nacheinander auf die schwerste Probe gestellt und dabei manche verworfen und durch andre ersetzt würden, so hätte sie das Gefühl, daß hier und da etwas fehle, und überall würde es sie schmerzen. Aber dieser ganz oberflächliche Schmerz brauchte sich nur zu vertiefen, um in der Erwartung und Hoffnung eines wunderbaren Werkzeugs aufzugehen. Die mystische Seele will dieses Werkzeug sein. Sie entfernt aus ihrer Substanz alles, was nicht rein genug, nicht widerstandsfähig und geschmeidig genug ist, damit Gott es benutzen könne. Schon fühlte sie Gott gegenwärtig, schon glaubte sie ihn in symbolischen Visionen zu sehen, schon vereinigte sie sich sogar mit ihm in der Ekstase; aber nichts von all dem war von Dauer, denn all das war nur Kontemplation: das Handeln führte die Seele zu sich selbst zurück und löste sie so von Gott los. Jetzt handelt Gott durch sie, in ihr: die Vereinigung ist vollkommen und damit endgültig. Daher erwecken Worte wie Mechanismus und Werkzeug Vorstellungen, die man besser beiseite lassen wird. Man konnte sich ihrer bedienen, um uns einen Begriff von der Vorbereitungsarbeit zu geben. Aber man wird uns dadurch nichts über das Endresultat lehren. Wir möchten sagen, es gäbe von da an für die Seele einen Überfluß an Leben. Es ist ein ungeheurer Schwung. Es ist ein unwiderstehlicher Drang, der sie in die größten Unternehmungen treibt. Eine ruhige Hochstimmung aller ihrer Vermögen bewirkt, daß sie groß sieht und, so schwach sie auch sein mag, machtvoll verwirklicht. Vor allem sieht sie einfach, und diese Einfachheit, die in ihren Worten ebenso auffällt wie in ihrem Verhalten, geleitet sie durch Wirrnisse hindurch, die sie nicht einmal zu bemerken scheint. Eine eingeborene Wissenschaft, oder vielmehr eine erworbene Unschuld, suggeriert ihr solcherart auf den ersten Blick den nützlichen Schritt, die entscheidende Handlung, das widerspruchslose Wort. Dabei bleibt die Anspannung unerläßlich und ebenso Geduld und Beharrlichkeit. Aber sie kommen von selbst, sie entfalten sich von selbst in einer Seele, die zugleich wirkend und ›gewirkt‹ ist, deren Freiheit mit der göttlichen Aktivität zusammenfällt. Sie stellen einen ungeheuren Aufwand an Energie dar, aber diese Energie wird in demselben Augenblick geliefert, da sie erforderlich ist, denn das Übermaß an Vitalität, das sie erheischt, fließt aus einer Quelle, die die Quelle des Lebens selbst ist. Jetzt sind die Visionen in weiter Ferne: das Göttliche könnte sich einer Seele, die ganz von ihm erfüllt ist, nicht von außen zeigen. Nichts mehr scheint einen solchen Menschen von den andern Menschen, unter denen er wandelt, zu unterscheiden. Nur er selbst ist sich einer Veränderung bewußt, die ihn in den Rang der *adjutores Dei* erhebt, die im Verhältnis zu Gott erleiden, im Verhältnis zu den Menschen aber handeln. Übrigens ist er auf diese Erhöhung durchaus nicht stolz. Im Gegenteil, seine Demut ist sehr groß. Wie sollte er nicht demütig sein, wo er doch in schweigender Zwiesprache, allein mit sich selbst, und mit einer Ergriffenheit, in der seine Seele sich ganz hinschmelzen fühlte, das feststellen konnte, was man die göttliche Demut nennen könnte?

Schon in der Mystik, die bei der Ekstase, das heißt bei der Kontemplation stehenblieb, war ein gewisses Handeln vorgebildet. Man fühlte, kaum daß man vom Himmel wieder auf die Erde herabgestiegen war, das Bedürfnis, hinzugehen und die Menschen zu lehren. Man mußte aller Welt kundtun, daß die mit den Augen des Leibes wahrgenommene Welt allerdings wirklich ist, daß es aber noch etwas anderes gebe, und daß dieses Etwas nicht nur möglich oder wahrscheinlich ist, wie die Schlußfolgerung einer Überlegung, sondern so gewiß wie eine Erfahrung: einer hat gesehen, einer hat gefühlt, einer weiß. Doch war das nur eine Anwandlung von Aposteltum. Das Unternehmen war ja entmutigend: wie soll man die Überzeugung, die man aus einer Erfahrung hat, durch Reden verbreiten? Und wie vor allem soll man das Unaussprechbare aussprechen? Aber diese Fragen stellen sich dem großen Mystiker nicht einmal. Er hat die Wahrheit aus ihrer Quelle in sich hineinfließen gefühlt als eine treibende Kraft. Er kann sich sowenig hindern sie zu verbreiten, wie die Sonne es unterlassen kann, Licht zu verstreuen. Nur wird er sie nicht mehr durch bloße Reden verbreiten.

Denn die Liebe, die ihn verzehrt, ist nicht mehr einfach die Liebe eines Menschen zu Gott, es ist die Liebe Gottes zu allen Menschen. Durch Gott hindurch, in Gott, liebt er die ganze Menschheit mit einer göttlichen Liebe. Das ist nicht die Brüderlichkeit, die die Philosophen im Namen der Vernunft empfohlen haben, indem sie davon ausgingen, daß alle Menschen ursprünglich an ein und demselben Vernunftwesen teilhatten: vor einem so edlen

Ideal wird man sich mit Ehrfurcht neigen; man wird sich bemühen, es zu verwirklichen, wenn es nicht zu unbequem ist für das Individuum und die Gesellschaft; aber man wird ihm nicht mit Leidenschaft anhängen. Oder aber es wird deshalb geschehen, weil man in irgendeinem Winkel unserer Kultur das berauschende Parfüm eingeatmet hat, das die Mystik dort zurückließ. Hätten wohl die Philosophen selber das der landläufigen Erfahrung sowenig entsprechende Prinzip von dem gleichen Anteil aller Menschen an einer höheren Wesenheit mit einer solchen Sicherheit aufgestellt, wenn es nicht Mystiker gegeben hätte, die die ganze Menschheit mit einer einzigen unteilbaren Liebe umfaßten? Es handelt sich hier nicht um die Brüderlichkeit, deren Idee man konstruiert hat, um ein Ideal daraus zu machen. Und es handelt sich ebensowenig um die Intensivierung einer eingeborenen Sympathie des Menschen für den Menschen. Man könnte sich übrigens fragen, ob solch ein Instinkt jemals anderswo existiert hat, als in der Einbildung der Philosophen, wo er aus Gründen der Symmetrie entstanden ist. Da Familie, Vaterland, Menschheit als immer größere Kreise erscheinen, hat man gedacht, daß der Mensch die Menschheit ebenso natürlich lieben müßte, wie man sein Vaterland und seine Familie liebt — während in Wirklichkeit die Gruppierungen in Familien und Gesellschaften die einzigen von der Natur gewollten sind, die einzigen, denen Instinkte entsprechen, und die sozialen Instinkte die Gesellschaften eher dazu führen würden, sich gegenseitig zu bekämpfen, als sich zu vereinen, um sich wirklich als Menschheit zu konstituieren. Höchstens könnte das Familien- und Gesellschaftsgefühl gelegentlich überfließen und sich jenseits seiner natürlichen Grenzen betätigen, als Luxus oder als Spiel; es würde aber niemals sehr weit gehen. Ganz etwas anderes ist die mystische Liebe zur Menschheit. Sie setzt nicht einen Instinkt fort, sie stammt nicht aus einer Idee. Sie ist weder etwas Empfindungsmäßiges noch etwas Rationales. Sie ist implizite beides, und ist doch viel mehr. Denn eine solche Liebe steht an der Wurzel von Empfindung und Verstand, wie aller Dinge überhaupt. Da sie mit der Liebe Gottes zu seinem Werk zusammenfällt, der Liebe, die alles gemacht hat, würde sie dem, der sie zu befragen wüßte, das Geheimnis der Schöpfung ausliefern. Sie ist noch mehr metaphysischer als ethischer Wesensart. Sie würde mit Gottes Hilfe die Erschaffung der menschlichen Art vollenden und aus der Menschheit das machen, was sie sofort gewesen wäre, hätte sie sich ohne die Hilfe des Menschen selbst endgültig konstituieren können. Oder — um Worte zu gebrauchen, die, wie wir sehen werden, in anderer Sprache dasselbe sagen —: ihre Richtung ist die des Lebensschwunges selbst; sie ist dieser Schwung selbst, der in seiner Ganzheit bevorzugten Menschen übermittelt wurde; diese möchten ihn dann der ganzen Menschheit verleihen und, das Unmögliche möglich machend, jenes erschaffene Etwas, das eine Spezies doch ist, in eine schöpferische Kraft verwandeln, oder das in eine Bewegung verwandeln, was der Definition nach ein Innehalten ist.

Wird das gelingen? Wenn die Mystik die Menschheit umformen soll, so kann das nur geschehen, indem sie allmählich, langsam, einen Teil ihrer selbst weitergibt. Die Mystiker fühlen es wohl. Das große Hemmnis, auf das sie stoßen werden, ist dasselbe, das die Erschaffung einer göttlichen Menschheit verhindert hat. Der Mensch soll im Schweiße seines Angesichts sein Brot essen: anders ausgedrückt, die Menschheit ist eine Tierart, und als solche dem Gesetz unterworfen, das die animalische Welt regiert und das den Lebendigen dazu verdammt, sich von Lebendigem zu nähren. Wird ihm dann seine Nahrung von der Natur im allgemeinen und von seinen Mitgeschöpfen streitig gemacht, so benutzt er notwendig seine Kraft, um sie sich zu verschaffen; seine Intelligenz ist ja gerade dazu geschaffen worden, um ihm die Waffen und Werkzeuge für diesen Kampf und diese Arbeit zu liefern. Wie sollte unter diesen Umständen die Menschheit eine wesentlich an die Erde gebannte Aufmerksamkeit zum Himmel wenden? Wenn das möglich ist, dann kann es nur durch die gleichzeitige oder aufeinanderfolgende Anwendung zweier sehr verschiedener Methoden geschehen. Die eine würde darin bestehen, die intellektuelle Arbeit so sehr zu intensivieren, die Intelligenz so weit über das hinauszutragen, was die Natur für sie gewollt hat, daß das einfache Werkzeug seinen Platz an ein ungeheures System von Maschinen abträte, das imstande wäre, die menschliche Aktivität zu befreien, wobei diese Befreiung durch eine politische und soziale Organisation gefestigt würde, die dem Maschinentum seine wahre Bestimmung garantierte. Ein gefährliches Mittel, denn die Mechanik kann sich in ihrer Entwicklung gegen die Mystik wenden: am vollständigsten wird sie sich sogar in offenbarer Reaktion gegen die Mystik entwickeln. Aber es gibt Gefahren, die man auf sich nehmen muß: eine Aktivität höherer Ordnung, die eine Aktivität niederer Ordnung nötig hat, muß diese ins Leben rufen oder sie jedenfalls gewähren lassen, wobei es ihr freisteht, sich nötigenfalls zu verteidigen; wenn — das zeigt die Erfahrung — von zwei entgegengesetzten aber komplementären Tendenzen die eine so groß geworden ist, daß sie allen Raum einnehmen will, so wird die andere gut dabei fahren, sofern sie sich zu erhalten wußte: sie wird wieder an die Reihe kommen, und dann wird sie von allem, was ohne sie getan worden ist, was sogar kraftvoll nur gegen sie ausgeführt worden ist, profitieren. Wie dem auch sei, dieses Mittel konnte erst viel später angewendet werden, und man mußte unterdessen eine ganz andere Methode befolgen. Nämlich für den mystischen Schwung nicht eine — offenbar unmögliche — unmittelbare und allgemeine Verbreitung zu erträumen, sondern ihn, wenn auch abgeschwächt, auf eine kleine Zahl von Auserwählten zu übertragen, die zusammen eine geistige Gesellschaft bilden konnten; die Gesellschaften dieser Art konnten ausschwärmen; jede von ihnen würde, durch die Mitglieder, die außergewöhnlich begabt wären, eine oder mehrere andere gründen; so würde der Schwung sich erhalten und sich fortsetzen bis zu dem Tage, wo ein tiefer Wandel der materiellen Bedingungen, die der Menschheit von der Natur auferlegt sind, eine grundlegende Umbildung von der geistigen Seite her gestatten würde. Das ist die Methode, die die großen Mystiker angewandt haben. Notgedrungen, und weil sie mehr nicht tun konnten, haben sie ihre ungeheure Energie vor allem darauf verwandt, Klöster oder religiöse Orden zu gründen. Sie durften für den Augenblick nicht weitersehen. Der Liebesschwung, der sie dazu führte, die Menschheit bis zu Gott zu erheben und die göttliche Schöpfung zu vollenden, konnte in ihren Augen nur mit Hilfe Gottes, dessen Werkzeuge sie waren, zum Ziel gelangen. All ihr Bemühen mußte sich also auf eine sehr große, sehr schwierige, aber begrenzte Aufgabe konzentrieren. Andre Bemühungen, so meinten sie, würden kommen, andre waren ja auch schon gekommen; alle würden zusammenlaufen, denn Gott war ihre Einheit.

Wir haben die Dinge hier in der Tat sehr vereinfacht. Der größeren Klarheit halber, und besonders um die Schwierigkeiten aufzuteilen, haben wir so argumentiert, als ob der christliche Mystiker, der Träger einer inneren Offenbarung, in einer Menschheit erschiene, die nichts von dieser Offenbarung wüßte. In Wirklichkeit haben die Menschen, an die er sich wendet, schon eine Religion, die ja auch die seine war. Wenn er Visionen hatte, so stellten diese Visionen ihm in Bildern dar, was seine Religion ihm in der Form von Ideen eingeprägt hatte. Wenn er Ekstasen hatte, so vereinten sie ihn mit einem Gott, der zwar alles übertraf, was er erwartet hatte, aber immer noch der abstrakten Beschreibung entsprach, die die Religion ihm geliefert hatte. Man könnte sich sogar fragen, ob diese abstrakten Lehren nicht am Ursprung der Mystik liegen, und ob diese je etwas anderes getan hat, als daß sie noch einmal über den Buchstaben des Gesetzes hinfuhr und ihn diesmal in feurigen Zeichen eingrub. Die Rolle der Mystiker bestände dann nur darin, der Religion, um sie zu erwärmen, etwas von der Glut zu verleihen, die sie selbst beseelt. Und wahrlich: wer sich zu dieser Meinung bekennt, wird sicher mühelos Zustimmung finden. Die religiöse Unterweisung wendet sich ja, wie jede Unterweisung, an die Intelligenz, und was intellektueller Ordnung ist, kann allen zugänglich werden. Ob man der Religion anhängt oder nicht, es wird einem immer gelingen, sie sich intellektuell anzueignen, wobei es einem frei steht, sich ihre Mysterien als etwas Mysteriöses zu denken. Hingegen sagt die Mystik dem, der nicht etwas davon empfunden hat, nichts, absolut nichts. Daher wird jedermann verstehen können, daß sich die Mystik, ursprünglich und unauslöschlich, von Zeit zu Zeit in eine schon bestehende und in Ausdrücken der Intelligenz formulierte Religion hineinschiebt; wohingegen es schwierig wäre, Zustimmung zu finden für den Gedanken, daß eine Religion nur durch die Mystik existieren soll, von der sie ein intellektuell formulierbarer und daher der Verallgemeinerung fähiger Extrakt wäre. Wir haben nicht zu untersuchen, welche dieser Interpretationen die ist, die der religiösen Orthodoxie entspricht. Wir möchten nur sagen, daß vom Standpunkt des Psychologen die zweite sehr viel wahrscheinlicher ist als die erste. Aus einer Doktrin, die nur Doktrin ist, entspringt schwerlich der glühende Enthusiasmus, die Erleuchtung, der Glaube, der Berge versetzt. Setzen wir dagegen diese Weißglut voraus, und die kochende Masse wird sich mühelos in die Gußform einer Doktrin ergießen, oder sie wird sogar beim Festwerden zu dieser Doktrin erstarren. Wir stellen uns also die Religion als die Kristallisierung vor, die zustande kommt durch ein gelehrtes Zum-Erkalten-bringen dessen, was die Mystik glühend in die Seele der Menschheit gelegt hatte. Durch die Religion können nun alle ein wenig von dem erhalten, was völlig nur einige Auserwählte besaßen. Freilich hat sie vieles akzeptieren müssen, um selbst akzeptiert zu werden. Die Menschheit versteht das Neue nicht recht, wenn es sich nicht als Fortsetzung des Alten gibt. Nun aber war das Alte einesteils das von den griechischen Philosophen Konstruierte, andernteils das von den antiken Religionen Imaginierte. Daß das Christentum von beiden viel erhalten, oder besser, viel herausgezogen hat, ist nicht zweifelhaft. Es ist voll von griechischer Philosophie, und es hat viel beibehalten von den Riten, den Zeremonien, sogar von den Glaubensvorstellungen der Religion, die wir statisch oder natürlich nannten. Es lag in seinem Interesse, denn die teilweise Annahme des aristotelischen Neu-Platonismus erlaubte ihm, das philosophische Denken für sich zu gewinnen, und seine Anleihen bei den alten Religionen mußten einer neuen Religion von entgegengesetzter Richtung, die mit den früheren kaum mehr als den Namen gemein hatte, dazu helfen, volkstümlich zu werden. Aber nichts von alledem war wesentlich: das Wesen der neuen Religion mußte die Ausbreitung der Mystik sein. Es gibt eine edle Popularisierung, die die Umrisse der wissenschaftlichen Wahrheit respektiert und doch den einfacher gebildeten Geistern erlaubt, sie sich im Groben vorzustellen, bis zu dem Tage, wo eine höhere geistige Anstrengung ihnen die Einzelheiten entdecken wird und vor allem es ihnen ermöglichen wird, tief in ihre Bedeutung einzudringen. Von dieser Art scheint uns die Ausbreitung der Mystik durch die Religion. In diesem Sinne ist die Religion für die Mystik, was die Popularisierung für die Wissenschaft ist.

Der Mystiker findet also eine Menschheit vor, die dazu vorbereitet ist, ihn zu hören, vorbereitet durch andere Mystiker, die unsichtbar in der lehrbaren Religion gegenwärtig sind. Übrigens ist eben seine Mystik von dieser Religion durchtränkt, denn er hat ja mit ihr begonnen. Seine Theologie wird im allgemeinen der Theologie der Theologen konform sein. Seine Intelligenz und seine Phantasie werden die Lehren der Theologen benutzen, um in Worten auszudrücken, was er fühlt, und in körperhaften Bildern, was er geistig sieht. Und das wird ihm ein leichtes sein, denn die Theologie hat ja eben gerade eine Strömung eingefangen, die ihre Quelle in der Mystik hat. So zieht seine Mystik Nutzen aus der Religion, bis die Religion sich an seiner Mystik bereichert. So erklärt sich die Rolle, zu der er sich zunächst berufen fühlt: die Rolle eines, der nur den religiösen Glauben vertieft. Doch er schreitet mit Riesenschritten. In Wirklichkeit handelt es sich für die großen Mystiker darum, die Menschheit grundlegend zu ändern, wobei sie zuerst selbst das Beispiel geben. Das Ziel wäre erst erreicht, wenn zum Schluß das existierte, was theoretisch zu Anfang hätte existieren müssen, nämlich eine göttliche Menschheit.

Mystik und Christentum bedingen also einander ins Unendliche. Doch muß wohl ein Anfang dagewesen sein. In der Tat steht am Ursprung des Christentums Christus. Von dem Standpunkt aus, auf den wir uns stellen, und von dem aus alle Menschen als göttlich erscheinen, ist es ziemlich belanglos, ob Christus sich einen Menschen nennt oder nicht. Es ist sogar auch belanglos, daß er sich Christus nennt. Diejenigen, die so weit gegangen sind, die Existenz Jesu zu leugnen, können nicht hindern, daß in den Evangelien die Bergpredigt steht, mit anderen göttlichen Worten. Man kann ihren Autor nennen wie man will, man kann aber nicht behaupten, daß sie keinen Autor hätten. Wir brauchen uns also hier diese Fragen nicht zu stellen. Wir möchten nur sagen, wenn die großen Mystiker so sind, wie wir sie beschrieben haben, dann erweisen sie sich als ursprüngliche aber unvollkommene Nachahmer und Fortsetzer dessen, was der Christus der Evangelien in Vollkommenheit war.

Er selbst kann als der Fortsetzer der Propheten Israels betrachtet werden. Zweifellos war das Christentum eine tiefgreifende Umbildung des Judaismus. Man hat es oft ausgesprochen: eine Religion, die noch wesentlich national war, wurde durch eine Religion ersetzt, die fähig war, universal zu werden. Auf einen Gott, der sich freilich von allen andern sowohl durch seine Gerechtigkeit wie durch seine Macht abhob, dessen Macht aber zugunsten seines Volkes ausgeübt wurde und dessen Gerechtigkeit vor allem seine Untertanen betraf, folgte ein Gott der Liebe, der die ganze Menschheit liebte. Gerade deshalb zögern wir, die jüdischen Propheten unter die

Mystiker des Altertums einzureihen: Jahve war ein zu strenger Richter, zwischen Israel und seinem Gott bestand nicht genug Vertraulichkeit, als daß der Judaismus jene Mystik gewesen wäre, wie wir sie definiert haben. Und dennoch hat keine Gedanken- oder Gefühlsströmung soviel wie der jüdische Prophetismus dazu beigetragen, die Mystik ins Leben zu rufen, die wir die vollkommene nennen: die der christlichen Mystiker. Der Grund ist dieser: wenn andere Strömungen gewisse Seelen zu einer kontemplativen Mystik führten und insofern für mystisch gehalten werden konnten, so endeten sie in der reinen Kontemplation. Um die Kluft zwischen Denken und Handeln zu überbrücken, dazu war ein Schwung nötig, und der fehlte. Wir finden aber diesen Schwung bei den Propheten: sie hatten die Leidenschaft der Gerechtigkeit, sie verlangten sie im Namen des Gottes Israels; und das Christentum, das das Judentum fortsetzte, verdankt es großenteils den jüdischen Propheten, daß es eine tätige Mystik hat, die fähig war, zur Eroberung der Welt zu schreiten.

Wenn die Mystik wirklich das ist, was wir oben gesagt haben, muß sie auch das Mittel darbieten, an das Problem der Existenz und der Natur Gottes gewissermaßen experimentell heranzugehen. Wir sehen übrigens nicht, wie die Philosophie es auf andre Weise angreifen könnte. Ganz allgemein glauben wir, daß ein existierendes Objekt ein solches ist, das wahrgenommen wird oder wahrgenommen werden könnte. Es ist also in einer wirklichen oder möglichen Erfahrung gegeben. Es steht jedem frei, die Idee eines Gegenstandes oder eines Wesens zu konstruieren, wie der Geometer eine geometrische Figur konstruiert; aber allein die Erfahrung wird feststellen, daß es tatsächlich außerhalb der so konstruierten Idee existiert. Wird man sagen, daß eben darin die ganze Frage liegt, und daß es sich gerade darum handelt, zu wissen, ob sich ein gewisses Wesen nicht von allen andern dadurch unterscheidet, daß es unserer Erfahrung unzugänglich ist und doch ebenso real ist wie jene andern Wesen? Ich will es einen Augenblick zugeben, obgleich mir eine Behauptung dieser Art und die Überlegungen, die man daran knüpft, eine grundlegende Illusion zu enthalten scheinen. Aber es bleibt dann noch festzustellen, daß das so definierte, so bewiesene Wesen wirklich Gott ist. Will man anführen, er sei es per definitionem und es stehe einem frei, den Worten, die man definiert, den Sinn zu geben, den man ihnen geben will? Auch das gebe ich zu, aber wenn man einem Wort einen Sinn gibt, der grundverschieden ist von der Bedeutung, die es gewöhnlich hat, so gebraucht man es für einen neuen Gegenstand; die Argumentierung betrifft dann nicht mehr den alten Gegenstand; es ist daher ausgemacht, daß man von einer andern Sache spricht. Eben dies ist aber im allgemeinen der Fall, wenn die Philosophie von Gott spricht. Es handelt sich dabei so wenig um den Gott, an den die meisten Menschen denken, daß, wenn der so definierte Gott durch ein Wunder und gegen die Erwartung der Philosophen in das Gebiet der Erfahrung hinabstiege, ihn niemand erkennen würde. Ob statisch oder dynamisch, die Religion hält ihn ja vor allem für ein Wesen, das zu uns in Beziehung treten kann: und gerade dazu ist der Gott des Aristoteles unfähig, der mit einigen Abänderungen von den meisten seiner Nachfolger angenommen worden ist. Ohne hier eine tiefgreifende Untersuchung der aristotelischen Auffassung von der Gottheit zu unternehmen, möchten wir lediglich sagen, daß sie uns eine doppelte Frage hervorzurufen scheint: 1. warum hat Aristoteles als erstes Prinzip einen unbeweglichen Beweger angesetzt, ein Denken, das sich selbst denkt, in sich selbst eingeschlossen ist und nur wirkt durch den Reiz seiner Vollkommenheit? 2. warum hat er dieses Prinzip, nachdem er es gesetzt hatte, Gott genannt? Aber auf beide Fragen ist die Antwort einfach: die platonische Ideen-Lehre hat das ganze antike Denken beherrscht, bis sie in die moderne Philosophie eindrang; nun ist aber die Beziehung des ersten Prinzips des Aristoteles zur Welt gerade die, die Plato zwischen der Idee und dem Ding aufstellte. Für den, der in den Ideen nur Produkte der sozialen und individuellen Intelligenz sieht, ist es nicht verwunderlich, daß Ideen in bestimmter Anzahl unveränderlich den unendlich verschiedenen und wechselnden Dingen unserer Erfahrung entsprechen: wir richten es ja in der Tat so ein, daß wir zwischen den Dingen trotz ihrer Verschiedenheit Ähnlichkeit finden, und trotz ihrer Unbeständigkeit beständige Ansichten von ihnen gewinnen; so erhalten wir Ideen, an die wir herankönnen, während uns die Dinge selbst unter den Händen weggleiten. Alles dies ist vom Menschen gemacht. Aber wer zu philosophieren beginnt, wenn die Gesellschaft ihre Arbeit schon sehr weit vorwärtsgetrieben hat, und die Resultate dieser Arbeit in der Sprache aufgespeichert findet, den kann Bewunderung für dieses System von Ideen ergreifen, nach denen sich die Dinge zu richten scheinen. Sollten sie nicht, in ihrer Unbeweglichkeit, Modelle sein, die von den wechselnden und beweglichen Dingen bloß kopiert werden? Sollten nicht sie die wahre Realität sein, sollten nicht Wechsel und Bewegung nur der rastlose und dabei müßige Versuch der sozusagen nicht-existenten, gleichsam hinter sich selbst herlaufenden Dinge sein, mit der Unbeweglichkeit der Idee zusammenzufallen? Man versteht also, daß Plato, nachdem er über der wahrnehmbaren Welt eine Hierarchie von Ideen aufgebaut hatte, die von der Idee der Ideen, der Idee des Guten, gekrönt wird, gemeint hat, die Ideen im allgemeinen, und erst recht das Gute wirkten durch den Reiz ihrer Vollkommenheit. Eben dies aber ist, nach Aristoteles, die Wirkungsweise des Denkens des Denkens, das nicht ohne Beziehung zu der Idee der Ideen ist. Freilich hat Plato diese nicht mit Gott identifiziert: der Demiurg des Timaios, der die Welt organisiert, ist von der Idee des Guten verschieden. Aber der Timaios ist ein mythischer Dialog; der Demiurg hat nur eine halbe Existenz; und Aristoteles, der auf die Mythen verzichtet, läßt mit der Gottheit ein Denken zusammenfallen, das, wie es scheint, kaum ein denkendes Wesen ist, und das wir eher Idee als Denken nennen möchten. Insofern hat der Gott des Aristoteles nichts mit den Göttern gemein, die von den Griechen angebetet wurden; ebensowenig aber ähnelt er dem Gott der Bibel, der Evangelien. Die Religion aber, ob statisch oder dynamisch, präsentiert der Philosophie einen Gott, der ganz andere Probleme aufwirft. Und doch hat sich die Metaphysik im allgemeinen mit jenem Gott beschäftigt — wobei es ihr freistand, ihn mit dem oder jenem Attribut zu schmücken, das mit seinem Wesen unvereinbar ist. Warum hat sie ihn nicht in seinem Ursprung ergriffen? Dann hätte sie gesehen, wie er durch Zusammenziehung aller Ideen in eine einzige entstanden ist. Warum hat sie nicht diese Ideen ihrerseits betrachtet? Sie hätte gesehen, daß sie vor allem dazu dienen, das Einwirken des Individuums und der Gesellschaft auf die Dinge vorzubereiten, daß sie dem Individuum von der Gesellschaft dazu geliefert werden, und daß die Aufrichtung ihrer Quintessenz als Göttliches ganz einfach die Vergöttlichung des Sozialen bedeutet. Warum hat sie nicht schließlich die sozialen Bedingungen dieses individuellen Wirkens analysiert, und die Art der Leistung, die das Individuum mit Hilfe der Gesellschaft vollbringt? Sie hätte konstatiert: wenn man anfängt, um die Arbeit zu vereinfachen und auch um die Zusammenarbeit zu erleichtern, die Dinge auf eine kleine Anzahl von Kategorien oder von sprachlich in Worte übersetzbare Ideen zu reduzieren, so stellt jede dieser Ideen eine Eigenschaft oder einen beständigen Zustand dar, die man auf der Bahn eines Werdens gepflückt hat: das Reale ist beweglich, oder vielmehr Bewegung, und wir nehmen nur andauernde Veränderungen wahr; um aber auf das Reale zu wirken und besonders um jene Arbeit der Werkzeug-Verfertigung richtig auszuführen, die der eigentliche Gegenstand der menschlichen Intelligenz ist, müssen wir durch das Denken Haltepunkte festlegen — ebenso wie wir einige Augenblicke des Langsamerwerdens oder relativen Stillstandes abwarten, um auf ein bewegliches Ziel zu schießen. Aber diese Pausen, die nur Zwischenfälle in der Bewegung sind, und die sich übrigens auf bloßen Schein reduzieren, diese Eigenschaften, die nur Momentaufnahmen von Wechselndem sind, werden in unsern Augen das Wirkliche und Wesentliche, eben weil sie das sind, was unser Wirken auf die Dinge interessiert. Die Ruhe wird also für uns zu etwas der Bewegung Vorangehendem und ihr Überlegenem, die Bewegung selbst erscheint uns als ein Hinundher, das die Ruhe erreichen müßte. Die Unwandelbarkeit stände so über der Wandelbarkeit, die nur ein Defizit wäre, ein Mangel, ein Suchen nach der endgültigen Form. Mehr noch: eben durch diesen Abstand zwischen dem Punkt, wo die Sache sich befindet, und dem Punkt, wo sie sein sollte, sein möchte, wird Bewegung und Wechsel definiert und sogar gemessen werden. Die Dauer wird dadurch zu einer Degradierung des Seins, die Zeit zu einem Mangel an Ewigkeit. Diese ganze Metaphysik ist in der aristotelischen Konzeption der Gottheit enthalten. Sie besteht darin, daß sowohl die soziale Tätigkeit, die der Sprache vorarbeitet, vergöttlicht wird, wie auch die individuelle Fabrikationsarbeit, welche Formen oder Modelle verlangt: der εἶδος (Idee oder Form) ist das, was dieser doppelten Tätigkeit entspricht; die Idee der Ideen oder das Denken des Denkens erweist sich also als die Gottheit selbst. Wenn man so den Ursprung und die Tragweite des aristotelischen Gottes rekonstruiert hat, fragt man sich, weshalb die Modernen die Existenz und die Natur Gottes so behandeln, daß sie sich in unlösbare Probleme verwirren, die nur entstehen, wenn man Gott vom aristotelischen Standpunkt aus betrachtet und sich entschließt, mit diesem Namen ein Wesen zu benennen, das anzurufen den Menschen nie eingefallen ist.

Werden diese Probleme nun von der mystischen Erfahrung gelöst? Man sieht gewiß die Einwände, die sich gegen sie erheben. Wir haben bereits die widerlegt, die aus jedem Mystiker einen Geistesgestörten und aus jeder Mystik einen pathologischen Zustand machen. Die großen Mystiker, mit denen allein wir uns beschäftigen, sind gewöhnlich Männer und Frauen der Tat gewesen, mit überlegenem gesundem Sinn: es hat nichts zu bedeuten, daß sie Nachahmer hatten, die geistesgestört waren, oder daß der eine oder der andre in gewissen Augenblicken die Nachwirkung einer ungeheuren und langwierigen Anspannung von Verstand und Willen zu spüren bekommen hat; viele geniale Menschen sind in derselben Lage gewesen. Aber es gibt eine Reihe anderer Einwendungen, die man nicht gut unbeachtet lassen kann. So pflegt man zu sagen, die Erfahrung dieser großen Mystiker sei etwas Individuelles und Exzeptionelles, sie könne von dem Gros der Menschen nicht nachgeprüft werden, und daher sei sie der wissenschaftlichen Erfahrung nicht vergleichbar und könne keine Probleme lösen. — Über diesen Punkt wäre viel zu sagen. Zunächst trifft es nicht zu, daß eine wissenschaftliche Erfahrung, oder allgemeiner eine von der Wissenschaft registrierte Beobachtung immer der Wiederholung oder der Nachprüfung zugänglich sei. Zu der Zeit, als Zentral-Afrika noch eine *terra incognita* war, verließ sich die Geographie auf den Bericht eines einzigen Forschers, wenn er hinreichende Garantien für seine Ehrlichkeit und Sachkunde bot.

Der Umriß der Reisen Livingstones hat lange auf unseren Atlaskarten figuriert. Man wird sagen, die Nachprüfung sei de jure möglich gewesen, wenn auch nicht de facto, es habe andern Reisenden freigestanden hinzugehen und nachzusehen, und außerdem sei die nach den Angaben eines einzigen Reisenden aufgestellte Landkarte nur provisorisch gemeint gewesen und habe darauf gewartet, durch andre Forschungsreisen endgültig gemacht zu werden. Das gebe ich zu; aber auch der Mystiker hat eine Reise gemacht, die andere de jure nachmachen können, wenn auch nicht de facto; und diejenigen, die wirklich dazu imstande sind, sind mindestens ebenso zahlreich wie die, die den Mut und die Energie eines Stanley hätten, der Livingstone suchen ging. Das ist noch zuwenig gesagt. Neben den Seelen, die den mystischen Weg bis zu Ende gehen können, gibt es viele, die wenigstens einen Teil des Weges zurücklegen könnten: wieviele haben einige Schritte auf ihm getan, sei es durch Willensanstrengung, sei es durch natürliche Anlage. William James erklärt, er sei zwar niemals durch mystische Zustände hindurchgegangen; aber, fügte er hinzu, wenn er einen Menschen davon reden hörte, der sie aus Erfahrung kannte, so »rief etwas in ihm ein Echo hervor«. Wahrscheinlich sind die meisten von uns in derselben Lage. Es führt zu nichts, ihnen die entrüsteten Einwände derjenigen entgegenzuhalten, die in der Mystik nur Scharlatanerie oder Narrheit sehen. Zweifellos sind viele Menschen der mystischen Erfahrung völlig verschlossen, unfähig, etwas davon zu empfinden, sich etwas davon vorzustellen. Aber man findet ja auch Leute, für die die Musik nur ein Geräusch ist; und mancher von ihnen spricht mit demselben Zorn, mit demselben Ton persönlicher Gereiztheit über die Musiker. Niemand aber wird darin einen Einwand gegen die Musik sehen. Lassen wir also diese Negierungen beiseite und sehen wir zu, ob nicht schon die oberflächlichste Prüfung der mystischen Erfahrung eine Vermutung zugunsten ihrer Gültigkeit schafft.

Zuerst müssen wir die Übereinstimmung der Mystiker untereinander bemerken. Das ist auffallend bei den christlichen Mystikern. Um die endgültige Vergottung zu erreichen, gehen sie durch eine Reihe von Zuständen hindurch. Diese Zustände können von einem Mystiker zum andern verschieden sein, aber sie sind sich sehr ähnlich. In jedem Falle ist der durchlaufene Weg der gleiche, selbst angenommen, daß die Stationen verschieden gestaffelt sind. In jedem Falle hat er den gleichen Endpunkt. In den Beschreibungen des Endzustandes finden wir dieselben Ausdrücke, die gleichen Bilder, dieselben Vergleiche, wo doch die Autoren einander im allgemeinen nicht gekannt haben. Man wendet ein, sie hätten sich manchmal gekannt, und im übrigen gebe es eine mystische Tradition, deren Einfluß auf alle Mystiker gewirkt haben kann. Das geben wir zu, aber man muß beachten, daß die großen Mystiker sich wenig um diese Tradition kümmern; jeder von ihnen hat seine Eigenart, die nicht gewollt ist, die nicht erwünscht war, an der er aber, das fühlt man, wesenhaft festhält: sie bedeutet, daß er Gegenstand einer, wenn auch unverdienten, außerordentlichen Begnadung ist. Will man sagen, die Gemeinsamkeit der Religion genüge, um die Ähnlichkeit zu erklären, alle christlichen Mystiker seien vom Evangelium genährt, alle hätten die gleiche theologische Unterweisung erhalten? Dabei würde man eines vergessen: mögen die Ähnlichkeiten der Visionen sich in der Tat aus der gemeinsamen Religion erklären, so nehmen diese Visionen im Leben der großen Mystiker doch nur wenig Raum ein; sie sind schnell überholt und haben in ihren Augen nur symbolischen Wert. Und was die theologische Unterweisung im allgemeinen betrifft, so scheinen sie diese mit absoluter Gelehrigkeit anzunehmen, und im besondern ihrem Beichtvater zu gehorchen; aber, wie man sehr fein gesagt hat, »sie gehorchen nur sich selbst, und ein sicherer Instinkt führt sie zu dem Manne, der sie eben auf den Weg leiten wird, den sie gehen wollen. Wenn er etwa davon abwiche, dann würden unsere Mystiker nicht zögern, seine Autorität abzuschütteln, um im Gefühl ihrer unmittelbaren Beziehungen zur Gottheit auf eine höhere Freiheit zu pochen«[5]. Es wäre interessant, in dieser Hinsicht die Beziehungen zwischen dem Seelenleiter und dem Geleiteten näher zu untersuchen. Man würde finden, daß derjenige von beiden, der sich in Demut hat führen lassen, mehr als einmal mit nicht geringerer Demut der Führer geworden ist. Aber das ist für uns nicht der wichtige Punkt. Wir möchten nur soviel sagen: wenn auch die äußeren Ähnlichkeiten zwischen den christlichen Mystikern auf der Gemeinsamkeit von Tradition und Unterweisung beruhen können, so ist doch ihre tiefe Übereinstimmung das Zeichen für eine Identität der Intuition, die sich am einfachsten aus der wirklichen Existenz des Wesens erklären würde, mit dem sie in Gemeinschaft zu stehen glauben. Was aber soll man erst sagen, wenn man bedenkt, daß die andern Arten der Mystik, die alten oder die modernen, zwar mehr oder weniger weitgehen, zwar hier oder da innehalten, aber doch alle die gleiche Richtung bezeichnen?

Dennoch erkennen wir an, daß die mystische Erfahrung, für sich selbst betrachtet, dem Philosophen keine endgültige Gewißheit bringen kann. Ganz überzeugend wäre sie nur dann, wenn dieser auf einem andern Wege dazu gelangt wäre, etwa durch sinnliche Erfahrung und darauf gegründete Überlegung, die Existenz einer bevorzugten Erfahrung als wahrscheinlich anzusehen, durch die der Mensch mit einem transzendenten Prinzip in Ver-

[5] De Montmorand, *Psychologie des mystiques catholiques orthodoxes*, Paris 1920, S. 17.

bindung träte. Daß diese Erfahrung, so wie man sie erwartete, bei den Mystikern begegnet, würde es dann gestatten, die erhaltenen Resultate um die Aussagen der Mystiker zu vermehren, während anderseits diese Resultate etwas von ihrer eigenen Objektivität auf die mystische Erfahrung zurückstrahlen lassen würden. Es gibt keine andre Erkenntnisquelle als die Erfahrung. Da aber die intellektuelle Auffassung und Aufzeichnung eines Faktums notwendigerweise über das nackte Faktum hinausgeht, so fehlt auch viel daran, daß alle Erfahrungen in gleicher Weise schlüssig wären und die gleiche Gewißheit zuließen. Viele führen uns zu Schlüssen, die lediglich wahrscheinlich sind. Aber die Wahrscheinlichkeiten können sich summieren, und die Summe kann ein Resultat ergeben, das praktisch der Gewißheit gleichkommt. Wir sprachen an anderer Stelle von diesen ›Tatsachenlinien‹, von denen jede einzelne nur die Richtung der Wahrheit weist, weil sie nicht weit genug geht; wenn man aber zwei von ihnen bis zu ihrem Schnittpunkt verlängert, wird man dennoch bis zur Wahrheit gelangen. Der Feldmesser mißt die Entfernung eines unzugänglichen Punktes, indem er nacheinander von zwei zugänglichen Punkten aus visiert. Wir sind der Meinung, daß diese Methode die einzige ist, die die Metaphysik entscheidend vorwärtsbringen kann. Es wird sich dadurch eine Zusammenarbeit der Philosophie einstellen; die Metaphysik wird, wie die Wissenschaft, durch allmähliche Anhäufungen von gesicherten Resultaten fortschreiten, statt daß sie ein fertiges System ist, das man nur annehmen oder ablehnen kann, das, immer bestritten, immer von vorn zu beginnen ist. Nun hat uns aber gerade die tiefere Untersuchung einer gewissen Reihe von Problemen, die vom religiösen Problem ganz verschieden sind, zu Schlußfolgerungen geführt, die das Vorhandensein einer einzigartigen, bevorzugten Erfahrung wahrscheinlich machen, wie die mystische Erfahrung es ist. Und anderseits liefert uns die mystische Erfahrung, an und für sich untersucht, Hinweise, die zu den auf einem ganz andern Gebiet, durch eine ganz andere Methode, erhaltenen Lehren hinzugefügt werden können. Es gibt hier also in der Tat eine gegenseitige Verstärkung und Ergänzung. Beginnen wir mit dem ersten Punkt.

Zu der Konzeption eines Lebensschwungs und einer schöpferischen Entwicklung sind wir durch möglichst enge Anlehnung an die biologischen Gegebenheiten gelangt. Wir haben es zu Anfang des vorigen Kapitels gezeigt: diese Konzeption hatte nichts mit den Hypothesen gemein, auf denen die verschiedenen Metaphysiken konstruiert sind; es war vielmehr ein Verdichten von Tatsachen, ein Zusammenfassen von Zusammenfassungen. Nun, woher kam der Lebensschwung und welches war sein Prinzip? Wenn er sich selbst genügte, was war er an sich, und welchen Sinn mußte man der

Gesamtheit seiner Manifestationen geben? Auf diese Fragen brachten die betrachteten Tatsachen keine Antwort; wohl aber merkte man, aus welcher Richtung die Antwort kommen würde. Die durch die Materie hindurchgeschleuderte Energie war uns in der Tat als unter-bewußt oder über-bewußt erschienen, in jedem Falle als von gleicher Art wie das Bewußtsein. Sie hatte viele Hindernisse umgehen, sich zusammenziehen müssen, um durchzukommen, vor allem aber sich in auseinanderstrebende Entwicklungslinien teilen müssen; schließlich haben wir am äußersten Punkt der zwei Hauptlinien die beiden Bewußtseinsarten gefunden, in die die Energie sich zerteilt hatte, um sich zu materialisieren: den Instinkt der Insekten und die Intelligenz des Menschen. Der Instinkt war intuitiv, die Intelligenz reflektierte und argumentierte. Es ist richtig, daß die Intuition sich degradieren mußte, um Instinkt zu werden; sie hatte sich am Interesse für die Gattung hypnotisiert, und was sie an Bewußtsein bewahrt hatte, hatte eine somnambule Form angenommen. Aber ebenso wie der tierische Instinkt von einem Saum von Intelligenz umgeben blieb, so behielt die menschliche Intelligenz eine Aureole von Intuition. Diese war beim Menschen vollkommen uninteressiert und bewußt geblieben, aber es war nur ein Lichtschein, und er strahlte nicht sehr weit hinaus. Gleichwohl wird von ihr die Erleuchtung herkommen, wenn das Innere des Lebensschwungs, seine Bedeutung, seine Bestimmung, sich jemals aufklären sollte. Denn sie war dem Innerlichen zugewendet, und wenn sie uns vermöge einer ersten Intensivierung die Kontinuität unseres Innenlebens erfassen ließ, wenn die meisten von uns jedoch nicht weiter gekommen sind – so würde eine stärkere Intensivierung sie vielleicht bis zu den Wurzeln unseres Seins tragen, und von dort aus bis zum eigentlichen Prinzip des Lebens im allgemeinen. Besaß die mystische Seele nicht eben dieses Vorrecht?

Damit kommen wir zu dem, was wir eben als den zweiten Punkt angekündigt haben. Es handelte sich zunächst darum, ob die Mystiker lediglich geistig gestört waren oder nicht, ob die Aussage über ihre Erfahrungen reine Phantasie war oder nicht. Aber diese Frage war schnell erledigt, wenigstens soweit sie die großen Mystiker betrifft. Sodann handelte es sich darum, ob die Mystik nur eine stärkere Glaubensglut sei, eine bilderreiche Form, die die traditionelle Religion in leidenschaftlichen Seelen annehmen kann, oder ob sie – mochte sie sich auch möglichst viel von dieser Religion assimilieren, von ihr Bestärkung verlangen und von ihr die Sprache entleihen – nicht dennoch einen originalen Inhalt habe, der direkt aus dem Quell der Religion geschöpft wäre, unabhängig von dem, was die Religion der Tradition, der Theologie, den Kirchen verdankt. Im ersten Falle würde sie notwendigerweise abseits von der Philosophie stehen, denn diese läßt die an einem bestimmten Zeitpunkt erfolgte Offenbarung beiseite, ebenso wie die Institutionen, von denen diese Offenbarung überliefert wird und den Glauben, der sie akzeptiert hat: sie muß sich an die Erfahrung und an das logische Folgern halten. Im zweiten Falle aber würde es genügen, die Mystik in reinem Zustande zu nehmen, losgelöst von den Visionen, den Allegorien, den theologischen Formeln, in denen sie sich ausdrückt, und wir erhielten ein mächtiges Hilfsmittel der philosophischen Forschung. Von diesen beiden Auffassungen über die Beziehungen der Mystik zur Religion schien uns die zweite sich aufzuzwingen. Dann aber müssen wir zusehen, in welchem Maße die mystische Erfahrung jene Erfahrung fortsetzt, die uns zu der Lehre vom Lebensschwung geführt hat. Alles, was sie der Philosophie an Informationsmaterial liefern würde, würde ihr diese in Form von Bestätigung wiedergeben.

Bemerken wir zunächst, daß die Mystiker das beiseite lassen, was wir die ›falschen Probleme‹ nannten. Man wird vielleicht sagen, daß sie sich überhaupt keine Probleme stellen, weder richtige noch falsche, und man wird damit recht haben. Trotzdem aber ist es sicher, daß sie uns implizite die Antwort auf Fragen bringen, mit denen der Philosoph sich beschäftigen muß, und daß Schwierigkeiten, vor denen die Philosophie zu Unrecht haltmacht, von ihnen implizite als nichtexistent gedacht werden. Wir haben früher gezeigt, daß ein Teil der Metaphysik, bewußt oder unbewußt, um die Frage kreist, warum etwas existiere: warum gibt es die Materie, oder warum die Geister, oder warum Gott, warum nicht lieber gar nichts? Aber diese Frage setzt voraus, daß die Wirklichkeit Leere ausfülle, daß es unter dem Sein das Nichtsein gebe, daß de jure nichts vorhanden sei und man daher erklären müsse, weshalb de facto doch etwas da ist. Diese Voraussetzung aber ist eine reine Illusion, denn die Vorstellung des absoluten Nichts hat genau soviel Sinn wie die Vorstellung eines runden Vierecks. Da das Nicht-Vorhandensein der einen Sache immer das Vorhandensein einer andern bedeutet — die wir zu ignorieren vorziehen, weil sie nicht die ist, die uns interessiert oder die wir erwarteten — so ist jede Ausschaltung immer nur eine Vertauschung, also ein Denkprozeß, der zwei Seiten hat, von dem man aber, auf Grund einer Übereinkunft, nur die eine Seite betrachtet: die Idee, alles zu beseitigen, ist also, sich selbst zerstörend, gar nicht zu konzipieren; es ist eine Pseudo-Idee, eine Fata Morgana von einer Vorstellung. Aber diese Illusion ist aus Gründen, die wir früher dargelegt haben, natürlich; sie hat ihren Ursprung in der Tiefe des Begriffsvermögens. Sie beschwört Fragen herauf, die der Haupt-Ursprung der metaphysischen Angst sind. Ein Mystiker aber wird der Meinung sein, daß diese Fragen überhaupt nicht gestellt werden können: diese Täuschungen der inneren Optik, die auf der Struktur der menschlichen Intelligenz beruhen, verblassen und verschwinden, je mehr man sich über den menschlichen Standpunkt hinaufschwingt. Aus ähnlichen Gründen wird sich der Mystiker ebensowenig über die Schwierigkeiten beunruhigen, die die Philosophie um die ›metaphysischen‹ Attribute der Gottheit angehäuft hat; er kann keine Bestimmungen brauchen, die nur Negationen sind und nur negativ ausdrückbar sind; er glaubt zu sehen, was Gott ist — er hat keine Vision von dem, was Gott nicht ist. Also die Natur Gottes, unmittelbar erfaßt in ihrem Positiven, ich meine in dem für die Augen der Seele Wahrnehmbaren, das wird der Philosoph von dem Mystiker erfragen müssen.

Diese Natur Gottes würde der Philosoph schnell definiert haben, wenn er die Mystik auf eine Formel bringen wollte. Gott ist Liebe, und er ist Gegenstand der Liebe: das ist die ganze Errungenschaft der Mystik. Von dieser zweifachen Liebe kann der Mystiker nie genug aussagen. Seine Beschreibung kommt niemals zu Ende, weil das zu Beschreibende nicht auszudrücken ist. Aber eins sagt diese Aussage ganz deutlich: daß die göttliche Liebe nicht bloß etwas Göttliches ist, sondern Gott selbst. An diesen Hinweis wird der Philosoph sich halten, der Gott für eine Person hält, aber gleichwohl nicht in einen groben Anthropomorphismus verfallen will. Er wird zum Beispiel an die Begeisterung denken, die eine Seele entflammen, alles, was darin ist, verzehren, und nunmehr allen Raum einnehmen kann. Alsdann fällt die Person mit dieser Gemütsbewegung zusammen; trotzdem war sie niemals in solchem Grade sie selbst: sie ist vereinfacht, geeint, intensiviert. Auch ist sie niemals so sehr vom Denken erfüllt gewesen — wenn es richtig ist, daß es, wie wir gesagt haben, zwei Arten von Emotion gibt, eine unter-intellektuelle, die nur die einer Vorstellung folgende Erregung ist, und eine über-intellektuelle, die der Idee vorangeht und mehr ist als die Idee, aber sich in Ideen entfalten könnte, wenn sie, eine reine Seele, sich einen Körper geben wollte. Was wäre scharfsinniger erdacht, kunstvoller aufgebaut als eine Symphonie von Beethoven? Aber ständig ist der Tondichter während seiner langen Arbeit des Ordnens, Änderns und Wählens, die sich auf der intellektuellen Ebene abspielte, wieder zu einem Punkt emporgestiegen, der außerhalb dieser Ebene lag, um sich von dort Zustimmung oder Ablehnung zu holen, Richtung und Eingebung: an diesem Punkte wohnte eine unteilbare Emotion, die der Intelligenz zweifellos half, sich in Musik auszudrücken, die aber selbst mehr war als Musik und mehr als Intelligenz. Ganz im Gegensatz zur unter-intellektuellen Emotion blieb sie unter der Botschaft des Willens. Um sich an sie zu wenden, mußte der Künstler jedesmal eine Anstrengung machen, so wie das Auge, um einen Stern auftauchen zu sehen, der sofort wieder in die Nacht zurücksinkt. Eine Emotion dieser Art ähnelt zweifellos, wenn auch nur entfernt, jener erhabenen Liebe, die für den Mystiker das Wesen Gottes ist. Jedenfalls wird der Philosoph daran denken müssen, wenn er die mystische Intuition mehr und mehr zusammendrängen will, um sie in verstandesmäßigen Ausdrücken wiederzugeben.

Er braucht nicht gerade Musiker zu sein, aber er ist im allgemeinen Schriftsteller, und die Analyse seines eigenen Seelenzustandes während der Arbeit wird ihm helfen zu verstehen, wie die Liebe, in der die Mystiker das Wesen der Gottheit sehen, gleichzeitig eine Person und eine Schöpferkraft sein kann. Gewöhnlich verbleibt er beim Schreiben im Bereich der Begriffe und der Worte. Die Gesellschaft liefert ihm, von seinen Vorgängern herausgearbeitet und in der Sprache aufgespeichert, Ideen, die er in neuer Art miteinander verbindet, nachdem er sie bis zu einem gewissen Grade umgemodelt hat, damit sie in den neuen Zusammenhang eingehen. Diese Methode wird ein vielleicht mehr oder weniger befriedigendes Resultat ergeben, aber jedenfalls wird sie immer zu einem Resultat führen, und zwar in beschränkter Zeit. Das so geschaffene Werk kann übrigens originell und stark sein; oft wird sich das menschliche Denken dadurch bereichert zeigen. Aber es wird nur einen Zuwachs zum jährlichen Einkommen bedeuten; die soziale Intelligenz wird fortfahren, von demselben Kapital zu leben, von den gleichen Werten. Nun gibt es aber noch eine andere Art zu schaffen, die anspruchsvoller ist, aber weniger sicher, und die nicht sagen kann, wann sie zum Ziele kommen wird und ob sie zum Ziele kommen wird. Sie besteht darin, von der intellektuellen und sozialen Region bis zu dem Punkt der Seele aufzusteigen, von dem ein schöpferischer Drang ausgeht. Diese Forderung braucht der Geist, in dem sie wohnt, nur einmal in seinem Leben völlig empfunden zu haben, aber sie ist immer da, eine einzigartige Emotion, eine Erschütterung oder ein Schwung, der aus dem Urgrund der Dinge kam. Um ihr ganz zu gehorchen, müßte man neue Wörter schmieden, Ideen erschaffen, aber das wäre nicht mehr mitteilen, also auch nicht mehr schreiben. Gleichwohl wird der Schriftsteller versuchen, das Undarstellbare darzustellen. Er wird die bloße Emotion aufsuchen, eine Form, die sich ihren Inhalt erschaffen möchte, und mit ihr wird er den schon fertigen Ideen, den schon vorhandenen Wörtern, kurz den sozialen Ausschnitten aus der Wirklichkeit entgegentreten. Auf dem ganzen Wege wird er merken, wie die Emotion sich in Zeichen ausdrückt, die aus ihr selbst hervorsprießen, ich meine in Fragmenten ihrer eigenen Materialisation. Wie soll man diese Elemente, von denen jedes einzig in seiner Art ist, dazu bringen, daß sie mit Wörtern zusammenfallen, die schon irgendwelche Dinge ausdrücken? Man wird die Wörter vergewaltigen und die Elemente zwingen müssen. Trotzdem wird der Erfolg niemals sicher sein; jeden Augenblick fragt sich der Autor, ob es ihm auch vergönnt sein wird, zu Ende zu kommen; für jeden Teilerfolg dankt er dem Zufall, so wie ein Wortspielfabrikant den Wörtern, die er auf seinem Wege gefunden hat, danken könnte, daß sie sich für sein Spiel hergaben. Wenn es ihm aber gelingt, dann hat er die Menschheit bereichert um ein Gedankengut, das für jede neue Generation ein neues Gesicht annehmen kann, um ein Kapital, das unendliche Zinsen tragen wird und nicht mehr bloß eine einmalige Summe zum sofortigen Ausgeben. Dies sind die zwei Methoden des literarischen Schaffens. Wenn sie einander auch nicht absolut ausschließen, sind sie doch grundverschieden. An die zweite, an das Bild, das sie von einer Schöpfung der Materie durch die Form geben kann, muß der Philosoph denken, um sich als schöpferische Energie die Liebe vorzustellen, in der der Mystiker das Wesen Gottes schlechthin erblickt.

Hat diese Liebe ein Objekt? Beachten wir, daß eine Emotion höherer Art sich selbst genügt. Irgendein erhabenes Tonwerk drücke zum Beispiel die Liebe aus. Gleichwohl ist das nicht die Liebe zu irgend jemand. Ein andres Tonwerk wird eine andre Liebe sein. In den beiden wird eine verschiedene Atmosphäre sein, von verschiedenem Gefühl, von verschiedenem Duft, und in beiden Fällen wird die Liebe durch ihr Wesen bestimmt sein und nicht durch ihr Objekt. Gleichwohl ist es schwierig, sich eine handelnde Liebe vorzustellen, die auf nichts gerichtet wäre. In der Tat bezeugen die Mystiker übereinstimmend, daß Gott uns braucht, so wie wir Gott brauchen. Wozu sollte er uns brauchen, wenn nicht um uns zu lieben? Das wird also die Schlußfolgerung des Philosophen sein müssen, der sich an die mystische Erfahrung hält. Die Schöpfung wird ihm als ein Unternehmen Gottes erscheinen, mit dem dieser Schöpfer erschafft, um sich Wesen beizugesellen, die seiner Liebe würdig seien.

Man würde zögern, das zuzugeben, wenn es sich nur um die mittelmäßigen Bewohner jenes Winkels im Weltall handelte, den wir Erde nennen. Doch, wie wir schon früher gesagt haben, beseelt das Leben wahrscheinlich all die Planeten, die an all den Sternen hangen. Sicher nimmt es dort, wegen der verschiedenen Bedingungen, die ihm gegeben sind, die mannigfaltigsten Formen an, Formen, die weit von allem entfernt sind, was wir uns vorstellen; überall aber ist sein Wesen das gleiche, nämlich allmählich potentielle Energie aufzuhäufen, um sie plötzlich in freien Handlungen auszugeben. Man könnte immer noch zögern das zuzugeben, wenn man es für einen bloßen Zufall hielte, daß unter den Tieren und Pflanzen, die die Erde bevölkern, ein Lebewesen wie der Mensch erschien, das fähig ist zu lieben und Liebe zu erwecken. Aber wir haben gezeigt, daß dieses Erscheinen, wenn es auch nicht vorbestimmt war, doch auch kein Zufall war. Obgleich es neben der

Entwicklungslinie, die zum Menschen geführt hat, noch andre gegeben hat, und trotz allem, was dem Menschen selbst an Unvollkommenheit anhaftet, kann man, sich sehr eng an die Erfahrung haltend, doch sagen, daß eben der Mensch der Daseinsgrund für das Leben auf unserm Planeten ist. — Ein letzter Anlaß für jenes Zögern wäre dann gegeben, wenn man glaubte, das Weltall sei wesentlich rohe Materie und das Leben hätte sich zur Materie hinzugefügt. Aber wir haben im Gegenteil gezeigt, daß Materie und Leben, so wie wir sie definierten, zusammen und solidarisch gegeben sind. Unter diesen Umständen hindert den Philosophen nichts, die Idee zu Ende zu führen, die der Mystiker ihm suggeriert, die Idee eines Weltalls, das nur der sichtbare und fühlbare Aspekt der Liebe und des Bedürfnisses zu lieben ist, mit allen Konsequenzen, die diese schöpferische Emotion nach sich zieht, ich meine mit der Erscheinung von lebenden Wesen, in denen dieses Gefühl seine Ergänzung findet, und in einer Unzahl anderer lebender Wesen, ohne die jene nicht hätte erscheinen können, und schließlich mit einer ungeheuren Menge von Stofflichkeit, ohne die das Leben nicht möglich gewesen wäre.

Wir gehen damit sicherlich über die Schlüsse der ›Evolution créatrice‹ hinaus. Wir wollten damals den Tatsachen so nahe wie möglich bleiben. Wir haben nichts gesagt, was nicht eines Tages von der Biologie bestätigt werden könnte. Seither aber sind wir zu Resultaten gelangt, die die philosophische Methode, so wie wir sie verstehen, uns für wahr zu halten berechtigte. Hier sind wir nur noch im Bereich des Wahrscheinlichen. Aber wir können nicht oft genug wiederholen: die philosophische Gewißheit läßt verschiedene Abstufungen zu, sie wendet sich ebenso an die Intuition wie an die Reflexion, und wenn die sich an die Wissenschaft anlehnende Intuition überhaupt einer Fortführung fähig ist, so kann dies nur durch die mystische Intuition geschehen. In der Tat vervollständigen die Schlußfolgerungen, die wir hier vorgelegt haben, in natürlicher Weise, wenn auch nicht notwendigerweise, die Schlußfolgerungen unserer früheren Arbeiten. Eine schöpferische Energie, die Liebe wäre, und die aus sich selbst der Liebe würdige Wesen herausziehen möchte, könnte auf diese Weise Welten aussäen, deren Stofflichkeit, insofern sie der göttlichen Geistigkeit entgegengesetzt ist, einfach den Unterschied bezeichnen würde zwischen dem, was geschaffen ist und dem was schafft, zwischen den nebeneinandergesetzten Noten der Symphonie und der unteilbaren Emotion, die jene Noten aus sich herausströmen ließ. In jeder dieser Welten wären Lebensschwung und rohe Materie die beiden komplementären Aspekte der Schöpfung, wobei das Leben von der Materie, durch die es hindurchgeht, seine Teilung in unterschiedene Wesen erhalten hat und wobei die Kräfte, die es in sich trägt, ineinander verschlungen bleiben, soweit die Räumlichkeit der diese Kräfte offenbarenden Materie es gestattet. Diese gegenseitige Durchdringung ist auf unserm Planeten nicht möglich gewesen: alles spricht für die Annahme, daß die Materie, die hier das Komplement des Lebens war, sich wenig dazu eignete, dessen Schwung zu begünstigen. Der ursprüngliche Impuls hat also auseinanderlaufende Entwicklungsfortschritte ergeben, statt sich bis zum Ende ungeteilt zu erhalten. Selbst auf der Linie, in die das Wesentliche dieses Impulses eingegangen ist, hat er seine Wirkung schließlich erschöpft, oder vielmehr die gradlinige Bewegung hat sich in eine Kreisbewegung gewandelt. Die Menschheit, die am Ende dieser Linie steht, dreht sich in diesem Kreise. Das war unsere Folgerung. Um sie nun anders als durch willkürliche Vermutungen fortzuführen, brauchten wir nur dem Hinweis des Mystikers zu folgen. Den Lebensstrom, der durch die Materie hindurchfährt und zweifellos ihr Daseinsgrund ist, nahmen wir einfach als gegeben hin. Von der Menschheit, die am Ende der Hauptrichtung steht, fragten wir uns nicht, ob sie einen andern Daseinsgrund hätte als sich selbst. Diese doppelte Frage wird von der mystischen Intuition gestellt und zugleich beantwortet. Wesen sind ins Dasein gerufen worden, die bestimmt waren zu lieben und geliebt zu werden, da die schöpferische Energie als Liebe definiert werden muß. Diese von Gott, der jene Energie selber ist, verschiedenen Wesen konnten nur in einem Weltall entstehen, und deshalb mußte auch das Weltall entstehen. In dem Teil des Weltalls, den unser Planet bildet, wahrscheinlich sogar in unserm ganzen Planetensystem, mußten solche Wesen, um auftreten zu können, eine Gattung bilden, und diese Gattung machte eine Menge andere Gattungen nötig, die ihre Vorbereitung, ihre Stütze oder ihr Abfall waren: anderswo gibt es vielleicht nur Individuen, die grundverschieden voneinander sind — wenn man überhaupt annehmen will, daß auch sie vielfältig, auch sie sterblich sind; dann sind sie vielleicht auf einmal und in vollständiger Weise verwirklicht worden. Auf der Erde jedenfalls ist die Gattung, die der Grund für das Dasein aller andern ist, nur teilweise sie selbst. Sie würde nicht einmal daran denken, es ganz zu werden, wäre es nicht einzelnen ihrer Vertreter gelungen, durch eine individuelle Anstrengung, die zu der allgemeinen Tätigkeit des Lebens hinzugekommen ist, den Widerstand zu brechen, den das Werkzeug leistete, über das Stoffliche zu triumphieren, kurz, Gott wiederzufinden. Diese Menschen sind die Mystiker. Sie haben einen Weg geöffnet, auf dem andere Menschen werden gehen können. Sie haben eben dadurch dem Philosophen angezeigt, woher das Leben kommt und wohin es geht.

Man wird nicht müde zu wiederholen, wie wenig der Mensch im Verhältnis zur Erde ist, und wie wenig die Erde im Universum. Gleichwohl nimmt der Mensch, sogar durch seinen Körper, bei weitem nicht einen so geringen

Platz ein, wie man ihm gewöhnlich zuschreibt, und mit dem sogar sich Pascal begnügte, als er das ›denkende Schilfrohr‹ darauf beschränkte, materiell nur ein Schilfrohr zu sein. Denn wenn unser Körper der Stoff ist, auf den unser Bewußtsein sich bezieht, dann hat er die gleiche Ausdehnung wie unser Bewußtsein, dann umfaßt er alles, was wir wahrnehmen, dann reicht er bis zu den Sternen. Aber dieser riesige Körper verändert sich jeden Augenblick, und manchmal radikal, schon bei der geringsten Verrückung jenes einen Teils seiner selbst, der seinen Mittelpunkt einnimmt und nur einen winzigen Raum innehat. Dieser innere Zentralkörper, der verhältnismäßig unveränderlich ist, ist immer gegenwärtig. Er ist nicht nur gegenwärtig, er ist auch handelnd: durch ihn, und nur durch ihn, können wir andere Teile des großen Körpers bewegen. Und da das Handeln das ist, was zählt, da es klar ist, daß wir dort sind, wo wir handeln, so ist es üblich, das Bewußtsein in den winzigen Körper einzuschließen und den riesigen Körper zu vernachlässigen. Dazu scheint uns übrigens die Wissenschaft zu berechtigen, denn diese hält die äußere Wahrnehmung für eine Folgeerscheinung des ihr entsprechenden inner-zerebralen Vorgangs: alles, was der größere Körper wahrnimmt, wäre also nur ein von dem kleinen Körper nach außen geworfenes Hirngespinst. Wir haben die Illusion, die diese Metaphysik enthält, schon demaskiert[6]. Wenn die Oberfläche unseres sehr kleinen organisierten Körpers (organisiert gerade im Hinblick auf die unmittelbare Handlung) der Ort unserer aktuellen Bewegungen ist, so ist unser sehr großer unorganischer Körper der Ort unserer eventuellen und theoretisch möglichen Handlungen: da die Wahrnehmungszentren des Gehirns der Vortrab und die Vorbereiter dieser eventuellen Handlungen sind und ihren Plan innerlich vorzeichnen, spielt sich alles so ab, *als ob* unsere äußeren Wahrnehmungen von unserm Gehirn erbaut und von ihm in den Raum hineinprojiziert würden. Aber in Wahrheit verhält es sich ganz anders, und wir sind wirklich (wenn auch nur durch Teile unseres Selbst, die unaufhörlich wechseln und in denen nur virtuelle Handlungen wohnen) in allem, was wir wahrnehmen. Betrachten wir die Dinge aus diesem Gesichtswinkel, dann werden wir selbst von unserm Körper nicht mehr sagen, er verliere sich in der Unendlichkeit des Weltalls.

Allerdings, wenn man von der Kleinheit des Menschen und der Größe des Weltalls spricht, so denkt man an dessen Kompliziertheit mindestens ebensosehr wie an seine Ausdehnung. Eine Person macht den Eindruck, einfach zu sein; die materielle Welt aber ist von einer Kompliziertheit, die jeder Vorstellung spottet: das kleinste sichtbare Teilchen der Materie ist selbst schon eine Welt. Wie kann man zugeben, daß das eine einen andern Da-

[6] Materie und Gedächtnis. Siehe das ganze erste Kapitel.

seinsgrund habe als das andere? Aber lassen wir uns nicht einschüchtern. Wenn wir Teile vor uns haben, deren Aufzählung endlos fortgeht, so kann es wohl sein, daß das Ganze einfach ist und wir es nur vom falschen Ende aus ansehen. Führt eure Hand von einem Punkt zu einem andern: das ist für euch, die ihr es von innen wahrnehmt, eine unteilbare Geste. Aber ich, der es von außen sieht und seine Aufmerksamkeit auf die durchlaufene Strecke richtet, ich sage mir, zuerst mußte die erste Hälfte der Strecke durchlaufen werden, dann die Hälfte der andern Hälfte, dann die Hälfte des übrigen, und so weiter: ich könnte durch Milliarden von Jahrhunderten so fortfahren, niemals würde ich die Aufzählung der Akte erschöpfen, in die sich in meinen Augen die Bewegung zerlegt, die ihr als unteilbar empfindet. Ebenso könnte die Bewegung, die das Menschengeschlecht, oder allgemeiner gesagt, Objekte der Liebe für den Schöpfer hervorbringt, sehr wohl Umstände nötig machen, die wieder andre Umstände erheischen, die ihrerseits immer weiter und weiter eine unendliche Menge nach sich ziehen. Man kann sich diese Vielheit gar nicht vorstellen, ohne schwindlig zu werden; aber sie ist nur die Kehrseite eines Unteilbaren. Allerdings sind die zahllosen Akte, in die wir eine Handbewegung zerlegen, rein virtuell, in ihrer Virtualität notwendig bestimmt durch die Aktualität der Bewegung — wohingegen die Teile, aus denen das Weltall besteht, und die Teile dieser Teile Realitäten sind: soweit diese Teile lebendig sind, haben sie sogar eine Spontaneität, die bis zur freien Aktivität gehen kann. Daher behaupten wir auch nicht, in beiden Fällen sei das Verhältnis zwischen dem Komplexen und dem Einfachen das gleiche. Vielmehr haben wir durch diesen Vergleich nur zeigen wollen, daß Kompliziertheit, selbst die grenzenlose, kein Beweis für die Wichtigkeit ist, und daß eine einfache Existenz Umstände erfordern kann, deren Kette endlos ist.

Dies sei unsere Schlußfolgerung. Sie wird, da sie dem Menschen eine solche Stellung und dem Leben eine solche Bedeutung beilegt, als sehr optimistisch erscheinen. Sofort wird das Bild der Leiden auftauchen, die das Gebiet des Lebens erfüllen, vom tiefsten Stand des Bewußtseins an bis hinauf zum Menschen. Vergebens würden wir darauf hinweisen, daß in der Tier-Reihe dieses Leiden bei weitem nicht das ist, was man glaubt: ohne so weit zu gehen wie die Theorie des Descartes, wonach die Tiere bloße Maschinen wären, kann man wohl annehmen, daß der Schmerz sehr verringert ist bei Wesen, die kein aktives Gedächtnis haben, die ihre Vergangenheit nicht in die Gegenwart hinein verlängern, die nicht vollkommene Personen sind; ihr Bewußtsein ist traumhafter Art; weder ihre Freuden noch ihre Schmerzen haben die tiefe und dauerhafte Resonanz der unsrigen: zählen wir denn die Leiden, die wir im Traum empfinden, zu den wirklichen Leiden?

Ist nicht sogar beim Menschen das physische Leiden sehr oft nur eine Folge von Unvorsichtigkeit und Unklugheit oder von zu raffinierten Genüssen oder unnatürlichen Bedürfnissen? Das seelische Leiden aber wird mindestens ebensooft durch unsere eigene Schuld herbeigeführt, und in jedem Fall wäre es nicht so heftig, hätten wir unsere Empfindlichkeit nicht bis zur Krankhaftigkeit gesteigert; unser Schmerz wird unendlich verlängert und vermehrt durch das Nachdenken, das wir ihm widmen. Kurz, es wäre leicht, der Theodizee von Leibniz noch einige Paragraphen anzufügen. Aber wir haben gar keine Lust dazu. Der Philosoph mag sich im stillen Kämmerlein in derartigen Spekulationen gefallen, was aber wird er sagen, wenn er eine Mutter vor sich hat, die eben ihr Kind sterben sah? Nein, das Leiden ist eine schreckliche Realität, und es ist ein unhaltbarer Optimismus, wenn man das Übel, selbst auf das reduziert, was es effektiv ist, a priori als ein geringeres Gutes definiert. Aber es gibt einen empirischen Optimismus, der einfach darin besteht, zwei Tatsachen festzustellen: einmal, daß die Menschheit das Leben im ganzen für gut erachtet, denn sie hält daran fest; und zweitens, daß es eine ungemischte Freude gibt, die jenseits von Lust und Schmerz liegt, und das ist der abschließende Seelenzustand des Mystikers. In diesem zweifachen Sinn und aus diesem zweifachen Gesichtspunkt heraus drängt der Optimismus sich auf, ohne daß der Philosoph die Sache Gottes zu verteidigen brauchte. Wird man einwenden, das Leben, mag es auch im ganzen gut sein, wäre ohne das Leiden jedenfalls besser und das Leiden könne von einem Gott der Liebe nicht gewollt sein? Es ist aber durch nichts bewiesen, daß das Leid gewollt ist. Wie wir dargelegt haben, kann das, was von einer Seite her als eine ungeheure Vielheit von Dingen erscheint, zu denen allerdings auch das Leid zählt, sich von andrer Seite als ein unteilbarer Akt darstellen; einen Teil davon herauszunehmen hieße das Ganze aufheben. Man wird einwenden, das Ganze hätte anders sein und so etwas wie das Leid nicht darin vorkommen können; und folglich hätte das Leben, auch wenn es gut ist, besser sein können. Woraus man schließen wird: wenn es wirklich ein Prinzip gibt und dieses Prinzip Liebe ist, so vermöge es doch nicht alles, und also sei es auch nicht Gott. Aber eben das ist die Frage. Was bedeutet eigentlich die ›Allmacht‹? Wie wir gezeigt haben, ist die Idee des ›Nichts‹ so etwas wie die Idee eines runden Vierecks; sie verflüchtigt sich, wenn man sie analysiert, und läßt nichts zurück als ein Wort; kurz, es ist eine Pseudo-Idee. Sollte es sich nicht ebenso verhalten mit der Idee des ›All-‹, wenn man mit diesem Wort nicht nur die Gesamtheit des Realen, sondern auch noch die Gesamtheit des Möglichen bezeichnen will? Ich kann mir zur Not etwas vorstellen, wenn man mir von der Totalität des Existierenden spricht, aber in der Totalität des Nicht-Existierenden sehe ich nur eine Häufung von Worten. Also auch hier bezieht man wiederum den Einwand aus einer Pseudo-Idee, aus einem Wortgebilde. Aber man kann noch weiter gehen: der Einwand schließt sich an eine ganze Reihe von Argumenten an, die eine grundsätzlich falsche Methode implizieren. Man konstruiert a priori eine gewisse Vorstellung, man kommt überein zu sagen, das sei die Idee Gottes; davon leitet man dann die Wesenszüge ab, die die Welt bieten müßte; und wenn die Welt sie nicht bietet, dann schließt man daraus, daß Gott inexistent sei. Wie kann man verkennen, daß die Philosophie, wenn sie ein Werk der Erfahrung und des Denkens ist, die umgekehrte Methode befolgen muß, nämlich die Erfahrung zu befragen, was diese uns über ein Wesen zu sagen hat, das sowohl der sinnlichen Realität wie dem menschlichen Bewußtsein transzendent ist, und dann die Natur Gottes dadurch bestimmen, daß sie über das von der Erfahrung Ausgesagte reflektiert? Dann wird sich die Natur Gottes aus eben den Gründen ergeben, die man für den Glauben an seine Existenz haben wird: man wird davon absehen, seine Existenz oder Nicht-Existenz aus einem willkürlichen Begriff von seiner Natur ableiten zu wollen. Wenn man sich über diesen Punkt einig ist, wird man unbedenklich von der göttlichen Allmacht sprechen können. Ausdrücke dieser Art finden wir bei den Mystikern, an die wir uns gerade im Hinblick auf die Erfahrung des Göttlichen wenden. Ganz offenbar verstehen sie darunter eine Energie ohne bestimmbare Grenzen, eine Fähigkeit zu schaffen und zu lieben, die über jede Phantasie hinausgeht. Sicherlich beschwören sie nicht einen geschlossenen Begriff herauf, und noch weniger eine Definition Gottes, die uns zu schließen erlaubte, was die Welt ist oder sein sollte.

Dieselbe Methode ist auf alle Jenseits-Probleme anzuwenden. Man kann, mit Plato, a priori eine Definition der Seele ansetzen, nach der sie unzerlegbar weil einfach, unzerstörbar weil unteilbar, und unsterblich wäre kraft ihres Wesens. Von da gelangt man, auf dem Wege der Deduktion, zu der Idee eines Falles der Seelen in der Zeit und dann einer Rückkehr in der Ewigkeit. Was aber soll man jemandem erwidern, der die Existenz der so definierten Seele bestreitet? Und die auf eine wirkliche Seele, ihren wirklichen Ursprung und ihr wirkliches Schicksal bezüglichen Probleme, wie könnten sie der Wirklichkeit gemäß gelöst werden, oder auch nur in Ausdrücken der Wirklichkeit ausgesprochen werden, wenn man nur mit einem vielleicht leeren Begriff des Geistes gearbeitet oder bestenfalls in konventioneller Weise den Sinn des Wortes genauer bestimmt hat, das die Gesellschaft auf einen Ausschnitt der Wirklichkeit geschrieben hat, der nur zur Bequemlichkeit des sprachlichen Verkehrs vorgenommen wurde? Deshalb bleibt auch die Aussage steril, so wie die Definition willkürlich war. Die platonische Konzeption hat unsere Kenntnis der Seele keinen Schritt weitergebracht, obgleich man seit 2000 Jahren darüber meditiert. Sie war endgültig wie die Definition des Dreiecks, und aus den gleichen Gründen. Wie kann man indessen verkennen, daß das Problem der Seele, wenn es wirklich ein Problem der Seele gibt, in Ausdrücken der Erfahrung gestellt werden muß, und daß es in Ausdrücken der Erfahrung allmählich, schrittweise, gelöst werden wird? Wir wollen nicht auf ein Thema zurückkommen, das wir anderwärts behandelt haben. Wir wollen nur daran erinnern, daß die Beobachtung der normalen und der pathologischen Fakten durch die Sinne und das Bewußtsein, uns die Unzulänglichkeit der physiologischen Erklärungen des Gedächtnisses enthüllt, die Unmöglichkeit, die Aufbewahrung der Erinnerungen dem Gehirn zuzuschreiben, und anderseits die Möglichkeit, die allmähliche Ausweitung des Gedächtnisses Schritt für Schritt zu verfolgen, von dem Punkte an, wo es sich zusammenzieht, um nur das für die gegenwärtige Handlung unbedingt Nötige zu liefern, bis zu der äußersten Ausdehnung, wo es die ganze unzerstörbare Vergangenheit ausbreitet: wir sagten metaphorisch, daß wir so vom Gipfel bis zur Basis des Kegels gingen. Mit der Spitze allein reicht der Kegel in die Materie hinein: sobald wir die Spitze verlassen, treten wir in ein neues Reich ein. Was für ein Gebiet ist das? Wir können sagen, es sei der Geist; wir können auch weiterhin, wenn ihr wollt, von einer Seele reden — aber dann müssen wir den Sprachgebrauch abändern und unter dem Wort eine Gesamtheit von Erfahrungen verstehen, nicht eine willkürliche Definition. Aus dieser experimentellen Untersuchung werden wir die Möglichkeit und sogar die Wahrscheinlichkeit eines Fortlebens der Seele schließen können, denn wir haben ja schon hinnieden etwas von ihrer Unabhängigkeit in bezug auf den Körper beobachten und sozusagen mit Händen greifen können. Das wird freilich nur einer von den Aspekten dieser Unabhängigkeit sein; wir werden über die Bedingungen dieses Fortlebens nur sehr unvollkommen unterrichtet sein: besteht es für eine Zeit, besteht es für immer? Aber wir werden wenigstens einen Punkt gefunden haben, der für die Erfahrung greifbar ist, und es wird eine unbestreitbare Bejahung möglich werden, wie vielleicht auch ein Fortschritt unserer Erkenntnis. Soviel über das, was wir die Erfahrung von unten her nennen möchten. Begeben wir uns nun nach oben; da haben wir eine Erfahrung anderer Art: die mystische Intuition. Diese wäre ein Teilhaben am göttlichen Wesen. Treffen nun diese beiden Erfahrungen zusammen? Das Fortleben, das allen Seelen gesichert scheint durch die Tatsache, daß schon hier unten ein großer Teil ihrer Wirksamkeit vom Körper unabhängig ist, ist es identisch mit jenem Fortleben, in das bevorzugte Seelen schon hier unten eingehen dürfen? Das wird uns nur eine Fortführung und Vertiefung der beiden

Erfahrungen lehren können: das Problem muß offenbleiben. Aber es ist schon etwas, wenn man in wesentlichen Punkten ein Resultat gewonnen hat, dessen Wahrscheinlichkeit imstande ist, sich in Gewißheit zu wandeln, und im übrigen für die Erkenntnis der Seele und ihres Schicksals die Möglichkeit eines unendlichen Fortschrittes erreicht hat. Diese Lösung wird allerdings zunächst keine der beiden Schulen befriedigen, die sich der a priori-Definition der Seele wegen bekämpfen, wobei sie kategorisch bejahen oder verneinen. Die Verneiner werden, da sie sich weigern, eine vielleicht leere Konstruktion des Geistes zu einer Realität zu erheben, bei ihrer Verneinung bleiben, auch wenn man ihnen die Erfahrung bringt — weil sie der Meinung sein werden, es sei immer noch dieselbe Sache. Die Bejaher wiederum werden nur Verachtung haben für Ideen, die sich selbst als provisorisch und vervollkommbar bezeichnen; sie werden darin nur ihre eigene These sehen, aber verdünnt und verarmt. Sie werden eine Weile brauchen, bis sie einsehen werden, daß ihre These fertig aus der Umgangssprache bezogen war. Gewiß folgt die Gesellschaft gewissen Hinweisen der inneren Erfahrung, wenn sie von der Seele spricht; aber sie hat dieses Wort wie alle andern nur zu ihrer Bequemlichkeit geschmiedet. Sie hat damit ein Etwas bezeichnet, das sich vom Körper scharf unterscheidet. Je radikaler die Unterscheidung sein wird, desto besser entspricht das Wort seinem Zweck: sie kann aber gar nicht radikaler sein, als wenn man die Eigenschaften der Seele einfach und schlicht dadurch bestimmt, daß man das Gegenteil von den Eigenschaften der Materie ansetzt. Das ist die Idee, die der Philosoph nur allzuoft mittels der Sprache fix und fertig von der Gesellschaft erhalten hat. Sie stellt scheinbar den reinsten Spiritualismus dar, weil sie eine Sache zu Ende denkt. Aber diese Sache ist nur eine Negation. Aus dem Leeren kann man nichts herausziehen, und die Erkenntnis von einer solchen Seele ist natürlich unfähig zu jedem Fortschritt — ganz abgesehen davon, daß die Vorstellung hohl klingt, sobald ein gegnerischer Philosoph darauf klopft. Wieviel richtiger wäre es doch, auf die vagen Hinweise des Bewußtseins zurückzugreifen, von denen man ausgegangen war, sie zu vertiefen und bis zu klarer Intuition fortzuführen! Das ist die Methode, die wir empfehlen. Nochmals gesagt: sie wird weder den einen noch den andern gefallen. Wenn man sie anwendet, riskiert man, sich zwischen zwei Stühle oder zwischen Baum und Rinde zu setzen. Aber das tut nichts. Die Rinde wird zerspringen, wenn ein neuer Saftstrom den alten Baum zum Schwellen bringt.

IV Mechanik und Mystik

Eines der Resultate unserer Analyse war die radikale Unterscheidung von offen und geschlossen im Gebiete des Gesellschaftlichen. Die geschlossene Gesellschaft ist die, deren Mitglieder untereinander bleiben, gleichgültig gegen die übrigen Menschen, immer bereit anzugreifen oder sich zu verteidigen, kurz, auf eine kämpferische Haltung beschränkt. Derart ist die menschliche Gesellschaft, wie sie aus den Händen der Natur hervorgeht. Der einzelne Mensch ist nur für sie da, wie die Ameise für den Ameisenhaufen. Man darf diesen Vergleich nicht übertreiben; jedoch müssen wir bemerken, daß die Gesellschaften der Hautflügler den Endpunkt von einer der beiden Hauptlinien der animalischen Entwicklung bilden, so wie die menschlichen Gesellschaften am Ende der andern Linie stehen, und daß sie in diesem Sinne Gegenstücke sind. Zweifellos haben die ersteren eine stereotype Form, während die andern variieren; jene gehorchen dem Instinkt, diese dem Intellekt. Aber wenn die Natur uns auch gerade dadurch, daß sie uns intelligent erschaffen hat, bis zu einem gewissen Grade die Freiheit gelassen hat, uns unsern Typus der Gesellschafts-Organisation zu wählen, so hat sie uns gleichwohl auferlegt, vergesellschaftet zu leben. Eine Kraft, die uns dauernd die Richtung gibt und die für die Seele dasselbe ist wie für den Körper die Schwerkraft, sichert den Zusammenhalt der Gruppe, dadurch, daß sie alle Einzelwillen in die gleiche Richtung lenkt. Das ist die sittliche Verpflichtung. Wir haben gezeigt, daß sie in der sich öffnenden Gesellschaft sich erweitern kann, daß sie aber für eine geschlossene Gesellschaft geschaffen worden ist. Und wir haben auch gezeigt, daß eine geschlossene Gesellschaft nicht leben, nicht gewissen zersetzenden Wirkungen der Intelligenz widerstehen und jedem ihrer Mitglieder das unentbehrliche Vertrauen geben und erhalten kann, ohne eine aus der fabulatorischen Funktion hervorgegangene Religion. Diese Religion, die wir statisch genannt haben, und diese Verpflichtung, die in einem Druck besteht, sind grundlegend für die geschlossene Gesellschaft.

Niemals wird man auf dem Wege der bloßen Erweiterung von der geschlossenen zur offenen Gesellschaft gelangen, vom Gemeinwesen zur

Menschheit. Sie sind nicht wesensgleich. Die offene Gesellschaft ist die, die im Prinzip die ganze Menschheit umfassen könnte. Von erlesenen Geistern dann und wann erträumt, verwirklicht sie jedesmal ein Stück ihrer selbst durch Schöpfungen, deren jede, mittels einer mehr oder weniger tiefgreifenden Umwandlung des Menschen, Schwierigkeiten überwinden läßt, die bis dahin unüberwindlich waren. Aber jedesmal schließt der für einen Augenblick geöffnete Kreis sich wieder. Ein Teil des Neuen ist in die alte Form hineingeflossen; individuelles Aufstreben ist sozialer Druck geworden; die Verpflichtung bedeckt das Ganze. Laufen diese Fortschritte in der gleichen Richtung? Selbstverständlich wird man die Richtung die gleiche nennen, sobald man übereingekommen ist, sie als Fortschritte zu bezeichnen. Jeder von ihnen wird dann allerdings als ein Schritt nach vorwärts zu bestimmen sein. Aber das wäre nur eine Metapher, und gäbe es wirklich eine vorherbestimmte Richtung, in der man sich begnügte vorwärts zu schreiten, so wären die ethischen Neuerungen vorhersehbar; für keine wäre eine schöpferische Tat nötig. In Wirklichkeit aber kann man immer nur die letzte nehmen, sie durch einen Begriff definieren und sagen, die andern hätten schon eine mehr oder weniger große Menge von dem enthalten, was dieser Begriff umschließt, und somit seien sie alle schon ein Anbahnen gewesen. Aber erst beim Rückblicken nehmen die Dinge diese Gestalt an; die Veränderungen waren qualitativ und nicht quantitativ; sie trotzten jeder Voraussicht. Von einer Seite jedoch boten sie an sich, nicht erst durch die begriffliche Übertragung, etwas Gemeinsames. Alle wollten das Geschlossene öffnen; die Gruppe, die seit der vorhergehenden Öffnung sich auf sich selbst zurückgezogen hatte, wurde jedesmal wieder an die Menschheit herangeführt. Noch mehr: diese aufeinanderfolgenden Anstrengungen waren zwar nicht geradezu die fortschreitende Verwirklichung eines Ideals, denn eine im voraus geschmiedete Idee könnte ja nicht einen Komplex von Errungenschaften ergeben, von denen jede, indem sie sich erschuf, ihre eigene Idee schuf; und dennoch könnten sich die verschiedenen Anstrengungen auf ein Einheitliches zurückführen lassen: auf einen Schwung, der zunächst geschlossene Gesellschaften ergeben hatte, weil er die Materie nicht weiter fortreißen konnte, der aber später, da eine Gattung sich nicht bietet, von der oder jener bevorzugten Persönlichkeit aufgesucht und wieder aufgenommen wird. Dieser Schwung setzt sich also durch das Medium gewisser Menschen fort, von denen jeder sich als eine nur aus einem einzelnen Individuum bestehende Gattung erweist. Wenn das Individuum sich dessen voll bewußt ist, wenn der Saum von Intuition, der seine Intelligenz umgibt, so breit wird, daß er sich über sein ganzes Objekt erstreckt, dann haben wir das mystische Leben. Die dynamische Religion, die auf diese Weise hervorquillt, stellt sich der statischen, aus der fabulatorischen Funktion hervorgegangenen Religion so gegenüber, wie die offene Gesellschaft der geschlossenen. Aber ebenso wie das neue ethische Aufstreben nur Gestalt annimmt, indem es von der geschlossenen Gesellschaft seine natürliche Form, nämlich die Verpflichtung, entlehnt, ebenso verbreitet sich die dynamische Religion nur durch Bilder und Symbole, die von der fabulatorischen Funktion geliefert werden. Es ist unnötig, auf diese verschiedenen Punkte zurückzukommen. Wir wollten lediglich die Unterscheidung betonen, die wir zwischen der offenen und der geschlossenen Gesellschaft gemacht haben.

Wenn man sich darauf konzentriert, wird man sehen, daß schwerwiegende Probleme sich in Nichts auflösen, andre aber sich in neuer Fassung darstellen. Wenn man die Religion kritisiert oder verteidigt, berücksichtigt man da auch immer das, was an der Religion spezifisch religiös ist? Man benutzt oder befehdet Erzählungen, die sie vielleicht nötig hat, um einen Seelenzustand zu erreichen, der sich ausbreite; die Religion aber ist wesentlich eben dieser Zustand. Man diskutiert die Definitionen, die sie setzt, und die Theorien, die sie aufstellt; in der Tat hat sie sich einer Metaphysik bedient, um sich eine Gestalt zu geben; aber sie hätte schließlich auch eine andre annehmen können, und sogar überhaupt keine. Der Irrtum besteht darin, daß man glaubt, man käme durch Vermehrung oder Vervollkommnung vom Statischen zum Dynamischen, von der Beweisführung oder der Fabelei, selbst wenn sie wahrheitsgemäß sind, zur Intuition. Man verwechselt dabei die Sache mit ihrem Ausdruck oder Symbol. Das ist der gewöhnliche Irrtum eines radikalen Intellektualismus. Wir finden ihn wieder, wenn wir von der Religion zur Moral übergehen. Es gibt eine statische Moral, die in einem gegebenen Moment, in einer gegebenen Gesellschaft de facto existiert; sie hat sich in den Sitten, den Ideen, den Einrichtungen verankert; ihr verpflichtender Charakter geht in letzter Linie auf die von der Natur gestellte Forderung des Gemeinschaftslebens zurück. Es gibt anderseits eine dynamische Ethik, die ein Schwung ist, und die sich an das Leben im allgemeinen anschließt, von dem die Natur erschaffen wurde, die ihrerseits die soziale Forderung geschaffen hat. Die erste Verpflichtung ist, insofern sie Druck ist, unter-rational. Die zweite ist, als Aufstrebung, über-rational. Aber die Intelligenz tritt dazwischen. Sie sucht das Motiv jeder Vorschrift auf, d. h. ihren intellektuellen Inhalt; und da sie systematisch ist, glaubt sie, das Problem bestehe darin, alle moralischen Motive auf ein einziges zurückzuführen. Sie hat übrigens nur die Qual der Wahl. Allgemein-Interesse, persönliches Interesse, Eigenliebe, Mitgefühl, Mitleid, rationaler Zusammenhang usw. — es gibt kein Prinzip des Handelns, von dem man die allgemein anerkannte Moral nicht ungefähr ableiten könnte. Es ist richtig, daß die

Leichtigkeit der Operation und der bloß ungefähre Charakter ihres Resultats uns gegen sie mißtrauisch machen sollten. Wenn Verhaltungsmaßregeln, die fast identisch sind, sich aus so verschiedenen Prinzipien irgendwie ableiten lassen, dann ist es wahrscheinlich, daß keins der Prinzipien in seiner spezifischen Bedeutung erfaßt worden ist. Der Philosoph hat das Prinzip im sozialen Milieu aufgesucht, wo alles ineinander verflochten ist, wo Egoismus und Eitelkeit mit dem Ballast der Soziabilität behaftet sind: da ist es nicht erstaunlich, wenn er in jedem dieser Prinzipien die Moral wiederfindet, die er hineingetan oder daringelassen hat. Aber die Ethik selbst bleibt unerklärt, denn es hätte ja das soziale Leben ergründet werden müssen, insofern es von der Natur geforderte Disziplin ist, und die Natur selbst, insofern sie vom Leben im allgemeinen erschaffen ist. So wäre man zur Wurzel der Ethik gelangt, die der reine Intellektualismus vergeblich sucht: dieser kann nur Ratschläge geben oder Gründe anführen, die mit andern Gründen zu bekämpfen uns nichts hindern wird. In Wirklichkeit wird dabei stillschweigend vorausgesetzt, daß das von ihm angezogene Motiv den andern ›vorzuziehen‹ sei, daß es zwischen den Motiven Wertunterschiede gäbe, daß ein allgemeines Ideal existiere, auf das man das Wirkliche zu beziehen hätte. Der Intellektualismus reserviert sich also eine Zuflucht in der platonischen Theorie, mit einer Idee des Guten, die alle andern beherrscht: die Gründe des Handelns wären also unterhalb der Idee des Guten gestaffelt, wobei die besten die sind, die ihr am nächsten liegen; die Anziehungskraft des Guten wäre das Prinzip der Verpflichtung. Aber man kommt sehr in Verlegenheit, wenn man sagen soll, an welchem Zeichen man nun erkenne, ob ein bestimmtes Verhalten dem idealen Guten mehr oder weniger nahe sei: wenn man es wüßte, dann wäre das Zeichen das Wesentliche, und die Idee des Guten würde unnötig werden. Ebensoviel Mühe hätte man, zu erklären, wie dieses Ideal eine gebieterische Verpflichtung schaffen soll, besonders die strengste von allen Verpflichtungen, die nämlich, die in den primitiven, wesentlich geschlossenen Gesellschaften der Sitte anhaftet. In Wahrheit kann ein Ideal nicht obligatorisch werden, wenn es nicht schon wirkend ist: und alsdann ist nicht seine Idee das Verpflichtende, sondern sein Wirken. Oder vielmehr, es ist nur das Wort, mit dem wir den angenommenen höchsten Effekt dieses Wirkens bezeichnen, das wir uns als fortdauernd denken — das hypothetische Ziel der Bewegung, die uns schon fortreißt. Auf dem Grunde aller Theorien finden wir also die beiden Illusionen wieder, die wir vielemal aufgezeigt haben. Die erste, sehr vorbereitete, besteht darin, daß man sich die Bewegung vorstellt als die allmähliche Verringerung eines Zwischenraums zwischen der gerade vorliegenden Stellung des Bewegten, die ein Unbewegtes ist, und seinem als erreicht angenommenen Ziel, das ebenfalls ein Unbewegtes ist, während doch die Stellungen nur Ausblicke des Geistes auf die unteilbare Bewegung sind: daher denn die Unmöglichkeit, die wahre Bewegung wiederherzustellen, das heißt in diesem Falle die Aufstrebungen und Pressungen, die direkt oder indirekt die Verpflichtung ausmachen. Die zweite Illusion betrifft spezieller die Entwicklung des Lebens. Weil man, von einem gewissen Punkte an, einen Entwicklungsprozeß beobachtet hat, so meint man, daß dieser Punkt durch den gleichen Entwicklungsprozeß erreicht worden sei, während doch die vorhergehende Entwicklung anders gewesen sein kann, oder auch bis dahin überhaupt keine Entwicklung stattgefunden haben könnte. Weil wir eine allmähliche Bereicherung der Moral feststellen, so meinen wir, es gäbe keine primitive, unableitbare, mit dem Menschen zugleich erschienene Ethik. Wir müssen aber diese ursprüngliche Ethik gleichzeitig mit dem Menschengeschlecht ansetzen und uns gleich zu Beginn eine geschlossene Gesellschaft geben.

Kann uns nun die Unterscheidung zwischen dem Geschlossenen und dem Offenen, die nötig ist, um die theoretischen Probleme zu lösen oder zu beseitigen, auch praktisch nützen? Sie hätte nicht viel Nutzen, wenn sich die geschlossene Gesellschaft immer so begründet hätte, daß sie sich nach einer momentanen Öffnung wieder geschlossen hätte. Dann könnte man ad infinitum in die Vergangenheit hinaufsteigen, man würde doch niemals zum Primitiven gelangen; das Naturell wäre dann nur eine Konsolidierung des Erworbenen. Aber, wie wir bereits gesagt haben, in Wahrheit ist es ganz anders. Es gibt eine fundamentale Natur, und es gibt Errungenschaften, die, sich der Natur aufpfropfend, sie imitieren, ohne sich mit ihr zu verquicken. Schritt für Schritt würde man zu einer ursprünglichen geschlossenen Gesellschaft gelangen, deren allgemeiner Grundriß mit der Bildung unserer Gattung so verwachsen ist wie der Ameisenhaufen mit der Ameise, jedoch mit dem Unterschied, daß im zweiten Falle auch die Einzelheiten der sozialen Organisation im voraus gegeben sind, im ersten dagegen nur die großen Linien, nur einige Richtungen, gerade nur soviel natürliche Präfiguration, wie nötig ist, um den Individuen ein passendes soziales Milieu zu sichern. Die Kenntnis dieses Grundrisses würde heute zweifellos nur noch historisches Interesse bieten, wenn seine Grundlinien durch andre beseitigt worden wären. Aber die Natur ist unzerstörbar. Das Wort »Verjagt das Naturell — es wird im Galopp wiederkommen« ist falsch, denn das Naturell läßt sich nicht verjagen. Es ist immer da. Wir wissen, was wir von der Vererbbarkeit erworbener Eigenschaften zu halten haben. Es ist wenig wahrscheinlich, daß eine Gewohnheit sich jemals vererbt; wenn der Fall vorkommt, so liegt es an einem zufälligen Zusammentreffen einer so großen Zahl von günstigen Bedingungen, daß er sich sicher nicht oft genug wiederholen wird, um diese

Gewohnheit der ganzen Gattung einzupflanzen. Nein, die moralischen Errungenschaften lagern sich vielmehr in den Sitten, den Einrichtungen, sogar in der Sprache ab; und dann verbreiten sie sich durch eine unaufhörliche Erziehung; auf diese Weise pflanzen sich von Generation zu Generation Gewohnheiten fort, die man schließlich für erblich hält. Aber alles wirkt zusammen, um diese falsche Interpretation zu stützen: schlecht angebrachte Eigenliebe, oberflächlicher Optimismus, Unkenntnis der wahren Natur des Fortschritts, schließlich und besonders eine sehr weit verbreitete Verwechslung zwischen der eingeborenen Anlage, die sich tatsächlich von den Eltern auf das Kind vererbt, und der erworbenen Gewohnheit, die sich oft der natürlichen Anlage aufgepfropft hat. Zweifellos hat dieser Glaube sogar auf der positiven Wissenschaft gelastet, die ihn aus der allgemeinen Meinung übernommen hatte, obgleich die Fälle, mit denen er gestützt wurde, nur von beschränkter Anzahl und von zweifelhafter Art waren, und die Wissenschaft hat ihn dann der allgemeinen Meinung zurückgegeben, nachdem sie ihn mit ihrer unbestrittenen Autorität gestärkt hatte. Nichts ist in dieser Hinsicht lehrreicher als das biologische und psychologische Gesamtwerk von Herbert Spencer. Es beruht fast ganz auf der Idee der Vererbbarkeit erworbener Eigenschaften. Und damals, als sie berühmt war, hat diese Lehre den Evolutionismus der Gelehrten durchtränkt. Nun handelt es sich aber bei Spencer nur um die Verallgemeinerung einer These über den sozialen Fortschritt, die schon in seinen ersten Arbeiten auftritt: zunächst hatte ihn das Studium der Gesellschaften ausschließlich in Anspruch genommen; erst später sollte er zu den Phänomenen des Lebens gelangen. So daß eine Soziologie, die sich einbildet, von der Biologie die Idee einer Vererbbarkeit erworbener Eigenschaften zu entlehnen, nur wieder zurücknimmt, was sie geliehen hatte. Die unbewiesene philosophische These hat dadurch, daß sie durch die Wissenschaft hindurchging, einen falschen Anschein wissenschaftlicher Sicherheit angenommen, aber sie bleibt Philosophie, und sie ist weiter denn je davon entfernt, bewiesen zu sein. Halten wir uns also an die Tatsachen, die man feststellt, und an die Wahrscheinlichkeiten, die sie suggerieren: ich glaube, wenn man aus dem heutigen Menschen das eliminierte, was eine unablässige Erziehung in ihn hineingelegt hat, so würde man finden, daß er mit seinen entferntesten Ahnen völlig oder fast völlig identisch ist[1].

[1] Wir sagen „fast", denn man muß die Variationen berücksichtigen, die das lebende Wesen gewissermaßen auf dem von seinen Vorfahren gelieferten Thema ausführt. Aber diese Variationen können, da sie zufällig sind und sich in irgendwelcher Richtung vollziehen, sich nicht im Laufe der Zeit addieren und dadurch die Gattung ändern. Über die Theorie von der Vererbbarkeit erworbener Eigenschaften und einen darauf begründeten Evolutionismus siehe „Die schöpferische Entwicklung" (Kapitel 1).

Welche Schlüsse soll man daraus ziehen? Da ja die Anlagen der Gattung in jedem von uns unveränderlich erhalten bleiben, ist es unmöglich, daß der Ethiker und der Soziologe dem nicht Rechnung zu tragen hätten. Gewiß, nur einer kleinen Zahl war es gegeben, zunächst durch das Erworbene, dann durch das Naturhafte durchzustoßen und sich in den Schwung des Lebens selbst zurückzuversetzen. Wenn eine derartige Anstrengung sich verallgemeinern könnte, dann hätte der Schwung nicht bei der menschlichen Spezies, folglich auch nicht bei der geschlossenen Gesellschaft haltgemacht wie in einer Sackgasse. Es ist aber darum nicht weniger wahr, daß diese Auserwählten die Menschheit mit sich reißen möchten; da sie ihren Seelenzustand nicht allen in seiner Tiefe mitteilen können, so vermitteln sie ihn oberflächlich; sie suchen eine Übertragung des Dynamischen ins Statische, das die Gesellschaft fähig wäre aufzunehmen und durch die Erziehung endgültig zu machen. Das gelingt ihnen nun aber nur insoweit, wie sie die Natur in Rechnung stellen. Selbst die Menschheit in ihrer Gesamtheit könnte diese Natur nicht brechen. Aber sie kann sie biegen. Und sie wird sie nur biegen, wenn sie ihre Gestaltung kennt. Es wäre eine schwierige Aufgabe, wenn man sich dazu in das Studium der allgemeinen Psychologie stürzen müßte. Aber es handelt sich nur um einen speziellen Punkt: um die menschliche Natur, insofern sie für eine gewisse soziale Form prädisponiert ist. Wir sagen, es gebe eine natürliche menschliche Gesellschaft, die vage in uns vorgezeichnet ist, und die Natur habe Sorge getragen, uns deren Schema im voraus zu liefern, wobei unserer Intelligenz und unserm Willen jedweder Spielraum gelassen blieb, dem Hinweis zu folgen. Dieses vage und unvollständige Schema entspräche auf dem Gebiete der vernünftigen und freien Aktivität dem, was im Falle des Instinkts am andern Endpunkt der Entwicklung die — in diesem Falle genaue — Zeichnung des Ameisenhaufens oder des Bienenstocks ist. Es würde sich also nur darum handeln, ein einfaches Schema wiederzufinden.

Aber wie sollen wir es wiederfinden, da doch das Erworbene das Naturgegebene bedeckt? Wir wären um eine Antwort verlegen, wenn wir eine Untersuchungsmethode angeben sollten, die mechanisch anzuwenden wäre. In Wirklichkeit ist es so, daß man tastend und immer wieder beschneidend vorgehen muß, daß man gleichzeitig mehrere verschiedene Methoden befolgen muß, von denen jede nur zu Möglichkeiten oder Wahrscheinlichkeiten führen würde: indem sie einander durchkreuzen, werden die Resultate

Wir wollen noch hinzufügen, worauf wir bereits hingewiesen haben, daß der plötzliche Sprung, der die menschliche Gattung ergeben hat, an mehr als einer Stelle und zu verschiedenen Zeiten versucht worden sein kann, wobei „Menschen" zustande gekommen sind, die man, wenn man will, mit diesem Namen benennen kann, die aber nicht notwendigerweise unsere Ahnen sind.

sich gegenseitig neutralisieren oder aber verstärken; es wird eine wechselseitige Nachprüfung und Verbesserung geben. So wird man z. B. auch die ›Primitiven‹ berücksichtigen, ohne jedoch zu vergessen, daß auch bei ihnen eine Schicht von Erworbenem das Naturgegebene verdeckt, wenn diese Schicht auch weniger dick sein mag als bei uns. Man wird die Kinder beobachten, ohne jedoch zu vergessen, daß die Natur für Altersunterschiede gesorgt hat und daß das kindliche Naturell nicht notwendigerweise das menschliche Naturell ist; vor allem ist das Kind Nachahmer, und was uns an ihm spontan erscheint, ist oft nur das Ergebnis einer Erziehung, die wir ihm geben, ohne es zu merken. Aber die beste Informationsquelle wird die Selbstbeobachtung sein. Wir müssen auf die Suche nach jenem Untergrund von Soziabilität und auch von Unsoziabilität gehen, der unserm Bewußtsein erscheinen würde, wenn die konstituierte Gesellschaft nicht die Gewohnheiten und Dispositionen in uns hineingelegt hätte, die uns ihr anpassen. Er enthüllt sich uns nur von Zeit zu Zeit in einem Blitz. Wir werden solche Erleuchtung herbeirufen und fixieren müssen.

Zunächst sei bemerkt, daß der Mensch für sehr kleine Gesellschaften geschaffen war. Daß die primitiven Gesellschaften derart waren, darüber ist man sich einig. Aber man muß hinzufügen, daß der alte Seelenzustand fortbesteht, maskiert von Gewohnheiten, ohne die es keine Zivilisation gäbe. Zurückgedrängt, machtlos, lebt er gleichwohl in den Tiefen des Bewußtseins fort. Wenn er es auch nicht bis zu Handlungen bringt, so äußert er sich doch in Worten. In einer großen Nation können einzelne Gemeinden zu allgemeiner Zufriedenheit verwaltet werden; wo aber gibt es eine Regierung, deren Untertanen sich entschließen würden, sie als gut zu bezeichnen? Sie werden sie genügend zu loben glauben, wenn sie sagen, sie sei von allen die am wenigsten schlechte, und nur in diesem Sinne die beste. In diesem Fall ist die Unzufriedenheit angeboren. Beachten wir, daß die Kunst, ein großes Volk zu regieren, die einzige ist, für die es keine Vorbereitungstechnik, keine zweckmäßige Ausbildung gibt, besonders nicht für die höchsten Ämter. Die außerordentliche Seltenheit der Politiker von einigem Format kommt daher, daß sie jeden Augenblick in allen Einzelheiten ein Problem lösen sollen, das die von den Gesellschaften erreichte Ausdehnung vielleicht unlösbar gemacht hat. Studieren Sie die Geschichte der großen modernen Nationen: Sie werden da eine Anzahl großer Gelehrter finden, großer Künstler, großer Soldaten, großer Spezialisten auf allen Gebieten — aber wieviel große Staatsmänner?

Die Natur, die kleine Gesellschaften gewollt hat, hat gleichwohl die Tür für ihre Vergrößerung geöffnet. Denn sie hat auch den Krieg gewollt, oder zum wenigsten hat sie dem Menschen Daseinsbedingungen gegeben, die den Krieg unvermeidlich machten. Nun können aber Kriegsdrohungen mehrere kleine Gesellschaften dazu bestimmen, sich zusammenzuschließen, um der gemeinsamen Gefahr zu begegnen. Diese Bündnisse sind freilich selten von Dauer. Jedenfalls ergibt sich dabei eine Verbindung von Gesellschaften, die von derselben Größenordnung ist wie jede einzelne. Doch eben in einem andern Sinne steht der Krieg am Ursprung der großen Reiche. Sie sind aus der Eroberung geboren. Selbst wenn der Krieg zuerst nicht auf Eroberung ausging, endete er mit einer solchen; so bequem scheint es dem Sieger, sich die Länder des Besiegten anzueignen und auch die Bevölkerung, aus deren Arbeit er Nutzen ziehen will. So bildeten sich einst die großen Reiche Asiens. Alle gerieten in Verfall, unter verschiedenen Einflüssen, in Wirklichkeit aber, weil sie zu groß waren, um bestehen zu können. Wenn der Sieger den unterworfenen Völkerschaften einen Schein von Unabhängigkeit einräumt, dauert die Verbindung länger an; Beweis: das römische Reich. Aber es ist nicht zweifelhaft, daß der primitive Instinkt fortbesteht und daß er eine auflösende Wirkung übt. Man braucht ihn nur gewähren zu lassen, und die politische Konstruktion stürzt zusammen. So ist das Feudalsystem in verschiedenen Ländern entstanden, als Folge verschiedener Ereignisse und unter verschiedenen Umständen; gemeinsam war nur die Aufhebung der Kraft, die die Gesellschaft hinderte zu zerfallen; der Zerfall erfolgte dann von selbst. Wenn in der Neuzeit sich große Nationen sicher konstituieren konnten, so liegt das daran, daß der Zwang, eine bindende Kraft, die von außen und von oben her auf das Ganze wirkt, allmählich einem Vereinigungsprinzip gewichen ist, das aus dem Schoße der vereinigten Einzelgesellschaften selbst hervorwächst, das heißt eben aus dem Bereich jener zersetzenden Kräfte, denen unaufhörlich Widerstand geleistet werden muß. Dieses Prinzip, das allein imstande ist, die Neigung zum Zerfall zu neutralisieren, ist der Patriotismus. Die Alten haben ihn freilich gekannt; sie verehrten das Vaterland, und von einem ihrer Dichter stammt das Wort, es sei süß, für das Vaterland zu sterben. Aber es ist noch ein weiter Weg von dieser Anhänglichkeit an den Stadtstaat, an eine Gruppe, die noch unter der Obhut des Gottes stand, der ihr in den Kämpfen beistehen wird, bis zu dem Patriotismus, der ebensowohl eine Tugend des Friedens wie des Krieges ist, der mystisch gefärbt sein kann, der aber in seine Religion keinerlei Berechnung mengt, der ein großes Land bedeckt und eine Nation zur Erhebung bringt, der das Beste, was in den Seelen lebt, an sich zieht, kurz, der sich langsam und ehrfurchtsvoll gebildet hat, aus Erinnerungen und Hoffnungen, aus Dichtung und Liebe, aus ein wenig von allen sittlichen Schönheiten, die unter dem Himmel sind wie der Honig in den Blumen. Ein so hohes Gefühl, das den Zustand des Mystikers nachahmt, war nötig, um mit einem so eingewurzelten Gefühl wie dem Stammesegoismus fertig zu werden.

Welches ist nun die Regierungsform einer Gesellschaft, die eben erst aus den Händen der Natur hervorgeht? Es ist möglich, daß die Menschheit tatsächlich mit verstreuten und isolierten Familienverbänden angefangen hat. Aber das waren nur embryonale Gesellschaften, und der Philosoph darf die wesentlichen Tendenzen des sozialen Lebens ebensowenig bei ihnen suchen, wie der Naturforscher sich nicht über die Gewohnheiten einer Spezies unterrichten könnte, indem er sich nur mit dem Embryo befaßt. Man muß die Gesellschaft in dem Augenblick erfassen, wo sie vollständig ist, das heißt, fähig sich zu verteidigen und somit, auch wenn sie noch so klein ist, für den Krieg eingerichtet. Welches wird also, in diesem bestimmten Zustand, ihre natürliche Regierungsform sein? Hieße es nicht die griechischen Wörter profanieren, wenn man sie auf etwas Barbarisches anwendet, so würden wir sagen, sie sei monarchisch oder oligarchisch, wahrscheinlich beides zugleich. Diese Regierungsformen gehen im rudimentären Stadium durcheinander: man braucht ein Oberhaupt, und es gibt keine Gemeinschaft ohne Privilegierte, die dem Oberhaupt etwas von seinem Prestige entlehnen, oder es ihm verleihen, oder vielmehr es mit ihm zusammen von einer übernatürlichen Macht erhalten haben. Auf der einen Seite ist das Herrschen absolut, auf der andern das Gehorchen. Wir haben wiederholt gesagt, daß die menschlichen Gesellschaften und die Gesellschaften der Hautflügler die Endpunkte der beiden Hauptlinien der biologischen Entwicklung einnehmen. Gott bewahre uns davor, sie etwa gleichzustellen! Der Mensch ist intelligent und frei. Aber man muß sich immer daran erinnern: das soziale Leben war im Aufbauplan der menschlichen Spezies ebenso einbegriffen wie in dem der Biene; es war notwendig; die Natur konnte es nicht ausschließlich unserm freien Willen anheimstellen; sie muß es schon damals so eingerichtet haben, daß einer oder einige befehlen und die andern gehorchen. In der Welt der Insekten ist die Verschiedenartigkeit der sozialen Funktionen an eine Verschiedenheit des Organismus gebunden; es herrscht da ›Vielgestaltigkeit‹ (Polymorphismus). Werden wir nun sagen, in den menschlichen Gesellschaften gäbe es ›Zweigestaltigkeit‹ (Dimorphismus), die nicht mehr physisch und psychisch zugleich ist wie bei den Insekten, sondern nur psychisch? Wir glauben es, allerdings mit der Einschränkung, daß dieser Dimorphismus die Menschen nicht in zwei starre Kategorien teilt, wobei die einen als Herrscher geboren werden und die andern als Untertanen. Daß er an eine Teilung dieser Art glaubte, war der Irrtum Nietzsches: auf der einen Seite die ›Sklaven‹, auf der andern die ›Herren‹. In Wirklichkeit macht dieser Dimorphismus meistenteils aus jedem von uns gleichzeitig einen Herrscher, der den Befehlsinstinkt hat, und einen Untertanen, der bereit ist, zu gehorchen — wenn auch bei den meisten Menschen letztere Tendenz so weit überwiegt, daß sie allein in Erscheinung tritt. Er ist dem der Insekten vergleichbar, insofern er zwei Organisationen impliziert, zwei unteilbare Systeme von Eigenschaften (von denen manche in den Augen des Ethikers Fehler wären): wir entscheiden uns für das eine oder für das andere System, nicht im einzelnen, wie es geschähe, sofern es sich darum handelte, Gewohnheiten anzunehmen, sondern auf einmal, in kaleidoskopischer Art, so wie es sich bei einem natürlichen Dimorphismus ergeben muß, der völlig dem eines Embryos zu vergleichen wäre, der die Wahl zwischen den beiden Geschlechtern hat. In Revolutionszeiten wird uns das deutlich bewußt. Bürger, die bis dahin bescheiden, demütig und gehorsam waren, erwachen eines Tages mit dem Anspruch, Führer von Menschen zu sein. Das Kaleidoskop, das festgestanden hatte, hat sich um eine Kerbe weitergedreht, und es hat eine Metamorphose gegeben. Das Resultat ist manchmal gut: es haben sich große Männer der Tat offenbart, die sich selbst nicht gekannt hatten. Aber gewöhnlich ist es vom Übel. Unter ehrenhaften und sanften Wesen taucht plötzlich eine rohe, untermenschliche Persönlichkeit auf, das Charakterbild eines mißratenen Führers. Und hier erscheint ein charakteristischer Zug dieses ›politischen Tieres‹, das der Mensch ja ist.

Wir gehen nicht so weit zu behaupten, eines der Attribute des in unserm Innern schlummernden Herrschers sei die Roheit. Aber sicher muß die Natur, diese Mörderin der Individuen und gleichzeitig Schöpferin der Arten, den Herrscher unbarmherzig gewollt haben, wenn sie überhaupt Herrscher vorgesehen hat. Die ganze Geschichte bezeugt es. Unerhörte Hekatomben, denen fürchterliche Martern vorangingen, sind vollkommen kalten Blutes von Männern befohlen worden, die uns selbst in Stein geritzte Berichte davon hinterlassen haben. Man wird sagen, diese Dinge hätten sich in sehr alten Zeiten abgespielt. Aber wenn auch die Form sich geändert hat, wenn das Christentum gewissen Verbrechen ein Ende bereitet hat oder wenigstens erreicht hat, daß man sich ihrer nicht mehr rühmt, so ist der Mord doch nur zu oft die ultima ratio oder aber die prima der Politik geblieben. Eine Monstrosität, sicherlich, aber die Natur ist dafür ebenso verantwortlich wie der Mensch. Die Natur verfügt ja weder über Gefängnis noch Verbannung; sie kennt nur das Todesurteil. Man erlaube mir, eine Erinnerung heraufzubeschwören. Ich habe zwei vornehme Fremde gekannt, die von weither gekommen waren, aber wie wir gekleidet gingen, die französisch sprachen wie wir, freundlich und liebenswürdig unter uns umhergingen. Kurze Zeit danach erfuhren wir durch die Zeitung, nach der Rückkehr in ihre Heimat, wo sie verschiedenen Parteien angehörten, habe der eine von beiden den andern hängen lassen. Nach allen Regeln der Justiz. Bloß um sich einen unbequemen Gegner vom Halse zu schaffen. Die Photographie des Galgens war dem Bericht beigefügt. Der korrekte Weltmann baumelte da halbnackt vor den Augen der Menge. Ein Bild des Schreckens! Man befand sich unter ›Zivilisierten‹, aber der ursprüngliche politische Instinkt hatte die Kruste der Zivilisation durchbrochen und die Natur herausgelassen. Männer, die sich einem Verbrecher gegenüber verpflichtet fühlen würden, die Strafe der Missetat anzupassen, sind sofort bereit, einen Unschuldigen in den Tod zu schicken, sobald es sich um Politik handelt. Ebenso töten die Arbeitsbienen die Männchen, wenn sie meinen, daß der Stock ihrer nicht mehr bedarf.

Aber lassen wir das Temperament des ›Führers‹ beiseite und betrachten wir die Gefühle der Führenden und der Geführten. Diese Gefühle werden dort klarer sein, wo die Demarkationslinie deutlicher ist, nämlich in einer Gesellschaft, die schon groß ist, aber groß geworden ist ohne grundlegende Änderung der ›natürlichen Gesellschaft‹. Die führende Klasse, darunter begreifen wir den König mit ein, sofern ein König vorhanden ist, kann sich im Laufe der Entwicklung auf verschiedene Weisen herausgebildet haben; aber immer glaubt sie, einer höheren Rasse anzugehören. Das ist nicht erstaunlich. Erstaunlicher wäre für uns, wenn wir nicht schon über den Dimorphismus des sozialen Menschen unterrichtet wären, die Tatsache, daß das Volk selbst von dieser angeborenen Überlegenheit überzeugt ist. Zweifellos ist die Oligarchie beflissen, das Gefühl dafür zu kultivieren. Wenn sie ihren Ursprung dem Kriege verdankt, wird sie glauben und glauben machen, es gäbe militärische Tugenden, die ihr angeboren wären, die sich erblich fortpflanzen. Sie bewahrt übrigens eine wirkliche Überlegenheit an Macht, dank der Zucht, die sie sich auferlegt, und dank den Maßnahmen, die sie trifft, um zu verhindern, daß die untere Klasse sich ihrerseits organisiere. Dennoch sollte in solch einem Falle die Erfahrung den Geführten zeigen, daß die Führer auch nicht andere Menschen sind als sie. Aber der Instinkt widersetzt sich dem. Er fängt erst an nachzugeben, wenn die herrschende Klasse selbst ihn dazu anregt. Manchmal tut sie es unfreiwillig, durch offenkundige Unfähigkeit, durch so schreiende Mißstände, daß sie das in sie gesetzte Vertrauen entmutigt. Manchmal ist die Anregung freiwillig, wenn sich nämlich dieses oder jenes ihrer Mitglieder gegen die eigene Klasse wendet, was oft aus persönlichem Ehrgeiz geschieht, manchmal auch aus einem Gerechtigkeitsgefühl heraus: diese zerstören dann, mit ihrer Hinwendung zur Unterklasse, die Illusion, die von der Distanz aufrechtgehalten wurde. So haben etwa Adlige an der Revolution von 1789 teilgenommen, die das Vorrecht der Geburt beseitigte. Allgemein gesprochen ist die Initiative zum Angriff gegen die Ungleichheit — ob er berechtigt war oder nicht — eher von oben ausgegangen, aus den Kreisen der Bessergestellten, und nicht von unten, wie man es hätte erwarten sollen, wenn es sich nur um Klasseninteressen gehandelt hätte. So waren es Bürger und nicht Arbeiter, die die Hauptrolle spielten in den Revolutionen von 1830 und 1848, die sich, besonders die zweite, gegen das Vorrecht des Reichtums richteten. Später waren es Männer der gebildeten Klassen, die den allgemeinen Schulunterricht verlangt haben. In Wahrheit verhält es sich so: wenn eine Aristokratie in naturhafter, religiöser Weise an ihre angeborene Überlegenheit glaubt, so ist der Respekt, den sie einflößt, nicht weniger religiös, nicht weniger naturhaft.

Man begreift also, daß die Menschheit zur Demokratie erst sehr spät gekommen ist (denn die antiken Stadtstaaten waren falsche Demokratien, die auf der Sklaverei aufgebaut waren und durch diese fundamentale Ungleichheit von den schwerwiegendsten, beängstigendsten Problemen befreit waren). Die Demokratie ist von allen politischen Konzeptionen in der Tat diejenige, die von der Natur am weitesten entfernt ist, die einzige, die wenigstens der Absicht nach die Bedingungen der ›geschlossenen Gesellschaft‹ überschreitet. Sie legt dem Menschen unverletzliche Rechte bei. Diese Rechte fordern, um unverletzt zu bleiben, von allen eine unerschütterliche Pflichttreue. Als Material nimmt sie also einen Idealmenschen, mit Respekt vor den andern wie vor sich selbst, der sich so in Verpflichtungen einfügt, die er für absolut hält, und so sehr mit diesem Absoluten übereinstimmt, daß man nicht mehr sagen kann, ob die Pflicht das Recht mit sich bringt oder ob das Recht die Pflicht auferlegt. Der so definierte Bürger ist gleichzeitig »Gesetzgeber und Untertan«, um mit Kant zu reden. Die Gesamtheit der Bürger, das heißt das Volk, ist also souverän. Dies ist die theoretische Demokratie. Sie proklamiert die Freiheit, sie verlangt die Gleichheit, und sie versöhnt diese beiden feindlichen Schwestern, indem sie sie daran erinnert, daß sie Schwestern sind, und über allem die Brüderlichkeit aufrichtet. Man betrachte die republikanische Devise von dieser Seite her, und man wird finden, daß das dritte Schlagwort den Widerspruch aufhebt, der so oft zwischen den beiden andern aufgewiesen wurde, und daß die Brüderlichkeit das Wesentliche ist: so daß man sagen könnte, die Demokratie sei vom Wesen des Evangeliums und ihr Antrieb sei die Liebe. Man könnte ihren gefühlsmäßigen Ursprung in der Seele Rousseaus finden, die philosophischen Prinzipien im Werk Kants, die religiöse Grundlage bei Kant und bei Rousseau zugleich: man weiß, was Kant seinem Pietismus verdankt, Rousseau einem Protestantismus und einem Katholizismus, die sich gekreuzt haben. In der amerikanischen Unabhängigkeitserklärung (1776), die der Erklärung der Menschenrechte von 1791 als Muster diente, klingen puritanische Untertöne mit. »Wir halten es für offenkundig... daß alle

Menschen von ihrem Schöpfer mit gewissen unveräußerlichen Rechten begabt worden sind ... usw.« Die Einwände, die sich gegen die Unklarheit der demokratischen Formel richten, rühren daher, daß man ihren ursprünglich religiösen Charakter verkannt hat. Wie kann man eine genaue Definition der Freiheit und der Gleichheit verlangen, wo doch die Zukunft jedem Fortschritt offenstehen soll, besonders der Schaffung neuer Verhältnisse, in denen Formen der Freiheit und Gleichheit möglich werden könnten, die heute unrealisierbar, vielleicht sogar unvorstellbar sind? Man kann nur Umrisse ziehen, und sie werden sich mehr und mehr füllen, wenn die Brüderlichkeit dafür sorgt. *Ama, et fac quod vis.* Die Formel einer nicht demokratischen Gesellschaft, die der demokratischen Devise Wort für Wort entsprechen sollte, wäre: »Autorität, Hierarchie, Starrheit.« — Das wäre also das Wesen der Demokratie. Selbstverständlich muß man darin ein bloßes Ideal sehen, oder vielmehr eine Richtung, in der die Menschheit marschieren soll. Zunächst ist die Demokratie wesentlich als Protest in die Welt getreten. Jeder Satz aus der Erklärung der Menschenrechte ist eine Kampfansage gegen irgendeinen Mißbrauch. Es ging darum, unerträglichen Leiden ein Ende zu machen. An einer Stelle, wo er die Beschwerden aufzählt, die in den Denkschriften der Generalstände vorgebracht worden sind, hat Emile Faguet einmal geschrieben, die Revolution wäre nicht wegen der Freiheit und Gleichheit gemacht worden, sondern einfach »weil man vor Hunger krepierte«. Wenn das zutrifft, dann wäre zu erklären, warum man gerade von einem bestimmten Augenblick an nicht mehr »vor Hunger krepieren« wollte. Es ist trotzdem richtig, daß die Revolution das, was sein sollte, formuliert hat, um das zu beseitigen, was war. Nun kommt es aber vor, daß die Absicht, mit der eine Idee vorgebracht wird, unsichtbar an ihr haften bleibt, so wie der Pfeil seine Richtung behält. Die demokratischen Formeln, die zuerst im Sinne eines Protestes ausgesprochen wurden, lassen diesen ihren Ursprung immer wieder fühlen. Man findet sie bequem, um zu verhindern, zurückzuweisen, umzustürzen; es ist weniger leicht, ihnen einen positiven Hinweis dafür zu entnehmen, was man tun soll. Vor allem sind sie nur anwendbar, wenn man sie, absolut und sozusagen evangelisch, wie sie sind, in die Sprache einer Sittlichkeit transponiert, die rein relativ, oder vielmehr von allgemeinem Interesse ist, und bei der Transponierung besteht immer die Gefahr, daß sie eine Verkrümmung in der Richtung der Sonderinteressen mit sich bringt. Aber es ist unnötig, die Einwände aufzuzählen, die man gegen die Demokratie erhoben hat, und die Antworten, die man darauf gibt. Wir haben nur zeigen wollen, daß in dem demokratischen Seelenzustand ein großes Bemühen in einer Richtung wirkt, die der Natur entgegengesetzt ist.

Von der natürlichen Gesellschaft haben wir bereits einige Züge aufgezeigt. Sie schließen sich zusammen und verleihen ihr eine Physiognomie, die man mühelos interpretieren kann. Konzentration, Zusammenhalt, Hierarchie, absolute Autorität des Oberhaupts, das alles bedeutet Disziplin, Kriegsgeist. Hat die Natur den Krieg gewollt? Wir wollen nochmals wiederholen, daß die Natur überhaupt nichts gewollt hat, wenn man unter Wollen die Fähigkeit versteht, spezielle Entscheidungen zu treffen. Aber sie kann nicht eine tierische Spezies in die Welt setzen, ohne implizite die Haltungen und Bewegungen vorzuzeichnen, die aus ihrer Struktur resultieren und deren Fortsetzungen sind. In diesem Sinne hat sie sie gewollt. Sie hat den Menschen mit einer werkzeugschaffenden Intelligenz begabt. Statt ihm Werkzeuge zu liefern, wie sie das für eine große Anzahl Tierarten getan hat, hat sie es lieber gesehen, daß der Mensch sie sich selber herstelle. Nun hat der Mensch notwendigerweise das Eigentumsrecht an seinen Werkzeugen, mindestens solange er sie gebraucht. Aber da sie ja von ihm losgelöst sind, können sie ihm genommen werden; fertiges Gerät wegnehmen ist leichter als selbst welches herzustellen. Vor allem müssen die Werkzeuge auf eine Materie einwirken, z. B. als Waffen für die Jagd und den Fischfang dienen; die Gruppe, zu der der Besitzer gehört, macht vielleicht Anspruch auf einen Wald, einen See, einen Fluß, und eine andere Gruppe wird es ihrerseits vielleicht für bequemer halten, sich an dieser Stelle niederzulassen, als anderswo zu suchen. Alsdann muß man sich raufen. Wir sprachen von einem Walde, wo man jagen kann, von einem See, wo man fischen kann; aber es kann sich ebensogut um Land zum Ackerbau handeln, um Frauen, die zu rauben, um Sklaven, die zu entführen sind. Wie man das Getane auch mit verschiedenen Argumenten rechtfertigen wird. Aber es kommt wenig darauf an, welche Sache man fortnimmt und welches Motiv man dafür angibt: der Ursprung des Krieges ist das Eigentum, das individuelle oder das kollektive, und da die Menschheit ihrer Struktur nach für das Eigentum bestimmt ist, ist der Krieg natürlich. Der kriegerische Instinkt ist so stark, daß er als erster zutage tritt, wenn man die Zivilisation abkratzt, um die Natur wiederzufinden. Es ist bekannt, wie gern kleine Knaben sich raufen. Sie bekommen dabei Schläge. Aber sie haben die Befriedigung, auch welche auszuteilen. Man hat mit Recht gesagt, die Spiele des Kindes seien die Vorübungen, zu denen die Natur es veranlaßt, im Hinblick auf das Geschäft, das dem erwachsenen Menschen zufällt. Aber man kann noch weitergehen und in der Mehrzahl aller von der Geschichte verzeichneten Kriege Vorübungen oder Spiele sehen. Wenn man die Nichtigkeit der Ursachen betrachtet, durch die eine große Anzahl von Kriegen hervorgerufen wurde, so denkt man an die Duellanten in Marion Delorme, die sich gegenseitig »um nichts, zum Vergnügen« töten, oder auch wohl an den Irländer, den Lord Brice zitiert, der es nicht sehen konnte, daß auf der Straße sich zwei Männer prügelten, ohne sich die Frage zu stellen: »Ist das eine Privatangelegenheit oder kann man da mitmachen?« Stellt man aber den zufälligen Streitigkeiten die entscheidenden Kriege gegenüber, die mit dem Untergang eines Volkes geendet haben, dann versteht man, daß diese der Existenzgrund für jene waren: ein kriegerischer Instinkt war nötig, und da er im Hinblick auf furchtbare Kriege existierte, die man natürliche nennen könnte, so fanden eine Menge zufälliger Kriege statt, nur um die Waffen nicht rosten zu lassen. — Man denke nur an den begeisterten Rausch der Völker bei Beginn eines Krieges! Zweifellos steckt darin auch eine Abwehrreaktion gegen die Furcht, eine automatische Stimulierung des Mutes. Aber es steckt darin auch das Gefühl, man sei für ein Leben der Gefahr und des Abenteuers geschaffen, so als ob der Friede nur eine Pause zwischen zwei Kriegen wäre. Die Begeisterung fällt sehr bald ab, denn das Leiden ist groß. Aber wenn man von dem letzten Kriege absieht, dessen Schrecken alles übertraf, was man für möglich gehalten hätte, dann ist es seltsam zu sehen, wie schnell die Leiden des Krieges im Frieden vergessen werden. Es wird behauptet, bei der Frau gäbe es für die Leiden des Kindbetts besondere Mechanismen, die Vergessen bringen: eine zu vollständige Erinnerung würde sie hindern, es noch einmal zu wollen. Ein Mechanismus dieser Art scheint tatsächlich für die Greuel des Krieges zu wirken, besonders bei den jungen Völkern. — Die Natur hat in dieser Richtung noch andere Vorsichtsmaßregeln getroffen. Sie hat zwischen uns und den Ausländer einen geschickt gewobenen Schleier von Unkenntnis, Voreingenommenheit und Vorurteil gespannt. Daß man ein Land, in dem man nie gewesen ist, nicht kennt, das ist nicht verwunderlich. Aber daß man, obwohl man es nicht kennt, darüber urteilt, und fast immer ungünstig, das ist ein Faktum, das eine Erklärung verlangt. Jeder der außerhalb seines Landes geweilt hat und nachher seine Landsleute in das einweihen wollte, was man die fremde ›Mentalität‹ nennt, hat bei ihnen einen instinktiven Widerstand bemerken können. Dieser Widerstand ist nicht stärker, wenn es sich um ein sehr fernes Land handelt. Im Gegenteil, er ändert sich vielmehr in umgekehrter Richtung zur Entfernung. Gerade die, bei denen am meisten Aussicht besteht, daß man mit ihnen zusammentreffen könnte, will man am wenigsten kennenlernen. Die Natur hätte sich nicht anders anzustellen brauchen, um aus jedem Fremden einen virtuellen Feind zu machen, denn wenn auch ein vollkommenes gegenseitiges Sichkennenlernen nicht notwendigerweise Sympathie ergeben muß, so schaltet es doch wenigstens den Haß aus. Das haben wir während des letzten Krieges konstatieren können. So mancher Franzose, der Lehrer des Deutschen war, war ein ebenso guter Patriot, wie irgendein anderer Franzose, ebenso bereit sein Leben hinzugeben, sogar ebenso ›aufgebracht‹ gegen Deutschland, aber es war trotzdem nicht dasselbe. Ein Winkel in der Seele blieb frei. Wer die Sprache und Literatur eines Volkes gründlich kennt, kann ihm nicht vollkommen feind sein. Man sollte daran denken, wenn man von der Erziehung verlangt, sie solle die Verständigung zwischen den Nationen vorbereiten. Die Beherrschung einer fremden Sprache, die es möglich macht, den Geist mit der entsprechenden Literatur und Kultur zu durchtränken, kann mit einem Schlage die Voreingenommenheit umwerfen, die die Natur gegen den Fremdling im allgemeinen gewollt hat. Aber wir brauchen nicht all die äußerlich sichtbaren Wirkungen der heimlichen Voreingenommenheit aufzuzählen. Wir wollen nur sagen, daß die beiden entgegengesetzten Sentenzen *Homo homini deus* und *Homo homini lupus* sich bequem vertragen. Bei der ersten denkt man an den Landsmann; bei der zweiten denkt man an die Fremden.

Wir haben eben gesagt, es gäbe neben den zufälligen Kriegen wesentliche, für die der kriegerische Instinkt geschaffen zu sein scheint. Dazu gehören die heutigen Kriege. Immer weniger sucht man um der Eroberung willen zu erobern. Man schlägt sich nicht mehr aus verletzter Eitelkeit, um des Prestiges oder des Ruhmes willen. Man schlägt sich – so sagt man – um nicht zu hungern, in Wirklichkeit um sich auf einem gewissen Niveau der Lebenshaltung zu erhalten, unterhalb dessen man das Leben nicht für der Mühe wert hielte. Es wird nicht mehr eine beschränkte Zahl von Soldaten ausgesandt, die die Nation vertreten soll. Nichts mehr, was einem Duell ähnlich wäre. Es müssen alle gegen alle kämpfen, so wie bei den Horden in den ältesten Zeiten. Nur schlägt man sich jetzt mit den von unserer Zivilisation geschmiedeten Waffen, und die Gemetzel sind von einer Gräßlichkeit, die sich die Alten nicht einmal hätten vorstellen können. Bei dem Tempo, in dem die Technik marschiert, ist der Tag nicht fern, wo einer der Gegner, der eine geheime Erfindung in Reserve hat, die Möglichkeit haben wird, den andern zu vernichten. Es wird dann vielleicht von dem Besiegten keine Spur mehr zurückbleiben.

Werden die Dinge ihren Lauf nehmen? Männer, die wir ohne Zögern zu den Wohltätern der Menschheit zählen, haben sich dem glücklicherweise in den Weg gestellt. Wie alle großen Optimisten haben sie damit angefangen, daß sie das zu lösende Problem als gelöst ansahen. Sie haben den Völkerbund begründet. Wir sind der Ansicht, daß die bisherigen Resultate schon das übertreffen, was man erhoffen konnte. Denn die Schwierigkeit, die Kriege abzuschaffen, ist noch größer, als gewöhnlich selbst diejenigen meinen, die nicht an ihre Abschaffung glauben. Übereinstimmend mit den Optimisten betrachten diese Pessimisten den Fall der beiden sich bekriegenden Völker als ähnlich dem zweier Personen, die einen Streit haben; sie meinen lediglich, daß die Völker niemals wie diese handgreiflich gezwungen werden könnten, den Streit vor ein Gericht zu bringen und dessen Entscheidung anzunehmen. Dieser Unterschied ist aber grundlegend. Selbst wenn der Völkerbund über eine anscheinend ausreichende bewaffnete Macht verfügte (dabei wäre ihm aber der Widerspenstige durch den Elan überlegen; dabei wird aber die Unabsehbarkeit des wissenschaftlichen Entdeckens die Art des Widerstandes, den der Völkerbund vorbereiten müßte, unvorhersehbar machen), so würde er doch auf den starken kriegerischen Instinkt stoßen, den die Zivilisation verdeckt; dagegen werden die Individuen, die es den Richtern überlassen, ihren Streit zu schlichten, dabei dunkel von dem Instinkt der Disziplin unterstützt, der der geschlossenen Gesellschaft eignet: ein Streit hatte sie zufällig von der normalen Lage, nämlich der glatten Einfügung in die Gesellschaft, abgewendet; sie kommen dahin zurück, wie das Pendel zur Vertikale. — Die Schwierigkeit ist also dort viel größer. Sucht man nun aber vergebens sie zu überwinden?

Das glauben wir nicht. Die vorliegende Arbeit hatte das Ziel, die Quellen der Moral und der Religion zu untersuchen. Wir sind dabei zu gewissen Schlußfolgerungen gelangt. Wir könnten es damit bewenden lassen. Da aber im Mittelpunkt unserer Folgerungen ein grundlegender Unterschied zwischen der geschlossenen und der offenen Gesellschaft steht, da die Tendenzen der geschlossenen Gesellschaft uns in der sich öffnenden Gesellschaft unausrottbar fortzubestehen schienen, und da alle diese Instinkte zusammenliefen, müssen wir uns noch fragen, in welchem Maße der ursprüngliche Instinkt abgeschafft oder umgebogen werden kann, und mit ein paar zusätzlichen Erörterungen noch auf eine Frage eingehen, die sich uns ganz natürlicherweise stellt.

Wenn der kriegerische Instinkt auch an sich existiert, so schließt er sich gleichwohl an rationale Motive an. Die Geschichte lehrt uns, daß diese Motive sehr verschieden gewesen sind. Ihre Anzahl verringert sich mehr und mehr, je schrecklicher die Kriege werden. Der letzte Krieg, samt denen, die man für die Zukunft voraussieht, wenn wir unglücklicherweise noch Kriege haben sollten, ist mit dem industriellen Charakter unserer Zivilisation verknüpft. Wenn man eine schematische, vereinfachte und stilisierte Darstellung der Konflikte von heutzutage haben will, muß man sich zunächst die Nationen als reine Ackerbau-Völker vorstellen. Sie leben von den Produkten ihrer Ländereien. Nehmen wir nun an, sie hätten genau so viel, wie sie zu ihrer Ernährung brauchen. Sie sollen sich auch nur in dem Maße vermehren, wie sie einen besseren Ertrag des Landes erzielen. Bis dahin geht alles gut. Wenn aber ein Überfluß an Bevölkerung eintritt und dieser sich nicht nach außen ergießen will oder es nicht kann, weil das Ausland seine Pforten schließt, wo wird er dann seine Nahrung finden? – Das bringt die Industrie in Ordnung. Die überschüssige Bevölkerung wird zu Fabrikarbeitern. Besitzt das Land keine Treibkraft, um Maschinen in Gang zu bringen, kein Eisen, um welche zu bauen, keine Rohstoffe für die Fabrikation, dann wird es versuchen, diese vom Ausland zu leihen. Es wird seine Schuld bezahlen, und außerdem noch die Nahrung erhalten, die es bei sich nicht findet, indem es die fabrizierten Fertigwaren ins Ausland zurückschickt. Die Arbeiter werden auf diese Weise ›Auswanderer im Inland‹ sein. Das Ausland benutzt sie ebenso, als wenn sie bei ihm zu Haus wären; es läßt sie lieber – oder vielleicht wollten sie selbst lieber – dort bleiben, wo sie sind, aber sie hängen vom Ausland ab. Wenn das Ausland ihre Produkte nicht abnimmt, oder wenn es ihnen nicht mehr die Fabrikationsmittel liefert, sind sie dazu verurteilt, Hungers zu sterben. Falls sie sich nicht, ihr Land mitreißend, dazu entschließen, sich das zu holen, was man ihnen verweigert. Das ist dann Krieg. Selbstverständlich gehen die Dinge nie so einfach vor sich. Auch wenn man nicht gerade vom Hungertod bedroht ist, meint man doch, daß das Leben keinen Reiz mehr hat, wenn man nicht auch Komfort, Vergnügen und Luxus hat; man hält die heimische Industrie für ungenügend, wenn sie sich auf das Lebensnotwendige beschränkt, wenn sie nicht Reichtum gewährt; ein Land hält sich für unvollkommen, wenn es nicht gute Häfen hat, Kolonien usw. Aus all dem kann der Krieg entstehen. Aber das Schema, das wir eben gezeichnet haben, gibt hinreichend die wesentlichen Ursachen an: Vermehrung der Bevölkerung, Verlust von Absatzmärkten, Mangel an Kohle und Rohstoffen.

Diese Ursachen zu beseitigen oder ihre Wirkung abzuschwächen, das ist die vornehmste Aufgabe einer internationalen Organisation, die auf die Abschaffung des Krieges hinarbeitet. Die schlimmste dieser Ursachen ist die Übervölkerung. In einem Lande mit zu schwacher Vermehrung wie Frankreich muß der Staat zweifellos das Wachsen der Bevölkerung fördern: ein Nationalökonom verlangte – obgleich er sonst durchaus gegen das Überall-Hinein-Regieren ist – daß jede Familie vom dritten Kinde an für jedes weitere Kind Anspruch auf eine Prämie haben sollte. Aber könnte man dann nicht umgekehrt in den Ländern mit übermäßiger Bevölkerung mehr oder weniger hohe Steuern auf überschüssige Kinder legen? Der Staat müßte das Recht haben, einzugreifen, die Vaterschaft zu ermitteln, kurz Maßnahmen zu ergreifen, die in andern Fällen inquisitorisch wären; denn man rechnet ja stillschweigend damit, daß er für den Unterhalt des Landes zu sorgen hat, also auch für den Unterhalt des Kindes, das man in die Welt gesetzt hat. Wir geben zu, daß es Schwierigkeiten bietet, der Bevölkerung auf dem Verordnungswege eine Grenze für die Vermehrung zu setzen, selbst wenn man der Zahl eine gewisse Elastizität ließe. Wenn wir eine Lösung skizzieren, dann nur um zu zeigen, daß das Problem uns nicht unlösbar scheint: sachkundigere Leute werden eine bessere finden. Aber es steht fest, daß Europa übervölkert ist, daß bald die Erde übervölkert sein wird, und wenn man die Produktion an Menschen nicht ›rationalisiert‹, wie man jetzt anfängt die Arbeit zu rationalisieren, dann werden wir Krieg bekommen. Nirgends ist es gefährlicher sich auf den Instinkt zu verlassen. Die antike Mythologie hatte das sehr gut begriffen, als sie die Göttin der Liebe mit dem Gott des Krieges verband. Laßt Venus schalten und sie wird uns den Mars bringen. Man wird die Reglementierung nicht vermeiden können (es ist ein häßliches Wort, aber es sagt sehr gut, was es sagen will, insofern als es gebieterisch verlängernde Endungen an ›Regel‹ und ›Reglement‹ setzt). Was aber wird sein, wenn fast ebenso ernste Probleme auftauchen: die Verteilung der Rohstoffe, der mehr oder weniger freie Umlauf der Produkte, allgemeiner gesagt, das Problem, den entgegengesetzten Forderungen gerecht zu werden, die von der einen und der andern Seite als lebenswichtig erhoben werden? Es ist ein gefährlicher Irrtum zu glauben, eine internationale Organisation werde den endgültigen Frieden erreichen, ohne daß sie autoritativ in die Gesetzgebung und vielleicht sogar in die Verwaltung der verschiedenen Länder eingreift. Wenn man will, kann man dabei das Prinzip der Souveränität des Staates beibehalten; notgedrungen wird es in seiner Anwendung auf die Sonderfälle etwas nachgeben. Nochmals: keine dieser Schwierigkeiten ist unüberwindbar, wenn ein ausreichender Teil der Menschheit entschlossen ist, sie zu überwinden. Aber man muß ihnen ins Gesicht sehen und wissen, wozu man sich bereit erklärt, wenn man die Abschaffung der Kriege verlangt.

Könnte man nun nicht den Weg abkürzen, vielleicht sogar die Hindernisse mit einem Schlage wegräumen, statt sie eins nach dem andern abzutragen? Wir wollen die Hauptfrage, die der Bevölkerung, beiseitelassen; diese wird, was auch komme, um ihrer selbst willen gelöst werden müssen. Die andern Fragen hängen vornehmlich mit der Richtung zusammen, die unser Leben seit der großen Entwicklung der Industrie eingeschlagen hat. Wir verlangen Komfort, Wohlleben, Luxus. Wir wollen uns amüsieren. Was würde geschehen, wenn unser Leben wieder härter würde? Unstreitig steht die Mystik am Beginn der großen sittlichen Wandlungen. Zweifellos scheint die Menschheit heute so fern davon wie je. Aber wer weiß? In unserm letzten Kapitel glaubten wir so etwas wie eine Beziehung zwischen der Mystik des Orients und seiner industriellen Zivilisation zu sehen. Man müßte diese

Dinge genauer untersuchen. Alle Welt fühlt, daß die unmittelbare Zukunft zum großen Teil von der Organisierung der Industrie abhängen wird, von den Bedingungen, die sie uns auferlegen oder die sie auf sich nehmen wird. Wir sagten, von diesem Problem hänge das Problem des Friedens zwischen den Nationen ab. Das Problem des inneren Friedens hängt jedoch mindestens ebensosehr davon ab. Muß man fürchten, darf man hoffen? Lange Zeit galt es als selbstverständlich, daß die Industrialisierung und Technisierung dem Menschengeschlecht das Glück bringen würden. Heute möchte man die Übel, unter denen wir leiden, gern auf ihr Konto setzen. Niemals, heißt es, war die Menschheit so begierig nach Vergnügen, Luxus und Reichtum. Eine unwiderstehliche Kraft scheint sie immer heftiger zur Befriedigung der gröbsten Wünsche anzutreiben. Das ist möglich, aber gehen wir einmal auf den Impuls zurück, der am Anfang stand. War er energisch, so hat eine nur leichte Abweichung zu Beginn schon genügt, um einen immer größer werdenden Abstand zwischen dem angestrebten Ziel und dem Erreichten zu erzeugen. In diesem Falle müßte man sich nicht so sehr mit diesem Abstande beschäftigen, als mit dem Impuls. Gewiß, die Dinge geschehen nie ganz von selbst. Die Menschheit wird sich nur ändern, wenn sie sich ändern will. Aber vielleicht hat sie sich bereits die Mittel aufgespart, um es zu tun. Vielleicht ist sie dem Ziele näher als sie selbst glaubt. Sehen wir zu, wie es damit steht. Da wir auf den industriellen Aufschwung eingegangen sind, so wollen wir seine Bedeutung genauer untersuchen. Das soll der Schluß der vorliegenden Arbeit sein.

Man hat oft davon gesprochen, daß der Verlauf der Geschichte einen Wechsel von Ebbe und Flut erkennen lasse. Jede in einer Richtung fortgeführte Handlung führe eine Reaktion in umgekehrter Richtung herbei. Dann begänne sie von neuem, und so schwinge das Pendel unendlich. Allerdings ist das Pendel hier mit Gedächtnis begabt und auf dem Rückweg nicht mehr dasselbe wie auf dem Hinweg, da es sich um die indessen gemachte Erfahrung bereichert hat. Deshalb wäre das Bild einer Spiralbewegung, das man manchmal anwendet, berechtigter als das Bild einer Pendelbewegung. In Wahrheit gibt es psychologische und soziale Ursachen, von denen man a priori vorhersagen könnte, daß sie Wirkungen dieser Art hervorbringen werden. Der ununterbrochene Genuß eines Vorteils, um den man sich bemüht hatte, erzeugt Überdruß oder Gleichgültigkeit; selten hält er, was er versprach; er bringt Unzuträglichkeiten mit sich, die man nicht voraussah; und schließlich läßt er die gute Seite dessen hervortreten, was man aufgegeben hat, und erregt den Wunsch, dahin zurückzukehren. Diesen Wunsch wird er besonders den neuen Generationen einflößen, die die alten Übelstände nicht miterfahren und nicht die Mühe gehabt haben, aus ihnen herauszukommen. Während die Eltern sich zu dem gegenwärtigen Zustand beglückwünschen, als zu einer Errungenschaft, die schwer erworben zu haben sie sich noch erinnern, denken die Kinder daran so viel wie an die Luft, die sie einatmen; umgekehrt sind sie sehr empfindlich für die Unannehmlichkeiten, die nur die Kehrseite der Vorteile sind, die man so mühevoll für sie erobert hat. Auf diese Weise entstehen Wollungen zum Rückschritt. Dieses Hin und Her ist charakteristisch für den modernen Staat, nicht wegen eines historischen Verhängnisses, sondern weil das parlamentarische Regime großenteils eben dazu erdacht worden ist, um die Unzufriedenheit abzuleiten. Die Regierungen ernten nur sehr mäßiges Lob für das, was sie Gutes leisten; sie sind dazu da, um Gutes zu leisten; aber ihre geringsten Fehler werden ihnen angekreidet; alle diese Fehler werden aufbewahrt, bis ihr angesammeltes Gewicht den Sturz der Regierung herbeiführt. Handelt es sich um zwei gegnerische Parteien, nur um diese zwei, so wird sich dieses Spiel mit vollkommener Regelmäßigkeit vollziehen. Jede der beiden Truppen wird bei der Übernahme der Macht das Prestige haben, das ihr Prinzipien geben, die während all der Zeit, wo sie keine Verantwortung zu tragen hatte, scheinbar unversehrt geblieben sind: die Prinzipien sind bei der Opposition. In Wirklichkeit wird sie, wenn sie gescheit ist, von den Erfahrungen, die sie die andre Partei hat machen lassen, profitiert haben; sie wird den Inhalt ihrer Ideen, und damit die Bedeutung ihrer Prinzipien mehr oder weniger modifiziert haben. So wird der Fortschritt möglich — trotz dieses Hin- und Herpendelns, oder vielmehr eben dadurch, vorausgesetzt, daß man den Fortschritt will. Aber in Fällen dieser Art resultiert das Auf und Ab der beiden Gegensätze aus gewissen sehr einfachen Einrichtungen, die der soziale Mensch getroffen hat, oder aus gewissen sehr deutlichen Anlagen des individuellen Menschen. Sie sind aber kein Beweis für eine Notwendigkeit, die über den besonderen Gründen des Wechsels walten würde und unter der ganz allgemein die menschlichen Ereignisse stehen würden. Gibt es diese überhaupt?

Wir glauben nicht an ein Fatum in der Geschichte. Es gibt kein Hindernis, das durch hinreichend starke Willensanstrengungen nicht gebrochen werden könnte, wenn sie sich zu rechter Zeit daranmachen. Es gibt also kein unentrinnbares historisches Gesetz. Aber es gibt biologische Gesetze; und die menschlichen Gesellschaften, insofern als sie in gewissem Umfang von der Natur gewollt sind, unterstehen in diesem besonderen Punkt der Biologie. Wenn die Entwicklung der organischen Welt sich nach gewissen Gesetzen erfüllt, ich meine gemäß gewissen Kräften, dann ist es unmöglich, daß die psychologische Entwicklung des individuellen und sozialen Menschen gänzlich auf diese Gewohnheiten des Lebens verzichtet. Nun haben wir schon früher gezeigt, daß es im Wesen der Lebenstendenz liegt, sich garbenförmig zu entwickeln, da sie, allein durch die Tatsache ihres Wachstums, divergierende Richtungen schafft, in die der Schwung sich teilt. Wir fügten hinzu, daß dieses Gesetz nichts Rätselhaftes hat. Es drückt einfach die Tatsache aus, daß eine Tendenz die Stoßkraft einer unterschiedslosen Vielheit ist, die übrigens unterschiedslos und Vielheit nur dann ist, wenn man sie von rückwärts her betrachtet, wenn verschiedene nachträgliche Ausblicke auf ihre Ungeteiltheit in der Vergangenheit sie mit Elementen durchsetzten, die in Wirklichkeit erst durch ihre Entwicklung geschaffen worden sind. Nehmen wir einmal an, Orange sei die einzige Farbe, die bis jetzt auf der Welt erschienen sei: wäre es da schon aus Gelb und Rot zusammengesetzt? Offenbar nicht. Aber es *wird* aus Gelb und Rot zusammengesetzt sein, sobald diese beiden Farben ihrerseits existieren; das ursprüngliche Orange wird dann unter dem doppelten Gesichtspunkt des Gelb und des Rot betrachtet werden können; und wenn man nun, durch ein Spiel der Phantasie, annähme, Gelb und Rot seien aus einer Intensivierung des Orange entstanden, so hätte man ein sehr einfaches Beispiel für das, was wir das Wachsen in Garbenform genannt haben. Aber wir brauchen weder Phantasie noch Vergleiche. Es genügt, wenn wir das Leben betrachten – ohne den Hintergedanken einer künstlichen Synthese. Manche halten die Willenshandlung für einen zusammengesetzten Reflex, andere wieder möchten im Reflex einen niederen Grad des Willens sehen. In Wirklichkeit sind Reflex und Willenshandlung zwei mögliche Gesichtspunkte gegenüber einer ursprünglichen, unteilbaren Handlung, die weder das eine noch das andre war, die aber rückwirkend, durch sie, beides zugleich wird. Dasselbe sagten wir von Instinkt und Intelligenz, vom Tier- und Pflanzenleben und von manchem andern divergierenden und komplementären Tendenzpaar. In der allgemeinen Entwicklung des Lebens jedoch führen die so auf dem Wege der Zweiteilung geschaffenen Tendenzen meistens zu verschiedenen Spezies; dann sucht jede für sich allein in der Welt vorwärtszukommen; die Stofflichkeit, die sie sich gegeben haben, hindert sie, sich wieder zusammenzuschmelzen, um die ursprüngliche Tendenz stärker, komplexer und entwickelter wiederherzustellen. Anders ist es in der Entwicklung des psychologischen und sozialen Lebens. Hier entwickeln sich die Tendenzen, die sich durch Dissoziation herausgebildet haben, in demselben Individuum oder in derselben Gesellschaft. Und sie können sich gewöhnlich nur nacheinander entwickeln. Sind es zwei, was das häufigste ist, so wird man sich zuerst an die eine heften; mit ihr wird man mehr oder weniger weit gehen, gewöhnlich so weit wie möglich; dann wird man sich mit dem, was man im Laufe dieser Entwicklung gewonnen hat, wieder der andern zuwenden, die man im Hintergrund gelassen hat. Man wird sie ihrerseits entwickeln und jetzt die erste vernachlässigen, und dieses neue Streben wird so lange fortgesetzt werden, bis man, durch die neuen Errungenschaften gestärkt, die erste wieder aufnehmen und sie noch weiter treiben kann. Da man während des Vorgangs ganz der einen der beiden Tendenzen gehört, da nur diese zählt, so würde man gern sagen, diese allein sei positiv und die andere sei nur ihre Negation: wenn es einem gefällt, die Dinge unter dieser Form zu sehen, ist die andre tatsächlich das Gegenteil. Man wird feststellen — und das wird von Fall zu Fall mehr oder weniger richtig sein — der Fortschritt sei durch das Pendeln zwischen den beiden Gegensätzen bewirkt worden, wobei übrigens, wenn das Pendel an seinen Ausgangspunkt zurückkehrt, die Situation nicht die gleiche und eine Gewinn erreicht sei. Indessen kommt es vor, daß der Ausdruck ganz genau zutrifft, und daß das Pendeln wirklich zwischen Gegensätzen stattgefunden hat. Das ist dann der Fall, wenn eine an sich vorteilhafte Tendenz unfähig ist, sich anders zu mäßigen als durch die Einwirkung einer entgegengesetzten Tendenz, die sich dadurch ebenfalls als vorteilhaft erweist. Es scheint, daß die Klugheit dann ein Zusammenwirken der beiden Tendenzen anraten würde, wobei die erste eingreifen würde, wenn die Umstände es verlangen, und die zweite sie, in dem Augenblick, wo sie das Maß überschreiten will, zurückhalten würde. Unglücklicherweise ist es schwer zu sagen, wo die Übertreibung und die Gefahr beginnt. Manchmal führt bloß die Tatsache, daß man weiter vorgeht als es vernünftig scheint, zu einer neuen Umgebung, zu einer neuen Situation, die die Gefahr aufhebt, während sie gleichzeitig den Vorteil unterstreicht. So ist es besonders bei den ganz allgemeinen Tendenzen, die die Orientierung einer Gesellschaft bestimmen und deren Entwicklung sich notwendigerweise auf eine mehr oder weniger beträchtliche Zahl von Generationen verteilt. Selbst ein übermenschlicher Verstand könnte nicht sagen, wohin man geführt werden wird, da ja die in Gang befindliche Aktion sich ihren Weg erst schafft, da sie zum großen Teil erst die Bedingungen schafft, unter denen sie sich vollenden wird, und daher jeder Berechnung trotzt. Man wird also immer weiter vorstoßen; man wird sehr oft erst stehenbleiben, wenn die Katastrophe droht. Dann besetzt die Gegentendenz den leer gebliebenen Platz; sie wird nun ihrerseits allein ebenso weit gehen, wie es ihr möglich ist. Sie wird Reaktion sein, wenn man die andre Aktion genannt hat. Da die beiden Tendenzen, wenn sie zusammengegangen wären, sich gegenseitig gemäßigt hätten, und da ihre Vermischung in einer ursprünglichen ungeteilten Richtung eben das ist, wodurch die Mäßigung zu definieren wäre, gibt das bloße Faktum, daß sie allein den ganzen Platz einnimmt, jeder von beiden einen Elan, der sich, je mehr die Hindernisse wegfallen, so weit steigern kann, daß es ist, als ob ein Pferd durchginge; sie hat etwas Rasendes. Wir wollen das Wort ›Gesetz‹ nicht für ein Gebiet der Freiheit mißbrauchen, aber wir wollen diesen bequemen Ausdruck benutzen, wenn wir großen Tatsachen gegenüberstehen, die eine hinreichende Regelmäßigkeit bieten: ›Gesetz der Dichotomie‹ werden wir das Gesetz nennen, das durch ihre bloße Dissoziierung die Realisierung von Tendenzen hervorzurufen scheint, die zuerst nichts andres waren, als verschiedene Aspekte einer einfachen Tendenz. Wir möchten dann auch den Ausdruck ›das Gesetz der doppelten Raserei‹ vorschlagen, und zwar für das Verlangen, das jeder der beiden numehr durch die Trennung realisierten Tendenzen immanent ist, bis zu Ende durchgeführt zu werden – als ob es ein Ende gäbe! Nochmals: es ist schwierig sich nicht zu fragen, ob die einfache Tendenz nicht besser getan hätte, weiterzuwachsen ohne sich zu spalten, im rechten Maß gehalten eben durch das Zusammentreffen der treibenden Kraft mit einer hemmenden Macht, die dann nur virtuell eine andre treibende Kraft wäre. Man wäre dann nicht Gefahr gelaufen, ins Absurde zu verfallen, man hätte sich gegen die Katastrophe gesichert. Gewiß, aber man hätte in Qualität und Quantität nicht das Maximum an Schöpfung erreicht. Man muß sich einer der beiden Richtungen gründlich hingeben, um zu erfahren, was sie gewähren wird: wenn man nicht mehr weiterkann, dann wird man sich mit allem, was man erworben hat, in die vernachlässigte oder aufgegebene Richtung stürzen. Wenn man dieses Hin und Her von außen betrachtet, dann sieht man freilich nur den Antagonismus der beiden Richtungen, die vergeblichen Versuche der einen, den Fortschritt der andern zu vereiteln, das schließliche Scheitern dieser und die Revanche der andern: die Menschheit liebt das Dramatische; aus dem Ganzen einer mehr oder weniger langen Geschichte pflückt sie gern die Züge heraus, die ihr die Form eines Kampfes zwischen zwei Parteien, oder zwei Gesellschaften, oder zwei Prinzipien aufprägen; jedes von diesen hätte danach abwechselnd den Sieg errungen. Aber der Kampf ist hier nur der oberflächliche Aspekt von dem, was tatsächlich Fortschritt ist. In Wirklichkeit ist es so, daß eine Tendenz, der gegenüber zwei verschiedene Gesichtspunkte möglich sind, ihr Maximum an Qualität und Quantität nur dann hergeben kann, wenn sie diese beiden Möglichkeiten in bewegenden Realitäten verkörpert, von denen jede vorwärtsstürzt und den Platz besetzt, während die andere sie nicht aus den Augen läßt und darauf lauert, daß sie an die Reihe komme. So wird sich der Inhalt der ursprünglichen Tendenz entwickeln, wenn man überhaupt von Inhalt sprechen kann, wo doch niemand, nicht einmal die bewußt gewordene Tendenz selbst, sagen könnte, was aus ihr hervorgehen wird. Sie liefert die strebende Kraft, und das Resultat ist eine Überraschung. Das ist das Verfahren der Natur: die Kämpfe, deren Schauspiel sie uns bietet, lösen sich nicht so sehr in Feindseligkeiten als in Kuriositäten. Und gerade wenn sie die Natur nachahmt, wenn sie sich dem ursprünglichen Antrieb überläßt, gerade dann nimmt der Gang der Menschheit eine gewisse Regelmäßigkeit an und unterwirft sich, übrigens nur sehr unvollkommen, solchen Gesetzen, wie wir sie eben ausgesprochen haben. — Aber es ist Zeit, daß wir unsre allzulange Parenthese schließen. Wir wollen nur zeigen, wie unsre beiden Gesetze sich in dem Falle auswirken würden, der uns zu der Parenthese veranlaßte.

Es handelte sich um das Streben nach Komfort und Luxus, das die Hauptsorge der Menschheit geworden zu sein scheint. Wenn man sieht, wie dieses Streben den Erfindungsgeist entwickelt hat, wie viele Erfindungen sich als Anwendungen unserer Wissenschaft darstellen, wie die Wissenschaft zu endlosem Anwachsen bestimmt ist — dann wäre man versucht zu glauben, es gäbe einen unbegrenzten Fortschritt in derselben Richtung. In der Tat: die Befriedigung, die alte Bedürfnisse durch neue Erfindungen erhalten, veranlaßt die Menschheit niemals, dabei stehenzubleiben; neue Bedürfnisse tauchen auf, ebenso dringend und immer zahlreicher. Das Rennen nach dem Wohlleben ist in immer schnellerem Tempo vor sich gegangen, auf einer Rennbahn, zu der sich immer dichtere Massen hindrängten. Heute ist es die wilde Jagd. Aber sollte uns nicht eben diese Raserei die Augen öffnen? Sollte es nicht eine andere Raserei geben, von der diese Jagd die Nachfolgerin wäre, und die in der entgegengesetzten Richtung eine Aktivität entwickelt hätte, als deren Komplement sie sich erweist? In der Tat scheinen ja die Menschen erst seit dem 15. oder 16. Jahrhundert nach einer Erweiterung des materiellen Daseins zu streben. Während des ganzen Mittelalters hatte das asketische Ideal überwogen. Es ist unnötig, an die Übertreibungen zu erinnern, zu denen es geführt hatte; es war auch schon zur Raserei geworden. Man wird sagen, dieser Asketismus wäre die Angelegenheit einer kleinen Minderheit gewesen, und das trifft zu. Doch ebenso wie die Mystik, das Privileg einiger weniger, durch die Religion ins Volk verbreitet würde, ebenso hat sich der konzentrierte Asketismus, der freilich etwas Exzeptionelles war, für das Gros der Menschheit zu einer allgemeinen Gleichgültigkeit gegen die Dinge des täglichen Lebens verdünnt. Das ergab für jedermann einen Mangel an Komfort, der uns in Erstaunen setzt. Reich und arm verzichtete auf Überflüssigkeiten, die wir für Notwendigkeiten halten. Wenn der Herr besser lebte als der Bauer, so hieß das, wie man gezeigt hat, in der Hauptsache, daß er reichlicher zu essen pflegte[2]. Im übrigen war der Unterschied unbedeutend. Wir haben es also hier mit zwei divergierenden Richtungen zu tun,

[2] Siehe die interessante Arbeit von Gina Lombroso, *La rançon du machinisme*, Paris 1930.

die aufeinander gefolgt sind und die sich beide wie rasend gebärdet haben. Man darf annehmen, sie entsprechen zwei entgegengesetzten Aspekten einer ursprünglichen Tendenz, die dadurch Mittel und Wege gefunden hätte, aus sich an Qualität und Quantität alles herauszuziehen, was möglich war und sogar noch mehr, indem sie abwechselnd den einen und den andern Weg beschritt, und wenn sie zu einem zurückkehrte, alles mitbrachte, was sie auf dem andern Wege errafft hatte. Das wäre also Pendeln und Fortschritt, Fortschritt durch Pendeln. Und es wäre nun, nach der ständig anwachsenden Komplizierung unseres Lebens, eine Rückkehr zur Einfachheit vorauszusehen. Diese Rückkehr ist offenbar nicht sicher; die Zukunft der Menschheit bleibt unbestimmt, weil sie von ihr selbst abhängt. Aber während es für die Zukunft nur Möglichkeiten oder Wahrscheinlichkeiten gibt, die wir bald untersuchen werden, ist es für die Vergangenheit nicht so: da sind die beiden entgegengesetzten Entwicklungen, die wir aufgezeigt haben, tatsächlich nur Entwicklungen aus einer einzigen ursprünglichen Tendenz.

Das bezeugt schon die Geschichte der großen Ideen. Aus dem sokratischen Denken, das in zwei entgegengesetzten Richtungen fortgesetzt wurde, die bei Sokrates selbst komplementär waren, sind die kyrenäische und die zynische Schule entstanden: die eine wollte, man solle vom Leben die größtmögliche Zahl von Befriedigungen verlangen, die andre, man solle lernen, darauf zu verzichten. Sie setzten sich fort im Epikurismus und Stoizismus mit ihren beiden entgegengesetzten Prinzipien, der Entspannung und der Anspannung. Wollte man an der Wesensgemeinschaft der beiden, diesen Prinzipien entsprechenden Seelenzustände zweifeln, so brauchte man nur zu bemerken, daß es in eben dieser epikuräischen Schule selbst neben dem populären Epikuräismus, der eine oft zügellose Jagd nach dem Vergnügen war, den Epikurismus des Epikur selbst gab, wonach das höchste Vergnügen darin bestand, kein Vergnügen zu brauchen. In Wahrheit sind diese beiden Prinzipien enthalten in der Idee, die man sich immer vom Glück gemacht hat. Man bezeichnet mit diesem Wort etwas Komplexes und Wirres, einen jener Begriffe, die die Menschheit unbestimmt lassen wollte, damit jeder sie nach seiner Art bestimme. Aber in welchem Sinne man ihn auch verstehe, es gibt kein Glück ohne Sicherheit, ich meine ohne die Aussicht auf Dauer für den Zustand, dem man sich angepaßt hat. Diese Sicherheit kann man entweder in einer Beschlagnahme der Dinge finden, oder aber in einer Selbstbeherrschung, die einen von den Dingen unabhängig macht. In beiden Fällen genießt man seine Kraft, sei es, daß man sie von innen her fühlt, sei es, daß sie sich nach außen erstreckt: man ist auf dem Wege des Hochmuts oder der Eitelkeit. Aber Vereinfachung und Komplizierung des Lebens gehen tatsächlich aus einer ›Dichotomie‹ hervor, sie sind wohl fähig sich zur ›doppelten

Raserei« zu entwickeln, und sie haben schließlich auch alles Nötige, um einander periodisch zu folgen.

Wie wir schon oben gesagt haben, hat unter diesen Bedingungen eine Rückkehr zur Einfachheit nichts Unwahrscheinliches. Die Wissenschaft selbst könnte uns den Weg dazu zeigen. Während Physik und Chemie uns helfen, unsre Bedürfnisse zu befriedigen und uns dadurch ermuntern, sie zu vermehren, kann man voraussehen, daß Physiologie und Medizin uns mehr und mehr offenbaren werden, wie gefährlich diese Vermehrung ist, und wieviel Enttäuschung sich in der Mehrzahl unsrer Befriedigungen birgt. Ich schätze ein gutes Fleischgericht; aber irgendein Vegetarier, der es früher ebenso gern aß wie ich, kann heute Fleisch nicht ohne Widerwillen sehen. Man wird sagen, wir hätten beide recht, und man dürfe über den Geschmack ebensowenig streiten wie über Farben. Vielleicht, aber ich kann mich nicht enthalten festzustellen, daß der Vegetarier in der unerschütterlichen Gewißheit lebt, niemals in seine frühere Verfassung zurückzukehren, während ich viel weniger sicher bin, daß ich immer bei der meinen bleiben werde. Er hat beide Erfahrungen hinter sich; ich habe nur die eine. Seine Abneigung verstärkt sich, wenn er seine Aufmerksamkeit auf sie heftet, wogegen meine Befriedigung auf Unachtsamkeit beruht und bei klarer Beleuchtung eher verblaßt; ich glaube, sie würde ganz verschwinden, wenn entscheidende Erfahrungen beweisen würden — was nicht unmöglich ist —, daß man sich durch den Fleischgenuß spezifisch und langsam vergiftet[3]. Man hat uns in der Schule gelehrt, die Zusammensetzung der Nahrungsstoffe sei bekannt, die Forderung unsres Organismus ebenfalls, und man könne daraus berechnen, was nötig ist und was als Ration für den Unterhalt genügt. Man wäre sehr erstaunt gewesen zu hören, daß die chemische Analyse die ›Vitamine‹ nicht erfasse, deren Vorhandensein in unsrer Nahrung für unsre Gesundheit unerläßlich ist. Man wird zweifellos merken, daß so manche Krankheit, die heute allen Bemühungen der Medizin trotzt, ihren fernen Ursprung in solchen ›Ausfällen‹ hat, von denen wir nichts wissen. Das einzig sichere Mittel, um sich alles einzuverleiben, was wir nötig haben, wäre, die Nahrungsmittel gar keiner Verarbeitung zu unterwerfen, vielleicht sogar (wer weiß?) sie auch nicht zu kochen. Auch hier hat der Glaube an die Erblichkeit erworbener Eigenschaften viel Unheil angerichtet. Man sagt gern, der Magen des Menschen hätte sich entwöhnt, wir könnten uns nicht mehr so ernähren wie die Primitiven. Damit hat man recht, wenn man darunter versteht, daß wir von unserer Kindheit an natürliche Anlagen einschlafen lassen und daß es

---

[3] Wir beeilen uns zu sagen, daß wir keine besondere Kenntnis über diesen Punkt haben. Wir haben als Beispiel das Fleisch gewählt, wie wir irgendein anderes gewohntes Nahrungsmittel als Beispiel benutzen würden.

schwierig wäre, sie in späterem Alter wiederzuerwecken. Aber daß wir schon verändert geboren werden, das ist wenig wahrscheinlich: selbst angenommen, daß unser Magen sich von dem Magen unserer prähistorischen Ahnen unterscheidet, so sind an diesem Unterschied nicht bloße Gewohnheiten schuld, die wir im Laufe der Zeit angenommen haben. Die Wissenschaft wird nicht zögern, uns über die Gesamtheit dieser Punkte Gewißheit zu geben. Nehmen wir an, sie tue es in dem Sinne, den wir voraussehen: die Reform unsrer Ernährung allein würde schon unzählige Rückwirkungen auf unsre Industrie, unsern Handel, unsre Landwirtschaft ergeben, die dadurch beträchtlich vereinfacht würden. Und was wäre von unsern sonstigen Bedürfnissen zu sagen? Die Forderungen des Geschlechtstriebes sind mächtig, aber man würde schnell mit ihnen fertig werden, wenn man sich an die Natur hielte. Indessen hat die Menschheit um eine starke, aber armselige Empfindung herum, die sie als Grundton nahm, eine immer wachsende Zahl von Akkorden erstehen lassen; sie hat daraus eine so reiche Varietät von Klangfarben entwickelt, daß jedes beliebige Objekt, von irgendeiner Seite her angeschlagen, jetzt den Ton gibt, der zu einer Besessenheit geworden ist. Es ist ein dauerndes Anrufen der Sinnlichkeit mittels der Phantasie. Unsre ganze Kultur ist ein Aphrodisiakum. Auch hier hat die Wissenschaft noch ein Wort zu reden, und sie wird es eines Tages so deutlich sagen, daß man sie wohl wird hören müssen: es wird dann kein Vergnügen mehr sein, das Vergnügen so sehr zu lieben. Die Frau wird das Anbrechen dieser Zeit in dem Maße beschleunigen, wie sie wirklich und aufrichtig den Wunsch haben wird, dem Manne gleichgestellt zu werden, statt, wie noch jetzt, das Instrument zu bleiben, das darauf wartet, unter dem Bogen des Musikers zu ertönen. Wenn diese Umwandlung erfolgt, wird unser Leben ernsthafter und gleichzeitig einfacher werden. Das, was die Frau an Luxus verlangt, um dem Manne zu gefallen und, durch Rückwirkung, sich selbst zu gefallen, wird zum großen Teil überflüssig werden. Es wird weniger Verschwendung geben und auch weniger Neid. — Übrigens hängen Luxus, Vergnügen und Wohlleben eng zusammen, ohne indessen die Beziehung zueinander zu haben, die man sich gewöhnlich vorstellt. Man ordnet sie auf einer Stufenleiter an: vom Wohlleben zum Luxus würde man dann treppauf gehen; wenn wir uns das Wohlleben gesichert hätten, würden wir noch das Vergnügen dazu haben wollen; dann käme das Verlangen nach Luxus. Aber das ist eine rein intellektualistische Psychologie, die sich einbildet, unsre Seelenzustände von ihren Objekten her bestimmen zu können. Weil der Luxus kostspieliger ist als die bloße Annehmlichkeit, und das Vergnügen teurer als das Wohlleben, so stellt man sich dabei ein progressives Anwachsen irgendeines entsprechenden Begehrens vor. In Wahrheit wünscht man sich das Wohlleben meistens aus Liebe zum Luxus, weil einem das Wohlleben, das man nicht hat, als Luxus erscheint, und man denen, die ihn haben, nacheifern, es ihnen gleichtun will. Am Anfang war die Eitelkeit. Wieviele Speisen sind begehrt, nur weil sie teuer sind! Jahrelang haben die Kulturvölker einen guten Teil ihrer Arbeitskraft darauf verwandt, sich Gewürze zu beschaffen. Es ist verblüffend, wenn man bedenkt, daß dies der Hauptzweck der damals so gefährlichen Seefahrt war; daß Tausende von Menschen dabei ihr Leben aufs Spiel setzten; daß der Mut, die Energie und die Abenteuerlust, aus denen nebenbei die Entdeckung Amerikas hervorging, wesentlich der Jagd nach Ingwer und Gewürznelken, Pfeffer und Zimt dienten. Wer kümmert sich noch um diese einst so köstlichen Gewürze, seit man sie für ein paar Pfennige beim Krämer an der Ecke haben kann? Solche Feststellungen könnten den Ethiker betrüben. Jedoch wenn man darüber nachdenkt, wird man dabei auch Gründe zur Hoffnung finden. Das immer wachsende Bedürfnis nach Wohlleben, die Vergnügungssucht, der zügellose Geschmack an Luxus, alles, was uns für die Zukunft der Menschheit so große Beunruhigung einflößt, weil sie darin wirkliche Befriedigungen zu finden scheint, alles das wird wie ein Ballon scheinen, den man wie verrückt mit Luft gefüllt hat und der ebenso plötzlich zusammensackt. Wir wissen, daß die eine Raserei die entgegengesetzte hervorruft. Genauer gesagt, der Vergleich der gegenwärtigen Tatsachen mit den früheren fordert uns auf, Geschmacksrichtungen, die endgültig scheinen, für vorübergehend zu halten. Und da der Besitz eines Autos heute für so viele Menschen der höchste Ehrgeiz ist, wollen wir die unvergleichlichen Dienste, die das Auto leistet, anerkennen, wollen wir dieses Wunder der Technik bewundern und wünschen, daß es sich vermehre und überall verbreite, wo man es nötig hat — aber wir wollen uns sagen, daß es als bloße Annehmlichkeit oder als Luxusobjekt vielleicht in kurzer Zeit nicht mehr so ersehnt sein wird, — ohne daß man es freilich, das hoffen wir wohl, so fallenlassen wird, wie heute die Gewürznelken und den Zimt.

Wir kommen nun zum wesentlichen Punkt unserer Ausführungen. Wir haben eben eine Befriedigung des Luxus erwähnt, die einer mechanischen Erfindung entstammt. Viele meinen, es sei überhaupt das mechanische Erfinden, das den Geschmack am Luxus entwickelt habe, wie früher den Geschmack am bloßen Wohlleben. Wenn man allgemein zugibt, daß unsre materiellen Bedürfnisse immer mehr anwachsen und immer stärker werden, so deshalb, weil man keinen Grund sieht, warum die Menschheit den Weg der mechanischen Erfindung, den sie einmal beschritten hat, verlassen sollte. Fügen wir noch hinzu: je mehr die Wissenschaft fortschreitet, um so mehr Erfindungen werden durch ihre Entdeckungen angeregt; oft ist es nur ein Schritt von der Theorie zur praktischen Anwendung; und da die Wissenschaft nicht stehenbleiben kann, scheint es in der Tat, als ob die Befriedigung unsrer alten Bedürfnisse und die Schaffung neuer Bedürfnisse kein Ende haben solle. Aber man müßte sich zunächst fragen, ob der Erfindungsgeist notwendigerweise künstliche Bedürfnisse erzeugt, oder ob es nicht das künstliche Bedürfnis ist, das hier dem Erfindungsgeist die Richtung weist.

Die zweite Hypothese ist die wahrscheinlichere. Sie wird durch neuere Untersuchungen über den Ursprung der Technik bestätigt[4]. Man hat daran erinnert, daß der Mensch schon immer Maschinen erfunden hat; das Altertum kannte schon ganz hervorragende; sinnreiche Einrichtungen sind lange vor dem Aufblühen der modernen Wissenschaften erfunden worden und nachher sehr oft unabhängig davon: noch heute ersinnen einfache Arbeiter ohne wissenschaftliche Bildung Verbesserungen, die gelehrten Ingenieuren nicht eingefallen sind. Die mechanische Erfindung ist eine natürliche Gabe. Zweifellos ist sie in ihren Auswirkungen begrenzt gewesen, solange sie sich darauf beschränkte, aktuelle und gewissermaßen sichtbare Energien zu benutzen: die Muskelkraft, die Kraft des Windes oder eines Wasserfalls. Ihre ganze Leistung hat die Maschine erst seit dem Tage hergegeben, wo man es lernte, durch einfaches Einschalten potentielle Energien in ihren Dienst zu stellen, die, der Sonne entlehnt, seit Jahrmillionen aufgespeichert, und in der Kohle, im Petroleum usw. deponiert sind. Das aber war der Tag, an dem die Dampfmaschine erfunden wurde, und wie man weiß, ist diese Erfindung nicht aus theoretischen Betrachtungen hervorgegangen. Beeilen wir uns hinzuzufügen, daß der Fortschritt, der zuerst nur langsam vor sich ging, dann mit Riesenschritten erfolgte, als die Wissenschaft sich hineinmischte. Dennoch bleibt es richtig, daß der Erfindungsgeist, der in einem schmalen Bett läuft, solange er sich selbst überlassen bleibt, der sich aber unendlich erweitert, sobald er die Wissenschaft getroffen hat, von dieser unterschieden bleibt und sich zur Not wieder von ihr trennen könnte. Ebenso strömt die Rhone in den Genfer See, und es scheint, als wenn sie ihre Wasser damit vermischte, aber beim Herausfließen beweist sie, daß sie ihre Unabhängigkeit bewahrt hat.

Es hat also nicht, wie man geneigt wäre zu glauben, eine Forderung der Wissenschaft gegeben, die dem Menschen durch die bloße Tatsache ihrer Entwicklung immer künstlicher werdende Bedürfnisse auferlegt hätte. Wenn es so wäre, so hätte sich die Menschheit einem wachsenden Materialismus verschrieben, denn der Fortschritt der Wissenschaft wird nicht stehenbleiben. In Wahrheit aber hat die Wissenschaft gegeben, was man von ihr verlangte, und sie hat hier nicht die Initiative ergriffen; es ist viel-

---

[4] Wir verweisen nochmals auf das schöne Buch von Gina Lombroso. Vergleiche Mantoux, *La Révolution industrielle du dix-huitième siècle*.

mehr der Erfindungsgeist, der sich nicht immer zum Besten für die Interessen der Menschheit betätigt hat. Er hat eine Fülle neuer Bedürfnisse geschaffen; aber er hat sich nicht genug angelegen sein lassen, einer möglichst großen Zahl, wenn möglich allen, die Befriedigung der alten Bedürfnisse zu sichern. Einfacher gesagt: ohne das Notwendige zu vernachlässigen, hat er doch zu viel an das Überflüssige gedacht. Man wird sagen, diese beiden Ausdrücke seien schwer zu definieren; was für den einen Luxus ist, sei für den andern eine Notwendigkeit. Gewiß; man könnte sich hier leicht in Haarspaltereien verlieren. Aber es gibt Fälle, wo man im großen sehen muß. Millionen von Menschen können sich nicht satt essen. Und es gibt welche, die Hungers sterben. Wenn die Erde viel mehr hervorbrächte, wäre es viel weniger wahrscheinlich, daß man sich nicht satt ißt[5] oder Hungers stirbt. Man sagt, die Erde habe nicht genug Arbeitskräfte. Das ist möglich; aber warum verlangt der Boden von den Arbeitskräften mehr Anstrengung, als sie an sich leisten müßten? Wenn die Technik ein Unrecht begangen hat, dann ist es dies, daß sie sich nicht genügend damit befaßt hat, dem Menschen bei dieser harten Arbeit zu helfen. Man wird mir erwidern, es gäbe doch landwirtschaftliche Maschinen, und ihr Gebrauch sei jetzt sehr verbreitet. Das gebe ich zu, aber was die Maschine hierin getan hat, um dem Menschen die Last zu erleichtern, und was die Wissenschaft ihrerseits getan hat, um den Ertrag des Bodens zu vergrößern, ist verhältnismäßig beschränkt. Wir fühlen es wohl, daß der Ackerbau, der den Menschen ernährt, allem übrigen vorgehen müßte, jedenfalls die erste Sorge der Industrie sein müßte. Im allgemeinen hat sich die Industrie nicht genügend um die mehr oder weniger große Bedeutung der zu befriedigenden Bedürfnisse gekümmert. Sie ist gern der Mode gefolgt und hat nur in dem Gedanken fabriziert, zu verkaufen. Man verlangt hier wie anderswo nach einem zentralen, organisierenden Denken, das die Industrie der Landwirtschaft zuordnete und den Maschinen ihren rationellen Platz anwiese, nämlich den, wo sie der Menschheit am meisten nützen könnten. Immer wenn man der Technik den Prozeß macht, vernachlässigt man den wesentlichsten Übelstand. Man wirft ihr zunächst vor, daß sie den Arbeiter zur Maschine mache, und ferner, daß sie zu einer Uniformierung der Produktion führe, die den künstlerischen Sinn verletze. Aber wenn die Maschine dem Arbeiter eine größere Zahl von Freistunden verschafft, und wenn der Arbeiter dieses Mehr an Muße anders benutzt als zu

---

[5] Es gibt zweifellos Krisen der »Überproduktion«, die sich auf landwirtschaftliche Produkte erstrecken und sogar dort beginnen können. Aber offenbar beruhen sie nicht darauf, daß etwa zu viel Nahrung für die Menschheit vorhanden wäre. Es ist einfach so, daß die Produktion im allgemeinen zu wenig organisiert ist und die Produkte daher keinen Austausch finden.

angeblichen Vergnügungen, die eine schlecht geleitete Industrie aller Welt zugänglich gemacht hat, dann wird er seinem Geist die Ausbildung geben, die er sich selbst aussucht, statt daß er mit der Ausbildung zufrieden sein muß, die ihm – in stets beschränkten Grenzen – die (übrigens unmögliche) Rückkehr zum Handwerk, nach Abschaffung der Maschine, vorschreiben würde. Was die Uniformität des Produkts anbetrifft, so wäre ihre Unannehmlichkeit leicht zu ertragen, wenn die Ersparnis an Zeit und Arbeit, die auf diese Weise durch die Gesamtheit der Nation erreicht wird, es gestatten würde, die intellektuelle Kultur und die Entwicklung der wirklichen Eigenbegabungen vorwärtszubringen. Man hat den Amerikanern zum Vorwurf gemacht, daß sie alle denselben Hut tragen. Aber der Kopf ist wichtiger als der Hut. Gebt mir die Möglichkeit, meinen Kopf so auszustatten, wie es mir gefällt, und ich will ihm gern den Hut aufsetzen, den alle Welt trägt. Das ist nicht der Vorwurf, den wir der Technik zu machen haben. Die Dienste, die sie den Menschen erwiesen hat, indem sie die Mittel, wirkliche Bedürfnisse zu befriedigen, breit entfaltet hat, leugnen wir nicht, aber wir werfen ihr vor, daß sie die Städte zuungunsten des Landes bevorzugt, und schließlich, daß sie die Entfernung zwischen Arbeitgeber und Arbeiter, zwischen Kapital und Arbeit vergrößert und ihre Beziehungen verändert hat. Alle diese Auswirkungen könnten sich übrigens bessern; dann wäre die Maschine nur noch die große Wohltäterin. Nur müßte die Menschheit mit ebensoviel Eifer darangehen, ihre Existenz zu vereinfachen, wie sie ihn bezeigte, um sie zu komplizieren. Die Initiative kann nur von ihr ausgehen, denn sie selbst, nicht eine angebliche Macht der Tatsachen und noch weniger ein der Maschine innewohnendes Fatum, hat den Erfindungsgeist auf eine gewisse Bahn geschleudert.

Aber hat sie es ganz gewollt? War der Anstoß, den sie zu Anfang gab, wirklich genau in der Richtung erfolgt, den die Industrialisierung genommen hat? Was zu Beginn nur eine unmerkliche Abweichung ist, wird zum Schluß ein beträchtlicher Abstand, wenn man geradeaus gegangen ist und der Weg weit war. Nun ist es aber nicht zweifelhaft, daß die ersten Andeutungen dessen, was später zum Industrialismus wurde, sich gleichzeitig mit den ersten Bestrebungen zur Demokratie gezeigt haben. Die Verwandtschaft zwischen den beiden Tendenzen wird im achtzehnten Jahrhundert vollkommen sichtbar. Sie ist bei den Enzyklopädisten ganz auffallend. Müssen wir da nicht annehmen, ein demokratischer Wind habe den Erfindungsgeist vorwärtsgetrieben, der an sich so alt ist wie die Menschheit, sich aber nur ungenügend betätigt hätte, solange man ihm nicht genügend Raum gab? Sicher dachte man nicht an Luxus für alle, nicht einmal an Wohlstand für alle; aber man konnte für alle die Sicherheit der materiellen Existenz wünschen, die Würde in der Sicherheit. War dieser Wunsch bewußt? Wir glauben nicht an das Unbewußte in der Geschichte: die großen unterirdischen Geistesströmungen, von denen man soviel gesprochen hat, rühren daher, daß große Menschenmassen von einem oder mehreren Menschen mitgerissen worden sind. Diese wenigen wußten was sie taten, aber sie konnten nicht alle Konsequenzen vorhersehen. Wir, die wir die Fortsetzung kennen, können uns nicht enthalten, das Bild dieser Folgen bis zum Anfang zurückzuschieben: die Gegenwart, durch eine Art Zauberwirkung in der Vergangenheit gesehen, ist dann das, was wir das ehedem Unbewußte nennen. Das Zurückwirken der Gegenwart ist der Ursprung vieler philosophischer Illusionen. Wir werden uns also hüten, dem 15., 16. und 18. Jahrhundert (und noch weniger dem 17., das so andersartig ist und das man als einen sublimen Einschub betrachtet hat) demokratische Neigungen zuzuschreiben, die den unsern vergleichbar wären. Ebensowenig werden wir ihnen eine Vorahnung von dem zuschreiben, was der Erfindungsgeist an Macht in sich barg. Gleichwohl ist es Tatsache, daß die Reformation, die Renaissance und die ersten Anzeichen oder Vorboten des Aufblühens der Erfindungen der gleichen Epoche angehören. Möglicherweise waren dies drei untereinander verwandte Reaktionen gegen die Form, die das christliche Ideal bis dahin angenommen hatte. Dieses Ideal blieb darum nicht weniger bestehen, aber es erschien als ein Gestirn, das der Menschheit immer die gleiche Seite zugewendet hatte: man fing an, auch die andere Seite zu sehen, ohne immer zu merken, daß es sich um dasselbe Gestirn handle. Daß die Mystik zur Askese führt, das ist nicht zweifelhaft. Beide werden immer der Besitz einer kleinen Anzahl sein. Aber daß die wahre, vollkommene, handelnde Mystik danach strebt sich zu verbreiten, vermöge der Caritas, die ihr Wesen ist, das ist nicht weniger gewiß. Wie könnte sie sich, wenn auch, was ja unausbleiblich ist, verdünnt und abgeschwächt, in einer Menschheit verbreiten, die von der Furcht besessen ist, daß sie nicht satt zu essen haben wird? Der Mensch wird sich nicht über die Erde erheben, wenn nicht ein mächtiger Apparat von Werkzeugen ihm den Stützpunkt liefert. Er wird auf der Materie ruhen müssen, wenn er sich von ihr lösen will. Mit andern Worten: die Mystik ruft die Mechanik herbei. Man hat das nicht genügend erkannt, weil die Mechanik, durch einen Zufall der Weichenstellung, auf einen Weg geraten ist, an dessen Ende übertriebenes Wohlleben und Luxus für eine gewisse Anzahl, und nicht die Befreiung für alle steht. Wir sind von dem zufälligen Ergebnis geblendet, wir sehen die Technik nicht in dem, was sie sein sollte, was ihr Wesen ausmacht. Ja, noch mehr. Wenn unsre Organe natürliche Instrumente sind, dann sind unsre Instrumente eben dadurch künstliche Organe. Das Werkzeug des Arbeiters setzt seinen Arm fort; das

Werkgerät der Menschheit ist also eine Fortsetzung ihres Körpers. So hatte die Natur, indem sie uns mit einer wesentlich werkzeugschaffenden Intelligenz begabte, für uns eine gewisse Ausweitung vorbereitet. Aber Maschinen, die mit Petroleum, mit Kohle oder Elektrizität angetrieben werden und Millionen von Jahren hindurch aufgehäufte potentielle Energien in Bewegung umsetzen, haben unserm Organismus eine so große Ausdehnung und eine so bedeutende Macht verliehen, die zu seiner Größe und Kraft gar nicht mehr im Verhältnis stehen, daß davon in dem Anlageplan unserer Spezies sicher noch nichts vorhergesehen war: das war ein einmaliger Glücksfall, der größte materielle Erfolg des Menschen auf unserm Planeten. Am Anfang hatte vielleicht ein geistiger Impuls gestanden: die Ausbreitung hatte sich dann automatisch vollzogen, unterstützt von dem zufälligen Spatenstich, der unter der Erde auf einen wunderbaren Schatz stieß[6]. In diesem ungeheuer vergrößerten Körper bleibt nun aber die Seele so wie sie war, jetzt zu klein, um ihn zu füllen, zu schwach, um ihn zu leiten. Daher die Leere zwischen ihm und ihr. Daher die furchtbaren sozialen, politischen, internationalen Probleme, die ebenso viele Definitionen dieser Leere sind und zu ihrer Überbrückung heute so viel ungeordnete und unwirksame Anstrengungen hervorrufen: man müßte dazu neue Reserven an potentieller Energie haben, und zwar diesmal sittliche Reserven. Wir wollen uns also nicht darauf beschränken zu sagen, wie wir weiter oben getan haben, daß die Mystik die Mechanik herbeirufe. Wir möchten hinzufügen, daß der vergrößerte Körper auch ein Mehr an Seele erwartet und daß die Mechanik eine Mystik erfordern würde. Die Ursprünge dieser Mechanik sind vielleicht mystischer als man glaubt; sie wird ihre wahre Richtung nur dann wiederfinden und ihrer Macht entsprechende Dienste nur dann leisten, wenn die Menschheit, die sie noch mehr zur Erde niedergedrückt hat, durch sie dazu gelangt, sich wieder aufzurichten und den Himmel zu sehen.

In einem Werke, dessen Tiefe und Kraft man nicht genug bewundern kann, zeigt Ernest Seillière, wie sich der nationale Ehrgeiz überall göttliche Sendungen zuschreibt: der ›Imperialismus‹ wird gewöhnlich zur ›Mystik‹. Wenn man diesem Wort die Bedeutung gibt, die es bei Ernest Seilliere hat[7], und die durch eine lange Reihe von Arbeiten genügend definiert worden ist, ist diese Tatsache unbestreitbar; indem er sie feststellt, sie mit ihren Ursachen verbindet und ihre Wirkungen verfolgt, liefert der Verfasser einen unschätzbaren Beitrag zur Philosophie der Geschichte. Aber er würde wahr-

---

[6] Wir meinen das selbstverständlich nur bildlich. Die Kohle war sehr wohl bekannt, noch bevor die Dampfmaschine sie zu einem Schatz machte.

[7] Eine Bedeutung, von der wir hier nur einen Teil berücksichtigen, wie wir es auch bei dem Wort »Imperialismus« tun.

scheinlich selbst der Meinung sein, daß die so verstandene Mystik — übrigens so verstanden von dem ›Imperialismus‹, wie er ihn darstellt — nur eine Nachahmung der wahren Mystik, der ›dynamischen Religion‹ ist, die wir in unserm letzten Kapitel untersucht haben. Wir glauben den Mechanismus dieser Nachahmung zu erkennen. Es war eine Anleihe bei der ›statischen Religion‹ der Alten, der man das Etikett abnahm und der man dabei die statische Form beließ, nur unter einer neuen, von der dynamischen Religion gelieferten Marke. Die Nachahmung erfolgte übrigens nicht in böser Absicht; sie war kaum gewollt. Wir haben ja gesehen, daß die ›statische Religion‹ dem Menschen natürlich ist, und daß die menschliche Natur sich nicht ändert. In unserm tiefsten Innern bestehen die unsern Ahnen eingeborenen Glaubensmeinungen fort; sie tauchen wieder auf, sobald sie nicht mehr von entgegengesetzten Kräften zurückgedrängt werden. Nun war einer der wesentlichsten Züge der antiken Religion die Idee einer Bindung zwischen den menschlichen Gruppen und den Gottheiten, die einer jeden beigestellt sind. Die Götter der Stadt kämpften für sie und mit ihr. Dieser Glaube ist unvereinbar mit der wahren Mystik, ich meine mit dem Gefühl gewisser Seelen, sie seien die Werkzeuge eines Gottes, der alle Menschen mit gleicher Liebe liebt und von ihnen verlangt, daß sie sich untereinander lieben. Aber wenn dieser Glaube von den dunklen Gründen der Seele zur Oberfläche des Bewußtseins emporsteigt und hier das Bild der wahren Mystik antrifft, so wie die modernen Mystiker es der Welt dargestellt haben, so wird er sich instinktiv darein vermummen; er schreibt dem Gott des modernen Mystikers den Nationalismus der alten Götter zu. In diesem Sinne wird der Imperialismus zur Mystik. Hält man sich aber an die wahre Mystik, so wird man sie mit dem Imperialismus für unvereinbar erklären. Höchstens wird man sagen, wie wir eben getan haben, die Mystik könne sich nicht verbreiten, ohne einen ganz besonderen ›Willen zur Macht‹ zu ermutigen. Es wird sich darum handeln, eine Herrschaft auszuüben, aber nicht über die Menschen, sondern über die Dinge, gerade damit der Mensch nicht mehr so viel über den Menschen herrsche.

Wenn jetzt ein mystisches Genie auftaucht, dann wird es eine Menschheit mit sich reißen, die einen schon ungeheuer vergrößerten Körper und eine durch ihn umgeformte Seele hat. Es wird aus ihr eine neue Gattung machen wollen, oder vielmehr sie der Notwendigkeit entheben wollen, eine Gattung zu sein: wer Gattung sagt, sagt kollektives Stehenbleiben, und die vollkommene Existenz ist Beweglichkeit in der Individualität. Der große Lebenshauch, der über unsern Planeten hingegangen ist, hatte die Organisation so weit vorwärtsgetrieben, wie eine Natur es zuließ, die gleichzeitig gefügig und widerspenstig war. Damit meinen wir bekanntlich die Gesamtheit der Nachgiebigkeiten und der Widerstände, die das Leben in der rohen Materie findet — eine Gesamtheit, die wir, nach dem Beispiel des Biologen, so behandeln, als ob man ihr Absichten beilegen könnte. Ein Körper, dem die werkzeugschaffende Intelligenz und um diese her ein Saum von Intuition eigen war, war das Vollkommenste, was die Natur zustandebringen konnte. Das war der menschliche Körper. Dabei blieb die Entwicklung des Lebens stehen. Aber da geschah es, daß die Intelligenz, indem sie die Fabrikation ihrer Werkzeuge bis zu einem Grade der Kompliziertheit und der Vollendung erhöhte, den die Natur (die zu mechanischer Konstruktion so ungeeignet ist) nicht einmal vorausgesehen hatte, und indem sie diesen Maschinen Energiereserven zuleitete, an die die Natur (die von Ökonomie so gar nichts versteht) nicht einmal gedacht hatte, uns mit Kräften ausstattete, neben denen die Kraft unseres Körpers kaum zählt: und sie werden unbegrenzt sein, sobald die Wissenschaft es verstehen wird, die Kraft frei zu machen, die kondensiert selbst von dem geringsten Teilchen wägbarer Materie dargestellt wird. Das materielle Hindernis ist beinahe gefallen. Morgen wird der Weg frei sein, gerade in der Richtung des Wehens, das das Leben bis zu dem Punkte geführt hatte, an dem es stehen bleiben mußte. Dann mag der Ruf des Heros kommen: wir werden nicht alle ihm folgen, aber wir werden alle fühlen, daß wir es tun sollten, und wir werden den Weg kennen, den wir erweitern werden, wenn wir ihn betreten. Mit einem Schlage wird sich für die ganze Philosophie das Geheimnis der höchsten Verpflichtung enthüllen: man hatte eine Reise begonnen, man hatte sie unterbrechen müssen; indem man sie wieder aufnimmt, tut man nichts anderes, als daß man weiter das will, was man schon wollte. Es ist immer der Aufenthalt, der eine Erklärung verlangt, und nicht die Bewegung.

Aber wir wollen nicht zu sehr auf das Erscheinen einer großen auserwählten Seele rechnen. Mangels dieser könnten andere Einflüsse uns von dem Tand abbringen, der uns amüsiert und von dem Blendwerk, um das wir uns balgen.

Wir haben ja gesehen, wie die Erfindungsgabe, unterstützt von der Wissenschaft, dem Menschen ungeahnte Energien zur Verfügung gestellt hatte. Es handelte sich um physico-chemische Energien und um eine Wissenschaft, die sich auf die Materie erstreckte. Aber der Geist? Ist er wissenschaftlich so vertieft worden, wie es möglich gewesen wäre? Weiß man, was eine solche Vertiefung geben könnte? Die Wissenschaft hat sich zunächst der Materie zugewandt; drei Jahrhunderte lang hat sie kein anderes Objekt gehabt; noch heute bedeutet im Französischen das Wort Wissenschaft, wenn man keine nähere Bestimmung hinzusetzt, ohne weiteres die Wissenschaft von der Materie. An anderer Stelle haben wir die Gründe dafür angegeben. Wir haben gezeigt, warum das wissenschaftliche Studium der Materie dem Studium des Geistes vorangegangen ist. Man mußte so schnell wie möglich marschieren. Die Geometrie bestand schon; sie war von den Alten schon ziemlich weit gebracht worden; man mußte zunächst aus der Mathematik alles herausziehen, was sie zur Erklärung der Welt, in der wir leben, liefern konnte. Übrigens wäre es gar nicht gut gewesen, wenn man mit der Wissenschaft vom Geist begonnen hätte: sie wäre nicht von selbst zu der Präzision, der Strenge, der Sorgfalt in der Nachprüfung gelangt, die von der Geometrie auf die Physik, von der Chemie auf die Biologie übergegangen sind, um erst dann auf die Wissenschaft vom Geiste zurückzustrahlen. Gleichwohl war es anderseits auch zu ihrem Schaden, daß sie so spät gekommen ist. Denn die menschliche Intelligenz konnte ja inzwischen ihre Gewohnheit, alles im Raum zu sehen und alles durch die Materie zu erklären, durch die Wissenschaft legitimieren und dadurch mit unbestrittener Autorität bekleiden. Wendet sie sich nun der Seele zu, so gibt sie sich eine räumliche Vorstellung vom inneren Leben; auf das neue Objekt dehnt sie das Bild aus, das sie von dem alten behalten hat: daher die Irrtümer einer atomistischen Psychologie, die das Ineinander der Bewußtseinszustände nicht berücksichtigt; daher die nutzlosen Bemühungen einer Philosophie, die den Geist zu erfassen meint, ohne ihn in der Dauer zu suchen. Handelt es sich um die Beziehung der Seele zum Körper? Die Verwirrung ist noch größer. Sie hat nicht nur die Metaphysik auf eine falsche Fährte gesetzt; sie hat auch die Wissenschaft von der Beobachtung gewisser Tatsachen abgelenkt, oder vielmehr sie hat gewisse Wissenschaften gar nicht aufkommen lassen, sondern sie im voraus exkommuniziert im Namen irgendeines Dogmas. Es galt ja als ausgemacht, daß der materielle Begleitvorgang der seelischen Tätigkeit deren Äquivalent wäre: da man glaubte, jede Realität müsse eine räumliche Basis haben, so kann im Geiste nichts weiter zu finden sein als das, was ein übermenschlicher Physiologe in dem zugehörigen Hirn lesen könnte. Beachten wir, daß diese These eine rein metaphysische Hypothese ist, eine willkürliche Interpretation der Tatsachen. Aber nicht weniger willkürlich ist die spiritualistische Metaphysik, die man ihr entgegensetzt, und nach der jeder Seelenzustand einen Hirnzustand verwendet, der ihm lediglich als Instrument dienen würde: auch für diese Metaphysik wäre die geistige Aktivität der Gehirntätigkeit koexistent und würde im gegenwärtigen Leben Punkt für Punkt mit ihr übereinstimmen. Die zweite Theorie ist übrigens von der ersten beeinflußt, deren Zauber sie immer sehr angezogen hat. Indem wir die vorgefaßten Ideen, die man auf beiden Seiten hatte, beiseitegeschoben und den Umriß der wirklichen Tatsachen so genau wie möglich erfaßten, haben wir versucht klarzustellen, daß die Rolle des Körpers eine ganz andre ist. Die

Tätigkeit des Geistes hat wohl eine materielle Begleitung, aber diese gibt nur einen Teil davon wieder; das übrige bleibt im Unbewußten. Der Körper ist für uns wohl ein Mittel um zu handeln, aber er ist auch ein Hindernis für das Wahrnehmen. Seine Aufgabe ist es, bei jeder Gelegenheit den nutzbringenden Schritt auszuführen; gerade deshalb muß er dem Bewußtsein neben den Erinnerungen[8], die für die gegenwärtige Situation keine Erleuchtung böten, auch die Wahrnehmung derjenigen Objekte fernhalten, die uns in keiner Weise zugänglich wären. Er ist, wenn man so sagen will, ein Filter oder Strahlenfänger. Er bewahrt alles das in virtuellem Zustand, was, wenn es sich aktualisierte, das Handeln stören würde. Er hilft uns nach vorn zu sehen, im Interesse dessen, was wir zu tun haben; dafür hindert er uns aber, bloß zum Vergnügen auch nach rechts und links zu sehen. Auf dem ungeheuren Feld des Traums pflückt er uns ein wirkliches psychologisches Leben. Kurz, unser Gehirn ist weder Schöpfer noch Bewahrer unserer Vorstellung; es begrenzt sie nur, in der Weise, daß sie zum Handeln befähigt wird. Es ist das Organ der *Aufmerksamkeit auf das Leben*. Aber daraus folgt, daß es, sei es im Körper, sei es in dem von diesem begrenzten Bewußtsein, spezielle Vorrichtungen geben muß, die die Aufgabe haben, der menschlichen Wahrnehmung alle Objekte zu entziehen, die ihrer Natur nach dem menschlichen Handeln unzugänglich sind. Sobald diese Vorrichtungen in Unordnung geraten, öffnet sich ein wenig die Tür, die sie verschlossen hielten: etwas von einem ›Draußen‹ dringt herein, das vielleicht ein ›Jenseits‹ ist. Mit diesen anormalen Wahrnehmungen beschäftigt sich die ›psychische Wissenschaft‹. Man kann sich das Mißtrauen, dem sie begegnet, bis zu einem gewissen Grade erklären. Als Stützpunkt nimmt sie das Zeugnis von Menschen, das immer nur mit Vorbehalt gilt. Der Typus des Wissenschaftlers ist für uns der Physiker; seine Haltung des legitimen Vertrauens einer Materie gegenüber, der es offenbar kein Vergnügen macht, ihn zu täuschen, ist uns für alle Wissenschaft charakteristisch geworden. Es fällt uns schwer, eine Forschung noch als wissenschaftlich zu betrachten, die von den Forschern verlangt, daß sie überall Mystifikationen wittern sollen. Ihr Mißtrauen erzeugt uns Unbehagen, und ihr Vertrauen erst recht: wir wissen, man gewöhnt es sich schnell ab, auf der Hut zu sein; es ist ein schlüpfriger Abhang, der von der Neugier zur Leichtgläubigkeit führt. Nochmals: so erklärt man sich gewisse Abneigungen. Aber man würde die strikte Ablehnung, die wirkliche Gelehrte der ›psychischen Forschung‹ entgegensetzen, nicht verstehen, wenn sie nicht deshalb erfolgte, weil sie die berichteten Tatsachen

---

[8] Wir haben weiter oben gezeigt, daß ein Sinn, wie der Gesichtssinn, weiter trägt, weil sein Instrument diese Ausdehnung unvermeidbar macht. Vgl. Materie und Gedächtnis, das ganze erste Kapitel.

vor allem für ›unwahrscheinlich‹ halten; sie würden ›unmöglich‹ sagen, wenn sie nicht wüßten, daß es kein erdenkliches Mittel gibt, die Unmöglichkeit irgendeiner Tatsache festzustellen; nichtsdestoweniger sind sie im Grunde von dieser Unmöglichkeit überzeugt. Und sie sind davon überzeugt, weil sie eine gewisse Beziehung zwischen dem Organismus und dem Bewußtsein, zwischen Körper und Seele für unbestreitbar und endgültig bewiesen halten. Wir haben aber gesehen, daß diese Beziehung rein hypothetisch ist, daß sie nicht von der Wissenschaft bewiesen, sondern von einer Metaphysik gefordert ist. Die Tatsachen legen eine ganz andre Hypothese nahe; und wenn man das zugibt, dann werden die von der ›psychischen Wissenschaft‹ notierten Tatsachen, oder wenigstens einzelne, derart wahrscheinlich, daß man sich eher wundern müßte, wie es so lange dauern konnte, bis man anfing, sich wissenschaftlich damit zu beschäftigen. Wir wollen hier nicht auf einen Punkt zurückkommen, den wir an anderer Stelle behandelt haben. Wir möchten lediglich sagen (um nur von dem zu sprechen, was uns am sichersten festgestellt scheint), man müßte, wenn man z. B. die Realität der ›telepathischen Manifestationen‹ bezweifelt, nachdem Tausende von übereinstimmenden Aussagen darüber gesammelt worden sind, das Zeugnis von Menschen ganz allgemein als nicht-existent in den Augen der Wissenschaft bezeichnen: aber was wird dann aus der Geschichte werden? In Wirklichkeit gilt es, unter den von der psychischen Wissenschaft dargebotenen Resultaten eine Auswahl zu treffen; sie selbst ist weit davon entfernt, sie alle auf eine Stufe zu stellen; sie unterscheidet zwischen dem, was ihr gewiß scheint und dem, was nur wahrscheinlich oder höchstens möglich ist. Aber selbst wenn man nur einen Teil von dem beibehält, was sie als gewiß hinstellt, so bleibt noch genug, um uns die ungeheure Größe der terra incognita ahnen zu lassen, deren Erforschung sie eben erst beginnt. Nehmen wir an, ein Strahl dieser unbekannten Welt käme zu uns, sichtbar für das körperliche Auge. Welche Umwälzung für eine Menschheit, die gewöhnt war — was sie auch sage — nur das als vorhanden zu betrachten, was sie sieht und was sie berührt! Die Erkenntnis, die wir auf diese Weise bekämen, würde vielleicht nur das Untergeordnete in den Seelen betreffen, den letzten Grad der Geistigkeit. Aber mehr wäre nicht nötig, um einen Jenseitsglauben zu lebendiger und tätiger Realität zu bringen, der zwar anscheinend bei den meisten Menschen anzutreffen ist, aber meistens ein Lippenbekenntnis, etwas Abstraktes und Unwirksames bleibt. Um zu merken, wieviel er gilt, braucht man nur zu beobachten, wie sehr sich jeder auf das Vergnügen stürzt: man würde nicht soviel Wert darauf legen, sähe man darin nicht etwas dem Nichts Abgerungenes, ein Mittel, den Tod zu verspotten. In Wahrheit könnten wir, wenn wir des Fortlebens sicher, absolut sicher wären, gar nicht mehr an etwas andres denken. Die Vergnügungen würden weiterbestehen, aber matt und farblos sein, denn ihre Intensität bestand nur in der Aufmerksamkeit, die wir ihnen zuwandten. Sie würde verblassen, wie das Licht unsrer Glühbirnen in der Morgensonne. Das Vergnügen würde überstrahlt werden von der Freude.

Freude wäre in der Tat die Einfachheit des Lebens, die durch eine weitverbreitete mystische Intuition in der Welt fortgepflanzt würde, Freude wäre auch die Einfachheit, die in einer geweiteten wissenschaftlichen Erfahrung automatisch einer Jenseitsvision folgen würde. Mangels einer so vollständigen sittlichen Reform wird man zu Notbehelfen greifen müssen, man wird sich einer immer heftigeren staatlichen ›Reglementierung‹ unterwerfen und eins nach dem andern die Hindernisse abtragen müssen, die unsre Natur gegen unsre Kultur aufrichtet. Aber ob man sich nun für die großen Mittel entscheidet oder für die kleinen — eine Entscheidung drängt sich auf. Die Menschheit seufzt, halb erdrückt, unter der Last der Fortschritte, die sie gemacht hat. Sie weiß nicht genügend, daß ihre Zukunft von ihr selbst abhängt. Es ist an ihr, zunächst zu entscheiden, ob sie weiterleben will, an ihr, sich weiter zu fragen, ob sie nur leben oder außerdem noch die nötige Anstrengung leisten will, damit sich auch auf unserm widerspenstigen Planeten die wesentliche Aufgabe des Weltalls erfülle, das dazu da ist, Götter hervorzubringen.

Philosophie

Jean Le Rond D'Alembert
Einleitung zur 'Enzyklopädie'
*Herausgegeben und mit einem
Essay von Günther Mensching
Band 6580*

Jean Le Rond D'Alembert
Denis Diderot u.a.
Enzyklopädie
*Eine Auswahl. Herausgegeben von
Günther Berger. Band 6584*

Francis Bacon
Weisheit der Alten
*Herausgegeben und mit einem Essay
von Philipp Rippel. Band 6588*

Seyla Benhabib
Kritik, Norm und Utopie
*Die normativen Grundlagen
der Kritischen Theorie. Band 10723*

Petra Braitling,
Walter Reese-Schäfer (Hg.)
**Universalismus, Nationalismus
und die neue Einheit
der Deutschen**
*Philosophen und die Politik
Band 10963*

Ernst Cassirer, Jean Starobinski,
Robert Darnton
Drei Vorschläge, Rousseau zu lesen
Band 6569

René Descartes
Ausgewählte Schriften
*Herausgegeben von Ivo Frenzel
Band 6549*

Denis Diderot
Über die Natur
*Herausgegeben und mit einem Essay
von Jochen Köhler. Band 6583*

Hans-Georg Gadamer (Hg.)
Philosophisches Lesebuch
3 Bände: 6576/6577/6578

Jens Heise
Traumdiskurse
*Die Träume der Philosophie und
die Psychologie des Traums
Band 6585*

Thomas Hobbes
**Behemoth oder
Das Lange Parlament**
*Herausgegeben und mit einem Essay
von Herfried Münkler. Band 10038*

Max Horkheimer
**Zur Kritik der
instrumentellen Vernunft**
Band 7355

Martin Jay
Dialektische Phantasie
*Die Geschichte der Frankfurter
Schule und des Instituts für
Sozialforschung. Band 6546*

Fischer Taschenbuch Verlag

Philosophie

Ralf Konersmann
Erstarrte Unruhe
*Walter Benjamins Begriff
der Geschichte. Band 10962*

Susanne K. Langer
Philosophie auf neuem Wege
*Das Symbol im Denken, im Ritus
und in der Kunst. Band 7344*

Ludger Lütkehaus (Hg.)
„Dieses wahre innere Afrika"
*Texte zur Entdeckung des
Unbewußten vor Freud. Band 6582*

Niccolò Machiavelli
Politische Schriften
*Herausgegeben von Herfried Münkler
Band 10248*

Platon
Sokrates im Gespräch
Vier Dialoge. Band 6550

Jean-Jacques Rousseau
Schriften
*Herausgegeben von Henning Ritter
2 Bände: 6567/6568*

Bertrand Russell
Das ABC der Relativitätstheorie
Band 6579
Moral und Politik
Band 6573
**Philosophie
Die Entwicklung meines Denkens**
Band 6572

Joachim Schickel
Philosophie als Beruf
Band 7315

Hans Joachim Störig
**Kleine Weltgeschichte
der Philosophie**
Band 6562

Bernhard H. F. Taureck (Hg.)
**Psychoanalyse und Philosophie.
Lacan in der Diskussion**
Band 10911

Christoph Türcke
Sexus und Geist
Philosophie im Geschlechterkampf. Band 7416

Der tolle Mensch
*Nietzsche und der Wahnsinn
der Vernunft. Band 6589*

Voltaire
Philosophische Briefe
Band 10910

Charles Whitney
**Francis Bacon
Die Begründung der Moderne**
Band 6571

Franz Wiedmann
Anstößige Denker
*Die Wirklichkeit als Natur und
Geschichte in der Sicht
von Außenseitern. Band 6587*

Fischer Taschenbuch Verlag

Fischer Wissenschaft
Eine Auswahl

Michail M. Bachtin
Formen der Zeit im Roman
Untersuchungen zur historischen Poetik
Band 7418

Ernst Cassirer
Der Mythus des Staates
Band 7351

Ernst Robert Curtius
Kritische Essays zur europäischen Literatur
Band 7350

Robert Darnton
Literaten im Untergrund
Lesen, Schreiben und Publizieren im vorrevolutionären Frankreich
Band 7412

Mary Douglas
Ritual, Tabu und Körpersymbolik
Sozialanthropologische Studien in Industriegesellschaft und Stammeskultur
Band 7365

Heidrun Hesse
Vernunft und Selbstbehauptung
Band 7343

Max Horkheimer
Zur Kritik der instrumentellen Vernunft
Band 7355

Martin Jay
Dialektische Phantasie
Band 6546

Fischer Taschenbuch Verlag

Fischer Wissenschaft
Eine Auswahl

Alfred Lorenzer
**Das Konzil
der Buchhalter**
Die Zerstörung der
Sinnlichkeit
Eine Religionsgeschichte
Band 7340

Bronislaw Malinowski
**Magie, Wissenschaft
und Religion /
Und andere Schriften**
Band 7335

**Das Denken des
Marquis de Sade**
Mit Beiträgen von
Roland Barthes, Hubert
Damisch, Pierre Klossowski,
Philippe Sollers,
Michel Tort
Band 7413

Sergio Moravia
Beobachtende Vernunft
Philosophie und
Anthropologie in
der Aufklärung
Band 7410

Herfried Münkler
Machiavelli
Die Begründung des
politischen Denkens
der Neuzeit aus der
Krise der Republik
Florenz
Band 7342

Jean Piaget
Biologie und Erkenntnis
Über die Beziehungen
zwischen organischen
Regulationen und
kognitiven Prozessen
Band 7333

Marthe Robert
Das Alte im Neuen
Von Don Quichotte
zu Franz Kafka
Band 7346

Viktor Šklovskij
Theorie der Prosa
Band 7339

Jean Starobinski
Montaigne
Denken und Existenz
Band 7411

Fischer Taschenbuch Verlag

Fischer Wissenschaft
Eine Auswahl

Philippe Ariès /
André Béjin /
Michel Foucault u.a.
Die Masken des Begehrens und die Metamorphosen der Sinnlichkeit
Band 7357

Aleida Assmann /
Dietrich Harth (Hg.)
Mnemosyne. Formen und Funktionen der kulturellen Erinnerung
Band 10724

Kultur als Lebenswelt und Monument
Band 10725

Gaston Bachelard
Poetik des Raumes
Band 7396

Maurice Blanchot
Der Gesang der Sirenen
Band 7402

Umberto Eco
Apokalyptiker und Integrierte
Band 7367

Moses I. Finley
Quellen und Modelle in der Alten Geschichte
Band 7373

Michel Foucault
Die Geburt der Klinik
Band 7400

Schriften zur Literatur
Band 7405

Von der Subversion des Wissens
Band 7398

François Furet / Denis Richet
Die Französische Revolution
Band 7371

Maurice Halbwachs
Das kollektive Gedächtnis
Band 7359

Kultur-Analysen
Beiträge von Hans-Dieter König, Alfred Lorenzer, Heinz Lüdde, Søren Nagbøl, Ulrike Prokop, Gunzelin Schmid Noerr, Annelind Eggert
Band 7334

Fischer Taschenbuch Verlag

Fischer Wissenschaft
Eine Auswahl

Ralf Konersmann
Lebendige Spiegel
Die Metapher des Subjekts
Band 10726

Dominick LaCapra
Geschichte und Kritik
Band 7395

Dominick LaCapra /
Steven L. Kaplan (Hg.)
Geschichte denken
Band 7403

Charles William Morris
**Grundlagen
der Zeichentheorie
Ästhetik der
Zeichentheorie**
Band 7406

Lionel Trilling
Das Ende der Aufrichtigkeit
Band 7415

Stephen Toulmin /
June Goodfield
Entdeckung der Zeit
Band 7360

Thorstein Veblen
Theorie der feinen Leute
Band 7362

Jean-Pierre Vernant
Tod in den Augen
Band 7401

Paul Veyne
**Die Originalität
des Unbekannten**
Für eine andere
Geschichtsschreibung
Band 7408

**Bildersturm
Die Zerstörung
des Kunstwerks**
Herausgegeben von
Martin Warnke
Band 7407

Lew Semjonowitsch
Wygotski
Denken und Sprechen
Band 7368

Fischer Taschenbuch Verlag

Wissenschaft bei S. Fischer

Philippe Ariès / André Béjin /
Michel Foucault u. a.
Die Masken des Begehrens und die Metamorphosen der Sinnlichkeit
272 Seiten. Broschur

Philippe Ariès / Georges Duby (Hg.)
Geschichte des privaten Lebens
1. Band: **Vom Römischen Imperium zum Byzantinischen Reich**
Herausgegeben von Paul Veyne
640 Seiten mit ca. 490 Abb. Leinen

2. Band: **Vom Feudalzeitalter zur Renaissance**
Herausgegeben von Georges Duby
624 Seiten mit ca. 500 Abb. Leinen

3. Band: **Von der Renaissance zur Aufklärung**
Herausgegeben von Philippe Ariès und Roger Chartier
632 Seiten mit ca. 500 Abb. Leinen

Fernand Braudel (Hg.)
Europa: Bausteine seiner Geschichte
Beiträge von Maurice Aymard, Fernand Braudel, Jacques Dupâquier und Pierre Gourou
173 Seiten. Geb.

Fernand Braudel / Georges Duby / Maurice Aymard
Die Welt des Mittelmeeres
189 Seiten. Geb.

Ernst Cassirer
Versuch über den Menschen
Einführung in eine Philosophie der Kultur
381 Seiten. Geb.

Pierre Chaunu / Georges Duby
Jacques Le Goff / Michelle Perrot
Leben mit der Geschichte
Vier Selbstbeschreibungen
246 Seiten. Broschur

Corbin / Farge / Perrot u.a.
Geschlecht und Geschichte
Ist eine weibliche Geschichtsschreibung möglich?
252 Seiten. Broschur

Umberto Eco
Apokalyptiker und Integrierte

Jacques Heers
Vom Mummenschanz zum Machttheater
Europäische Festkultur im Mittelalter. 350 Seiten. Leinen

Lynn Hunt
Symbole der Macht
Macht der Symbole
Die Französische Revolution und der Entwurf einer politischen Kultur
351 Seiten. Geb.

S. Fischer

Wissenschaft bei S. Fischer

Russell Jacoby
Die Verdrängung der Psychoanalyse oder Der Triumph des Konformismus
230 Seiten. Broschur

Jacques Le Goff/Roger Chartier/Jacques Revel (Hg.)
Die Rückeroberung des historischen Denkens
Grundlagen der Neuen Geschichtswissenschaft
287 Seiten. Geb.

Claude Lévi-Strauss/Didier Eribon
Das Nahe und das Ferne
Eine Autobiographie in Gesprächen. 263 Seiten. Geb.

Alfred Lorenzer
Intimität und soziales Leid
224 Seiten. Geb.

Herfried Münkler
Im Namen des Staates
428 Seiten Geb.

Mario Praz
Der Garten der Sinne
Ansichten des Manierismus und des Barock. 270 Seiten. Geb.

Ulrich K. Preuß
Politische Verantwortung und Bürgerloyalität
295 Seiten. Broschur

Dieter Richter
Das fremde Kind
249 Seiten. 33 Abb. Leinen

Marthe Robert
Einsam wie Franz Kafka
234 Seiten. Geb.

Richard Sennett
Autorität
238 Seiten. Broschur
Civitas
Die Großstadt und die Kultur des Unterschieds. 343 Seiten. Geb.
Verfall und Ende des öffentlichen Lebens
408 Seiten. Geb.

Jean Starobinski
Porträt des Künstlers als Gaukler
Drei Essays. Mit zahlreichen Abbildungen. 168 Seiten. Leinen
Das Rettende in der Gefahr
Kunstgriffe der Aufklärung
400 Seiten. Geb.

Roberto Mangabeira Unger
Leidenschaft
Ein Essay über Persönlichkeit
302 Seiten. Leinen

Michael Walzer
Zweifel und Einmischung
Gesellschaftskritik im 20. Jahrhundert. 352 Seiten. Geb.

S. Fischer

Helmut Gebelein

Alchemie

Das Tao der Chemie

496 Seiten
mit vielen farbigen und sw-Abbildungen

Dieses mitreißend geschriebene Kompendium der Alchemie bietet einen Überblick über Fragestellungen und Theorien, über die Lebens- und Wirkungsgeschichte der bedeutendsten Alchemisten und über die Vernetzung mit den Künsten, den Religionen, der Heilkunde und den Naturwissenschaften.

»... eine reiche Fundgrube ...
für alle, die sich für die Geschichte der Naturwissenschaften i. a. und jene der Chemie im besonderen interessieren.«

Markus Bohm - SDR 2 Buchzeit

Eugen Diederichs Verlag